Reinhold Miller

# Lehrer lernen

Ein pädagogisches Arbeitsbuch

W0063605

**BELTZ**
Taschenbuch

Besuchen Sie uns im Internet:
http://www.beltz.de

Beltz Taschenbuch 24
Vollständig überarbeitete Neuausgabe
Neue Rechtschreibung
© 1999 Beltz Verlag, Weinheim und Basel

Das Werk erschien erstmals 1986 im Beltz Verlag, Weinheim und Basel
Umschlaggestaltung: Federico Luci, Köln
Umschlagphotographie: © Tony Stone Bilderwelten, München
Satz: Satz- und Reprotechnik GmbH, Hemsbach
Druck und Bindung: Druckhaus Beltz, Hemsbach
Printed in Germany

ISBN 3 407 22024 3

*Meinen Schülerinnen und Schülern,*
*meinen Kolleginnen und Kollegen,*
*die mich bisher beim Lehren und*
*Lernen begleitet haben*

*Erfahrung* ist für mich die höchste Autorität. Der Prüfstein für Gültigkeit ist meine eigene Erfahrung. Keine Idee eines anderen und keine meiner eigenen Ideen ist so maßgeblich wie meine Erfahrung. Ich muss immer wieder zur Erfahrung zurückkehren, um der Wahrheit, wie sie sich in mir als Prozess des Werdens darstellt, ein Stück näher zu kommen.

C. Rogers

# Inhaltsverzeichnis

# Vorwort

Dieses Buch ist aus der Arbeit (in Seminaren, auf Tagungen, Lehrgängen, Trainingswochenenden und Pädagogischen Tagen) mit Lehreranwärtern/Referendaren, Lehrern und Lehrergruppen entstanden. Ich bin immer wieder auf das Bedürfnis der Teilnehmer gestoßen (auch) als Lehrer (weiter-)zulernen und dafür Anregungen und Hilfen zu bekommen.
Die Frage »Was muss ich als Lehrer bereits alles können?« hat manchen von uns unter Druck gesetzt, verunsichert und blockiert. Die Frage »Was kann ich als Lehrer noch alles (dazu-)lernen?« war hingegen hilfreich, weil das Augenmerk auf den Weg gerichtet war, den wir gestalten und auf dem wir etwas tun können. (Es gibt Menschen, die deswegen stolpern, weil sie zu sehr nach dem Ziel und zu wenig auf den Weg sehen. Zudem sind bloße Ziele gefährlich, wenn sie nur als Alibi dienen, um – anstrengende – Wege zu vermeiden!) Deshalb: Der *Weg* ist das *Ziel*!
Dieser Weg weist drei »Spurrillen« auf: eine personenzentrierte (weil es um das Lernen des Einzelnen geht), eine kommunikativ-kooperative (weil es immer auch um das Lernen mit anderen geht) und eine integrative (weil Lehrer, Schüler und Eltern als Lernende in einem Boot sitzen – auch wenn ihnen dies nicht immer bewusst ist). Die Verbindung der einzelnen »Spurrillen« ist das Gespräch, weil es meiner Erfahrung nach sowohl die häufigste Fehlerquelle in menschlichen Beziehungen beinhaltet als auch – wenn gekonnt – die beste Möglichkeit ist das Miteinander – zusammen mit dem Tun – deutlich und erfahrbar zu machen.
In der offenen und ehrlichen Auseinandersetzung mit sich selbst, den Kollegen, Schülern und Eltern ereignet sich das Lernen. Sie werden sich dann ändern, wenn Sie selbst es möchten und für richtig halten. »Trainer«, was immer Sie darunter verstehen mögen, können dabei nur Helfer, aber keine Macher sein.
Die Aufgaben in diesem Buch betonen deshalb die Selbstwahrnehmung, die Sensibilität für sich und andere und die daraus folgende Selbst- und Fremderfahrung. Alles andere ergibt sich, auch Ihre Entscheidung dort weiterzuarbeiten, wo Sie es für nötig erachten, sei es im Bereich Schule, Freizeit, Gesellschaft oder Politik.
Suchen Sie sich diejenigen Kapitel und Abschnitte aus dem Buch, die für Sie jetzt gerade wichtig sind. Verweise und Zusammenhänge mit anderen Bereichen sind jeweils angegeben. Jedes Kapitel beinhaltet Informationen, Meinungen, Erfahrungen, Impulse und Hinweise (alle Beispiele stammen – wenn nicht anders angegeben – aus dem Schulalltag). Sollten Sie mehr zu den einzelnen Themen wissen wollen, so beachten Sie die Literaturempfehlungen. Bei meiner Auswahl habe ich besonders auf Praxisnähe geachtet.
Auch wenn die meisten Aufgaben sich an den einzelnen Lehrer wenden, so empfehle ich Ihnen, Ihre Erfahrungen und Erkenntnisse mit anderen auszutau-

schen. Ich denke vor allem an Ihr Kollegium oder einzelne Gruppen. Zwar neigen Lehrer gerne dazu ihr eigenes Schul- und Unterrichtssüppchen alleine zu kochen und zu essen. Aber gemeinsam schmeckt es doch besser, finden Sie nicht? Zudem können Sie sich über Zubereitung, Zutaten, Geschmack und Verbesserungen unterhalten. Deshalb: *Guten Appetit!*

Bei der Entstehung und Fertigstellung dieses Buches habe mich einige Menschen begleitet. Ich danke deshalb

– Jochen Grell für seine Ermutigung dieses Buch zu schreiben;
– Volker Huwendiek für kritische Fragestellungen, Einwände und Impulse;
– Manfred Föhr, Wolf Melzer und Helge Schweizer für ihre Gespräche und für ihre Teamarbeit auf Lehrgängen und Tagungen. Unser gemeinsames Lernen hat uns immer wieder Freude gemacht;
– Kurt Fay für seine praxisbezogenen Hinweise und für sein intensives Korrekturlesen;
– Sändi, unserer Tochter, für ihre Hilfen als Buchhändlerlehrling (sie ersparte mir manchen »Bücherumweg«), für ihre Rücksichtnahme und für ihr Verständnis, dass ich während der Zeit des Buchschreibens wenig für sie erreichbar sein konnte;
– meiner Frau für ihre liebevolle und vielfältige Zuwendung: angefangen von der Übernahme großer Teile meiner »Hausmannsarbeit«, über besonderes Verwöhnen bis hin zu vielen Gesprächen über dieses Buch, über uns selbst, über Schüler, Lehrer und Eltern. Ich habe mich in der Zeit des Schreibens nie im Stich gelassen und allein gefühlt.

**Hinweise zu den Aufgaben:**

– Die meisten Aufgaben ergeben sich aus den vorangegangenen Texten.
– Sie sind für den jeweiligen Abschnitt numeriert, damit Sie schneller (z.B. bei gemeinsamer Arbeit) darauf zurückgreifen können.
– Der Lerneffekt vieler Aufgaben erhöht sich, wenn Sie mit Ihren Kollegen gemeinsam lernen, auch wenn ich dies nicht bei jeder Aufgabenstellung ausdrücklich angegeben habe.
– Manche Aufgaben enthalten »Antwortvorgaben« als Impulse für Sie.
– Manche Aufgaben werden für Sie sehr nützlich sein, über andere werden Sie vermutlich den Kopf schütteln. Beides finde ich gut. Die Hauptsache: Sie setzen sich mit der jeweiligen Thematik aktiv auseinander.
– Das Buch hat seinen Sinn erfüllt, wenn Sie durch die Arbeit damit in den nächsten drei, neun, siebzehn oder fünfundzwanzig Jahren sensibler für sich, Ihre Schüler und Ihre Kollegen geworden sind, und wenn Sie alle zusammen erfahren, dass Sie (weiter-)gelernt haben.

## Vorwort zur Neuausgabe

Seit der Erstauflage von »Lehrer lernen« im Jahre 1986 haben sich der Schullandschaft inzwischen neue Bereiche erschlossen: Die schulinterne Lehrerfortbildung (SCHILF) hat sich zu einem wichtigen Fortbildungszweig entwickelt; unter dem Sammelbegriff »Offener Unterricht« sind neue Formen des Lehrens und Lernens entstanden und in den letzten Jahren hat vor allem – unter dem Einfluss der außerschulischen Organisationsentwicklung – die Schulentwicklung/Innere Schulreform (u.a. mit der Artikulation von Schulprogrammen) eine hohe Bedeutung für die Veränderung von Schulen bekommen.
Daraus ergaben sich pädagogische und didaktisch-methodische Konsequenzen, die eine Neuausgabe von »Lehrer lernen« notwendig machten. Hinzu kam, dass ich mich selbst beruflich weiterentwickelte, vom Lehrer und Seminarleiter zum hauptamtlichen Lehrerfortbildner und SCHILF- und Schulentwicklungsfachmann.
Allen Studierenden und Lehrerinnen/Lehrern, die sich mit diesem Arbeitsbuch beschäftigen, wünsche ich intellektuelles Vergnügen beim Lesen und Reflektieren, schweißtreibende Lust beim didaktischen Training in kollegialem Kreis, Überwindung temporären Frusts und Erfolg bei der Ausübung des Berufes.

**Bemerkung: Liebe Kolleginnen!** »Lehrer lernen« heißt natürlich immer auch »Lehrerinnen lernen« und mit dem »Lehrer« auf den nachfolgenden Seiten sind Sie genauso angesprochen und gemeint.

Reinhold Miller

# Einleitung:

## Lernen in der Schule von heute

Der Lehrer war zu allen Zeiten Belastungen ausgesetzt. Ein Blick in die Geschichte der Pädagogik und Karikatur beweist das hinreichend. Die Realität des heutigen Lehreralltags, in der Konsens, Kontinuität und Gemeinsamkeiten in der Verschiedenheit kaum mehr zu finden sind, zeigt, dass Lehrersein in der zweiten Hälfte des 20. Jahrhunderts besonders schwer ist. Deutlich wird dies durch

a) den *Verlust*

– einheitlicher Erziehungsvorstellungen in Gesellschaft, Staat und Kirche, konkretisiert in Familie, Schule, Pfarrgemeinde, politischer Gemeinde, im Freizeitbereich u.a.m.;
– an Geborgenheit, Zugehörigkeitsgefühl, Fürsorge, Zuwendung, Vertrauen, Nähe;
– einheitlicher Sichtweisen und Anschauungen über die verschiedenen politischen, gesellschaftlichen, wirtschaftlichen und technischen Bereiche;
– an Eigenaktivität, Kreativität, Arbeitsfreude, Ideenreichtum, Selbstwahrnehmung und Selbstbestimmung;

b) die *Zunahme*

– einer nicht mehr überschaubaren, desorientierenden Pluralität in vielen Lebensbereichen;
– allein erziehender Mütter und Väter, berufstätiger Eltern *und* arbeitsloser Väter und Mütter;
– an Gewalttaten, Brutalität, Kriminalität, Gleichgültigkeit und Interesselosigkeit;
– an Todeswünschen, Selbsttötungsversuchen und Selbsttötungen von Kindern und Jugendlichen;
– der Technisierung, Konsumhaltung, Fremdbestimmung, Medieneinflüsse und freizeitlichen Überangebote.

Die Auswirkungen von *Verlust* und *Zunahme* sind in der Schule geballt zu erfahren:
– Die vielfältigen Erziehungsvorstellungen und Erziehungseinwirkungen desorientieren Lehrer, Eltern und Schüler.

- Jedes Wohnzimmer ist (via Fernsehen) zum »Marktplatz der Welt« geworden, sodass Schule in den meisten Fällen nicht mehr »Welt eröffnen« kann, sondern sich in zunehmendem Maße mit den »diffusen Welterfahrungen« der Schüler konfrontiert sieht.
- Viele Lernangebote können nicht mehr beeindrucken, da die Angebote außerhalb der Schule wesentlich interessanter sind.
- Interesselosigkeit, Langeweile und Abgestumpftheit verhindern vielfältiges Lernen und fördern Aggressionen gegen Menschen und Dinge.
- Zwischenmenschliche Beziehungen verarmen, und die Fähigkeit befriedigend miteinander zu leben verkümmert immer mehr, weil das »Übungsfeld des Miteinander« immer kleiner wird.
- Arbeit als Freude, Befriedigung und Erfüllung wird weniger erfahren. Leistung, »Jobeinstellung« und »Was krieg' ich'n dafür?« stehen im Vordergrund.
- Fremdbestimmung und Entfremdung bekommen ein Übergewicht.

Schule kann heute weder eine heile Welt ersehen noch heraufbeschwören oder so tun, als gäbe es diese heile Welt, sondern sie muss sich den Forderungen und Anforderungen stellen.
Ich sehe vorwiegend zwei große Aufgaben:

*a) Die Integration im Beziehungsbereich*

- Je stärker die Technisierung zunimmt, desto intensiver muss gleichzeitig die Beziehung zwischen Menschen gelernt und gelebt werden. (Ein Computer gibt keine eigenständige Rückmeldung, sondern er gibt nur das wieder, was ihm eingegeben worden ist.)
- Menschliche Beziehungen erfordern Sensibilität für sich und andere, persönliche Offenheit und Mitteilungsbereitschaft, Akzeptanz der Verschiedenheit und Andersartigkeit.
- Lehrer haben mehr Unterrichten und weniger Erziehen gelernt. *Erziehung als Beziehung* ist heute nicht (mehr) nur auf das Elternhaus bezogen, sondern weist auf die Schule hin. Die Frage »Wie leben wir miteinander?« ist von großer Bedeutung für Lehrer und Schüler und die befriedigende Beantwortung ist für beide Seiten lebensnotwendig geworden.

*b) Die differenzierte Information und Strukturierung im Sachbereich*

- Schüler kommen mit unterschiedlichen Lernvoraussetzungen und Wissensbeständen in die Schule. Wissen muss demnach ergänzt, geordnet und verantwortungsvoll verfügbar gemacht werden.
- Die unterschiedlichen Erfahrungen und Lebensgeschichten der Schüler müssen auch unterschiedlich verarbeitet werden.
- Der Lehrer kann nicht für alles zuständig sein (gleichsam als »Macher der Nation«). Nicht das »Können« steht im Vordergrund, sondern das »Lernen in Situationen und mit Personen«.
- Schüler und Lehrer werden zu Lernpartnern und die unterschiedlichen Lernanteile in dieser Partnerschaft erwachsen aus den jeweiligen Lernsituationen.

Aus dem Beziehungs- und Sachbereich ergeben sich Konsequenzen für den Lehrer:

- Ichstärke und Ichstabilität als Voraussetzung für gelebte berufliche Partnerschaft (nur der Ichschwache unterdrückt andere und ist zu einer Partnerschaft nicht fähig);
- Flexibilität in der Beziehung zu Schülern, Kollegen und Eltern;
- Integrationsbereitschaft im Beziehungs- und Wirkungsfeld Schule;
- Lern- und Lehrfähigkeit, d. h. also Wissen zu haben, zu erwerben, differenziert zu vermitteln und das »Lernen lernen« zu ermöglichen;
- Betonung auch derjenigen Erfahrungen, die außerhalb des Lebensraumes Schule nicht oder nur kaum gemacht werden, die aber lebensnotwendig und förderlich für Schüler und Lehrer sind.

Dies alles kann gelernt werden!

# 1. Teil:
# Erziehung und Erzieher

Erziehung ist eine besondere Form der Beziehung. Der 1. Teil befasst sich deshalb mit der Reflexion von Beziehung, Erziehung und Erziehungszielen, mit deren Realisierung, mit der Persönlichkeit des Lehrers, der diese Ziele verwirklichen soll, und mit den Eltern, deren Kinder in der Schule erzogen werden.

# 1. Kapitel:
# Erziehung und Beziehung

## 1. Beziehung, Erziehung und Erziehungsziele

- Aufgabenschwerpunkte:
  - Beziehung und Erziehung reflektieren
  - Erziehungsziele wahrnehmen
  - (Über-)Forderungen erkennen.

Auch wenn der Schwerpunkt der Bildungs- und Lehrpläne auf Lernzielen und Lerninhalten liegt, so ist doch die Erziehung ein ebenso wichtiger Bestandteil. Es widerspricht sowohl dem Erziehungsauftrag des Lehrers als auch der Professionalität seines Berufes, wenn er die Erziehung nicht *bewusst* wahrnimmt und sein Augenmerk nur auf die Stoffvermittlung legt. Erziehung geschieht dann »irgendwie« und bleibt (wieder) dem Zufall überlassen.

Damit ist – direkt und indirekt – das Problem der intentionalen und funktionalen Erziehung angesprochen. Auch wenn der Streit der Pädagogen darüber immer noch nicht ausgestanden ist, so kann doch zumindest so viel gesagt werden:

Erziehungsziele, die bewusst und mit Absicht gesetzt werden, verlangen auch eine bewusste und absichtliche Erziehung. Diese Art nennt man *intentionale* Erziehung: Erziehung durch »Erziehung«! In einem weiteren Verständnis meint *funktionale* Erziehung alle diejenigen Einflüsse auf Heranwachsende, die zwar wirken, aber nicht bewusst und absichtlich ausgeübt werden: Erziehung durch »Nichterziehung«!

In den letzten Jahren hat durch die Vielfalt der Einflüsse auf Kinder und Jugendliche deren Orientierungslosigkeit zugenommen. Die Balance zwischen intentionaler und funktionaler Erziehung hat sich zugunsten der funktionalen Erziehung verschoben. Die Gefahr wurde deutlich: Erziehung im eigentlichen Sinn entzog sich so immer mehr dem Bewusstsein der Verantwortlichen.

Der überhand genommenen funktionalen Erziehung muss deshalb wieder eine intentionale Erziehung gegenübergestellt werden, um ein natürliches Gleichgewicht herzustellen, jedoch nicht im Sinne einer Neoautorität oder Neobevormundung. Im Gegenteil: Je mehr unbewusste und unkontrollierte Einflüsse auf den jungen Menschen einwirken, desto mehr benötigt er Hilfen von Seiten der Erwachsenen. Das setzt allerdings ein hohes Maß an Einfühlungsvermögen und Verantwortungsbewusstsein voraus. Der Satz »Ich (als Erwachsener) weiß, wo es für dich langgeht« ist nicht förderlich für die Heranwachsenden und muss anderer Einstellung Platz machen: In gemeinsamen Lebensformen und im Austausch von Erfahrungen hilft der Stärkere dem Schwächeren, der Erwachsene dem Kind.

Dabei sollte die Einflussnahme der Erwachsenen ständig abnehmen, um Kindern und Jugendlichen eigenständiges Lernen zu ermöglichen:

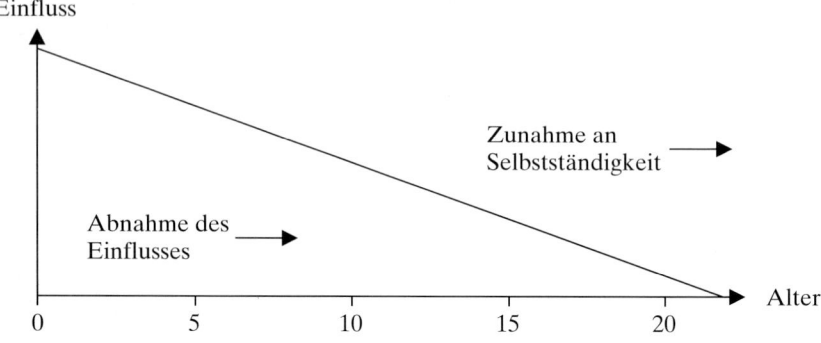

Achten Sie bitte auf »gefährliche Wechselspiele«

– Lehrer/Eltern: »Ich nehme ja nur deswegen auf dich Einfluss, weil du noch so unselbstständig bist!«
– Schüler/Kinder: »Ich bin ja nur deswegen so unselbstständig, weil du mich so stark beeinflusst!«


*Gedanken zum Thema »Beziehung und Erziehung«:*

1. Das Wort *Erziehung* enthält zu viele Assoziationen an Ziehvorgänge, Fremdbestimmung und Beeinflussung. Wenn ich dennoch von »Erziehung« rede, dann im Sinne der Fürsorge, des Schutzes, der Orientierungshilfe, der Verdeutlichung von Rechten und Pflichten und der Begrenzung.
2. Angemessene Verhaltensweisen in »Erziehungs-«Vorgängen sind Wahrnehmen und Beobachten, Begleiten und Helfen, Zulassen und Lassen und – bei Gefahr – Eingreifen, Schützen, Begrenzen.
3. Fremdbestimmung und Zwang sind dann ethisch verantwortbar und legitim, wenn Menschen anderen Menschen gegenüber physische und/oder psychische Gewalt anwenden. (Diese Tätigkeiten nenne ich aber nicht Erziehung.)
4. Bisher wurde zu sehr auf die »Zöglinge« und die Erziehungsziele geachtet (= Erziehung) und viel zu wenig auf die Erziehenden und auf die *Wechselwirkungen* zwischen beiden (= Beziehung).
5. Zwischenmenschliche Beziehung definiere ich als bewusste, gewollte und freiwillige Zuwendung und »Begegnung von Person zu Person« unter Einbeziehung der sie umgebenden Umwelt.
6. Angesichts der Ergebnisse der Evolutionsbiologie, der Hirnforschung, der Lernpsychologie und der Grundgedanken des Konstruktivismus und der Systemtheorie ist Erziehung als »Formung Ungeformter durch Geformte« nicht vertretbar, sondern eine »dialogische Abstimmung« zwischen den jeweiligen Beziehungspersonen.
7. Die Beziehung bekommt einen Vorrang vor der Erziehung. Denn durch die verschiedenen Sichtweisen, die Menschen haben, und durch ihre Erziehungskonzepte zeigen sie in Erziehungsvorgängen, welche Haltungen/Einstellungen

sie zu Kindern/Jugendlichen haben: Die Beziehung spiegelt sich in der Erziehung wider, die Tätigkeiten der Erziehung ergeben sich aus der Art und Weise der Beziehung.

8. Mein Verständnis von Erziehung und Beziehung basiert auf der Bejahung der Würde und Gleichwertigkeit der Menschen, auf der Akzeptanz ihrer unterschiedlichen Wirklichkeiten und dem Anspruch, im Umgang miteinander sich adäquat zu verhalten.

Diese Wirklichkeiten und die Erziehungsziele der Schule klaffen oft weit auseinander:

– Jeder hat das Recht auf Leben und körperliche Unversehrtheit (Grundgesetz Art. 2, 2).

– Im Klassenzimmer drückt Fred Michael an die Wand, würgt ihn und lässt ihn erst wieder los, als dieser kurz vor dem Ersticken ist.

– Niemand darf wegen ... seiner Rasse, seiner Heimat und Herkunft ... benachteiligt oder bevorzugt werden (Grundgesetz Art. 3, 3).

– Abdullah, ein türkischer Junge, seit fünf Jahren in Deutschland, wird von den Mitschülern ausgelacht, gestoßen, geschlagen, isoliert ...

– Die Jugend ist in der Ehrfurcht vor Gott, im Geiste christlicher Nächstenliebe, zur Brüderlichkeit aller Menschen und zur Friedensliebe zu erziehen (Landesverfassung Baden-Württemberg, Art. 12, 1).

– Notizen einer Schulwoche: schlagen, zwicken, kratzen, treten, spucken, boxen, würgen, Haare ziehen und reißen, mit dem Zirkel stechen, Stuhl wegziehen, beschimpfen, lächerlich machen, bloßstellen, beleidigen ...

– Die Schulen sollen nicht nur Wissen und Können vermitteln, sondern auch Herz und Charakter bilden (Art. 135, 1, Verfassung des Freistaates Bayern).

– Lehrer zu Schüler:»Hau ab, du Banause, und lass mich jetzt in Ruhe!« Schüler zu Lehrer:»Du Arschloch, halt's Maul, du hast mir hier gar nichts zu sagen!«

– Oberste Bildungsziele sind ... Selbstbeherrschung, Verantwortungsgefühl und Verantwortungsfreudigkeit, Hilfsbereitschaft und Aufgeschlossenheit für alles Wahre, Gute und Schöne (Art. 135, 2, Verfassung des Freistaates Bayern).

– Schüler stänkern und motzen, übernehmen keinerlei Pflichten und Ämter, Lehrer weigern sich, die Funktion des Vertrauenslehrers anzunehmen ...

– Montagmorgen: Nullbockstimmung, alles Scheiße, Geschichte der größte Blödsinn ...

– Musik:»Hard-Rock, das bringt's!«

Die Forderungen, die sich uns in den Erziehungszielen stellen, scheinen zu wachsen, je mehr wir sie mit unserer Schulwirklichkeit konfrontieren, und Schwierigkeiten und Fragen häufen sich, wenn ich mich noch weiter in Bildungs- und Lehrpläne vertiefe:

– Förderung der verschiedenen Begabungen der Kinder, Entfaltung verborgener ... Fähigkeiten;

– »Wie kann ich die verschiedenen Begabungen der Kinder überhaupt erkennen?«

- Einübung von Verhaltensweisen und Umgangsformen, die für das Zusammenleben – im Besonderen in der Schule – gelten ...;

- Förderung der Lernfreude, Vermittlung von Erfolgszuversicht, Anregung zum selbstständigen Arbeiten, Hinführung zur Übernahme von Verantwortung, ... (Bildungsplan für die Grundschule, Baden-Württemberg, S. 11 ff.; Stuttgart 1984);

- Sittlich wertvolle Einstellungen und Grundhaltungen sollen angebahnt und bestärkt, wertwidrige in Frage gestellt und abgebaut werden (Lehrplan für die Grundschule, Bayern, Abschnitt 2.3, München 1981);

- Bereitschaft und Fähigkeit zur Kommunikation und Interaktion in einer freiheitlich-demokratischen Gesellschaft (Richtlinien Lehrplan für die Orientierungsstufe, Nordrhein-Westfalen, Köln 1979, S. 6);

- Bildung des Charakters, Entfaltung gefühlsmäßiger und schöpferischer Kräfte;

- Ausbildung sozialer, ethischer und religiöser Werte und Verhaltensweisen (Bildungsplan für die Hauptschule, Baden-Württemberg, Villingen 1984, S. 11).

- »Zur Einübung komme ich gar nicht; ich bin schon froh, wenn ich die Streithähne überhaupt auseinander bekomme!«

- Lernfreude:»Ich mag nicht mehr ...«
- Erfolgszuversicht:»Peter kann doch nichts dafür, dass er Legastheniker ist (seit drei Jahren Diktat: 6).«
- Verantwortung:»Sabine hat nur Spielen und Blödsinn im Kopf. (Bis jetzt hat nichts gefruchtet!)«

- »Wie bahne ich sittlich wertvolle Einstellungen an, z. B. angesichts katastrophaler Familienverhältnisse?«
- »Was mache ich gegen die wertwidrigen Medieneinflüsse? Ich fühle mich machtlos!«

- Wie sehen Bereitschaft und Fähigkeit zur Kommunikation im Kollegium aus?
- »Gegen die negativen, außerschulischen Kommunikationsvorbilder komme ich einfach nicht an.«

- »Die gefühlsmäßigen Kräfte meiner Schüler erlebe ich hauptsächlich als Aggressionen.«

- »An der PH zu wenig gelernt ...«
- »Ich fühle mich zu unsicher ...«
- Das überlasse ich lieber dem Religionslehrer ...«

Aber damit immer noch nicht genug. Neben Grundgesetz, Landesverfassungen, Schulgesetzen, Bildungsplänen und Schulartenpapieren steckt auch die pädagogische Literatur voller – direkter und indirekter – Forderungen; davon einige Kostproben:

Weber, Erich: Aktuelle und prinzipielle Überlegungen zum Erziehungsauftrag der Schule. In: Mauermann, Lutz / Weber, Erich: Der Erziehungsauftrag der Schule. Donauwörth 1981/2, zitiert nach 1978, S. 64: »Elemente des demokratischen Ethos«, die »für das gesamte Leben bedeutsam« sind:
- Ehrfurcht vor dem Leben und Bejahung des Lebens;
- Achtung vor der Würde des Menschen, Respektierung der Person;
- Anerkennung der Freiheit des Menschen;
- Gewährung von Gleichberechtigung;
- gleiche Chancen in Bezug auf die Lebensgestaltung;
- Einfühlungsfähigkeit und Mitgefühl, Rücksichtnahme, Fairness;
- Solidarität und Altruismus, Mitmenschlichkeit und Brüderlichkeit;

- Bemühen um Leidminderung, Steigerung der Lebensqualität;
- Kooperations- und Kommunikationsfähigkeit;
- Wille zur fairen Konfliktregelung und Kompromissfähigkeit;
- Friedensbereitschaft und Friedensfähigkeit;
- Respektierung des weltanschaulichen Pluralismus;
- Unvoreingenommenheit, Vorurteilsfreiheit, Sachlichkeit;
- Zuverlässigkeit und Gewissenhaftigkeit, Aufrichtigkeit;
- Wahrhaftigkeit, Mut, Zivilcourage, Selbstkontrolle, Selbstdisziplin;
- Offenheit für die Sinnfrage.

Brunnhuber, Paul/Zöpfl, Helmut: Erziehungsziele konkret – Erziehung zum kritischen Ja. Donauwörth 1975, S. 11 ff.:
- Lebens- und Sinnbejahung;
- Selbstverständnis und Ichidentität;
- Erforschen und Bewältigen: Sachkompetenz;
- Erziehen zum anderen: Sozialkompetenz;
- Sensibilität und differenziertes Wahrnehmen;
- Realitätsbezug und kritisches Denken;
- Selbsttätigkeit und Selbstverwirklichung.

Oelkers, Jürgen/Prior, Harm:»Prinzipien für soziales Lernen«. In: Soziales Lernen in der Schule. Königstein/Ts. 1982, S. 108 ff.:
- Kein Kind darf geschlagen werden.
- Die Grundmaximen sind Respekt und Freundlichkeit.
- Kein Lehrer darf verächtlich gemacht werden.
- Schülersein ist eine Aufgabe, keine Gelegenheit zum Ausruhen.
- Die Verantwortung für den Unterricht tragen Lehrer und Schüler.
- Fairness ist das Prinzip der Auseinandersetzung.
- »Geduld« ist auch den Schülern vermittelbar.
- Aussehen wird nicht beurteilt, ebenso wenig Herkunft.
- Schüler und Lehrer haben ein Recht auf unbelasteten Alltag.
- Usw.

Je mehr Forderungen an den Lehrer herangetragen werden, desto hilfloser, ja sogar wütender kann er werden, und folgende Sätze sind keine Seltenheit:»Wer Erziehungsziele aufstellt, weiß oft gar nicht, wie schwer die Umsetzung und Verwirklichung in der Schule ist. Gefordert kann ja leicht werden, aber …«
Diese und ähnliche Aussagen von Lehrern sind verständlich, erscheinen aber in einem anderen Licht, wenn man sie selbst Forderungen stellen lässt:
Im Schuljahr 1983/84 fragte ich über 200 Lehrer nach ihren eigenen Wünschen und Forderungen an ihre Schüler.
Meine Frage lautete:
Welche Verhaltensweisen muss ein Schüler der Hauptschule Ihrer Meinung nach aufweisen, um in»Verhalten« die Note 1 zu bekommen?

Folgende zehn»Tugenden« wurden am meisten genannt:

| | | |
|---|---|---|
| - Pflichterfüllung, | - Kritikfähigkeit, | - Freundlichkeit, |
| - Toleranz, | - Kompromissbereitschaft, | - Hilfsbereitschaft, |
| - Offenheit, | - Aktivität, Fleiß | - Kameradschaftlichkeit. |

Hinzu kommen noch folgende Wünsche an die Schüler:

| | |
|---|---|
| – ruhig sein, | – friedlich sein, |
| – aufpassen, | – nichts vergessen, |
| – sich konzentrieren, | – einsichtig sein, |
| – Regeln einhalten, | – sich äußern, |
| – pünktlich sein, | – Spaß an der Schule haben, |
| – Vorbild sein, | – Hausaufgaben regelmäßig machen. |

Diese Wünsche beziehen sich noch stärker auf die Schulwirklichkeit als die abstrakten Ziele aus den Bildungsplänen. Dabei wird aber auch mancher Lehrer im Spannungsfeld zwischen ministeriellen Forderungen, kindlichen Lebensweisen und eigenen Bedürfnissen stehen. Einfühlungsvermögen und Verantwortungsbewusstsein des Lehrers sind bei dieser erzieherischen Arbeit Bedingungen. Meine Schwierigkeit mit Erziehungszielen besteht darin, dass ich als Erwachsener »herausfinden muss« (soll), was für Schüler von Bedeutung, »richtig« und sinnvoll ist, und zwar im Hinblick auf Gegenwart und Zukunft. Ich kann auf eine wie immer geartete und gemeinte »Erziehungseinheit« von Familie, Schule, Kirche, Gesellschaft und Staat nicht zurückgreifen, weil es sie nicht (mehr) gibt, und die von der Schule geforderten Ziele lassen einen großen Interpretationsfreiraum übrig. Was tun?

1. Ich gehe sehr bewusst mit den mir vorgegebenen Zielen um, denke darüber nach, versuche sie umzusetzen, nehme »Reibungsflächen« wahr.
2. Ich bemühe mich um möglichst viele Kontakte zu meinen Schülern, um deren Lebenswirklichkeit zu erfahren. Dies ist für mich die schwierigste Aufgabe, weil so viele Lebens- und Erfahrungsjahre zwischen meinen Schülern und mir liegen und weil die Lebenswirklichkeit meiner Schüler sehr vielfältig und weit gestreut ist.
3. Im Grunde genommen kann jeder Mensch nur für sich selbst und nicht für andere Ziele haben. Das macht es so schwer, von Erziehungszielen zu sprechen. Ich unterscheide deshalb *Ziele*, die ich für mich selbst habe, von *Wünschen*, die ich an andere habe, bzw. Inhalts-/Stoff- und Ziel*angebote*, die ich anderen mache.
   Im Dialog und fairen Diskurs können dann aus den Wünschen und Angeboten an die Schüler für sie selbstbestimmte Ziele werden, wobei die Lehrer/innen ihnen helfen sie zu erreichen.
4. Aus der *Beziehung* zu meinen Schülern ergibt sich *mein* Leitfaden (Gedanken von Rudolf Dreikurs waren mir dabei sehr hilfreich):
   a) Du gehörst zu uns. (Schüler: Ich bin angenommen.)
   b) Wir wollen uns wohl fühlen. (Schüler und Lehrer: Wir leben miteinander.)
   c) Jeder leistet seinen Beitrag. (Schüler und Lehrer: Ich bin gefordert.)
   d) Selbstermutigung. (Schüler: Ich kann etwas, ich bin jemand.)

> **Merke:** Aus der Art und Weise der *Be*ziehung
> ergeben sich die Tätigkeiten der *Erz*iehung.

**Aufgaben**

1 Charakterisieren Sie Ihre »Lehrer-Schüler-Beziehung«:

_____

_____

_____

2 Was verstehen _Sie_ unter »Erziehung«?

_____

_____

_____

3 Wie ist Ihre Meinung zu den Erziehungszielen, die Sie aus den Lehrplänen kennen?

☐ Die Erziehungsziele entsprechen der Wirklichkeit.
☐ Endlich klare Ziele!
☐ Die Erziehungsziele sind weit überzogen.
☐ Große Kluft zwischen Wunsch und Wirklichkeit!
☐ Praxis ist wichtiger als Erziehungszieldiskussion!
☐ Ohne klare Erziehungsziele geht es heute nicht mehr.
☐ Unterrichten ist wichtiger, alles andere ergibt sich.
☐ Ich bin mit allem einverstanden.
☐ Allein schaffe ich das alles gar nicht.
☐ Mir fehlen noch folgende Ziele:

_____

_____

_____

4 Notieren Sie – unter dem Aspekt der Beziehung/Erziehung – _Ziele_, die _Sie_ haben, und _Wünsche_, die Sie an Ihre _Schüler_ haben:

| Ziele | Wünsche |
| --- | --- |
| _____ | _____ |
| _____ | _____ |
| _____ | _____ |
| _____ | _____ |

5 Schreiben Sie auf, was Ihnen in den Sinn kommt, wenn Sie an Ihre eigene Schulzeit denken, und zwar unter dem Gesichtspunkt: Wie bin _ich_ erzogen worden?

Notizen:

_____

_____

_____

**6** In welchen Erziehungssituationen haben Sie sich bisher am wohlsten gefühlt?

Zum Beispiel: Sommer 1979, Klassenfahrt mit der Klasse 8b, weil

_____

_____

_____

**7** In welchen Erziehungssituationen haben Sie sich bisher nicht sehr wohl gefühlt?

Zum Beispiel: Gewalttätigkeiten in Klasse 7a während eines Wandertages.

_____

_____

_____

Sie geschahen in der Öffentlichkeit und ich wusste nicht, wie ich mich verhalten sollte.

_____

_____

_____

**8** Sie haben die Forderungen der Erziehung auf den letzten Seiten gelesen. Wie ist Ihre »Stimmungslage«?

| Ich fühle mich | Ich möchte |
|---|---|
| ☐ bestätigt | ☐ gleich an die Arbeit gehen |
| ☐ unsicher | ☐ mit Kollegen darüber reden |
| ☐ herausgefordert | ☐ an das Schulamt einen Brief schreiben |
| ☐ überfordert | ☐ mit den Schülern darüber reden |
| ☐ kompetent | ☐ dieses leidige Kapitel abschließen |
| ☐ erschlagen | ☐ mehr Kompetenzen erreichen |
| ☐ zufrieden | ☐ den Forderungen gerecht werden |
| ☐ wütend | ☐ Schüler nicht überfordern |
| ☐ deprimiert | ☐ nicht mehr erziehen müssen |
| ☐ gelassen | ☐ mit den Zielen umgehen können |

**9** Sprechen Sie in der Lerngruppe über Ihre Ankreuzungen und stellen Sie Gemeinsamkeiten und Verschiedenheiten fest.

Notizen:

_____

_____

_____

**10** In welchen Bereichen (»Ich möchte …«) können Sie sich gegenseitig helfen?

_____

_____

11 Wenn ich an die Forderungen in den Bildungsplänen, an meine Schüler und mich denke, dann fühle ich mich manchmal hin- und hergerissen, weil

☐ ich glaube, dass ich nicht immer allen gerecht werden kann,
☐ mir manche Ziele einfach »zu hoch« sind.
☐ _____
☐ _____
☐ _____

12 Sprechen Sie mit Ihren Schülern über Ihre Ziele und über Ihre Wünsche an sie!

Bemerkungen: _____

_____

_____

13 Als Lehrer habe ich bisher folgende erzieherische Erfolge erzielt:

| *Erfolge* | *Gründe* |
|---|---|
| – gutes soziales Klima in der Klasse. | – Gespräche und Spiele mit den Schülern; häufige Kontakte mit den Eltern. |

_____

_____

_____

## 2. Realisierung von Erziehungszielen

• Aufgabenschwerpunkte:
– Erziehungsziele auswählen,
– Erziehungsziele transformieren,
– Erziehungsziele vermitteln.

Im Bemühen Erziehungsziele auch zu verwirklichen, steht der Lehrer zunächst vor der Aufgabe der Auswahl. Sie darf nicht willkürlich sein, sondern muss sich nach der Persönlichkeit des einzelnen Schülers, nach den Gegebenheiten der jeweiligen Schule, nach dem erzieherischen Umfeld und nach der Persönlichkeit des einzelnen Lehrers richten. Hier setzt auch die Arbeit des Kollegiums ein, einen Minimalkonsens in Auswahl und Inhalt zu finden, der die Schüler nicht desorientiert, sondern der integrativ wirkt und dennoch den Lehrern und Schülern Freiräume eröffnet und erhält.

Dabei ist es pädagogisch und erzieherisch redlich, nicht über die Köpfe und Herzen der Kinder und Jugendlichen hinweg zu entscheiden, sondern sie in die Entscheidungsprozesse mit einzubeziehen: Selbstbestimmung lernen durch selbst bestimmen.

Für die Auswahl von Erziehungszielen sind folgende Fragen von Bedeutung:

– Entsprechen die Ziele der Altersstufe der Schüler?
– Kommen sie den Bedürfnissen und Erfordernissen von Schülern und Lehrern entgegen?

29

- Ist dem Lehrer das soziale Umfeld bewusst?
- Was kann er an Fähigkeiten bereits voraussetzen?
- Werden die Schüler mit einbezogen?
- Welche Ziele müssen Bestandteile eines Minimalkataloges sein und welche können einen größeren Freiraum beanspruchen?
- Welche Ziele sind so abstrakt, dass sie erst »transformiert« werden müssen?

Die letzte Frage führt uns zugleich auch zum nächsten Schritt, nämlich zur Transformation von Erziehungszielen und zur Zuordnung von entsprechenden Handlungsschritten, durch die Schüler Erziehungsziele erreichen:

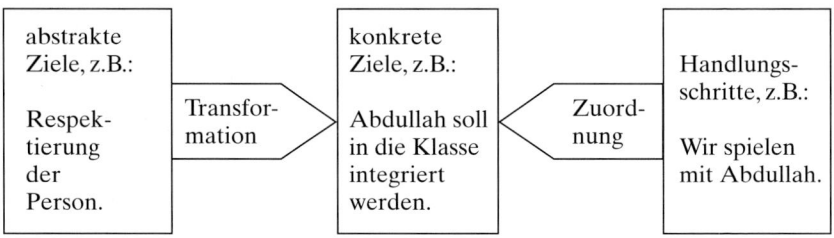

Sie können aber auch den umgekehrten Weg gehen, indem Sie Erziehungsdefizite (meist als Störungen empfunden) wahrnehmen, sie durch Handlungsschritte der Schüler beheben (ein meist langfristiger Vorgang) und Ihre Ergebnisse mit den abstrakten Zielen vergleichen (siehe auch 6. Kapitel: Störungen).

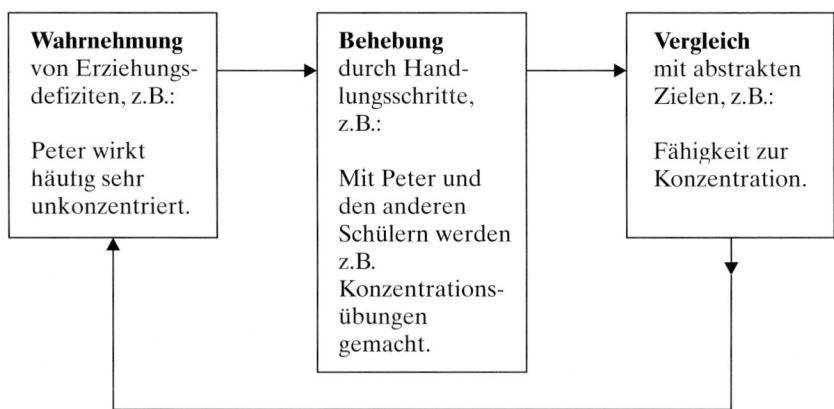

Ich halte diesen Vergleich für besonders wichtig, weil dadurch Erziehung stärker betont und weniger dem Zufall überlassen wird.
In der Zuordnung von Handlungsschritten ist bereits ein Aspekt der Vermittlung von Erziehungszielen angesprochen worden. Ein weiterer besteht darin, Si-

tuationen mit Handlungsschritten zu verbinden, d.h., dass Lehrer und Schüler günstige Situationen entdecken bzw. schaffen, in denen durch Handeln Erziehungsziele bewusst erreicht werden können:

*Beispiel I:*

| | |
|---|---|
| Abstraktes Ziel: | Weckung sozialer Gesinnung |
| Konkretes Ziel: | Schüler sollen Bedürfnisse anderer wahrnehmen können. |
| Situation: | Ein neuer Mitschüler kommt in die Klasse. |
| Handlungsschritte: | Ein Mitschüler erklärt ihm Klassengewohnheiten, ein anderer zeigt ihm das Schulgebäude. Der Lehrer vermittelt Nähe, ist aufgeschlossen (Vorbildfunktion); nachfragen, Rückmeldung einholen. |

*Beispiel II:*

| | |
|---|---|
| Abstraktes Ziel: | Kooperationsfähigkeit |
| Konkretes Ziel: | Schüler sollen sich im Spiel an Regeln halten können. |
| Situation: | Alle spielen »Abklatschen«. Markus spielt einfach weiter, obwohl er schon abgeklatscht ist. |
| Handlungsschritte: | Abbruch des Spiels; erneute Erklärung der Regeln; Gespräch mit Markus und den anderen; erneute Absprachen; Fortsetzung des Spiels; bei Wiederholung Konsequenzen ... |

*Beispiel III:*

| | |
|---|---|
| Abstraktes Ziel: | Entwicklung von Solidarität |
| Konkretes Ziel: | Schüler sollen sich gegenseitig helfen können. |
| Situation: | Schüler machen einen Obstsalat, ein gemeinsames Frühstück, entwickeln ein Projekt ... |
| Handlungsschritte: | Manche Schüler sind nicht so geschickt, andere helfen ihnen. Der Lehrer vermittelt. Schüler verteilen Arbeit nach den entsprechenden Fähigkeiten. |

*Beispiel IV:*

| | |
|---|---|
| Abstraktes Ziel: | Entfaltung gefühlsmäßiger Kräfte. |
| Konkretes Ziel: | Schüler sollen Einfühlung für einen Mitschüler zeigen können. |
| Situation: | Ein Mitschüler ist schon seit längerem krank. |
| Handlungsschritte: | Aktionen in der Klasse besprechen; Brief schreiben; Geschenk basteln (oder kaufen); Besuch machen ... |

**Die Arbeit des Lehrers mit Erziehungszielen: Auswahl, Transformation und Vermittlung**

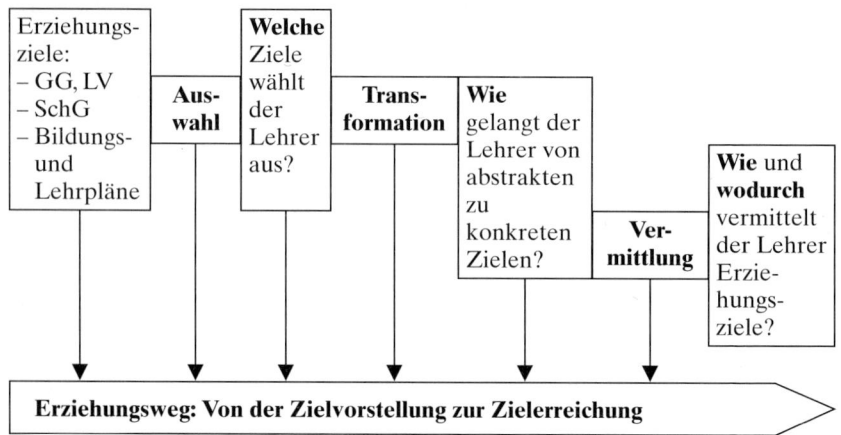

Erziehungsweg: Von der Zielvorstellung zur Zielerreichung

**Merke:** Der Lehrer als Transformator muss nicht immer unter Spannung stehen!

**Aufgaben**

1. Welche Kriterien für die Auswahl von Erziehungszielen haben Sie?

_____

_____

_____

2. Wenn ich Erziehungsziele auswählen soll, habe ich folgende Schwierigkeiten:

☐ Ich fühle mich verunsichert, weil ich nicht weiß, wie meine Kolleginnen und Kollegen verfahren.

☐ _____

☐ _____

☐ _____

3. Was wissen Sie (z. B. aus der Psychologie) über altersgemäße Erziehungsziele?

☐ Zum Beispiel: In der Hauptschule kann stärker an die Einsicht appelliert werden als in der Grundschule.

☐ _____

☐ _____

☐ _____

**4** Über das soziale Umfeld meiner Schüler weiß ich Bescheid:

☐ Die meisten Schüler kommen aus Arbeiterfamilien.
☐ Viele Mütter sind berufstätig; dadurch sind manche Schüler am Nachmittag allein.
☐ _____
☐ _____
☐ _____

**5** Was tun Sie, um mit Ihren Schülern Erziehungsziele festzulegen?

_____
_____
_____

**6** Transformieren Sie die nachfolgenden abstrakten Ziele in mehrere konkrete:

– Erziehung zu      a) _____
verantwortungs-    b) _____
freudigen Bürgern   c) _____

– Weckung sozialer   a) _____
Gesinnung:       b) _____
             c) _____

– Bildung des      a) _____
Charakters       b) _____
             c) _____

– Ausbildung      a) _____
sozialer Werte    b) _____
             c) _____

– Förderung der    a) _____
Zuverlässigkeit und   b) _____
Gewissenhaftigkeit   c) _____

**7** Wo entdecken Sie im Kollegium Konsens über Erziehungsziele. Notieren Sie Ziele, die wenig Übereinstimmung beinhalten.

*Konsens*                   *Dissens*

_____    _____
_____    _____
_____    _____

**8** Durch welche Handlungsschritte (Aktionen) können Schüler ganz bestimmte konkrete Erziehungsziele erreichen?

*Erziehungsziele*            *Handlungsschritte*

_____    _____
_____    _____
_____    _____

Bisher habe ich Erziehungsziele vermittelt, indem ich

☐ versuchte, selbst Vorbild zu sein;
☐ Schüler auf entsprechendes Verhalten hinwies;
☐ viele Gespräche mit Schülern führte.
☐
☐ _____
☐ _____
☐ _____


## 3. Erziehungsziele und Erziehungsprozesse

• Aufgabenschwerpunkte:
– Erziehungsziele unterscheiden,
– Schülern Lernprozesse zugestehen,
– entsprechende Lehrerverhaltensweisen anstreben.

Zur reflektierten Wahrnehmung der Erziehungswirklichkeit gehört die Erkenntnis, dass Erziehung Langzeitprozessen unterliegt und dass Lehrer Schülern einen Lernweg zugestehen, der sich immer weiter von Fremdbestimmung entfernt, Eigenbestimmung nähert und der die persönliche Entwicklung des Schülers in den Mittelpunkt der Erziehung stellt.
Erziehungszielkataloge sind wenig differenziert und machen auch kaum Aussagen über Erziehungsprozesse. Deshalb ist es notwendig, dass der Lehrer reflektiert, wie Erziehungsziele (kurz-, mittel- oder langfristig) erreicht werden können. *Dies kann nur im inneren und äußeren Dialog mit den Schülern geschehen.* Der Lehrer versteht sich dabei als begleitender Helfer und er darf sich nicht verleiten lassen, den Zeitpunkt zu bestimmen, wann welche Schüler welche Ziele erreicht haben müssen. (Entwicklung und Wachstum sind individuelle Vorgänge und von Person zu Person verschieden!) Die Freiheit der Person beinhaltet auch die Entscheidung, eigenes Wachsen und Reifen selbst zu bestimmen. Welcher Lehrer könnte hier mit Bestimmtheit zeitliche Fixierungen festlegen, ohne Schüler in ein Erziehungskorsett zu stecken, das Entfaltung verhindert statt ermöglicht.
Folgende Lehreräußerungen erschweren oder verhindern das persönliche Lernen der Schüler und damit das Erreichen von Erziehungszielen:
– Wenn es gongt, seid ihr alle auf den Plätzen, ist das klar? Ich werde doch von euch erwarten können, dass ihr euch wie Erwachsene benehmt!
– Schämt ihr euch denn nicht, alle über die Traudl herzufallen? Ich hätte nie gedacht, dass das in meiner Klasse passiert!
– Glaubt ihr denn, ich gehe mit euch ins Schullandheim, wenn ihr so unzuverlässig seid?

Eine dialogische Grundhaltung kann sich so ausdrücken:
– Ich habe beobachtet, dass ihr euch mit den Füßen tretet, wenn euch gegenseitig etwas nicht passt. Könnt ihr mir sagen, was euch so schwer fällt, über eure Konflikte zu reden anstatt euch körperlich zu verletzen?
– Ich sehe, dass Traudl weint, und sie hat mir vorher gesagt, dass ihr alle über sie hergefallen seid. Was hat euch denn dazu veranlasst?
– In einigen Wochen gehen wir ins Schullandheim. Dort möchte ich mich auf euch verlassen können. Ich merke aber in der letzten Zeit, wie manche von

euch recht unzuverlässig sind. Ich möchte jetzt mit euch darüber reden: Was hindert euch zuverlässig zu sein? Und was glaubt ihr, wie wir lernen können uns aufeinander zu verlassen?

Manchmal verlange ich vorschnell bestimmte Verhaltensweisen von meinen Schülern. Dann »pfeife« ich mich selbst zurück, indem ich frage:
– Kann ich dieses Verhalten *jetzt* verlangen?
– *Wann* kann ich dieses Verhalten erwarten?
– Warum können die Schüler *meine* Erwartungen *jetzt* nicht erfüllen?
– Wieso habe *ich* bestimmte Erwartungen?
– Gebe ich den Schülern genügend Hilfen beim Lernen und achte ich genügend auf den Zeitraum, den sie benötigen, um Erziehungsziele zu erreichen?

Wenn wir Schülern im Bereich der Erziehung einen längeren Lernweg zugestehen, so geschieht dies häufig unbewusst. Bewusst und in konkreten Fällen verlangen wir jedoch oft – zu schnell – Leistungen, die noch gar nicht erbracht werden können (siehe auch 6. Kapitel). Der Hauptgrund des Erwartungsdrucks von Seiten der Erzieher liegt in der Tatsache begründet, dass noch nicht erbrachte Leistungen auf dem Gebiet des Verhaltens als Störungen empfunden werden. Und Störungen müssen sofort beseitigt werden (meist durch Strafmaßnahmen). Dies ist auch der Grund, warum bei sozialen Lernprozessen den Schülern häufig so wenig Zeit gegeben wird entsprechende Verhaltensweisen zu lernen.
Während eines Trainingslehrgangs äußerte sich eine Teilnehmerin: »Ich weiß, im Grunde genommen verlange ich von meinen Schülern ein Verhalten, das sie in dem hohen Maße noch gar nicht zeigen können. Der Hauptgrund liegt darin, dass *ich* es leichter haben möchte. Ich denke zu wenig daran, ob die Schüler meine Forderungen auch wirklich erfüllen können. Oft überfordere ich sie.«
Am stärksten wird das Spannungsverhältnis zwischen »Erziehung als Prozess« und »Erziehung als Produkt« deutlich, wenn man Unterrichtsziele und Erziehungsziele vergleicht: Jeder Lehrer gesteht Schülern einen längeren Lernprozess zu, wenn es um fachliche Leistungen geht, z.B.: etwa ein Jahr für Lesen und Schreiben lernen; drei bis vier Jahre für die Aneignung der vier Grundrechenarten; etwa fünf Hauptschuljahre für die Entwicklung eines Geschichtsbewusstseins usw. Hier käme kein Lehrer auf den Gedanken einen Schüler zu bestrafen, weil er z.B. noch nicht lesen oder schreiben kann. Sein Bemühen wird sein, ihm beim Lernen zu helfen. Bei der Verwirklichung von persönlichen und sozialen Verhaltensweisen jedoch ist die Einsicht zu helfen und dem einzelnen Schüler Zeit zu lassen (noch) nicht überall sichtbar. Die Schule ist auch im erzieherischen und nicht nur im unterrichtlichen Bereich ein *Lernfeld.* Damit muss der Lehrer leben! Deshalb: Der *Weg* ist das *Ziel!*
Diese Akzeptanz erfordert vom Lehrer allerdings »Tugenden«, die oft an die Grenzen seiner eigenen Person stoßen: sehr viel Geduld, innere Ruhe, Toleranz, Humor, die Fähigkeit Störungen auszuhalten (siehe auch 4. und 6. Kapitel). Es ist hilfreich hier an die eigene Entwicklung und an eigene Lernprozesse zu denken, um Schülern eigene Wege und Zeiträume zuzugestehen.

---

**Merke:** Gut Ding hat Weile!
Beim Erziehen keine Eile!

---

## Aufgaben

1 Notieren Sie aus Ihrem Bildungs- oder Lehrplan Erziehungsziele, von denen Sie vermuten, dass die Schüler diese kurzfristig, mittelfristig oder langfristig erreichen können.

*Kurzfristig*          *Mittelfristig*          *Langfristig*

2 Vergleichen Sie Ihre Ziele jetzt mit denen Ihrer Kollegen und diskutieren Sie – wenn nötig – die unterschiedlichen Meinungen.

3 Ab morgen wollen Sie nicht nur bewusst unterrichten, sondern auch bewusst(er) erziehen. Notieren Sie, was Ihnen vermutlich (noch) schwer fallen wird.

4 Vergleichen Sie Ihre Notizen mit denen Ihrer Kollegen und überlegen Sie sich gemeinsam Hilfen zur Bewältigung oben genannter Schwierigkeiten.

5 Notieren Sie Erziehungsziele, die Sie rasch erreichen wollen, weil Sie die Erziehungsdefizite der Schüler als starke Störungen empfinden.

6 Erziehung ist »Entwicklungshilfe«. Für mich als *Lehrer* hat dies folgende Konsequenzen:

7 Notieren Sie Erziehungsziele, die Sie in jeder Klasse und Klassenstufe erneut anstreben werden.

8 Versuchen Sie, Erziehungsziele aus dem Lehrplan in einem »Spiralcurriculum« zusammenzustellen.
(Erklärung »Spiralcurriculum«: Erziehungsziele tauchen in jeder Klassenstufe wieder auf, jedoch jeweils auf einer höheren Stufe.)

| *Beispiel: Regeln einhalten* | Beispiel: _____ |
|---|---|
| Kl. 1: Wer zu Wort kommen will, meldet sich. | Kl. 1: _____ |
| Kl. 2: Einzelarbeiten selbstständig verrichten! | Kl. 2: _____ |
| Kl. 3: In der Gruppe aktiv mitarbeiten! | Kl. 3: _____ |
| Kl. 4: Verkehrsregeln beim Fahrradfahren einhalten! | Kl. 4: _____ |
| Kl. 5: Beim Bäcker die Grundschüler nicht wegdrängen! | Kl. 5: _____ |
| Kl. 6: Klassenausflug: Pünktlich wieder am Bus sein! | Kl. 6: _____ |
| Kl. 7: Sportstunde: Sich an die Handballregeln halten! | Kl. 7: _____ |
| Kl. 8: Schullandheim: Zum vereinbarten Zeitpunkt nach Hause kommen! | Kl. 8: _____ |
| Kl. 9: Auf dem Schulgelände nicht rauchen! | Kl. 9: _____ |

9 Notieren Sie zehn konkrete Erziehungsziele, von denen Sie glauben, dass sie am Ende der Grundschulzeit erreicht sein sollten.

_____     _____
_____     _____
_____     _____
_____     _____

10 Notieren Sie zehn konkrete Erziehungsziele, von denen Sie glauben, dass sie am Ende der Hauptschulzeit erreicht sein sollten.

_____     _____
_____     _____
_____     _____
_____     _____

11 Bei der Bearbeitung von 9 und 10 kamen mir folgende Gedanken:

_____
_____
_____

| 12 | *Schüler auf dem »Erziehungsweg«:* | *Meine Schwierigkeiten dabei:* |

12 *Schüler auf dem »Erziehungsweg«:*

– Peter kann sich immer noch nicht konzentrieren.

– Manuela schreit dauernd in die Klasse.

– Die 9b verlässt das Klassenzimmer immer chaotisch.

– Wie die sich ansprechen: Arschloch ist noch das harmloseste Wort ...

– Oder:

*Meine Schwierigkeiten dabei:*

– Langsam verliere ich die Geduld; ich werde selbst ganz unruhig.

13 Welche Hilfen fallen Ihnen ein, Schüler auf ihrem Erziehungsweg zu fördern? (Bitte keine Strafmaßnahmen nennen!)

14 Konkretisieren Sie:

– Charakterbildung                    bedeutet z.B. in Kl. 9: _____

– Erziehung zum
verantwortungsfreudigen Bürger        bedeutet z.B. in Kl. 8: _____

– Erziehung zur Brüderlichkeit        bedeutet z.B. in Kl. 6: _____

– Erziehung zur Friedensliebe         bedeutet z.B. in Kl. 4: _____

– Einübung von Umgangsformen          bedeutet z.B. in Kl. 3: _____

– Hinführung zur Übernahme von
Verantwortung                         bedeutet z.B. in Kl. 1: _____

_____       bedeutet z.B. in Kl. 2: _____

_____       bedeutet z.B. in Kl. 7: _____

15 Ich fordere von Schülern Verhaltensweisen, die ich selbst (noch) nicht erreicht habe:

– Pünktlichkeit
– Zuverlässigkeit

[16] Notieren Sie Reaktionen auf Schüler, die bestimmte Erziehungsziele noch nicht erreicht haben, obwohl Sie doch schon so oft …

– arbeitet nicht mit        – Bestrafung
– ständig aggressiv        – zeitlicher Ausschluss

_____    _____

_____    _____

_____    _____

_____    _____


## Literaturempfehlungen

Behr, Michael/Walterscheid-Kramer, Judith: Einfühlendes Erzieherverhalten. Weinheim 1995/4.
In sieben Kapiteln werden bedeutsame erzieherische Aspekte thematisiert; u.a. Konzepte erzieherischen Verhaltens der Vergangenheit und Gegenwart; Erklärungsmodelle für das Verhalten von Kindern; Unproduktives Erzieherverhalten; Reflexionen über den Beruf des Pädagogen; Beispiele sozialpädagogischer Gruppenarbeit.
Cube, Felix von/Alshuth, Dietger: Fordern statt verwöhnen. Die Erkenntnisse der Verhaltensbiologie in Erziehung und Führung. München 1997/10.
Aus den Erkenntnissen der Verhaltensbiologie ziehen die Autoren Schlussfolgerungen für die Erziehung, gehen auf die Anspruchshaltung und Aggressionen in unserer Gesellschaft ein, reflektieren Verwöhnung in der Erziehung und aktualisieren das Fördern und Fordern als notwendigen Gegenpol.
Flitner, Andreas: Konrad, sprach die Frau Mama … München 1996/8.
Der Kern der Erziehung »ist die Bereitschaft erwachsener Menschen, die auf die Kraft der Liebe vertrauen, dem Kind die grundlegende Erfahrung des Vertrauens zu ermöglichen« (S. 116).
Dieses Buch über »Erziehung und Nichterziehung« klärt unterschiedliche Erziehungsbegriffe und setzt sich mit verschiedenen Erziehungseinrichtungen auseinander von »der Last der Tradition« bis hin zu »Schafft die Erziehung ab«.
Mich hat vor allem angesprochen, was Flitner unter Erziehen versteht: behüten – auswählen der Lebenswelt – gegenwirken – mitwirken – unterstützen – verstehen – ermutigen – Kinder wahrnehmen/von Kindern lernen …
Günzler, Claus/Teutsch, Gotthar M.: Erziehen zur ethischen Verantwortung. Freiburg 1980.
Im theoretischen Teil finden sich Erörterungen über den Erziehungsauftrag der Schule. Fragen nach Normen, Werten und Zielen, Vorfragen der Werterziehung und über ein Konzept der Einstellungsbildung (Kopf-Herz-Hand-Modell).
Der praktische Teil konkretisiert Werterziehung in der Grundschule und in der Sekundarstufe I. Das Buch enthält alles Wesentliche zum Thema und erspart dicke Wälzer; die Beispiele sind sehr brauchbar für den Unterricht.
Mauermann, Lutz/Weber, Erich (Hrsg.): Der Erziehungsauftrag der Schule. Donauwörth 1981/2.
Der Sammelband enthält »Beiträge zur Theorie und Praxis moralischer Er-

ziehung unter besonderer Berücksichtigung der Wertorientierung im Unterricht«; z.B.:
Die Vermittlung sozialverantwortlicher Einstellung im Schulgeschehen (G.M. Teutsch);
– Lifeline – ein englisches Programm zum Unterricht über Lebensfragen (G. Stachel);
– moralische Diskussion im Unterricht – Wie macht man das? (B.K. Beyer);
– Unterrichtsplanung zur Diskussion eines moralischen Dilemmas in der 8./ 9. Jahrgangsstufe (L. Mauermann);
– Wertklärung im Unterricht (S.B. Simon).
– Die Unterrichtsbeispiele vertiefen anschaulich die Problematik und sind zugleich anregend, eigenen Unterricht zum Thema Werterziehung zu verbessern.

Miller, Reinhold: Beziehungsdidaktik. Weinheim 1998/3.
Ausgangspunkt sind »Grundzüge einer Beziehungsdidaktik«, denen sich »Selbstbetrachtungen«, »Beziehungsklärungen« und »Grundphänomene in zwischenmenschlichen Beziehungen« anschließen, bevor »14 Modelle des Beziehungslernens« vorgestellt werden.

Oelkers, Jürgen/Prior, Harm: Soziales Lernen in der Schule. Königstein/Ts. 1982.
Die beiden Autoren be- und umschreiben den Begriff des Sozialen Lernens, gehen auf Bedingungen ein und machen Vorschläge zu dessen Realisierung.

# 2. Kapitel:
# Erziehung und Lehrerpersönlichkeit

## 1. Grundhaltungen des Lehrers

- Aufgabenschwerpunkte:
- – sich förderlicher Grundhaltungen bewusst werden,
- – eigene Grundhaltungen reflektieren,
- – Grundhaltungen leben.

»Bei der Verwirklichung des Erziehungs- und Bildungsauftrags der Schule kommt dem Lehrer eine entscheidende Rolle zu. In der Begegnung mit dem Kind ist er als Person gefordert. Er ist Vorbild und Partner der ihm anvertrauten Kinder; er wirkt über seine pädagogischen Einstellungen und Erwartungen und über seine Umgangsformen mit Menschen und Dingen auf Kinder ein. ... Der Lehrer ist nicht nur Belehrender und Wissensvermittler. Er regt als Erzieher bei den Kindern das Wertvernehmen, das Verstehen und Deuten von Werten an. Er soll deshalb im Klassenzimmer eine Atmosphäre des Vertrauens, der Rücksichtnahme und Verstehensbereitschaft schaffen. Dazu sind Geduld, Güte, Erfolgszuversicht bei Rückschlägen, emotionale Stabilität und ein hohes Maß an Selbstvertrauen erforderlich« (Bildungsplan für die Grundschule, 1984, Baden-Württemberg, S. 15f.).

Die Bedeutung der *Person* des Lehrers rückt hier in den Vordergrund und der einzelne Lehrer muss sich bewusst sein, welche förderlichen Grundhaltungen für die Ausübung seines Berufes notwendig sind.

Aber auch außerhalb von Bildungsplänen ist die Rede vom »guten Lehrer« oder vom »effizienten Lehrer« wie z.B. bei Dieterich, Rainer, u.a.: Psychologie der Lehrerpersönlichkeit. München 1983, S. 52 (dort zitiert nach Brunner, R., 1976):

- – emotionale Stabilität,
- – positives Selbstkonzept,
- – differenzierte und systematische Unterrichtsplanung,
- – partnerschaftliche Einstellung/verständnisvolle Verhaltensweisen,
- – Dominanz der indirekten Steuerung,
- – Vermeidung rigider Steuerung,
- – Betonung der Interaktion,
- – differenzierte Anwendung positiver Verstärker,
- – Flexibilität/Konfliktfähigkeit.

Wer mit Schülern und Lehrern zu tun hat, erlebt eine ganze Palette von Verhaltenstechniken und Verhaltensweisen bis hin zu Grundhaltungen, die von Situation zu Situation und von Person zu Person graduell unterschiedlich angewandt bzw. gelebt werden.

Ich halte die Unterscheidung für sehr bedeutsam, weil die Beziehungen zwischen Lehrern und Schülern in erster Linie nicht förderlich werden durch angelernte Sozialtechniken, sondern durch Grundhaltungen, die gelebt werden:

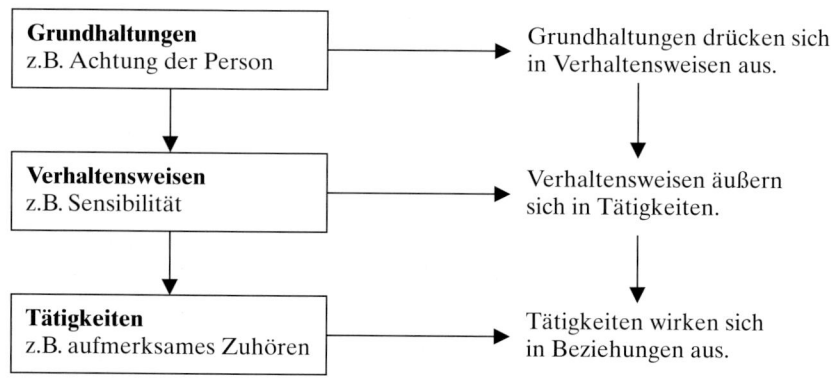

| **Grundhaltungen**<br>z.b. Achtung der Person | ──▶ | Grundhaltungen drücken sich<br>in Verhaltensweisen aus. |
| **Verhaltensweisen**<br>z.b. Sensibilität | ──▶ | Verhaltensweisen äußern<br>sich in Tätigkeiten. |
| **Tätigkeiten**<br>z.b. aufmerksames Zuhören | ──▶ | Tätigkeiten wirken sich<br>in Beziehungen aus. |

Es sind also Grundhaltungen, die unsere Verhaltensweisen und Tätigkeiten/Äußerungen beeinflussen und bestimmen.
Auf der Suche nach förderlichen Grundhaltungen waren für mich die Aussagen von R. und A. Tausch (in Anlehnung an C. Rogers) sehr hilfreich. Sie haben für mich in keiner Weise an Gültigkeit verloren, auch wenn sie schon über 30 Jahre (seit der Erstveröffentlichung) zurückliegen.
»Die vier Dimensionen Achtung, Verstehen, Echtheit sowie fördernde nichtdirigierende Einzeltätigkeiten sind – wenn sie von einer Person weitgehend gleichzeitig deutlich gelebt und zumindest teilweise von anderen so wahrgenommen werden – die entscheidend fördernden und erleichternden Bedingungen für die wesentlichen seelischen Grundvorgänge des anderen, z.b. für seine Selbstachtung und offene Auseinandersetzung mit seinem Erleben, für ein bedeutsames Lernen und die konstruktive Persönlichkeitsentwicklung. Die Dimensionen fördern und erleichtern entscheidend ein humanes Zusammenleben mit den Grundwerten Selbstbestimmung, Achtung der Person, soziale Ordnung und seelische und körperliche Funktionsfähigkeit« (Tausch, Reinhard und Annemarie: Erziehungspsychologie. Göttingen 1998/11, S. 101f.).
Verbunden mit meinen eigenen Erfahrungen als Lehrer heißt das konkret und etwas modifiziert:

| Achtung der Person/<br>Nichtwertung | – sich und den anderen als Person achten und respektieren<br>– wissen, dass auch ein unverständliches Anderssein seine guten Gründe hat<br>– bedenken, dass nur Leistungen bewertbar sind, nicht aber der ganze Mensch |
| Echtheit/<br>Selbstkongruenz | – sich selbst ohne Bewertung annehmen<br>– das eigene Fühlen, Denken und Handeln in Übereinstimmung bringen |

| | |
|---|---|
| einfühlendes Verstehen/ Wärme | – den eigenen Gefühlen vertrauen<br>– einfühlendes Verstehen vermitteln<br>– an der inneren Welt des anderen, an seinen Gefühlen und Sichtweisen echten Anteil nehmen |
| Nähe und Distanz | – eine Nähe vermitteln, die Halt und Geborgenheit gibt, und eine Distanz, die die Selbstständigkeit fördert. |

Es wird deutlich: Die Grundhaltungen sind keine bloßen Methoden oder Techniken, um Schüler – auf sanfte Weise – zu erziehen. Sie drücken vielmehr ein Selbstverständnis innerhalb menschlicher Beziehungen aus. Sie beinhalten einen bestimmten Ansatz in der Begegnung von Person zu Person. Ich halte ihn für besonders wichtig, weil durch ihn die Weichen gestellt werden für förderliche oder nichtförderliche Beziehungen. Zwei Fragenbereiche sind dabei von Bedeutung:

a) Welche Einstellungen habe ich mir selbst gegenüber?

Begegne ich mir mit Achtung und Akzeptanz oder gibt es Haltungen, die ich in mir ablehne? Nehme ich mich wahr, bin ich sensibilisiert für mich selbst? Äußere ich mich echt und fassadenfrei mit dem Gefühl der Offenheit für mich und andere? Gehe ich dirigistisch mit mir um? Welchen inneren, überzogenen Forderungen unterliege ich? Kann ich mich abgrenzen?

b) Welche Einstellung habe ich anderen gegenüber?

Begegne ich Schülern mit Achtung, unabhängig von ihren Verhaltensweisen und Leistungen? Welche ablehnenden Verhaltensweisen entdecke ich bei mir und welche Gründe habe ich dafür? Nehme ich die Schüler wahr, wie sie auf mich wirken, oder interpretiere ich vorschnell ihr Verhalten als Ergebnis bestimmter Charaktereigenschaften? Gebe ich den Schülern Gelegenheit sich echt und fassadenfrei zu äußern, oder blockiere ich diese Echtheit durch mein eigenes Verhalten? Gehe ich dirigistisch mit Schülern um, oder gestehe ich ihnen zu Erfahrungen zu machen, selbst bei Missbrauch (siehe auch 4. Kapitel)?

> **Merke:** Grundhaltungen fallen nicht vom Himmel, sondern werden erworben!

**Aufgaben**

1 Welche Grundhaltungen sind für Sie annehmbar, welche nicht?

*Grundhaltungen*            *Annehmbar: ja/nein*     *Begründung*

- Achtung der
  Person/Nichtwertung     _____    _____
- Echtheit/Selbstkongruenz     _____    _____
- Einfühlendes Verstehen/Wärme     _____    _____
- Nähe und Distanz     _____    _____

2 Suchen Sie noch andere Grundhaltungen, die förderlich sind in der Lehrer-Schüler-Beziehung.

_____

_____

_____

3 Wie ist Ihre eigene Erfahrung? Notieren Sie:

| Bisher förderliche Grundhaltungen | Bisher nichtförderliche Grundhaltungen |
|---|---|
| _____ | _____ |
| _____ | _____ |
| _____ | _____ |

4 Denken Sie an Ihre eigene Schulzeit und notieren Sie:

| Verhaltensweisen meiner Lehrer | Wirkungen bei mir | Vermutliche Grund-haltungen, die dahinter standen |
|---|---|---|
| schr autoritär | wenig Vertrauen | Lehrer als Respekts-person/Schüler als Untergebener |
| einfühlend | Zuneigung | Schüler als Partner |
| _____ | _____ | _____ |
| _____ | _____ | _____ |

5 Ordnen Sie den Grundhaltungen entsprechende Verhaltensweisen und Tätigkeiten zu:

| Grundhaltung | Verhaltensweise | Tätigkeit |
|---|---|---|
| Achtung der Person | Sensibilität | Einen Schüler nach seinen Empfindungen fragen |
| | | |
| Nichtwertung | Akzeptanz | Einen Schüler wegen schlechter Leistungen nicht ablehnen |
| | | |
| Echtheit | Ehrlichkeit | Einem Schüler eigene Betroffenheit mitteilen |
| | | |
| Einfühlendes Verstehen | Einfühlsamkeit | Einem Schüler dessen eigene Gefühlslage verdeutlichen |
| | | |
| Nähe | Hilfsbereitschaft | Einem Schüler in einer schwierigen Situation helfen |
| | | |
| Distanz | Eigenständigkeit/ Unabhängigkeit | Einem Schüler verantwortungsvolle Aufgaben übertragen |
| | | |
| | | |
| | | |

6 Reflektieren bzw. kommentieren Sie nachfolgende »Tugenden« (= Verhaltensweisen/Tätigkeiten) des Lehrers:

In bestimmten Fällen Bedürfnisbefriedigungen zurückstellen

Pünktlich sein, Hausaufgaben erledigen, Arbeiten rechtzeitig zurückgeben

Selbstkritisch sein

Betroffenheit zeigen

Ich kann warten. Irgendwann komme ich schon noch dran.

Ich sollte meinen Terminkalender ernst nehmen.

Ich bin ein guter Lehrer. Aber ...

Klare Erwartungen äußern

Warten können, Geduld haben

Über sich und die Schüler nachdenken

Toleranzbreite entwickeln

Sich konzentrieren

Rücksicht auf Empfindsamkeiten nehmen

Sich für die Bedürfnislage der Schüler interessieren

Andere (auch) zu Wort kommen lassen

Erklärungen für Verhaltensweisen abgeben

Sich entschuldigen

Nähe vermitteln

Distanz bewahren

Affekte kontrollieren

Sich und anderen neue Chancen geben

Mit Schwächen anderer ebenso tolerant umgehen, wie man wünscht, dass die anderen mit den eigenen umgehen

7 Ich möchte Grundhaltungen leben, aber Personen und Situationen erschweren mir dies:

| *Grundhaltungen* | *Personen* | *Situationen* |
|---|---|---|
| Ich möchte echt sein. | Schüler nutzen dies aus. | Ich habe nicht immer Gelegenheit dazu. |

8 Ich strebe folgende

*Verhaltensweisen an:*

*Dazu brauche ich Hilfen:*

– Gelassenheit in angespannten Situationen

– Beruhigende und unterstützende Kollegen

46

## 2. Pfeiler im Erziehungsprozess

• Aufgabenschwerpunkte:
  – Pfeiler erkennen,
  – Pfeiler aufbauen,
  – Pfeiler ausbauen.

Zur »Einstimmung«:

*Der Lehrer*

führt eine Klasse
führt Klassenlisten
führt Karteikarten
führt Kinder

wird beurteilt
wird geprüft
wird versetzt
wird zurückgestuft
wird eingestuft

trägt Meldungen ein
trägt Beschwerden ein
trägt Verantwortung
trägt unterschiedliche Kleidung

bereitet Unterricht vor
bereitet Unterricht nach
erbringt Nachweise
erfüllt Stoffpläne

urteilt über Schülerarbeiten
urteilt über Schüler
beurteilt Schüler
entscheidet über Bildung
stellt Zeugnisse aus
wertet – wertet ab – wertet auf

korrigiert Arbeiten
korrigiert Schüler
korrigiert sich
korrigiert Kollegen
misst Leistung
beurteilt Leistung

plant Konferenzen
nimmt daran teil
nimmt Anteil
vernimmt Appelle

differenziert
toleriert
akzeptiert
frustriert

legt Klassenbücher vor
legt Karteikarten vor
legt Zeugnisse vor
legt Stoffverteilungspläne vor

therapiert
hört zu
versteht
versteht nicht

hat Aufsichtspflicht
hat Anwesenheitspflicht
hat Schweigepflicht
hat Vertretungspflicht
hat Krankmeldungspflicht

fragt nach
hilft und fördert
ermutigt und beruhigt
stützt und zieht
spielt und spielt mit

muss pünktlich sein
muss gewissenhaft sein
muss termingerecht sein
muss entgegenkommend sein
muss Vorbild sein

schafft Beziehungen
schafft Vertrauen
schafft
schafft es nicht
ist geschafft

muss Noten einholen
muss Listen ausfüllen
muss Schülerbücher verteilen
muss Lehrerbücher ausleihen

wird angegriffen
wird entmutigt
wird beschuldigt
wird beobachtet

*Der Lehrer*

darf Überstunden machen
darf nicht streiken

hat Recht auf Urlaub
hat Recht auf Beschwerde
hat Recht auf ...

ist gerecht
ist freundlich
ist ausgeglichen
ist kritikfähig
ist beleidigt
ist humorvoll
ist aktiv
ist nicht aktiv
ist angepasst
ist eigenständig
ist selbständig
ist integrierend
ist lieb und streng
ist zerstreut

ermahnt
ermahnt schon wieder
lehrt und lernt
erklärt und klärt auf

verhält sich zum Schulleiter
verhält sich zu Kollegen
verhält sich zu Schülern
verhält sich zu Eltern
verhält sich zu Organen
verhält sich zu Behörden
verhält sich still

ist Berater
ist Helfer
ist Anlaufstelle
ist Ansprechstelle

hält Elternabende
hält Konferenzen
hält Vorträge
hält Ordnung
hält den Mund
hält, was er verspricht

wird gelobt
wird bestärkt

wird kritisiert
wird verunsichert
wird beschenkt

macht Ausflüge
macht Klassenfahrten
macht Schullandheimaufenthalte
macht Elternbesuche
macht Krankenbesuche
macht Hausaufgaben
macht zu viel und zu wenig
macht sich Gedanken
macht sich Sorgen
macht's möglich
macht mit
macht nicht mit
macht Fehler
macht vieles wieder gut

geht zu Bierabenden
geht zu Klassenfesten
geht zu Schulfesten
geht zu Abschlussfeiern

redet mit Eltern
redet über Eltern
redet mit Schülern
redet über Schüler
redet mit Kollegen
redet über Kollegen
redet, redet, redet ...

steht im Mittelpunkt
steht im Interesse
steht im Abseits
steht in der Öffentlichkeit

steht zur Verfügung
steht im Kreuzfeuer
steht im Blickpunkt
steht im Schussfeld
steht allein
steht nicht allein
...

Bevor Sie weiterlesen: Notieren Sie spontan, was Ihnen jetzt in den Sinn kommt, nachdem Sie die »Auflistung« gelesen haben ...
Wenn Sie wissen möchten, was anderen Kollegen eingefallen ist: Ich habe gesammelt. Hier einige Kostproben:

48

- Ich bin völlig frustriert.
- War das alles?
- Ich sehe vor lauter Bäumen den Wald nicht mehr.
- 'ne ganze Menge, was? – Und nun?
- Das schaff' ich nie.
- Und das bei A12!
- Toll, was der alles kann!
- Das schaff' ich spielend.
- Ich bin erstaunt, was ich alles kann.
- Ich bin erschlagen.
- Gott sei Dank, dass ich nicht alles kann.
- Stark übertrieben, finden Sie nicht?
- Ob ich das alles noch lerne?
- Das kann man doch nicht alles verlangen.
- Selber schuld, dass ich Lehrer geworden bin.
- Wie gut, dass es Ferien gibt …
- Eigentlich möchte ich kein Lehrer mehr sein.
- Vieles davon gibt es auch in anderen Berufen.
- Zeigt die Vielfalt des Lehrerberufes!
- Großes Rollenrepertoire!

Fasst man diese Tätigkeiten und Verhaltensweisen zusammen, so ergeben sich bestimmte Grundfähigkeiten des Lehrers, die innerhalb der Erziehung unerlässlich sind. Für mich sind sie so wichtig, dass ich sie »Pfeiler im Erziehungsprozess« genannt habe:

| Erziehung | | | | | |
|---|---|---|---|---|---|
| Selbstkonzept | Vorbildfunktion | Kommunikation | Kooperation | Fachkompetenz | Realitätssinn |
| persönlichkeitsfördernde Einstellungen und Verhaltensweisen | vorbildhafte Verhaltens- und Wirkungsweisen | beziehungsfördernde Verhaltensweisen | beziehungsfördernde Arbeitsweisen | fachliche und didaktische Fähigkeiten | realistische Sicht- und Handlungsweisen |

Wenn der Lehrer humane Grundhaltungen, Einstellungen und entsprechende Verhaltensweisen erkennt, erwirbt und lebt, so ergeben sich daraus beziehungs- und erziehungsfördernde Einzeltätigkeiten und er befindet sich nicht mehr in der »Not-Situation« bloße Techniken einzuüben, damit es in der Schule »besser klappt«.

**Aufgaben**

Den nachfolgenden Pfeilern der Erziehung habe ich Aktivitäten zugeordnet, durch die sie erworben werden können. Nehmen Sie Stellung dazu:

1 = kommt für mich nicht in Frage, lehne ich ab
2 = habe ich bereits (in etwa) getan
3 = möchte ich noch tun bzw. erwerben
4 = fühle mich (momentan) überfordert

 1  *Selbstkonzept*

– Eigene Einstellungen, Verhaltensweisen, Gedanken, Gefühle, Körperreaktionen wahrnehmen, überdenken

– Rückmeldung (so genanntes feed back) von anderen annehmen (»Du wirkst auf mich …«)

– Gespräche über die eigene Person mit anderen führen (Partnern, Freunden, Kollegen)

– An Lehrgängen, Kursen, Tagungen, berufsbezogenen Gesprächsgruppen (so genannte Balint-Gruppen) und Selbsterfahrungsgruppen (personenzentrierte Gesprächsgruppen) teilnehmen

– Sich Wissen über die Entwicklung der Persönlichkeit, über Selbstwahrnehmung, Akzeptanz … aneignen

– Sich auf Erfahrungen einlassen und eventuell Unsicherheiten in Kauf nehmen, sich in Frage stellen lassen

– Aktivitäten ausführen, durch die Selbstbewusstsein gefördert wird

 2  *Vorbildfunktion*

– Bejahen, dass Lehrer (so oder so) Vorbilder sind

– Rückmeldung von Schülern einholen und annehmen (»Sie wirken auf uns …«)

– Erkennen, dass »Vorbild sein« keine Überforderung bedeuten muss (auch Vorbilder dürfen Fehler machen!)

– Gespräche und Lebensformen suchen, in denen Erfahrungsaustausch mit Kindern und Jugendlichen möglich ist

– Verhalten als Prozess und nicht als optimalen Endzustand begreifen

– Fehler eingestehen und für Kritik offen sein

## 3 Kommunikation

- Sich Wissen aneignen für förderliche Begegnungen und Beziehungen mit Menschen □
- Blockaden abbauen und Offenheit für sich und andere entwickeln □
- An Tagungen, Seminaren und anderen Trainingsmöglichkeiten zum Thema Kommunikation teilnehmen □
- Gespräche mit Schülern, Kollegen und Eltern führen, um die Kommunikationserfahrung zu erweitern □
- Eigene Wünsche und Bedürfnisse äußern und auf Wünsche und Bedürfnisse der anderen eingehen □

## 4 Kooperation

- Über eigenes Arbeitsverhalten mit anderen nachdenken □
- Rückmeldung über die Wirkung eigenen Arbeitsverhaltens einholen □
- Bisherige Aktivitäten im Team notieren (Selbstkontrolle) □
- Eigene Schwierigkeiten äußern im Team zu arbeiten □
- »Gruppenfreundliche« und/oder »gruppenfeindliche« Einstellungen und Verhaltensweisen überdenken □
- Unterricht planen und durchführen, der vielfältige Sozialformen enthält □
- Tagungen, Kurse u. ä. besuchen, in denen kooperative Arbeitsweisen angeboten bzw. bevorzugt werden □

## 5 Fachkompetenz

- Sich fachliche und didaktische Fähigkeiten durch Studium und Weiterbildung aneignen □
- Sich an berufsbezogenen Arbeitsgruppen beteiligen □
- Fachbezogene Literatur lesen □
- Erfahrungen mit Kollegen austauschen □
- Unterricht gegenseitig besuchen und nachbesprechen □
- Unterricht gemeinsam vorbereiten □
- Tagungen, Lehrgänge, Seminare und Kurse besuchen □

## 6 Realitätssinn

- Eigene Gedanken, Meinungen ... zu Beruf und Schule überdenken, notieren und mit anderen austauschen □
- Realitäten wahrnehmen, annehmen und aushalten □

- Eigene Wünsche, Vorstellungen und Bedürfnisse anderen mitteilen und sie auf die Realisierbarkeit hin überprüfen ☐

- Wünsche und Bedürfnisse anderer (Schüler, Kollegen) wahrnehmen und sie mit eigenen vergleichen ☐

- Wünsche und Bedürfnisse mit bereits vollzogenen Aktivitäten vergleichen (Soll-Ist-Vergleich) ☐

- Grenzen bei sich und anderen wahrnehmen und akzeptieren ☐

(In den nachfolgenden Kapiteln werden die einzelnen Pfeiler der Erziehung noch vertieft werden.)

7 Vorschläge: Sie können nun

- Ihre Notizen mit anderen austauschen;
- sich ein »Lehrerarbeitsprogramm« erstellen (wann nehme ich was in Angriff?);
- die Blätter frustriert weglegen (hat ja doch keinen Sinn);
- alles notieren, was Sie mit 1, 2, 3, 4 bezeichnet haben (1 = ablehnen, 2 = abhaken, 3 = planen und durchführen, 4 = im Auge behalten)
- und:
- _____
- _____
- _____

8 Wenn ich an die Grundpfeiler denke, dann ist für mich noch wichtig:

☐ z.B.: Ich werde in Zukunft die einzelnen Bereiche stärker beachten.
☐     Ich glaube, ich muss mich bewusster mit dem Thema Erziehung auseinander setzen.
☐ _____
☐ _____
☐ _____

9 Beziehungsfördernde Maßnahmen sind im Raum Schule sehr wichtig. Aber:

☐ z.B.: Ich bin immer wieder unsicher, wenn ich vor einer neuen Klasse stehe, in ein neues Kollegium komme ...
☐ _____
☐ _____
☐ _____

10 Ich habe zur Schule eine

☐ realistische Einstellung, weil _____
☐ wenig realistische Einstellung, weil _____

# 3. Die Entwicklung der Persönlichkeit

• Aufgabenschwerpunkte:
  – sich selbst wahrnehmen,
  – sich stabilisieren,
  – sich weiterentwickeln.

Die eigene Persönlichkeit wahrzunehmen, zu stabilisieren und weiterzuentwickeln ist weder selbstverständlich noch leicht. Zum einen weist die persönliche Lebensgeschichte viele Brüche und Erfahrungen auf, die förderlichen Einstellungen und Verhaltensweisen widersprechen. Unser menschliches Lernen ist bisher viel stärker von Modellen der Ablehnung als von Annahme und Zuneigung geprägt. (Kritik wird häufiger geäußert als Infragestellen. Sie kennen das berühmte:»Ja, aber ...«) Zum anderen sind Möglichkeiten, sich zu entwickeln, nicht ohne weiteres geboten.

Der Wunsch sich weiterzuentwickeln und sich ändern zu wollen, beruht auf einer Reihe von Erfahrungen: Bisheriges Verhalten wird als nicht mehr befriedigend erlebt und erschwert zwischenmenschliche Beziehungen. Durch den Einsatz falsch verstandener Autorität, Drohungen und Strafmaßnahmen haben sich auch die Verhaltensweisen der Schüler nicht (grundlegend) geändert. Die offenen und versteckten »Kriegsspiele« (»Mal sehen, wer hier der Stärkere ist!«) zwischen Lehrern und Schülern und die ausgetragenen Machtkämpfe waren bisher in keiner Weise förderlich, sondern meist Ausdruck beiderseitiger Hilflosigkeit.

Vom Wollen zum Können ist ein weiter Weg und es bedarf einiger Jahre, bis Grundhaltungen und Verhaltensweisen selbstverständlich und sinnvoll, förderlich und befriedigend für alle Beteiligten erlebt werden. Vor leichtfertigem Umgang mit so genannten therapeutischen Methoden, die nicht auf dem Boden echter Überzeugung entstanden und gewachsen sind, kann nicht deutlich genug gewarnt werden:

Während eines Trainingsseminars hörte ich folgenden Satz einer Teilnehmerin: »Jetzt wende ich mal Ichbotschaften nach Gordon an. Wenn's nicht klappt, kann ich immer noch Druck ausüben.«

Der Weg zum Können beginnt auch hier wieder mit persönlichen Erfahrungen: Begegnungen mit Menschen, die mein Verhalten angenommen und nicht bewertet haben und die dadurch selbstbestimmte Änderung wesentlich ermöglichen; Erfahrungen in Gruppen, in denen Achtung, einfühlendes Verstehen, Echtheit, Zuneigung und Wärme erlebt wurden; Trainingsangebote, in denen Vertrauen und Selbstbestimmung Grundlagen sind persönliches Lernen zu fördern.

Bei dem Bemühen, mich und andere besser zu verstehen, hat mir der Gedanke der »Suchbewegung« sehr geholfen. Er stammt aus der Psychiatrie und meint die Suche nach Verhaltensweisen bei sich selbst, die der Arzt beim Patienten wahrnimmt. Dadurch wird das Verstehen wesentlich erleichtert: »Es gilt also zu lernen bei mir zu suchen, eine Suchhaltung zu entwickeln. ... Ich habe ferner zu lernen, dass die Anwendung der Suchhaltung mich auch für den anderen offener macht, mich das suchen lässt, was von dem anderen in mir anklingt ...« (Dörner, Klaus/Plog, Ursula: Irren ist menschlich. Bonn 1996, zitiert nach Rehburg/Loccum 1982/6, S. 32).

Auf meine eigene Entwicklung übertragen heißt das, dass ich in mich hineinhöre, um Motive und Verhaltensweisen wahrzunehmen, auch wenn manches davon nicht immer angenehm sein sollte. Die innere Wahrnehmung ist dann selbst der Antrieb sich weiterzuentwickeln und zu ändern, auch wenn angeborene, anerzogene und gelernte Verhaltensweisen uns zunächst daran hindern sollten. Ich nehme mir Zeit meine innere Welt wahrzunehmen und mit ihr zurechtzukommen. Die Sensibilisierung für mich selbst bringt mich dann zur Sensibilisierung für andere und somit zu einer Grundhaltung, in der Verstehen möglich wird. Und schließlich wird mir deutlich: Meine bisherige Ausbildung als Lehrer war (fast) ausschließlich sachorientiert und kaum personen- und beziehungsorientiert. Ich habe also einen großen Nachholbedarf (siehe: Miller, Reinhold: Beziehungsdidaktik. Weinheim 1998/3).

Von Niggemann übernehme ich eine Möglichkeit, Wege zur Selbstverwirklichung zu gehen (Niggemann, Wilhelm: Praxis der Erwachsenenbildung. Freiburg 1979/3, S. 26):

»Lernen als Erwerb oder Veränderung von Verhaltensweisen gelingt umso eher, als der Lernende selbst aktiv den Lernprozess mitbestimmt.«

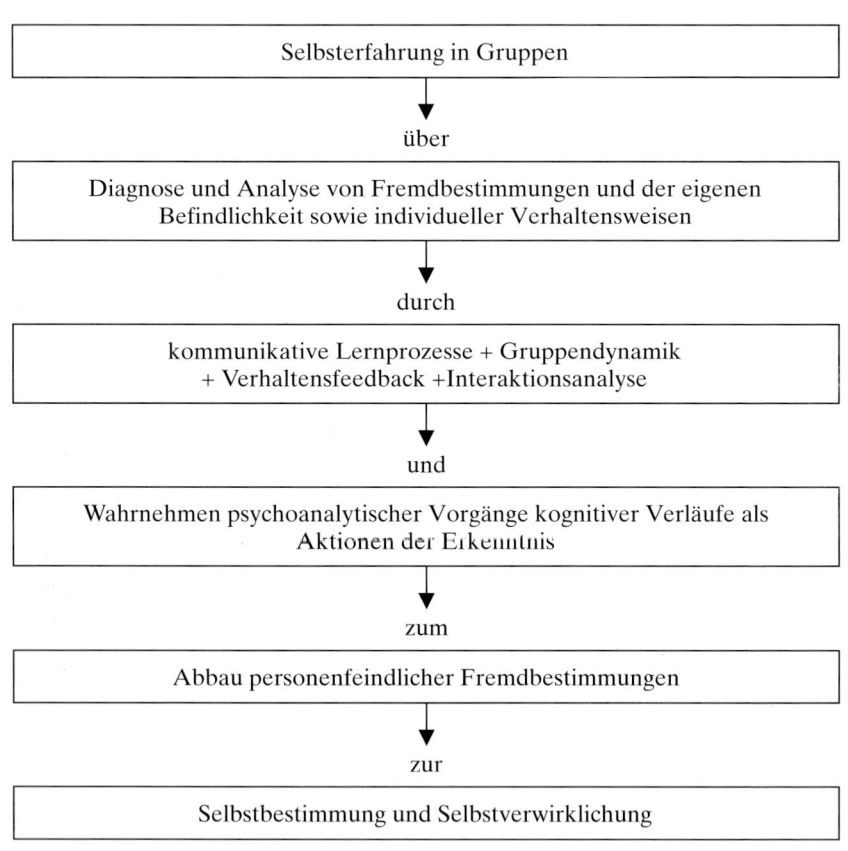

Wenn Ihnen das Ganze zu kompliziert oder zu psychologisch erscheint, so blättern Sie einfach weiter. Auf den nächsten Seiten finden Sie genügend Anregungen zum gleichen Thema.

**Merke:** Persönlichkeitsentwicklung
besteht aus Selbstwahrnehmung,
Fremdwahrnehmung und Handeln.

## Aufgaben

1 Während eines Trainingssemesters erzählte ein Lehrer:»Vor einiger Zeit veranstaltete ich einen Wissenswettbewerb in meiner Klasse 8b. Die Schüler durften gegen mich antreten. Sie stellten sehr gute Fragen, aber schließlich habe ich doch noch gesiegt!«

Ihre Stellungnahme dazu: _____

_____

_____

2 Notieren Sie Situationen, in denen Ihre Persönlichkeit »angekratzt« wird, wenn Sie nicht die Oberhand behalten, und Gründe, warum dies so ist.

*Situationen*                                    *Gründe*

_____        _____

_____        _____

3 Was ist für Ihre Persönlichkeit wichtig?

☐ Anerkennung             ☐ _____
☐ Geborgenheit           ☐ _____
☐ _____    ☐ _____
☐ _____    ☐ _____

4 Während eines Besuches in einem Schulzentrum fragte ich den Schulleiter nach Schwierigkeiten mit Schülern. Seine Antwort:»Ach, wissen Sie, wir haben hier eigentlich keine großen Schwierigkeiten. Bisher haben wir noch jeden kleingekriegt.«

Ihre Stellungnahme dazu: _____

_____

_____

5 Notieren Sie Situationen, in denen Sie andere Menschen »kleingekriegt« haben – auf welche Weise auch immer –, um selbst »groß« dazustehen.

_____

_____

_____

6 Kreuzen Sie an und tauschen Sie Ihre Erfahrungen aus:

☐ Ich kann des Öfteren verlieren.
☐ Ich muss nicht immer Erster sein.

- [ ] Eigentlich bin ich sehr »vorlaut«.
- [ ] Bei meinen Freunden bin ich die Nr. 1.
- [ ] Am liebsten lasse ich die anderen machen.
- [ ] Ich glaube, manchmal kann ich ganz schön unterdrückend sein.
- [ ] Ich habe keine Angst mich selbst wahrzunehmen.
- [ ] Nur nicht zu sensibel, das macht neurotisch.
- [ ] Ich komme sehr gut mit mir selbst zurecht.
- [ ] Ich brauche sehr viel Abwechslung.
- [ ] Alleinsein fällt mir sehr schwer.

7 | Lesen Sie bitte nachfolgende Eigenschaften; Aufgaben dazu anschließend!

| | |
|---|---|
| 1 aktiv | 37 launisch |
| 2 angespannt | 38 locker |
| 3 arbeitsfreudig | 39 lustig |
| 4 aufgeregt | 40 missgelaunt |
| 5 aufgeschlossen | 41 misstrauisch |
| 6 ausgeglichen | 42 nachgiebig |
| 7 beharrlich | 43 neidisch |
| 8 bequem | 44 nervös |
| 9 bestimmend | 45 offen |
| 10 betriebsam | 46 optimistisch |
| 11 eigensinnig | 47 passiv |
| 12 einfühlsam | 48 pessimistisch |
| 13 empfindlich | 49 progressiv |
| 14 energisch | 50 ratlos |
| 15 entschlossen | 51 ruhelos |
| 16 entspannt | 52 ruhig |
| 17 erregbar | 53 schlapp |
| 18 erwartungsvoll | 54 schwungvoll |
| 19 flexibel | 55 selbstbewusst |
| 20 freundlich | 56 selbstsicher |
| 21 friedfertig | 57 sensibel |
| 22 fordernd | 58 spontan |
| 23 froh | 59 stur |
| 24 gehemmt | 60 trage |
| 25 gehetzt | 61 unentschlossen |
| 26 gelöst | 62 ungeduldig |
| 27 gereizt | 63 unnachgiebig |
| 28 gesellig | 64 unruhig |
| 29 impulsiv | 65 unsicher |
| 30 inkonsequent | 66 unternehmungslustig |
| 31 konservativ | 67 verkrampft |
| 32 kontaktfreudig | 68 verschlossen |
| 33 konzentriert | 69 wütend |
| 34 kraftvoll | 70 zärtlich |
| 35 kritisch | 71 zielstrebig |
| 36 lässig | 72 zufrieden |

**8** Notieren Sie diejenigen Eigenschaften (Zahlen), die – in etwa – durchgängig zu Ihnen gehören (*Selbstwahrnehmung*).

_____

_____

_____

**9** Bitten Sie einige Ihrer Bezugspersonen (Partner, Freunde, Kollegen, Schüler ...) Eigenschaften zu notieren, die sie durchgängig bei Ihnen wahrnehmen (*Fremdwahrnehmung*).

_____

_____

_____

**10** Tauschen Sie anschließend die Gemeinsamkeiten und Unterschiede aus (Vergleich: *Selbstwahrnehmung – Fremdwahrnehmung*).

*Eigenschaften (Selbstwahrnehmung):*     *Eigenschaften (Fremdwahrnehmung):*

_____     _____

_____     _____

_____     _____

_____     _____

**11** Notizen aus der anschließenden Diskussion:

_____

_____

_____

**12** Notieren Sie Eigenschaften, die Sie gerne besitzen wollen (eigentlich möchte ich gerne sein) und vergleichen Sie diese mit den wirklichen. Wo klaffen Wunsch und Wirklichkeit am meisten auseinander?

*Gewünschte Eigenschaften*     *Wirkliche Eigenschaften*

_____     _____

_____     _____

_____     _____

**13** Was ich tun kann, um meine »Wunscheigenschaften« zu verwirklichen:

_____

_____

_____

**14** Kreuzen Sie an, was auf Sie zutrifft:

- ☐ Wenn ich jemanden neu kennen gelernt habe, fühle ich mich immer zuerst recht nervös.
- ☐ Ich fühle mich unsicher, wenn alle Augen auf mich gerichtet sind.
- ☐ Ich spreche nicht gern vor einer größeren Zuhörerschaft.
- ☐ Bei Veranstaltungen setze ich mich gerne exponiert irgendwohin.
- ☐ In Gruppengesprächen bin ich meist still.
- ☐ Ich hab's gerne, wenn mir zugehört wird.

☐ Ich bin froh, wenn ich äußern kann, wie ich mich fühle.
☐ Was ich denke und fühle, behalte ich lieber für mich.
☐ Wenn ich in der Öffentlichkeit sprechen muss, habe ich zunächst immer ein Zittern in meiner Stimme.
☐ Mein Blutdruck ist bestimmt höher, wenn ich im Mittelpunkt stehe.
☐ Ich unterhalte mich viel lieber in einem kleineren Kreis mit Menschen.
☐ Ich stelle mich gerne Anforderungen.
☐ Ich habe des Öfteren das Gefühl, überfordert zu sein.
☐ Ich verstelle mich, wenn ich mit anderen Menschen spreche.
☐ Im Fernsehen, da würdew ich auch mal gerne auftreten.
☐ Die anderen sind ja doch viel gewandter als ich.
☐ Am liebsten bin ich auf Partys, auf denen ich viele Menschen kennen lernen kann.
☐ Ich bin froh, wenn die Schule aus ist und ich meine Ruhe habe.

15 Notieren Sie, was Sie ändern wollen.

_____

_____

_____

16 Besprechen Sie sich mit anderen, wie Sie Änderungen herbeiführen können.

17 In folgenden schulischen Situationen habe ich den Eindruck, dass ich als Persönlichkeit nicht immer zurechtkomme:

| Situationen | Schwierigkeiten |
|---|---|
| Lehrerkonferenz: Meistens bin ich ruhig und sage nichts. Ich möchte aber manchmal: | – Ich könnte mich vor den anderen blamieren. |
| _____ | – Ich will mich nicht bloßstellen. |
| _____ | – Was wohl die anderen von mir denken? |
| Andere Kollegen sollen meinen Unterricht nicht beobachten (Unterrichtsmitschau). Eigentlich möchte ich aber doch: | – Ich fühle mich dadurch verunsichert. |
| _____ | – Wie stehe ich denn hinterher da? |
| _____ | – Es wird ja doch bloß über mich hergezogen. |
| Ich mache nicht gerne allein Hofaufsicht. Vielleicht möchte ich aber doch: | – Es ist zu viel Augenmerk auf mich gerichtet. |
| _____ | – Wenn's Schwierigkeiten gibt, bin ich allein. |
| _____ | – Zu viele Kontakte mit Schülern überfordern mich. |

Nach Unterrichtsschluss will mich der Vater eines Schülers sprechen. Ich möchte gerne so reagieren:

_____

_____

– Ich denke: Was will denn der schon wieder?
– Ich sage zu mir: Lass dich nicht überfahren, sag deine Meinung!
– Ich denke: Welche Vorwürfe hat er wohl diesmal gegen mich?

Der Schulleiter sagt zu mir, dass ich im kommenden Schuljahr voraussichtlich die 8b im Fach X bekäme (ziemliche Problemklasse!). Ich möchte gerne äußern:

_____

_____

– Ich ärgere mich über den Schulleiter, dass er ausgerechnet mir diese Klasse geben will.
– Ich bekomme einen Schreck und fühle mich ziemlich hilflos.
– Ich bemerke Erleichterung und Aufatmen bei zwei Kolleginnen; das macht mich erst recht sauer!

Oder:

_____

_____

_____

_____

_____

_____

Neue Klasse, erste Stunde, Abwarten der Schüler, knisternde Spannung ... Ich möchte mich gerne so verhalten:

_____

_____

– Ich spüre körperliches Unbehagen, Magendrücken, Herzklopfen, feuchte Hände ...

_____

_____

Unterrichtsvorbereitung: Ich kaue an einem Problem herum und komme einfach nicht weiter. Im Grunde genommen möchte ich:

_____

_____

– Ich lerne das ja doch nie.
– Egal, morgen wird's schon irgendwie gehen, der Schulrat kommt ja nicht.
– Ich werde immer unruhiger und verkrampfter.

_____

_____

18 Bilden Sie einen Gesprächskreis. Jeder beginnt einen Satz mit »Ich fühle mich unsicher, wenn ...«; anschließend Gespräch über Befindlichkeit, Ursachen und Bewältigung.

Notizen: _____

_____

19 Jeder Teilnehmer sagt – auf annehmbare Weise – einem anderen einen Satz der Kritik (z.B.: Ich finde, du reagierst sehr schnell beleidigt). Keine Reaktion, keine Antwort, keine Rechtfertigung. ... Est nachdem *alle* sich geäußert haben, Austausch.

Wenn Sie im Bereich von Selbsterfahrung, Gruppe und Interaktion an förderlichen Spielen interessiert sind, empfehle ich Ihnen: Vopel, Klaus: Interaktionsspiele. Eine ganz hervorragende Reihe (sechs Hefte), um persönlich und mit anderen weiterzulernen. (Näheres siehe Literaturempfehlungen.)

20 Notieren Sie: Ich akzeptiere an mir, ich akzeptiere nicht.

*Akzeptanz*                                          *Nichtakzeptanz*

_____              _____

_____              _____

21 Schätzen Sie sich selbst ein mit je drei »positiven« (= Stärken) und drei »negativen« (= Schwächen) Adjektiven:

_____

_____

22 Fragen Sie andere, die Sie gut kennen, ebenfalls nach drei »positiven« und drei »negativen« Adjektiven über Sie:

_____

_____

(Hinweis: »Positiv« und »negativ« beinhalten Wertungen. Besser sind *Wirkungsweisen*, die Sie selbst oder andere als angenehm oder unangenehm empfinden. Dadurch relativieren sich Verhaltensweisen und werden nicht als Charaktereigenschaften [die unumstößlich sind] apostrophiert.)

23 Überlegen Sie deshalb: Treffen oben genannte Eigenschaften *immer* auf Sie zu oder jeweils nur in *bestimmten Situationen?*

*immer*                                          *situationsbedingt*

_____              _____

_____              _____

24 Gesprächskreis: Jeder schreibt in Stichworten auf einen Zettel: Ich bin ... (Eigenschaften, Verhaltensweisen ...). Anschließend werden alle Zettel eingesammelt, vermischt und offen in den Kreis gelegt. (Hinweis: Wenn man sich schon lange kennt, möglicherweise die Handschrift verändern!) Die Gruppe rät nun, welcher Zettel (= Eigenschaften, Verhaltensweisen) zu wem gehört. (Vergleich: Selbstwahrnehmung/Fremdwahrnehmung!)

Notizen: _____

_____

_____

# Literaturempfehlungen

Bäuerle, Siegfried (Hrsg.): Der gute Lehrer. Empfehlungen für den Umgang mit Schülern, Eltern und Kollegen. Stuttgart 1989.
Der Sammelband enthält Aufsätze, die dem Leser eine breite und aufschlussreiche Palette von Zugängen zum Thema »der gute Lehrer« geben und ihn zum Reflektieren und Weiterdenken ermuntern. Mich haben besonders diejenigen Beiträge angesprochen, die den »guten« Lehrer nicht als eine statische Größe (!), sondern als eine Person im lebendigen Prozess mit sich und anderen darstellen.

Dietrich, Rainer, u.a.: Psychologie der Lehrerpersönlichkeit. München 1983.
Wenngleich wissenschaftlich geschrieben, so doch sehr verständlich für den Nichtpsychologen; detailliert und umfangreich:
– Lehrereigenschaften/Lehrerrolle und ihre erzieherische Bedeutung
– Die Rollenfunktion des Lehrers
– Das Selbstkonzept des Lehrers und seine erzieherische Bedeutung
– Lehrereinstellungen
– Motivationale Aspekte der Lehrerpersönlichkeit
– Lerntheoretische Analyse der Lehrerpersönlichkeit

Gudjons, Herbert/Reinert, Gerd-Bodo (Hrsg.): Lehrer ohne Maske? Königstein/Ts. 1981.
Ein Sammelband mit ausgezeichneten Aufsätzen zur Thematik »Grundfragen zur Lehrerpersönlichkeit«:
– Die Lehrerpersönlichkeit in didaktischem Handlungsfeld
– Die Lehrerpersönlichkeit in kommunikativem Handlungsfeld
– Lehrerpersönlichkeit und Institution Schule
– Entwicklungsmöglichkeiten der Lehrerpersönlichkeit
Das Buch bietet ein breites Spektrum, ist sehr anschaulich, oft amüsant geschrieben und gibt viele Anregungen zum Nach- und Weiterdenken.

Miller, Reinhold: Beziehungsdidaktik. Weinheim 1998/3 (siehe 2. Kapitel), S. 54.

Miller, Reinhold: Schul-Labyrinth. Weinheim 1993.
Es werden außerschulische und schulische Veränderungen beschrieben und reflektiert, »Gedanken-Gänge« durch das »neue Schulhaus« gemacht, Konsequenzen für den Lehrer/innenberuf aufgezeigt, Anstöße und Orientierungen gegeben und auf Belastungen und Entlastungen hingewiesen.

Rogers, Carl: Entwicklung der Persönlichkeit. Stuttgart 1982/4.
Das Buch hat mir persönlich in meiner (Weiter-)Entwicklung sehr geholfen. Die Aufsätze lesen sich sehr verständlich und sind einfühlend geschrieben. Immer wiederkehrende Schwerpunkte:
– Vertrauen bekommen in die eigenen Erfahrungen
– Abbau von Fremdbestimmung, Aufbau von Selbstbestimmung
– Förderliche Beziehungen mit anderen Menschen
– Gesprächstherapie als personenzentrierter Ansatz

Scarbath, Horst: Träume vom guten Lehrer. Donauwörth 1992.
Der Autor beschreibt seinen »Traum vom guten Lehrer«, macht sich Gedanken über die Lehrerpersönlichkeit, reflektiert die veränderte Schulwirklichkeit und fordert u.a. mehr Sozialpädagogik in der Lehrerbildung.

Tausch, Reinhard und Annemarie: Erziehungspsychologie. Göttingen 1998/11 (zitiert nach 1991/10).

Schon lange und immer noch ein Standardwerk, das mir im Hinblick auf förderliche Beziehungen zu meinen Schülern sehr viel gegeben hat.

Schwerpunkte: Menschliche Grundhaltungen wie Achtung der Person, Achtung – Wärme – Rücksichtnahme, einfühlendes und nichtwertendes Verstehen, Echtheit und nichtdirigistische Einzeltätigkeiten.

Vopel, Klaus: Interaktionsspiele, Bd. I–VI (Isko-Press). Hamburg 1996/6.

Alle sechs Hefte sind jeweils in sieben Kapitel unterteilt:
– Akzeptierung und Angstabbau
– Wahrnehmen und Kommunizieren
– Aktivierung bei Müdigkeit und Unlust
– Entwicklung von Vertrauen und Offenheit
– Beziehungsklärung und feed back
– Umgang mit Einfluss, Macht und Konkurrenz
– Konsens und Kooperation

Eine Reihe von Spielen lässt sich auch auf den Unterricht und auf Lehrer-Schüler-Interaktion übertragen.

# 3. Kapitel:
# Erziehung und Elternarbeit


## 1. Lehrer-Eltern-Beziehung

• Aufgabenschwerpunkte:
– Vorurteile gegen Eltern abbauen,
– Vorurteile der Eltern abbauen,
– förderliche Beziehungen aufbauen.

Erziehung erfordert *gemeinsame* Erziehungsarbeit von Eltern und Lehrern. Dies setzt intakte Beziehungen zwischen beiden voraus. Der Abbau von (möglichen) gegenseitigen Vorurteilen, Spannungen und Konflikten ist deshalb notwendig.

Lehrer haben Probleme mit Eltern:
– Erfahrungen von Missverständnissen und Vorwürfen;
– Erwartungen an Eltern, die von diesen nicht erfüllt wurden;
– Überforderungen und unrealistische Forderungen seitens der Eltern;
– fehlendes Verständnis für die Person und Arbeit des Lehrers.

So ist verständlich, dass auch folgende Lehreräußerungen zu hören sind:
– »Den Eltern kann ich's ja sowieso nicht recht machen.«
– »Die Eltern kümmern sich ja nicht um die Schule.«
– »Herr X kommt ja nur, wenn er sich beschweren will.«
– »Gegen die Eltern komme ich ja doch nicht an.«
– »Die mischen sich in alles rein. Ich rede doch den Eltern auch nicht in deren berufliche Angelegenheiten.«

Es besteht die Gefahr unangenehme Erfahrungen mit einzelnen Eltern auf alle zu übertragen bzw. diese Erfahrungen – unbearbeitet – als Blockaden in die Lehrer-Eltern-Beziehung miteinzubringen.
Auf der anderen Seite: Auch Eltern waren einmal Schüler und kommen mit unverarbeiteten Erfahrungen zur Schule:
Wiederholt bat ich Eltern (anlässlich von Elternabenden und Elternkursen) aufzuschreiben, was ihnen zum Thema Schule einfiele (Hinweis: Unter Elternarbeit ist die Arbeit mit Eltern und anderen Erziehungsberechtigten gemeint):

| | |
|---|---|
| – viele Hausaufgaben | – Strafen/Strafarbeiten |
| – ruhig und still sein | – strenger Lehrer |
| – singen, malen | – Ferien |
| – schön schreiben müssen | – Freunde |

- ausgelacht werden
- Angst
- lernen müssen
- spielen im Schulhof
- beschimpft werden
- Blödsinn machen

- Disziplin
- Zeugnisse, Noten
- rechnen und schreiben
- aufpassen
- Freude
- unangenehmes Gefühl

Es sind also überwiegend negativ besetzte Eindrücke, die den Eltern in Erinnerung bleiben. Kein Wunder, dass diese dann auch gegenüber Lehrern zum Ausdruck kommen:
- »Ihr macht ja doch nur, was ihr wollt.«
- »Ich fühle mich Lehrern gegenüber immer unterlegen.«
- »Lehrer halten alle zusammen.«
- »Wir Eltern bekommen ja doch nicht Recht.«
- »Mit Herrn Y kann man sowieso nicht reden.«
- »Wenn ein Lehrer kritisiert wird, dann müssen es unsere Kinder büßen.«
- »Der sagt zu allem ja und amen und macht dann doch nur, was er will.«
- »Frau X hat ja doch keine eigene Meinung.«

Diese Erfahrungen von Lehrern und Eltern sind oft nur sehr schwer zu verarbeiten. Die positive Bewältigung gelingt nicht nur durch sachliche Argumentation, sondern auch durch entsprechende Verhaltensweisen von beiden Seiten. So können Vorurteile und Phantasien der Eltern abgebaut werden durch:
- Zuhören, ohne gleich zu widersprechen. Eltern wollen subjektive Betroffenheit äußern und nicht objektive Argumente entgegennehmen (dies geschieht im Bewältigungsprozess erst später!)
- Vermittlung von Verständnis, d.h. durch Wahrnehmung der wirklichen Probleme der Eltern.
- Annahme von Realitäten (Vorwürfe an Eltern: »Hätten Sie doch ...« helfen nicht weiter.)
- Verdeutlichung der Sichtweisen des Lehrers:
  Der Lehrer kann sich nicht jedem Kind gleichermaßen widmen (Abbau von überzogenen Wünschen und Forderungen).
  Der Lehrer ist (auch) ungerecht, nichtverstehend, fehlerhaft ... (Abbau von Idealvorstellungen und Phantasien).
  Die Schule kann nicht allen alles geben (Verdeutlichung der »Realität Schule«).

Vorurteile der Eltern werden abgebaut, wenn sie wahrnehmen, dass
- ihre Kinder gerne in die Schule gehen,
- in der Schule ein förderliches Klima herrscht,
- ihre Kinder Lernfortschritte machen,
- die Lehrer einfühlend und verstehend sind,
- ihre eigenen Anliegen ernst genommen werden,
- Lehrer an ihren Kindern interessiert sind,
- Lehrer in der Schule Aktivitäten zeigen.

Hilfreich sind dabei auch Verhaltensweisen des Lehrers:
- klare Äußerungen und Stellungnahmen geben,
- den eigenen Standpunkt verdeutlichen,

- schulische Angelegenheiten offen legen (Transparenz),
- Sichtweisen der Eltern verstehen.

Letztlich werden Eltern und Lehrer (wieder) vorurteilsfrei zusammenarbeiten, wenn sie bereit sind sich auf neue Erfahrungen einzulassen, schlechte Erfahrungen gemeinsam zu bewältigen und in der erzieherischen Arbeit Verschiedenheiten, Spannungen und Konflikte anzunehmen und aufzuarbeiten.

> **Merke:** Negative Erfahrungen können
> nicht nur durch Argumentation genommen,
> sondern auch durch positive Erfahrungen
> verarbeitet werden.

## Aufgaben

1 Notieren Sie negative Erfahrungen mit Eltern:

_____

_____

_____

(Haben Sie inzwischen diese Erfahrungen verarbeitet, d.h., gehen Sie selbst unbelastet und vorurteilsfrei auf Eltern zu?)

2 Sie können als Lehrer im Umgang mit Eltern

| | | |
|---|---|---|
| □ ablehnen | □ bagatellisieren | □ abblocken |
| □ abweisen | □ entgegnen | □ nachfragen |
| □ annehmen | □ angreifen | □ nachbohren |
| □ verstehen | □ kontern | □ einengen |
| □ akzeptieren | □ ironisieren | □ einfühlen |

Ihre Schwerpunkte: _____

3 Antworten Sie auf Elternäußerungen:

- Mit euch Lehrern kann man ja doch nicht reden (versteckter Ausdruck von Enttäuschung).

- *Nicht förderlich:* Das stimmt nicht, wir sind immer gesprächsbereit. (Die Erfahrung wird hier vom Lehrer nicht ernst genommen.
- *Förderlich:* Ich spüre, dass Sie ziemlich schlechte Erfahrungen mit uns Lehrern gemacht haben.

- Wissen Sie, Ihr Kollege hat ja doch immer Recht (versteckte Äußerung von Machtlosigkeit).

- *Nicht förderlich:* Da tun Sie ihm aber Unrecht. Er ist nicht so wie Sie glauben. (Lehrer blockt ab und verteidigt vorschnell.)
- *Förderlich:* Ich habe den Eindruck, dass Sie meinem Kollegen gegenüber bisher nie so recht zu Wort gekommen sind.

– Ich muss Ihnen schon sagen:
Mein Sohn hat bei Ihrem Vorgänger immer gute Noten gehabt.

_____

_____

_____

– Früher war das ganz anders. Da
war alles viel strenger und es hat
auch geklappt. Aber heute ...

_____

_____

_____

4 Notieren Sie auf einem Notizzettel für einen Elternabend: Was ich heute Abend alles mache, damit Vorurteile der Eltern abgebaut werden:

_____

_____

_____

5 Sehr geehrte Eltern!

Am Dienstag, dem 2.10.1984, findet in der Schule die erste Elternversammlung statt. Wir laden Sie dazu herzlich ein. Beginn 19.30 Uhr im Klassenzimmer der 3b.

Mit freundlichen Grüßen
(Elternvertreter, Klassenlehrer)

Wie stark ist der Einladungscharakter für Sie, den Elternabend zu besuchen?

☐ Ich fühle mich (sehr) angesprochen.
☐ Ich empfinde das Schreiben relativ neutral, kaum Einladungscharakter.
☐ Mir ist der Text zu nichtssagend.
☐ _____

6 Sehr geehrte, liebe Eltern!

Wie Sie bestimmt durch Ihre Kinder erfahren haben, bin ich seit Beginn dieses Schuljahres Klassenlehrerin Ihrer Kinder der 3b. Ich möchte Sie näher kennen lernen und lade Sie – in Absprache und Einvernehmen mit Ihren beiden Eltern- vertretern – zu unserem ersten Elternabend sehr herzlich ein. Bitte ermöglichen Sie es, dass wenigstens ein Elternteil kommen kann. Ihre El- ternvertreter und ich halten die Zusammenarbeit Schule–Elternhaus für sehr wichtig. Damit Sie wissen, was Sie an diesem Abend erwartet, hier das Pro- gramm:

– Begrüßung durch Frau S. (Elternvertreter) und kurzer Rückblick auf das ver-
gangene Schuljahr
– Vorstellung der Klassenlehrerin
– Information: Was Ihre Kinder im 3. Schuljahr alles lernen – Welche Lehrer
sie haben – Wie Noten gemacht werden
– Schwierigkeit Nr. 1 in der Klasse: Das leidige Vergessen
– Gemeinsame Aussprache

Ich grüße Sie, auch im Namen Ihrer Elternvertreter, sehr herzlich und freue mich auf Ihr Kommen.

Ihre B.F.

(Dieser Brief kann auch, modifiziert, der Einladung der Elternvertreter beigelegt werden.)

Wie stark ist der Einladungscharakter dieses Briefes?

| 9 | 8 | 7 | 6 | 5 | 4 | 3 | 2 | 1 |
|---|---|---|---|---|---|---|---|---|

sehr stark                                      sehr schwach

[7] Als Vater/Mutter sind Sie relativ uninteressiert an schulischen Dingen. Was könnte in einem Einladungsbrief Ihr Interesse wecken bzw. fördern?

☐ Aussagen über Notenbildung
☐ Aussagen über das Verhalten der Kinder
☐ Informationen über Erziehungsprobleme
☐ Persönliches über den Lehrer
☐ Informationen zum Unterrichtsstoff
☐ _____
☐ _____
☐ _____

[8] Was würden Sie als Eltern gerne über den Klassenlehrer/die Fachlehrer Ihrer Kinder wissen?

_____
_____
_____

[9] Schreiben Sie – allein oder als Gruppe – einen Einladungsbrief (mit hohem Aufforderungscharakter) an die Eltern!

[10] Notieren Sie Ihre bisherigen positiven Erfahrungen mit Eltern und tauschen Sie diese mit Kollegen aus.

[11] Überdenken Sie Ihr letztes Schuljahr und notieren Sie Ihre Kontakte mit Eltern:

– Elternabende: _____  Gesamteindruck: _____

– Gespräche: _____  Gesamteindruck: _____

– Besuche: _____  Gesamteindruck: _____

– zufällige Begegnungen: _____  Gesamteindruck: _____

_____  Gesamteindruck: _____

[12] Bei der Kontaktaufnahme mit Eltern habe ich folgende Schwierigkeiten:

☐ Ich spüre immer noch Unsicherheiten bei mir.
☐ Elternabende sind doch nicht so effektiv, wie ich sie mir vorstelle.
☐ _____
☐ _____

## 2. Gespräche mit Eltern

• Aufgabenschwerpunkte:
– Gesprächshindernisse erkennen,
– Blockaden im Gespräch abbauen,
– förderliche Gespräche führen.

Abgesehen von gemeinsamen schulischen Aktivitäten mit Eltern, besteht der Hauptkontakt mit ihnen in Gesprächen. Dabei werden Eltern meist dann angesprochen, wenn gravierende Probleme aufgetaucht sind, wenn Klagen und Beschwerden über ihre Kinder geäußert werden sollen oder wenn Schullaufbahnberatungen notwendig werden. Bei alldem ist die Fähigkeit des Lehrers auf die Eltern so einzugehen, dass Gespräche sinnvoll begonnen und erfolgreich weitergeführt und beendet werden, von entscheidender Bedeutung:

1 *Vermittlung* einfühlenden Verstehens durch den Lehrer (Empathie – Echt-
↓   heit – Nichtwertung; Erfahrung des Ernstgenommenwerdens!)

2 *Verdeutlichung* der eigenen Sichtweisen und Empfindungen (feed back des
↓   Lehrers)

3 *Erarbeitung* gemeinsamer Lösungswege bzw. *Bewältigungsversuche* der Pro-
↓   bleme

4 *Begleitung* bei der Durchführung bestimmter Aktivitäten (Erprobung der
↓   Lösungswege)

5 *Rückmeldung* der Wirkungen, Erfolge, Misserfolge; ggf. Änderungen (Bei
↓   erneuten Problemen wieder zurück zur *Vermittlung* usw. ...)

(Zum Thema Gespräche siehe auch 5. und 11. Kapitel.)

*Erläuterung:*

1 Der erste Schritt, Vermittlung einfühlenden Verstehens, ist der bedeutendste. Hier entscheidet sich, ob das Gespräch fruchtbar wird und weitergeführt werden kann oder ob es sich verhärtet und abgebrochen wird. (Mutter: »Ich hab' es ja gleich gesagt, dass man mit dem nicht reden kann.«)
Die Fähigkeit des Lehrers besteht darin sein Gegenüber in dessen eigener, innerer Welt zu verstehen und dieses Verstehen gleichzeitig auch mitzuteilen und erfahrbar zu machen (Fachleute sprechen hier von »spiegeln« und »aktivem Zuhören«). Entscheidend ist, dass der Partner sich verstanden *fühlt* (und nicht nur verstanden *weiß*!), denn erst aus der *Erfahrung* des Verstandenseins ist er innerlich bereit weiter mit dem Lehrer zu sprechen:

*Beispiel:* Mutter, leise weinend: »Herr M., ich bin ganz durcheinander. Jetzt hat Peter schon wieder einen Sechser in der Arbeit geschrieben.«

| *Nicht verstehend:* | *Einfühlend und verstehend:* |
|---|---|

»Es ist gut, dass Sie gekommen sind, aber wissen Sie, das wird schon wieder. Allerdings muss ich auch sagen, dass Sie sich bisher zu wenig um Peter gekümmert haben.«

»Ich spüre, dass Sie sehr verzweifelt sind und nicht mehr so recht weiterwissen. Sie machen sich große Sorgen um Peter wegen der schlechten Note.«

(Der Lehrer übergeht die Gefühlslage der Mutter, bagatellisiert das Problem und bringt sofort – versteckt – Vorwürfe.)

(Der Lehrer greift die Gefühlslage der Mutter auf und verdeutlicht sie ihr nochmals. Dadurch fühlt sich die Mutter verstanden und wird weiterhin offen sprechen.)

Es gilt also die Meinungen, die Gefühle und Sichtweisen des anderen als Ausdruck seiner Erfahrungen anzunehmen. Es werden ja keine objektiven Aussagen gemacht, sondern es wird subjektive Betroffenheit geäußert: Leid, Klage, Vorwurf, Bitte, Angriff u.a. Das Gespräch kann erst weitergeführt werden, wenn mein Gegenüber mit mir die Erfahrung gemacht hat: Er versteht mich! Diese *Verstehenserfahrung* ist die Voraussetzung für alle weiter folgenden Stufen des Gesprächs. Den anderen jedoch verstehen heißt nicht eigene Erfahrungen und Sichtweisen zu verbergen.
Dies geschieht anschließend:

2 Der zweite Schritt, Verdeutlichung der eigenen Sichtweisen und Empfindungen, ist gleichsam das Echo im Gespräch. Der Partner fühlt sich nicht allein gelassen und erfährt die Wirkungen seiner Äußerungen. Dies ist wichtig für persönliches Weiterlernen und sachliche Klärungen.

*Beispiel:* Die Mutter ist immer noch sehr niedergeschlagen.

| *Nicht verstehend:* | *Verstehend:* |
|---|---|

»Ich verstehe ja, dass Sie wegen der Note deprimiert sind, aber wissen Sie: Sie müssen auch mich verstehen. Ich gebe mir die größte Mühe und bei Peter fruchtet einfach nichts.«

»Ihre Niedergeschlagenheit macht mich sehr betroffen und die Noten von Peter belasten auch mich. Zugleich bin ich aber auch froh, dass Sie gekommen sind. Jetzt, da wir miteinander sprechen, fühle ich mich erleichtert.«

(Die eigene Sichtweise wird als Vorwurf geäußert.)

(Der Lehrer sagt, was ihn bewegt, ohne Vorwurf, offen und annehmbar für die Mutter.)

Wichtig ist also die echte Äußerung ohne so genannte »versteckte Botschaften«, die meist in Vorwürfen geäußert werden. Das Gespräch kann erst dann weitergeführt werden, wenn von beiden Seiten Offenheit praktiziert worden ist. Beide Partner haben ihre Sichtweisen darlegen können, wobei in diesem Fall der Lehrer der »Gesprächsöffner« war, indem er Verstehen vermittelt und eigene Reaktionen (vorwurfs- und wertfrei) geäußert hat. Jetzt ist der Zeitpunkt gekommen, an dem beide in der Lage sind das Problem *gemeinsam* weiter zu bearbeiten.

3 Der dritte Schritt besteht aus Vorschlägen, Beratungen und dem Versuch gemeinsam zu Lösungen zu kommen. Im ersten und zweiten Schritt lag die Be-

tonung auf emotionalen Befindlichkeiten, während im dritten allmählich sachliche Aspekte die Oberhand bekommen:

*Beispiel:* Die Mutter will Hilfe.

Mutter:»Was meinen Sie denn, was da zu machen ist? Sie sind doch Peters Lehrer und wissen bestimmt, wie seine Leistungen verbessert werden können.«

*Nicht förderlich:*

»Also, ich gebe Ihnen folgenden Rat ...«

(Hier ist der Lehrer der »Macher«; er ist für Lösungen zuständig. Er betrachtet die Mutter als Unterlegene – weil sie als Hilflose bittet – und gibt vorschnell Ratschläge.)

*Förderlich:*

»Sie möchten jetzt gerne Ratschläge von mir. Ich möchte gerne *mit Ihnen zusammen* Peter helfen.«

(Der Lehrer signalisiert der Mutter, dass er sie als Partnerin betrachtet und mit ihr zusammen das Problem lösen will.)

Bei den nicht förderlichen Beispielen waren die Gesprächspartner frustriert und blieben in eigenen Positionen verhärtet. In den förderlichen Beispielen konnte jeder in seiner Person echt bleiben und sich frei äußern. Das gegenseitige Verständnis ist gewachsen. Deshalb kann das Gespräch auch sinnvoll weitergeführt werden:
In diesem dritten Schritt erarbeiteten Mutter und Lehrer Lösungen bzw. Möglichkeiten, das Problem anzugehen.

4  Im vierten Schritt, außerhalb des unmittelbaren Gesprächs, werden die Vorschläge ausprobiert. Die Partner bleiben in Verbindung (das Gespräch geht also innerlich weiter) und tauschen sich weiterhin aus.

5  Im fünften Schritt erfolgt die Rückmeldung von beiden: Haben die Lösungsvorschläge Erfolg gehabt? Müssen Änderungen getroffen werden? Wie haben sich alle Beteiligten gefühlt? Bei erneuter Problemlage beginnt das Gespräch wieder bei Schritt 1.

Die beiden häufigsten Kontaktformen zwischen Eltern und Lehrern sind das Informationsgespräch und das Beratungsgespräch:

*1) Das Informationsgespräch:*
Hier wünschen Eltern Informationen z.B. über den Leistungsstand ihrer Kinder, über deren Verhalten, über Schulwechsel, Berufsmöglichkeiten u.a.m. Der Lehrer ist als kompetenter Fachmann gefragt und gefordert die entsprechenden Informationen zu geben. Die Sachebene hat den Vorrang vor der Beziehungsebene, aber auch hier ist es wichtig, dass die Sache so besprochen wird, dass die Beziehung nicht darunter leidet (z.B. durch Überheblichkeit, Sturheit, Reserviertheit).

*2) Das Beratungsgespräch* unterteilt sich in die direktive und in die nichtdirektive Beratung.

*a) Die direktive Beratung:*
Hier bestimmt der Lehrer die Ziele und Inhalte und den Verlauf des Gesprächs. Er geht von der Annahme aus, dass er als kompetenter Fachmann weiß, was für

den Ratsuchenden wichtig und richtig ist. Der Schwerpunkt liegt auf der Sachebene. Die Beziehung kann starken Belastungen ausgesetzt sein, weil der Berater dominant ist. Der Selbstentwicklung und Selbstbestimmung des Gegenübers werden kaum oder zu wenig Raum gegeben.

*b) Die nichtdirektive Beratung:*
Hier bestimmen die Erziehungspartner, also Vater, Mutter, Eltern, die Ziele und Inhalte und den Verlauf des Gesprächs. Der Lehrer versteht sich als Helfer, um Selbstentwicklung, Selbstbestimmung und Einsichten des Gegenübers zu ermöglichen.

Beide Beratungsformen weisen bestimmte Merkmale auf, wobei die Grenzen zwischen beiden durchaus fließend sein können:

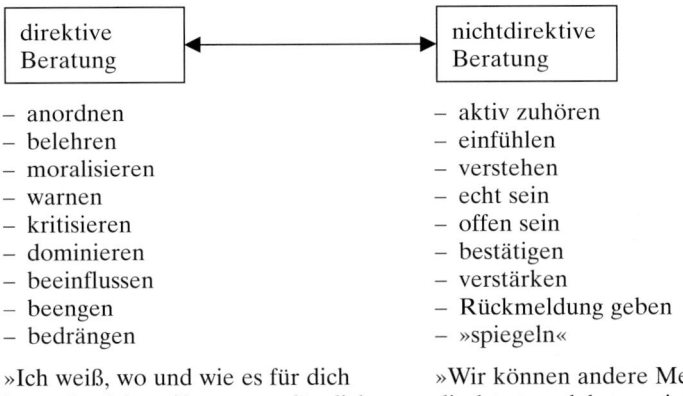

| direktive Beratung | | nichtdirektive Beratung |
|---|---|---|
| – anordnen | | – aktiv zuhören |
| – belehren | | – einfühlen |
| – moralisieren | | – verstehen |
| – warnen | | – echt sein |
| – kritisieren | | – offen sein |
| – dominieren | | – bestätigen |
| – beeinflussen | | – verstärken |
| – beengen | | – Rückmeldung geben |
| – bedrängen | | – »spiegeln« |

»Ich weiß, wo und wie es für dich langgeht. Ich weiß, was gut für dich ist.«

»Wir können andere Menschen nicht direkt etwas lehren, wir können nur ihr Lernen fördern!« (C. Rogers)

Der Berater ist geneigt, dann die direktive Beratung zu bevorzugen, wenn von Seiten des Ratsuchenden keine Impulse kommen und wenn dieser einen sehr »hilflosen Eindruck« macht. Auch hier gibt es einen gefährlichen Teufelskreis:

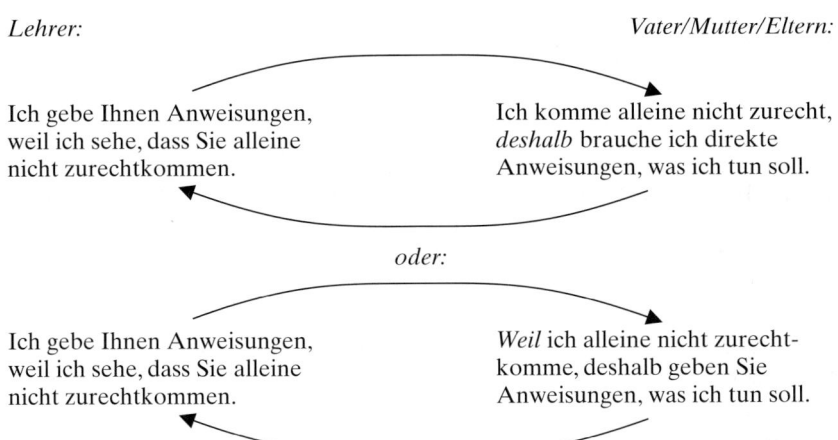

*Lehrer:*                          *Vater/Mutter/Eltern:*

Ich gebe Ihnen Anweisungen, weil ich sehe, dass Sie alleine nicht zurechtkommen.

Ich komme alleine nicht zurecht, *deshalb* brauche ich direkte Anweisungen, was ich tun soll.

*oder:*

Ich gebe Ihnen Anweisungen, weil ich sehe, dass Sie alleine nicht zurechtkommen.

*Weil* ich alleine nicht zurechtkomme, deshalb geben Sie Anweisungen, was ich tun soll.

Der Ratsuchende lernt erst dann mit seinen Problemen selbstständig umzugehen, wenn der Berater den Kreis durchbricht und keine Direktiven gibt. Allerdings ist es nicht immer leicht abzuwägen, wann und wie die Beeinflussung zurückzunehmen bzw. zu stoppen ist. Dennoch: Das Ziel jeder Beratung bleibt die Förderung und Ermöglichung der Selbstentwicklung, Selbstständigkeit, Selbstentscheidung und Gewinnung eigener Einsichten des Gesprächspartners, letztlich also das »Überflüssigsein des Beraters«.

*Die drei Kontaktformen im Schema:*

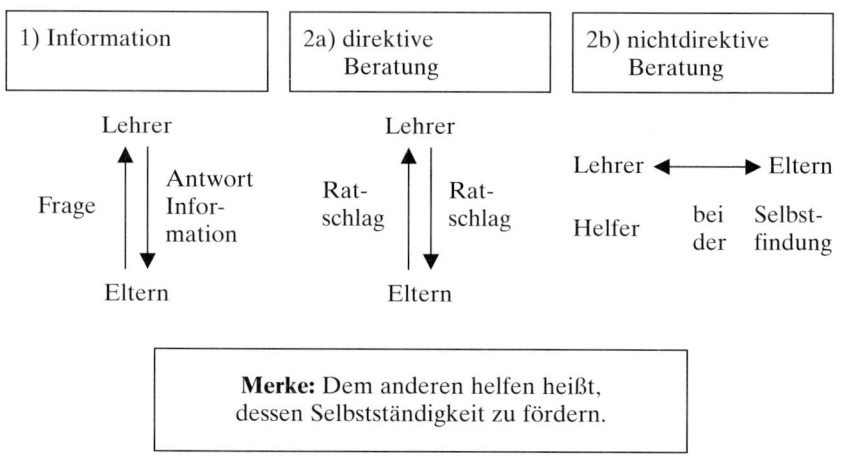

Merke: Dem anderen helfen heißt, dessen Selbstständigkeit zu fördern.

**Aufgaben**

1 Diskutieren Sie in der Gruppe die fünf Stufen des Gesprächs: Vorteile, Nachteile, Verlauf, Schwierigkeiten, offene Fragen.

2 Analysieren Sie die folgenden Antworten des Lehrers:

*Mutter:* »Ich möchte unbedingt haben, dass Claudia in die Realschule kommt; das muss sie doch schaffen, meinen Sie nicht auch?«

*Lehrer:* »Also, da kann ich Ihnen   Analyse: _____
überhaupt keine Hoffnungen machen.   _____
Sehen Sie denn nicht, dass die Noten   _____
viel zu schlecht sind?«

*Vater:* »Ja, sind Sie denn nicht der Meinung, dass man hier strenger durchgreifen müsste?«

*Lehrer:* »Nein, der Meinung bin ich   Analyse: _____
nicht. Ich habe da meine eigenen Er-   _____
ziehungsvorstellungen und mache es   _____
so, wie ich es für richtig halte.«

**3** Verbessern Sie die Lehrerantworten:

*Mutter:* »Sie sollten auch mal strenger sein. Ich finde, Sie lassen den Kindern viel zu viel durchgehen. Herr K. (Vorgänger) war da ganz anders:«

*Lehrer:* »Wissen Sie, Ihr Vorwurf ist schon ein starkes Stück. Ich bin ganz schön verärgert. Ich gebe Ihnen ja auch keine Empfehlungen, wie Sie Ihren Haushalt zu führen haben!«

*Verbesserung:*

_____

_____

_____

_____

*Vater:* »Sie sind doch auch der Meinung, dass Susi (15) noch viel zu jung ist, um jetzt schon einen festen Freund zu haben. Sagen Sie ihr doch, dass das ganz und gar nicht geht.«

*Lehrer:* »Da bin ich ganz Ihrer Meinung. Dass Susi die Freundschaft überhaupt nicht verdaut, merke ich an den zunehmend schlechter werdenden Leistungen.«

*Verbesserung:*

_____

_____

_____

_____

**4** Sichtwechsel: Sie sind der Gesprächspartner des Lehrers, also Vater oder Mutter. Versetzen Sie sich in deren Lage und notieren Sie Ihre Gefühlslage, nachdem Sie folgende Lehrerantworten gehört haben:

– »Aber liebe Frau M., das können Sie doch gar nicht beurteilen. Das müssen Sie schon mir überlassen.«

Wirkung bei mir als Vater/Mutter:

_____

_____

_____

– »Wie kommen Sie denn dazu, mir solche Vorwürfe zu machen? Ich bin nicht Herr K. (Vorgänger), jeder hat da seinen eigenen Unterrichtsstil.«

_____

_____

_____

– »Sie als Mutter müssten doch am besten wissen, was Ihr Peter in der Freizeit macht.«

_____

_____

_____

– »Ich hab's Ihnen ja gleich gesagt: Hätten Sie Ihr Kind nicht in die Realschule geschickt, dann ...«

_____

_____

_____

**5** Analysieren Sie die in **4** genannten Lehreraussagen: Notieren Sie die Blockaden, die der Lehrer aufbaut:

_____

_____

_____

**6** Bitte antworten Sie einfühlend und verstehend (nicht abblockend) auf folgende Äußerungen (welches Problem haben die *Eltern*?):

– »Sie sind ja wohl noch nicht lange im Dienst, sonst hätten Sie das doch sehen können.«

_____
_____
_____

– »Ich kann überhaupt nicht verstehen, wie Ihr Kollege so reagieren konnte. Als erfahrener Lehrer darf ihm das nicht passieren.«

_____
_____
_____

**7** Was ist blockierend an nachfolgenden »Verstehensäußerungen«?

– »Ich verstehe dich ja, aber du musst das auch mal von meinem Standpunkt aus betrachten.«

_____
_____
_____

– »Ich verstehe das schon, was du da sagst, aber so kompliziert, wie du das siehst, ist es auch wieder nicht.«

_____
_____
_____

– »Ich hoffe, du merkst, dass ich dich verstehe, aber du musst dich auch mal in meine Lage versetzen.«

_____
_____
_____

– »Ich verstehe dich recht gut. Mir ist das früher auch so ergangen. Du wirst sehen, das gibt sich wieder.«

_____
_____
_____

**8** Formulieren Sie richtige Verstehensweisen, z. B.:

– »Du machst auf mich einen sehr niedergeschlagenen Eindruck. Möchtest du mir mitteilen, was dich so bedrückt?«
– »Ich sehe, wie froh Sie sind. Die guten Leistungen Ihres Sohnes haben Ihnen einen großen Druck genommen.«
– »Du machst ein sehr wütendes Gesicht. Peter hat dir wohl sehr weh getan?«
– »Ich habe das Gefühl, dass Sie sehr mutlos sind. Ihre Stimme klingt sehr leise und was Sie sagen, kommt sehr zaghaft und unsicher.«

Oder:

_____
_____
_____

## 3. Zusammenarbeit mit Eltern

• Aufgabenschwerpunkte:
– Gemeinsamkeiten und Unterschiede erkennen,
– Erziehungsziele abstimmen,
– gemeinsame Wege und Maßnahmen erarbeiten.

Lehrer und Eltern stehen gemeinsam vor Schwierigkeiten:
– Verlust einheitlicher Erziehungsvorstellungen und -konzepte;
– Verunsicherung durch die verschiedenen Einflüsse auf Kinder und Jugendliche;
– Belastungen der Lehrer in der Beziehung zu den Schülern und Zunahme von Konflikten;
– Belastungen der Eltern in der Beziehung zu ihren Kindern und Zunahme von familiären Problemen;
– Hilflosigkeit gegenüber Erziehungsproblemen, Disziplinlosigkeiten und kriminellen Verhaltensweisen;
– Resignation wegen der Zukunftsperspektiven der Kinder und Jugendlichen (Beruf, Umwelt ...).

Der Verlust der Einheitlichkeit von Erziehung, die früher stärker zu beobachten war, wird besonders deutlich durch die Vielfalt der Erziehungseinflüsse:

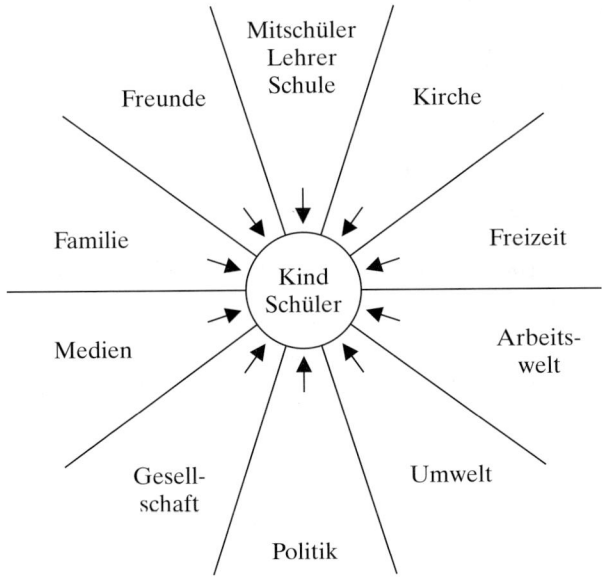

Was geschieht mit einem Kind, das folgenden Sichtweisen der Erziehung ausgesetzt ist? Beispiel:

| *Eltern:* | | *Schule/Lehrer* |
|---|---|---|
| –»Packen Sie ihn nur streng an, das kann nie schaden.« | | –»Dies widerspricht meinem sozialintegrativen Unterrichtsstil.« |
| –»Mein Kind ist nicht gewohnt, den ganzen Vormittag nur still zu sitzen.« | ← Kind → | –»Ich finde, Kinder haben ruhig und brav zu sein. Lernen erfordert Konzentration.« |
| –»In der Schule herrschen heute Zustände. Das gab's früher nicht.« | | –»Die Zeiten haben sich geändert. So wie früher können wir heute nicht mehr erziehen.« |

Die Erkennung von unterschiedlichen Erziehungssichtweisen und Verhaltensweisen und die Suche nach Gemeinsamkeiten bleiben deshalb eine dringliche Aufgabe von Elternhaus und Schule, und zwar nicht, um mit »doppelter Kraft« gegen die (aufmüpfigen) Kinder vorzugehen (ein 2:1-Erziehungsverhältnis ist nie förderlich!), sondern um als Partner durch Gemeinsamkeiten zu helfen und nicht durch zu große Unterschiedlichkeiten zu verunsichern.

Eine Reihe von Gemeinsamkeiten bietet sich an (entnommen: de Jong, Klaus: Schule und Elternhaus, Gegner oder Partner in der Erziehung?«. In: VBE-Praxishelfer o.Nr., Herbst 1984):

– Hausaufgabenproblematik
– Erziehungs- und Unterrichtsziele, angestrebte Arbeitstechniken, Unterrichtsdifferenzierung (Stütz- und Fördermaßnahmen)
– Möglichkeiten und Hilfestellungen für die häusliche Mithilfe
– soziale Erziehung, Unterrichtsmethoden
– Fragen des Religionsunterrichts, des Sexualunterrichts
– Problembereich Leistungsfeststellung
– Fragen von Pausenbrot, Gesundheitserziehung
– Problembereich: Nutzen der modernen Medien
– Fragen der Schülermitverantwortung
– Fragen der Berufswahl, weiterführende Schulen
– Fragen zu Abschlussprüfungen
– Vorhaben der Klasse, der Schule
– aktuelle pädagogische Probleme in der Klasse
– Aussagen des Lehrplans
– Verkehrserziehung

*Hinweis zum Elternabend:* Versuchen Sie, die Eltern selbst »Schülererfahrungen« machen zu lassen, z.B. durch folgende Fragen:
– Sie sitzen jetzt wieder auf der Schulbank. Wie fühlen Sie sich?
– Sie hören mir jetzt alle zu: An was denken Sie? Was kommt in Ihnen »hoch«?
– Sie sind hier im Klassenzimmer. Was würden Sie jetzt am liebsten tun?

»Orte«, an denen Gemeinsamkeiten erfahren und getan werden können, sind:

Elternabende,

Elternnachmittage,

Stammtischrunden,

Elternbesuche,

schulische Veranstaltungen,

außerschulische Veranstaltungen,

Gesprächskreise,

Einzelgespräche.

So kann also Elternarbeit sehr vielfältig geschehen, vorausgesetzt, Lehrer sind bereit die Möglichkeiten zu nutzen.

Wenn Sie zusätzliche Hilfen für Ihre Arbeit mit *ausländischen* Eltern suchen, so empfehle ich Ihnen:
– Deutsches Institut für Fernstudien: Ausländerkinder in der Schule. Heft: Zusammenarbeit mit ausländischen Eltern. Tübingen 1983.
– Karg, Hans-Hartmut: Gestaltung und Durchführung eines Elternabends für türkische Eltern – Ein Erfahrungsbericht. In: Lernen in Deutschland, Heft 4/1984, S. 107–109.
– Landesstelle für Erziehung und Unterricht. Stuttgart.
Heft 4: Zusammenarbeit mit ausländischen Eltern (1981),
Heft 5: Elternarbeit an Schulen mit hohem Ausländeranteil (1983).

---

**Merke:** Viele Lehrer sind auch Eltern.
Alle Eltern waren auch Schüler.
Viele Schüler werden Eltern.
Manche Schüler werden Lehrer.
Sollte es da keine Gemeinsamkeiten geben?

---

## Aufgaben

1 Brainstorming während eines Elternabends: Wenn ich an Erziehung denke, fällt mir ein:

Eltern                                                                    Lehrer

| Eltern | Austausch und Gespräch | Lehrer |
|---|---|---|
| _____ | | _____ |
| _____ ◄ | ► | _____ |
| _____ | | _____ |
| _____ | | _____ |

2 Zu meiner Zeit bedeutete Erziehung:

Eltern                                                                    Lehrer

| Eltern | Austausch und Gespräch | Lehrer |
|---|---|---|
| _____ | | _____ |
| _____ ◄ | ► | _____ |
| _____ | | _____ |

3 Davon sollte heute noch gültig sein:

Eltern                                                                                          Lehrer

| | Austausch und Gespräch | |
|---|---|---|
| ←————————— | | —————————→ |

4 Unterschiedliche und/oder gemeinsame Erziehungsvorstellungen:

*Eltern: Kinder müssen/sollen*          *Lehrer: Schüler müssen/sollen*

(Anschließend Austausch und Gespräch)

5 Folgende Aussagen finde ich

| | gut | mittel | schlecht |
|---|---|---|---|
| – Kinder brauchen strenge Lehrer. | ☐ | ☐ | ☐ |
| – Strafen sind hilfreiche Erziehungsmittel. | ☐ | ☐ | ☐ |
| – Kinder brauchen viel Zuwendung. | ☐ | ☐ | ☐ |
| – Es dauert sehr lange, bis sich Verhaltensweisen der Kinder ändern. | ☐ | ☐ | ☐ |
| – Kinder brauchen Eltern und Lehrer als Vorbilder. | ☐ | ☐ | ☐ |
| – Nicht lange fackeln: Durchgreifen! | ☐ | ☐ | ☐ |

(Anschließend: Austausch der Eltern- und Lehrermeinungen)

6 Gemeinsame und/oder unterschiedliche Erziehungsmaßnahmen: Notieren Sie zuerst getrennt Ihre Meinungen und tauschen Sie diese dann mit den Eltern aus (was meinen Sie, was meinen die Eltern?):

| Situation/Verhalten Konsequenz | stimme zu | stimme nicht zu |
|---|---|---|
| 1: Zimmer nicht aufgeräumt: Ein Nachmittag ohne Ausgang! | ☐ | ☐ |
| 2: Hausaufgaben öfter vergessen: Brief an die Eltern! | ☐ | ☐ |
| 3: Ständig dazwischenrufen: Zwischenrufe werden 3-mal geschrieben. | ☐ | ☐ |
| 4: Geschirr nicht abgetrocknet: Taschengeldkürzung! | ☐ | ☐ |
| 5: Abends heimlich Video gesehen: Am Wochenende kein Fernsehen! | ☐ | ☐ |
| 6: Oft den Tafeldienst nicht gemacht: Noch mal eine Woche! | ☐ | ☐ |
| 7: Arbeitsmaterial nicht mitgebracht, keine Arbeit: Note 6! | ☐ | ☐ |
| 8: Im Garten nicht mitgeholfen: Heute Mittag keine Erdbeeren mit Sahne! | ☐ | ☐ |

**7** Suchen Sie für jede Situation/jedes Verhalten mindestens drei alternative Konsequenzen und versuchen Sie sich immer weiter von Strafmaßnahmen zu entfernen:

1: _____
2: _____
3: _____
4: _____
5: _____
6: _____
7: _____
8: _____

**8** Vereinbarungsübung:

*Eltern*                                   *Lehrer*

– »Es geht nicht, dass unsere Kinder immer so wenig Hausaufgaben aufhaben.«

– »Hausaufgaben werden doch von vielen abgeschrieben oder erst gar nicht gemacht.«

*Vereinbarung:*

_____
_____
_____

– »Sie machen in Englisch zu viel Grammatik. Es genügt, wenn die Kinder später sprechen können.«

– »Zum Englischunterricht gehört nun mal Grammatik. Da müssen die Kinder eben mehr lernen.«

*Vereinbarung:*

_____
_____
_____

– oder:                                    – oder:

_____   _____
_____   _____

*Vereinbarung:*

_____
_____
_____

**9** Tauschen Sie mit den Eltern nachfolgende Meinungen aus:

| *Eltern* | *Lehrer* |
| --- | --- |
| – Ich mag an meinem Kind: | – Ich mag an meiner Klasse: |
| ☐ dass es sehr ruhig ist | ☐ die rege Beteiligung |
| _____ | _____ |
| _____ | _____ |
| _____ | _____ |
| – Ich mag an meinem Kind nicht: | – Ich mag an meiner Klasse nicht: |
| _____ | _____ |
| _____ | _____ |

(Durch die jeweiligen Äußerungen werden Haltungen der Erzieher deutlich.)

**10** Erklären Sie die folgende Situation den Eltern und bitten Sie diese, Reaktionen zu notieren, die sie für richtig halten. Besprechen Sie im Anschluss daran die verschiedenen Antworten (sie drücken unterschiedliche erzieherische Sichtweisen aus):

*Situation:* Ihr Kind kommt nach Hause, weint und sagt:»Ich hab' schon wieder einen Sechser im Diktat, ich lern's ja doch nicht mehr!« (Grundschule)

| *Reaktionen* (Vater, Mutter): | *Meine Meinung;* |
| --- | --- |
| 1) »Dann üben wir in der nächsten Zeit einfach noch mehr.« | (Empfindung wird übergangen – gleich zur Sache!) |
| 2) »Ach, das ist nicht so schlimm, das wird schon wieder!« | (Bagatellisierung, Kind wird nicht ernst genommen!) |
| 3) Nimmt das Kind in den Arm, streichelt es, lässt es ausweinen. | (Situations- und zeitgerecht: Kind wird angenommen, Problem später bearbeitet.) |
| 4) »Hör auf zu weinen, schau, da hab ich ein Stück Kuchen für dich!« | (Gefühl wird unterdrückt, Ablenkung, Kind wird nicht ernst genommen!) |
| 5) »Gell, du bist jetzt ganz arg traurig über deine Note und fühlst dich ziemlich mutlos?!« | (Die Gefühlslage des Kindes wird verbal aufgegriffen und dadurch Verstehen vermittelt.) |
| 6) »Ach, das ist mir früher auch passiert, das ist nicht so schlimm!« | (Bagatellisierung: Kind wird nicht ernst genommen!) |
| 7) »Wenn du aufgehört hast zu weinen, dann üben wir gleich zusammen ein neues Diktat!« | (Heißt übersetzt: Wenn du aufgehört hast mit deinen Gefühlen, dann gehen wir gleich zur Sache.) |

# Literaturempfehlungen

Gordon, Thomas: Familienkonferenz. München 1989 (TB).
In diesem Buch geht es um die »Lösung von Konflikten zwischen Eltern und Kind« – sehr konkret, anschaulich, mit vielen Beispielen, wenngleich auch manchmal etwas zu einfach. Schwerpunkt: Aufdecken: Aufdecken von Blockaden in der Beziehung, Förderung der Beziehung, aktives Zuhören und Ichbotschaften, Darlegung der niederlagenfreien Methode und Veränderungen ohne Anschuldigungen. Mir war das Buch eine große Hilfe im Entdecken von »versteckten Botschaften« und dem Aufbau von echten, direkten Botschaften.

Keck, Rudolf W. (Hrsg.): Kooperation Elternhaus – Schule. Bad Heilbrunn 1979.
Ein sehr umfassendes Buch, das Vorschläge und Hilfen anbietet:
– Alternativen zur Praxis: Von der Lehrerschule zur Schulgemeinde;
– Möglichkeiten der Kooperation im Rahmen von Grundgesetz und Schulverfassung;
– Formen der Kooperation in Schulleben und Unterricht.

Keck, Rudolf W./Sandfuchs, Uwe (Hrsg.): Schulleben konkret. Bad Heilbrunn 1979.
Das Buch enthält zwei Aufsätze, die für die Elternarbeit nützlich sind:
– Kirk, Sabine: Verkehrsformen zwischen Schule und Elternhaus, S. 109–116 (Elternabend, Elternsprechtag, Hausbesuche, Elternhospitationen, Elterninitiativen).
– Gürtler, Angela: Elternarbeit in Unterricht und Schulleben, S. 117–126 (Elternarbeit und Elternmitarbeit).

Thalmann, Hans-Christian: Den Schulalltag bestehen. Freiburg 1979.
S. 93–105: Lehrer und Eltern – Möglichkeiten und Grenzen der Kommunikation: Praktische Anregungen zu den Themen: Gemeinsame Aufgabe; das Elterngespräch; der Elternabend; Aktivitäten des Lehrers zur Verbesserung der Lehrer-Eltern-Beziehung.

Weber, Wilfried: Wege zum helfenden Gespräch. München 1996/11.
Ein ausführliches »Lernbuch« für die Praxis: konkrete Informationen, viele Beispiele und Hilfen, viele Übungen:
– Einführung in die Gesprächstherapie;
– Gefahren und Laster der Gesprächstherapie;
– Selbstwahrnehmung, Selbstkontrolle, partnerschaftliches Verhalten;
– partnerzentrierte Gesprächsmethode;
– Annehmen, Wertschätzen, Echtheit;
– aktives Zuhören, spiegelnde Methode;
– ausführliche Gesprächsanalysen mit konkreten Verbesserungsvorschlägen.
Ein Buch für jemanden, der nicht immer Zeit und Gelegenheit hat mit anderen zu lernen. Ich habe sehr viele Einsichten gewonnen und Anregungen und Lernmöglichkeiten bekommen!
Siehe auch »Pädagogik« Heft 5 (1992) u.a. mit dem Themenschwerpunkt: Eltern – Lehrer – Schüler. Ideen für Kooperation.

# 2. Teil:
# Lehrer und Schüler

Der zweite Teil ist als eine Einheit und im Zusammenhang zu sehen, auch wenn die einzelnen Elemente getrennt betrachtet werden: Lehrerverhalten, Schülerverhalten und deren Wechselwirkungen; Interaktionen zwischen Lehrern und Schülern; Störungen und Klärungen in der Lehrer-Schüler-Beziehung; die Bewältigung von Schwierigkeiten im Umgang miteinander. Der »rote Faden« dieses Teils ist die Bemühung förderliche Beziehungen zwischen Lehrern und Schülern aufzubauen und aufrechtzuerhalten. Deshalb werden immer wieder (und nicht nur speziell im 6. Kapitel) Schwierigkeiten, Probleme und Konflikte aufgegriffen, um in der aktiven Auseinandersetzung mit ihnen zu zeigen, wie Lehrer und Schüler konstruktiv damit umgehen können. Dabei wird auch deutlich, dass der Lehrer nicht allein (Disziplin-)Schwierigkeiten bewältigen kann, sondern dass nur im gemeinsamen Tun von Lehrern und Schülern ein Klima geschaffen wird, in dem sich alle Beteiligten wohl fühlen.

# 4. Kapitel:
# Lehrer- und Schülerverhalten

## 1. Lehrerverhalten

* Aufgabenschwerpunkte:
  – Verhalten wahrnehmen,
  – Verhalten reflektieren,
  – Verhalten ändern.

Lehrer schenken Schülerverhalten häufig dann ihre Aufmerksamkeit, wenn es als Störung auftritt. »Normalverhalten« wird nur noch zur Kenntnis genommen. Dies birgt eine zweifache Gefahr in sich: Zum einen wird vorschnell *Schülerverhalten* in den Blickpunkt gerückt und zum anderen wird den *Störungen* zu viel Beachtung geschenkt. »Verhaltensarbeit« aber – will sie fruchtbar sein – beginnt beim Lehrer, und zwar in einem Lebensbereich, der ihn in seinem Verhalten besonders geprägt hat, nämlich in der eigenen Schulzeit: Lehrer tradieren in hohem Maße ihre Erfahrungen und Verhaltensmuster, die sie als Schüler erworben haben. Meist aufgrund negativer Erfahrungen aus der eigenen Schulzeit wollen sie »später alles besser machen«. Jedoch: Der gute Wille allein macht aus einem »leidgeprüften Schüler« noch keinen »alles verstehenden Lehrer«.

Im Staatlichen Seminar für schulpraktische Ausbildung in Mannheim stellten Lehreranwärter immer wieder ihre Erfahrungen aus der eigenen Schulzeit den Vorstellungen, wie sie als Lehrer sein wollen, gegenüber. Die häufigsten Aussagen lauteten:

*Als Schüler*

– habe ich mich nicht verstanden gefühlt, stand ich unter Leistungsdruck und zwischen Interesse und Gleichgültigkeit;

– war ich schüchtern, angepasst, verängstigt, brav und passiv, zu wenig anerkannt;

– habe ich Schule als wenig spaßvoll erlebt, mich gegen sie aufgelehnt, mich gegen Lehrer gewehrt;

– lebte ich zwischen Motiviertsein und Desinteresse, zwischen »mittelmäßig« und »schlecht«.

*Als Lehrer*

– möchte ich Schülern Verständnis entgegenbringen, Interesse wecken und vermitteln;

– möchte ich schülerorientiert arbeiten, Schüler ernst nehmen, freundlich und verständnisvoll sein, Partnerschaft ermöglichen;

– möchte ich, dass der Unterricht den Schülern Spaß macht und dass »Sichwohlfühlen« vermittelt wird;

– arbeite ich (noch) sehr viel, manchmal bis in die Nacht. Ich habe großes Interesse an Schule, Unterricht und Schülern.

Zusätzlich stellten die Lehreranwärter Kriterien auf, wie ein Lehrer sein sollte. Am Schuljahresende allerdings modifizierten sie ihre Aussagen angesichts der Realität Schule, die sie erlebten:

| *Schuljahresbeginn* | *Schuljahresende* |
|---|---|
| Der Lehrer sollte<br>– konfliktfähig sein; | – Manchmal konnte ich nicht mehr weiterdiskutieren und brach das Gespräch einfach ab. |
| – fachlich kompetent sein; | – Fachkompetenz konnte ich nicht immer aufweisen, z.B. angesichts des umfangreichen Stoffes. |
| – sich für die Schüler einsetzen; | – Ich hatte Blockaden: die Schüler, die Eltern, manche Kollegen, die Institution, mich selbst. |
| – die Schwachen fördern; | – Dies gelang mir nur manchmal; des Öfteren aber war ich einfach überfordert. (Differenzierter Unterricht kostet so viel Vorbereitungszeit!) |
| – einfühlsam, liebevoll und verständnisvoll sein; | – Diese Verhaltensweisen gelangen mir kaum bei aggressiven Schülern. Oft griff ich hart durch, um selbst zu »überleben«. Hinterher bekam ich Schuldgefühle. |
| – loben und positiv verstärken; | – Verstärkungen versuchte ich oft; manchmal aber fehlten mir die Geduld und »der lange Atem«. |
| – humorvoll, locker und gut gelaunt sein; | – Anfangs war ich das sehr, allmählich aber immer weniger. Ich spürte »Ermüdungserscheinungen«. |
| – Gefühle äußern. | – Meine Versuche scheiterten des Öfteren am Unverständnis der Schüler. |

Die *Realität* fordert den Lehrern also Verhaltensweisen ab, die sie im Grunde gar nicht vertreten wollen. Die Lösung des Dilemmas besteht darin sich nicht von vornherein auf »gute« Verhaltensweisen festzulegen, sondern die Fähigkeit zu erlangen sich auf sich selbst, auf die Schüler und auf die Situationen entsprechend einstellen zu können. Der »gute« oder »schlechte« Lehrer zeigt sich nicht in erster Linie durch genau definierte Wesenszüge, sondern vor allem als eine in Situationen adäquat handelnde Person:
So kann »Bierruhe« ungemein wichtig sein in einer angespannten Konfliktsituation, aber geradezu langweilig wirken, wenn es darum geht, durch »zündende Ideen« Unterricht interessanter zu machen.
Meine eigenen Erfahrungen als Lehrer verdeutlichen dies ebenfalls:

*Meine Verhaltensweisen:*

– Für mich ist wichtig, dass ich mich selbst mag, auch mit meinen Schwächen, und dass ich mich als Person akzeptiere.

– Ich habe gelernt, vermehrt Stärken zu sehen, ohne deshalb die Schwächen der Schüler aus dem Blickfeld zu verlieren.

– Manchmal schimpfe ich, werde laut, dadurch rasch ungerecht, handle verkehrt.

– Ich spreche mit den Schülern, entschuldige mich, erkläre mein Verhalten ...

– Ich gestehe Schülern ebenso ihre Schwächen zu und versuche sie anzunehmen, um sie dann gemeinsam »bearbeiten« zu können.

– Ich erlebe mich humorvoll, kontaktfreudig, einfühlend, verstehend, aber auch ungeduldig, impulsiv, nervös ... Ich stoße an Grenzen.

– Diese Grenzen vermittle ich deutlich und ich zeige auch meine Verletzlichkeit.

*Bedeutung für Schüler und Unterricht:*

– Aus dieser Erfahrung heraus mag ich auch meine Schüler. Ich kann sie stärker akzeptieren, auch mit ihren Schwächen.

– Die Schüler fühlen sich von mir angenommen. Das bestärkt sie in ihrem Selbstbewusstsein. Sie werden immer weniger gezwungen »Krieg führen« zu müssen.

– Die Schüler lernen mich auch in meinen Schwächen kennen und sie sehen, wie ich damit umgehe.

– Schüler lernen – am Beispiel und am Vorbild – zwischenmenschliche Schwierigkeiten zu bewältigen.

– Schüler gestehen sich dadurch auch ihre Schwächen ein, überspielen sie nicht und lernen bewusst mit ihnen umzugehen.

– Schüler erfahren mich in meiner ganzen Ausprägung als Lehrer und bekommen dadurch Mut, auch sich selbst deutlicher zu zeigen. Dabei stoßen sie ebenfalls an Grenzen.

– Schüler lernen mit Grenzen umzugehen und möglichst wenig zu verletzen. Freilich: Es geschehen auch »Grenzüberschreitungen«.

Ich stehe als Lehrer weit weniger unter Stress im Verhaltensbereich, weil ich weder Supermann (Superfrau) noch »Vorbild ohne Fehl und Tadel« sein muss, sondern ich kann in einer großen Bandbreite ich selbst sein. Entscheidend ist, wie sensibel und flexibel ich in den jeweiligen Situationen bin.

Ich verdeutliche dies an zwei Beispielen:

a) Montagmorgen: Ein Schüler fragt eine Lehrerin vor Unterrichtsbeginn im Lehrerzimmer:»Frau X., was machen wir nachher in der ersten Stunde?« Die Lehrerin ist anscheinend noch nicht auf den Unterricht eingestellt und antwortet unwirsch:»Mensch, hau doch ab und lass mich in Ruhe!« – Der Schüler verlässt sehr rasch das Lehrerzimmer.
Jedem von uns Lehrern sind solche Reaktionen bekannt und vermutlich vielen auch passiert. Für mich ist entscheidend, *wie* wir damit umgehen: Die Lehrerin ist nicht auf den Schüler zugegangen, hat nicht mit ihm gesprochen, hat ihm nicht ihre momentane Gefühlslage erklärt, hat sich nicht entschuldigt. Der Schüler wiederum – und das hat mich recht traurig gemacht – empfand die Zu-

rückweisung als normal; im Gespräch mir gegenüber hat er keinerlei Erwartungen geäußert, die Lehrerin möchte ihm ihre unwirsche Reaktion erklären.

Viele solche »Beziehungsfehler«, die ungeklärt stehen bleiben und nicht in Ordnung gebracht werden, verhindern förderliche Beziehungen und damit Erziehung.

b) Anruf eines Vaters bei einem Lehrer: »Mein Sohn (3. Klasse) kam heute weinend nach Hause, weil Sie ihn angebrüllt haben« (längeres Gespräch mit dem Vater). Am anderen Tag spricht der Lehrer mit dem Schüler und verdeutlicht ihm, dass sein Aussenden eine »laute Zurechtweisung« gewesen war und dass diese bei ihm (dem Schüler) als »Brüllen« ankam (Diskrepanz zwischen Sender und Empfänger). Das Gespräch verlief sehr offen und zum Schluss äußerte der Schüler: »Wissen Sie was? Wenn Ihre laute Stimme bei mir wieder als Brüllen ankommt, dann melde ich mich und sage es Ihnen.«
Dieser Lehrer steht nicht unter Druck, immer »richtig« handeln zu müssen. Er ist in der Lage mit dem, »was passiert ist«, entsprechend umzugehen. Letztlich hat sich sogar sein Fehler positiv auf die Beziehung zu dem Schüler ausgewirkt.

Fehler machen heißt aber auch, für Veränderungen und Verbesserungen offen sein, auch wenn dies mit Schwierigkeiten verbunden ist:

| Schwierigkeiten | Antworten |
|---|---|
| – Änderungen, Veränderungen verunsichern und können Ängste auslösen. | – Änderungen, Veränderungen eröffnen auch wieder neue Lebens- und Erfahrungsbereiche. |
| – Grundeinstellungen und gelernte Verhaltensweisen haben sich verfestigt. | – Was gelernt worden ist, kann auch wieder »verlernt« und geändert werden. |
| – Gelerntes ist bekannt und Bekanntes ist vertraut. Vertrautes gibt man so schnell nicht wieder auf. | – Vertrautes kann man aber aufgeben, wenn man erkannt hat, dass Neues besser ist. |
| – Manche Menschen leiden lieber (weiter), bevor sie etwas ändern. | – Großer Leidensdruck bewirkt dann doch Änderungen. |
| – Änderungen können bei anderen Befremdung hervorrufen und dies will man vermeiden. | – Der »Mut zum ersten Schritt« hat sich im Nachhinein des Öfteren als richtig erwiesen. |
| – Änderung setzt Einsicht voraus; diese ist nicht immer gegeben. | – Wer sich Erfahrungen öffnet, gelangt rascher zu Einsichten. |
| – Bequemlichkeit wird dann aufgegeben, wenn man mit anderen Wünschen und Bedürfnissen konfrontiert wird. | – Es ist oft sehr anstrengend sich zu ändern. Änderungen unterbleiben aus Bequemlichkeit. |

**Merke:** Lehrerverhalten ist keine konstante Größe, sondern darf verändert werden!

**Aufgaben**

(Die nachfolgenden Aufgaben bilden teilweise eine Fortsetzung der Aufgaben im 2. Kapitel, Erziehung und Lehrerpersönlichkeit.)

1 Notieren Sie, warum Sie Lehrer geworden sind und reflektieren Sie – mit anderen – Ihre Gründe.

_____

_____

_____

2 Warum haben wir des Öfteren ein so schlechtes Bild von unseren eigenen Lehrern? Wollten es die Lehrer früher nicht auch »besser« machen?

Ihre Antwort: _____

_____

_____

3 Was haben Sie bisher von Ihren Vorstellungen verwirklichen können und was nicht? Notieren Sie auch Ihre vermutlichen Gründe.

*Verwirklichte Vorstellungen*

*Nichtverwirklichte Vorstellungen*

Zum Beispiel: Mein Verständnis für Schüler hat sich vertieft, weil ich zunehmend Erfahrungen mit ihnen machte.

Zum Beispiel: Aggressionen der Schüler konnte ich bisher kaum abbauen, wei ich mich dem Einfluss von außen kaum gewachsen fühlte.

_____  _____

_____  _____

_____  _____

4 Auch wenn der »gute« und »schlechte« Lehrer nicht eindeutig definiert werden kann, so gibt es doch Merkmale, die der einen oder anderen Seite zuzuordnen sind: Wie ist Ihre Meinung?

Meiner Meinung nach sollte ein guter Lehrer folgende Eigenschaften besitzen:

Meiner Meinung nach sollte ein Lehrer folgende Eigenschaften nicht haben bzw. ablegen:

_____  _____

_____  _____

_____  _____

5 Folgende Verhaltensweisen von mir sind – vermutlich – auf Verhaltensweisen aus meiner Schulzeit (z.B. Lehrervorbild) zurückzuführen:

_____  _____

_____  _____

_____  _____

**6** Es kann sein, dass Sie Diskrepanzen zwischen Ihrem erwünschten und Ihrem tatsächlichen Verhalten entdecken.

*Erwünschtes Verhalten*

*Tatsächliches Verhalten*

Zum Beispiel: Eigentlich möchte ich ruhig reagieren, wenn Schüler ...

Des Öfteren aber ...

_____     _____
_____     _____
_____     _____

**7** Notieren Sie Möglichkeiten Ihr Verhalten als Lehrer wahrzunehmen.

Zum Beispiel: In stillen Unterrichtsphasen überdenke ich die zurückliegenden Minuten.

☐ _____
☐ _____
☐ _____

**8** Notieren Sie Ihre Selbstwahrnehmung und vergleichen Sie diese mit Wahrnehmungen Ihrer Schüler oder Kollegen.

*Meiner Meinung nach bin ich häufig*

*Auf andere aber wirke ich manchmal (oft)*

– aktiv und arbeitsfreudig.

– hektisch.

_____     _____
_____     _____
_____     _____

**9** Ich habe als Lehrer folgende Stärken:

Ich habe als Lehrer folgende Schwächen:

_____     _____
_____     _____
_____     _____

**10** Sehen dies Ihre Schüler und Kollegen auch so?

*Meine Schüler:*

*Meine Kollegen:*

_____     _____
_____     _____
_____     _____

**11** In folgenden Situationen komme ich mit meinem Verhalten nicht mehr zurecht:

*Immer, wenn*

*dann*

z.B. viele Schüler auf mich einstürmen,

weiß ich gar nicht, was ich machen soll.

_____     _____
_____     _____

12 Notieren Sie, was Sie ändern wollen:

*Ich bin, verhalte mich ...*            *Ich möchte aber ...*

_____            _____
_____            _____
_____            _____


13 Wenn ich ehrlich bin: Ich ändere mich in folgendem Bereich nicht, weil ich doch noch irgendwo einen »Nutzen« spüre:

*Änderungsbereich*                   *Offener oder versteckter Nutzen*

Zum Beispiel: Ich bin des Öfteren un-   Ich fühle mich lockerer, wenn ich
pünktlich.                              nicht dauernd auf die Uhr sehen muss.

_____            _____
_____            _____
_____            _____


14 Ich glaube, ich bin ein guter Lehrer, weil

_____
_____
_____


## 2. Schülerverhalten

• Aufgabenschwerpunkte:
– Verhalten der Schüler wahrnehmen,
– Verhalten der Schüler verstehen,
– Schülern bei Verhaltensänderungen helfen.

Manche von Ihnen werden vermutlich jetzt froh sein von der Betrachtung eigenen Verhaltens abrücken zu können, um sich Schülerverhaltensweisen zuzuwenden. Denn gerade diese sind es doch, die das Leben der Lehrer oft erschweren. (Übrigens: Schüler behaupten natürlich das Gegenteil!) Aber Vorsicht vor – allzu schnellen – Schuldzuschreibungen! Wir neigen dazu Schülerverhalten häufig als Störungen wahrzunehmen. (Und die Literatur über Disziplinschwierigkeiten, Störungen, Aggressionen, Kriminalität von Kindern und Jugendlichen können nur noch Spezialisten überschauen.) Grundsätzlich ist zu beachten:
– Wer Verhaltensweisen von Schülern nur noch unter dem Gesichtspunkt von Störungen sieht, verengt das Problem und läuft Gefahr alle anderen Verhaltensweisen weder wahrzunehmen noch zu fördern.
– Der Lehrer hat aufgrund seiner Entwicklung, Ausbildung und Lebenserfahrung dem Schüler gegenüber einen *Verhaltensvorsprung*; von ihm werden »Verhaltensleistungen« gefordert und gebracht, die Schüler noch nicht zeigen können.
– Der Schüler ist Lernender, auch und vor allem im Bereich des sozialen Verhaltens. Insofern wird er Verhaltensfehler begehen, die Lehrer dann häufig mit Disziplinschwierigkeiten usw. be- und umschreiben.
– Schüler brauchen demnach beim »Soziallernen« Hilfen, um die sich die Schu-

le umso mehr kümmern muss, je weniger sie von anderen Seiten gegeben werden.

Bei Schulz von Thun, Friedemann (Miteinander reden: Störungen und Klärungen. Reinbek 1989) habe ich etwas gefunden, was für meine Wahrnehmung von Schülerverhalten sehr hilfreich war (S. 72 ff.):

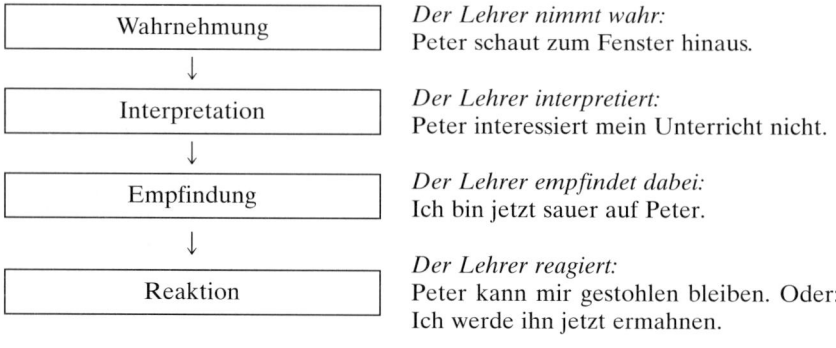

| | |
|---|---|
| Wahrnehmung | *Der Lehrer nimmt wahr:* Peter schaut zum Fenster hinaus. |
| ↓ | |
| Interpretation | *Der Lehrer interpretiert:* Peter interessiert mein Unterricht nicht. |
| ↓ | |
| Empfindung | *Der Lehrer empfindet dabei:* Ich bin jetzt sauer auf Peter. |
| ↓ | |
| Reaktion | *Der Lehrer reagiert:* Peter kann mir gestohlen bleiben. Oder: Ich werde ihn jetzt ermahnen. |

Hier machte der Lehrer einen Fehler mit zwei gravierenden Folgen: Er nahm nicht nur wahr, sondern er interpretierte seine Wahrnehmung sofort, ohne z. b. zurückzufragen wie:»Peter, was interessiert dich denn da draußen?« Die Interpretation rief im Lehrer eine Empfindung hervor (1. Folge), die sich für Peter negativ auswirkte, weil der Lehrer ihn anschließend ablehnte (2. Folge). Dass die Interpretation der entscheidende Fehler war, erkennt man daraus, dass die Folgen auch anders hätten sein können, wenn der Lehrer die Interpretation unterlassen und an deren Stelle die Vergewisserung bzw. die Rückfrage vorgenommen hätte:

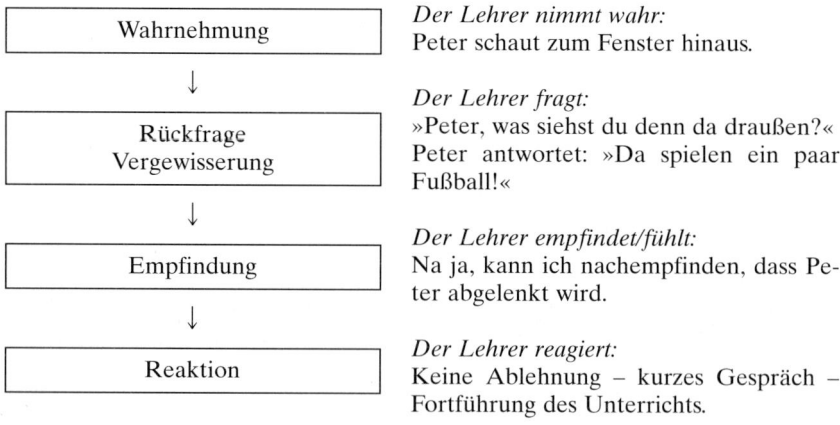

| | |
|---|---|
| Wahrnehmung | *Der Lehrer nimmt wahr:* Peter schaut zum Fenster hinaus. |
| ↓ | |
| Rückfrage Vergewisserung | *Der Lehrer fragt:* »Peter, was siehst du denn da draußen?« Peter antwortet:»Da spielen ein paar Fußball!« |
| ↓ | |
| Empfindung | *Der Lehrer empfindet/fühlt:* Na ja, kann ich nachempfinden, dass Peter abgelenkt wird. |
| ↓ | |
| Reaktion | *Der Lehrer reagiert:* Keine Ablehnung – kurzes Gespräch – Fortführung des Unterrichts. |

Sollten sich Ihnen dennoch immer wieder Interpretationen »aufdrängen«, so versuchen Sie, sich derer bewusst zu werden und sie den Schülern transparent zu machen; z.B.:»Ich vermute, dass du ...« – »Ich bin der Meinung, dass du ...« – »Ich habe jetzt den Eindruck ...«

92

Unser Verstehen wird zudem noch vertieft, wenn uns klar wird, wie Schülerverhalten überhaupt zu Stande kommt:

| | |
|---|---|
| **Antriebe** von innen: eigenaktive Verhaltens- und Reaktions- bereitschaft | **Anstöße** und **Reize** von außen: steuernde Außenbedingungen |

ergeben

**Schülerverhalten**

*1. Beispiel:*

| | |
|---|---|
| Schüler hat von Natur aus wenig Sitzfleisch, braucht viel Bewegung, spürt seinen Bewegungs- drang. | Schüler hört vom Schulhof ein eigenartiges Geräusch, für ihn neu und ungewohnt. |

*Folge:*

**Schülerverhalten**
Schüler läuft zum Fenster und schaut hinaus.

*Konsequenz*

a) Der Lehrer bestraft den Schüler, weil er den Unterricht »stört«.
b) Der Schüler ärgert sich, weil er doch gar nichts Schlimmes getan hat und bestraft wird. (= Er kann für seinen Antrieb von innen und für die Außenreize doch nichts!)

*2. Beispiel:*

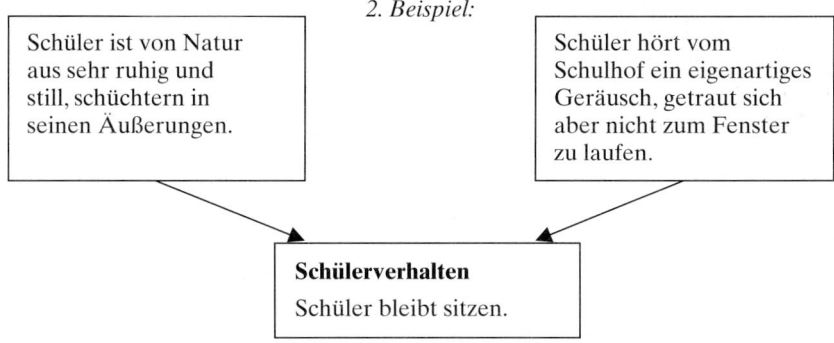

| | |
|---|---|
| Schüler ist von Natur aus sehr ruhig und still, schüchtern in seinen Äußerungen. | Schüler hört vom Schulhof ein eigenartiges Geräusch, getraut sich aber nicht zum Fenster zu laufen. |

**Schülerverhalten**
Schüler bleibt sitzen.

93

*Konsequenz:*

a) Der Lehrer lobt den Schüler, weil er so »brav« ist.
b) Der Schüler freut sich, weil er etwas Gutes/Braves getan hat und dafür gelobt wird. (= Er kann für seinen Antrieb aber genauso wenig etwas wie sein Mitschüler für seine motorische Unruhe.)

(Übrigens: Auch der Lehrer hat Antriebe von innen und Anstöße von außen [z.B. Schülerstörungen]. Sie können für Schülerverhalten also auch »Lehrerverhalten« einsetzen und das Schema mit Ihren Schülern diskutieren!)

In den beiden Fällen wird deutlich: Im Grunde genommen sind nicht die Schüler bestraft bzw. belohnt worden, sondern ihre inneren Antriebe und ihre Reaktionen auf Außenreize. Und hier haben es manche Schüler leichter (aufgrund ihrer »schulfreundlichen Antriebe«) und manche schwerer (aufgrund ihrer »schulfeindlichen Antriebe«). Die pädagogische Arbeit des Lehrers besteht hier in der Erkenntnis solcher (und noch anderer, ähnlicher) Vorgänge, in der Beobachtung von Reaktionen und in Hilfen, wenn Schüler ihr Verhalten ändern wollen bzw. sollen.
*Die Arbeit des Schülers* besteht darin zu lernen mit inneren Antrieben und den daraus erfolgenden Reaktionen angemessen umzugehen. Dafür kann der Schüler verantwortlich sein.
Die wichtigste Hilfe des Lehrers ist die Bereitschaft Schülern zuzugestehen, mit ihrem eigenen Verhalten selbst umgehen zu dürfen. Bei näherem Hinsehen kann es dann doch sein, dass Verhaltensweisen der Schüler vorschnell in die Verfügungsgewalt und Verantwortlichkeit des Lehrers geraten, z.B.: »Ich sorge hier schon für Ordnung.« Oder: »Ich krieg schon noch hin, dass ihr eure Hausaufgaben macht.«
Dabei sind mir die nachfolgenden drei Stufen der Übergabe von Eigenverantwortlichkeit an Schüler sehr nützlich (Ich habe diese Gedanken von Helge Schweizer übernommen.):

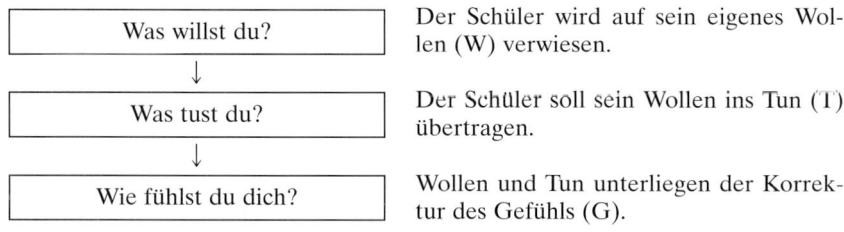

| | |
|---|---|
| Was willst du? | Der Schüler wird auf sein eigenes Wollen (W) verwiesen. |
| ↓ | |
| Was tust du? | Der Schüler soll sein Wollen ins Tun (T) übertragen. |
| ↓ | |
| Wie fühlst du dich? | Wollen und Tun unterliegen der Korrektur des Gefühls (G). |

Bei der Fragestellung und Umsetzung versteht sich der Lehrer als Helfer, wie nachfolgende Beispiele zeigen:

**Beispiele**

| Schüler A | Lehrer |
|---|---|
| W: Ich will im Aufsatz unbedingt besser werden. | Gibt Aufgaben, Fragestellungen, Impulse ... |
| T: Ich mache Zusatzaufgaben, beantworte Fragen ... | Kontrolliert, verbessert, bespricht ... |
| G: Ist ganz schön anstrengend, macht aber Spaß. | Lobt, bestärkt, ermutigt ... |

| Schüler B | Lehrer |
|---|---|
| W: Ich mag jetzt nicht mehr. Ich will nach Hause gehen. | Fragt nach Empfindungen und Gründen des Schülers und verweist auf die Schulpflicht (= Verdeutlichung der Realität). |
| T: a) Ich bleibe da und arbeite weiter.<br>b) Ich gehe trotzdem! | a) Verstärkt das Verhalten des Schülers.<br>b) Verweist auf Konsequenzen und verhindert den Weggang nicht. Oder: Verhindert den Weggang, vermittelt, lenkt ein ... |
| G: a) Ich fühle mich verstanden, ich bleibe da und arbeite weiter.<br>b) Hurra! Ich hab's geschafft! Oder: Eigentlich hätte ich doch in der Schule bleiben sollen. (Schuldgefühle!) | a) Gibt positive Rückmeldung.<br>b) Greift das Problem am nächsten Tag noch einmal auf. |

Es geht in erster Linie nicht darum, dass in den beiden Fällen der Lehrer vollendete Hilfen gibt, sondern dass der Zusammenhang der drei Bereiche gesehen wird: Der Schüler soll lernen mit seinen Bedürfnissen und Wünschen, den daraus resultierenden Tätigkeiten und den entsprechenden Gefühlen umzugehen. Und das kann dann für ihn bedeuten:
– Nicht alle Wünsche sind erfüllbar, nicht alles ist machbar, nicht alle Gefühle sind angenehm.
– Oder: Ich darf Bedürfnisse haben und Wünsche äußern (sie werden angenommen und verstanden); ich kann selbst etwas tun, sie zu verwirklichen; ich nehme meine Gefühle dabei wahr, seien sie angenehm oder unangenehm.

Wer als Lehrer verantwortlich mit Schülern umgehen will, wird nicht umhin können, ständig zu differenzieren, d.h.: Ich kann nicht von allen Schülern zum gleichen Zeitpunkt einheitliche Verhaltensweisen erwarten. Es ist zur Selbstverständlichkeit geworden, in den einzelnen *Fächern* zu differenzieren. Hier geht man auf die unterschiedlichen Voraussetzungen der Schüler ein. Im *Sozialbereich* scheint Differenzierung immer noch Neuland zu sein, denn viele Lehrer erwarten von Schülern, dass sie zu einem ganz bestimmten Zeitpunkt in der Lage sind ein bestimmtes (Sozial-)Verhalten an den Tag zu legen. Dabei ist es doch offensichtlich, dass nicht nur Lesen und Schreiben, sondern auch Verhalten gelernt wird. Also muss auch auf die unterschiedlichen Voraussetzungen der Schüler eingegangen werden:

- Peter, Vater Arzt, Mutter nicht berufstätig, Einzelkind, wohl behütet und »gut erzogen«; macht dreimal im Jahr mit seinen Eltern Urlaub; kann sich sprachlich sehr gut ausdrücken ...
- Marion, Eltern seit sieben Jahren geschieden, Mutter ganztägig berufstätig; den Nachmittag verbringt Marion bei der Großmutter; einmal im Monat ist Marion bei ihrem Vater ...
- Silvia, Vater Vertreter (viel unterwegs), Mutter halbtags berufstätig; Silvia hat noch drei Geschwister, viele Spielkameradinnen, viel Taschengeld; in der Schule ist sie unkonzentriert ...
- Fred, Mutter gestorben, lebt mit seinem Vater und einem jüngeren Bruder in einer Mietwohnung; am Nachmittag allein, macht viel im Haushalt, kümmert sich um den Bruder, hat wenig Zeit für sich selbst ...
- usw. ... (Und diese vier Kinder sollen alle gleiche soziale Verhaltensweisen zeigen?)

> **Merke:** Nicht nur Unterrichtsdifferenzierung
> ist wichtig, sondern
> auch Verhaltensdifferenzierung!

**Aufgaben:**

1 Notieren Sie, warum Sie Schüler wahrnehmen. (= Was mir auffällt.)

Zum Beispiel Andi, weil er dauernd dazwischenquasselt;
z.B. Kurt, weil er sehr fleißig ist.

☐ _____

☐ _____

☐ _____


2 Überlegen Sie: Sind es hauptsächlich *Störungen*, die Sie wahrnehmen, oder sind Sie (auch) offen für andere Verhaltensweisen?

_____

_____

_____


3 Wo und auf welche Weise nehmen Sie Ihre Schüler wahr?

☐ Während Schüler in Gruppen arbeiten;
☐ Während meiner Pausenhofaufsicht;
☐ Manchmal schalte ich das Tonbandgerät während des Unterrichts ein.

☐ _____

☐ _____

☐ _____

**4** Wie informieren Sie sich über Ihre Schüler?

☐ Durch Informationen von Kollegen;
☐ Durch Einblick in die Karteikarten.
☐ Durch _____

_____

_____

**5** Ich verstehe Schüler, weil

☐ ich viel über sie weiß;
☐ ich sie oft beobachtet habe.
☐
☐ _____
☐ _____

**6** Ich kann meine Schüler nur sehr schwer verstehen, weil

☐ ich einfach keinen Zugang finde;
☐ ich so ganz anders bin;
☐ sie sich nicht öffnen.
☐
☐ _____
☐ _____

**7** Notieren Sie Verhaltensweisen der Schüler, die Ihnen angenehm/unangenehm sind:

*angenehm:*                          *unangenehm:*

☐ Lebendigkeit und Aktivität;        ☐ Passivität
☐ Geruhsamkeit, Bedächtigkeit.       ☐ Interesselosigkeit
☐                                    ☐
☐ _____            ☐ _____
☐ _____            ☐ _____

**8** Was tun Sie, um Schülern beim »Verhaltenslernen« zu helfen?

☐ Meist bringe ich sehr viel Geduld und Verstehen auf.
☐ Ich nehme mir Zeit für Gespräche.
☐
☐ _____
☐ _____

**9** Ich weiß/vermute, dass ich beim Verhaltenslernen auch blockiere:

☐ Manchmal/oft bin ich doch sehr ungeduldig.
☐ Des Öfteren greife ich in die »Bestrafenskiste«.
☐ Manchmal versuche ich Probleme der Schüler selbst zu lösen.
☐
☐ _____
☐ _____

|10| Notieren Sie durchgängige Verhaltensweisen Ihrer Schüler: In meinem Unterricht sind meine Schüler hauptsächlich/im Allgemeinen

☐ fast immer bei der Sache;
☐ ziemlich unkonzentriert, unruhig ...

---
---
---

|11| Versuchen Sie in Erfahrung zu bringen, wie Ihre Schüler bei anderen Lehrern sind. (Vorsicht: Keine Interpretationen!)

☐ bei Kollegin A                 große Aktivität
☐ bei Kollegin B                 große Unruhe, kaum Mitarbeit

|12| Wenn Sie im Kollegium über die verschiedenen Ursachen diskutiert haben, so versuchen Sie *Lehrerverhalten*, *Schülerverhalten* und *sachliche Gründe* zu unterscheiden:

*Lehrerverhalten:*

☐ Lehrer A ist sehr streng. Manche Schüler haben Angst vor ihm.
☐ Lehrer B

---
---
---

*Schülerverhalten*

☐ In der 8. Klasse sind extrem viele Schüler, die aggressives Verhalten zeigen.

---
---

*Sachgründe:*

☐ Deutsch mögen die Schüler am liebsten.
☐ Geschichte finden sie langweilig.

---
---
---

|13| Diskutieren Sie im Kollegium *Zusammenhänge* zwischen Lehrerverhalten, Schülerverhalten und Sachgründen.

14 Beschreiben Sie, was ein Schüler *tut* (Verhaltens*beschreibung* statt Bewertung!):

– ein *fleißiger* Schüler: _____

– ein *vorlauter* Schüler: _____

– ein *schüchterner* Schüler: _____

## 3. Wechselwirkungen

- Aufgabenschwerpunkte:
– Wechselwirkungen erkennen;
– Schuldzuweisungen vermeiden;
– differenzierte Maßnahmen ergreifen.

In der Aufgabe 12 haben Sie Zusammenhänge zwischen Schülerverhalten, Lehrerverhalten und sachlichen Gegebenheiten diskutiert. Die folgenden Beispiele verdeutlichen die Wechselwirkungen und Zusammenhänge in der Lehrer-Schüler-Beziehung:

*a) Frustschnecke*

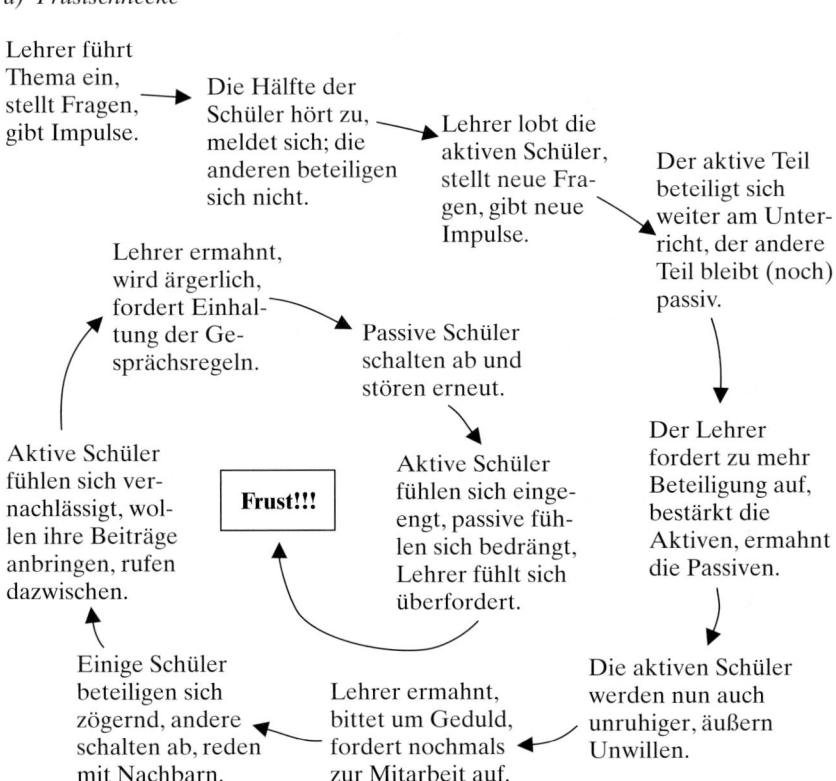

*b) Kreislauf ohne Ende*

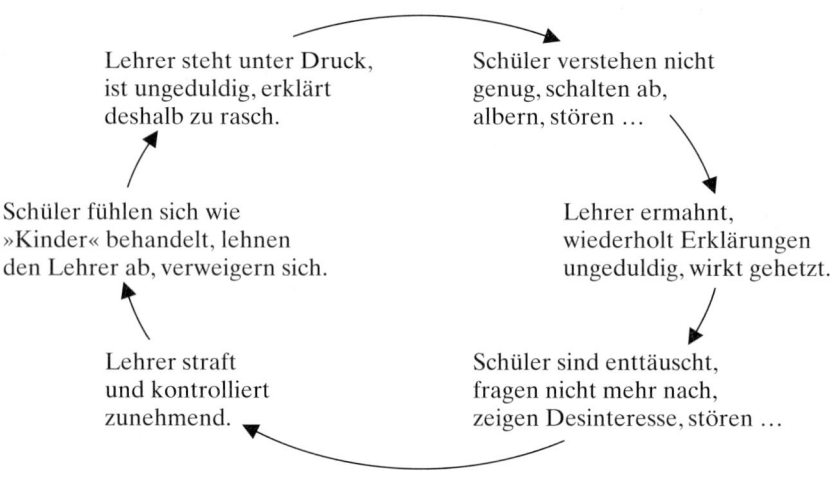

Lehrer steht unter Druck, ist ungeduldig, erklärt deshalb zu rasch.

Schüler verstehen nicht genug, schalten ab, albern, stören ...

Schüler fühlen sich wie »Kinder« behandelt, lehnen den Lehrer ab, verweigern sich.

Lehrer ermahnt, wiederholt Erklärungen ungeduldig, wirkt gehetzt.

Lehrer straft und kontrolliert zunehmend.

Schüler sind enttäuscht, fragen nicht mehr nach, zeigen Desinteresse, stören ...

*c) »Teufelsacht«*

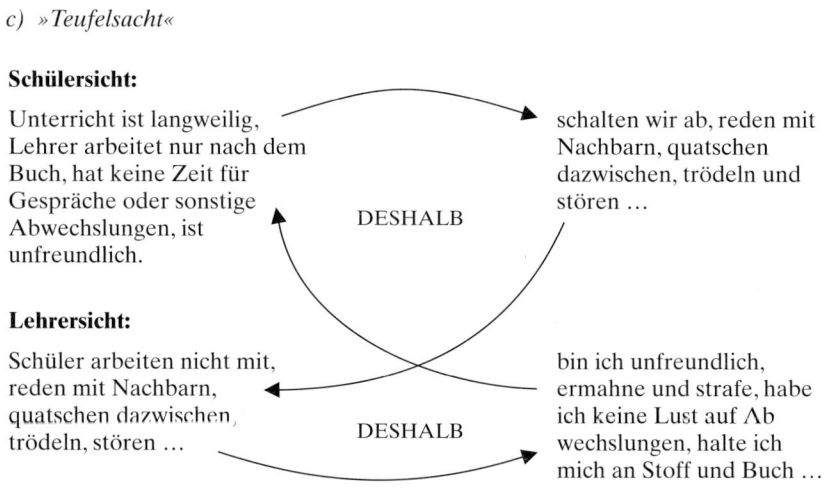

**Schülersicht:**

Unterricht ist langweilig, Lehrer arbeitet nur nach dem Buch, hat keine Zeit für Gespräche oder sonstige Abwechslungen, ist unfreundlich.

DESHALB

schalten wir ab, reden mit Nachbarn, quatschen dazwischen, trödeln und stören ...

**Lehrersicht:**

Schüler arbeiten nicht mit, reden mit Nachbarn, quatschen dazwischen, trödeln, stören ...

DESHALB

bin ich unfreundlich, ermahne und strafe, habe ich keine Lust auf Abwechslungen, halte ich mich an Stoff und Buch ...

Lehrer beschuldigt Schüler, dass und weil sie so sind ...
Schüler beschuldigen Lehrer, dass und weil er so ist ...

*Folge:* Unmut auf beiden Seiten, Frust, Clinch, Diskussionen, »Kriegsspiele«: Wer ist der Stärkere und wird gewinnen?

*Lösung:* Aussteigen aus Schnecke, Kreislauf und Teufelsacht, Kriegsspiele verweigern, nach kooperativen Lösungen suchen (siehe auch 5. Kapitel).

(Die Frustschnecke, den Kreislauf und die Teufelsacht habe ich von: Schley, Wilfried/Pieper, Alexander: Workshop KVM. Trainingsprogramm für Lehrergruppen, 5. Bundeskongress für Schulpsychologen und Bildungsberater,

5.–9.10.1981, Würzburg. Die Frustschnecke ist in der Zwischenzeit veröffentlicht in Fittkau [1993] Bd. 1, S. 178.)

*Weitere Wechselwirkungen:*

| *Lehrer* | *Schüler* |
|---|---|
| »Ich schimpfe, weil du störst.« | »Ich störe, weil Sie dauernd schimpfen.« |
| »Ich bin ärgerlich, weil du nicht aufpasst.« | »Ich passe nicht auf, weil mir Ihre ärgerliche Art auf den Wecker geht.« |
| »Ich ziehe jetzt den Stoff voll durch, weil ihr nicht mitmacht.« | »Wir machen nicht mehr mit, weil Sie den Stoff viel zu schnell durchziehen.« |

*Oder:*

| | |
|---|---|
| Warum stören Schüler? | Weil es Lehrer gibt, die sich stören lassen. |
| Warum ist Fritz ein Klassenkasperl? | Weil er genügend Zuschauer findet. |
| Warum redet Lehrer Sch. so viel? | Weil ihn die Schüler nicht unterbrechen. |
| Warum ist Kollege K. so dominant? | Weil sich eine Reihe von Kollegen nicht dagegen wehrt. |

*Oder:*

| *Lehrersicht* | *Reaktion* | *Konsequenzen* |
|---|---|---|
| Fritz stört mich, weil er schwätzt. | Ich ermahne ihn. | a) Er hört auf. |
| | | b) Er macht weiter. |
| *Schülersicht* | *Reaktion* | *Konsequenzen* |
| Lehrer stört mich, weil ich aufpassen muss. (Unterricht ist langweilig!) | Ich »ermahne« ihn jetzt durch Schwätzen. | a) Lehrer führt Unterricht fort. |
| | | b) Lehrer unterbricht Unterricht. |

Es gibt Lehrer, Schüler, Kollegen ..., die immer noch nach Schuldigen und Opfern suchen; sie diskutieren:
– Wer hat denn aus welchen Gründen ...?
– Du bist doch schuld, denn ...
– Sie haben aber angefangen, weil ...
– Wenn du nicht so gewesen wärst, dann ...
– Ich hab' ja gleich gesagt, dass ...

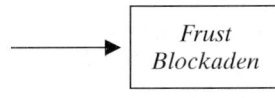

Frust Blockaden

Lehrer und Schüler kommen aus dem Kreislauf heraus, wenn sie
– die Konsequenzen auf beiden Seiten stoppen (wenn, dann ..., weil, weshalb:);
– Störungen äußern und Wirkungen entgegennehmen;
– das Augenmerk auf die Zusammenhänge und Wechselwirkungen richten;
– weniger nach schuldigen Personen als nach auslösenden Situationen suchen.

**Beispiele**

*a) Der Lehrer fühlt sich gestört.*

*So:* »Mensch, Fritz, jetzt hör doch endlich mal mit deinem blöden Gequassel auf!«

»Dauernd motzen Sie an mir herum. Die anderen reden doch auch. Immer sehen Sie nur mich!«

»Wenn du nicht so oft reden würdest, dann würde ich dich nicht immer ermahnen müssen.«

»Ich mach jetzt eine Strichliste, damit Sie's wissen.«

usw. (Jeder der beiden versucht, aus seiner Argumentenkiste eines mehr zu ziehen als der andere. Irgendeiner gewinnt, irgendeiner verliert).

*Oder so:* »Fritz, wenn du dazwischenredest, komme ich nicht zu Wort.«
(Fritz wird hier nicht angeklagt, sondern bekommt die *Wirkung* seines Dazwischenredens vermittelt.)

*b) Schüler fühlt sich gestört.*

*So:* »Mit dem Scheißstoff kann ich überhaupt nichts anfangen. Haben Sie nichts Besseres auf Lager?«

»Erstens ist das kein Scheißstoff, und zweitens hab' ich's jetzt satt, dass du dauernd am Stoff und an mir herummotzt.«

»Warum?! Die anderen interessiert das ja auch nicht, sehen Sie denn das nicht?«

»Darauf kann ich jetzt keine Rücksicht nehmen …« usw.

*Oder so:* »Herr S., ich komme jetzt einfach nicht mehr mit, ich verliere den Faden, ich schalte ab …«
(Der Lehrer fühlt sich nicht angeklagt, sondern bekommt vom Schüler dessen Problemlage mitgeteilt.)

In der konstruktiven Konfliktlösung äußern beide Seiten *ihre* Probleme ohne Anklage oder Schuldzuweisung und nehmen gegenseitig die Schwierigkeiten wahr. Es kann sein, dass Sie andere Erfahrungen mit Schülern haben. (Schüler reagieren doch nie so wie in oben genannten Fällen!) Meine Erfahrung ist, dass Schüler sich nur selten von Beginn an so verhalten, wie oben (positiv) geschildert wird. Aber durch konstruktive *Vorgaben* des Lehrers, durch Erklärung der Zusammenhänge und durch Lernen richtiger Verhaltensweisen sind (auch) Schüler in der Lage Verhaltensweisen zu zeigen (siehe auch 6. Kapitel, Abschnitt 3: Störungen), die förderlich sind.
Um Wechselwirkungen positiv zu beeinflussen, sind »präventive Einsteiger« – zumindest auf Seiten des Lehrers – sehr hilfreich.

| *Lehrer* | *Wirkungen* |
|---|---|
| – Lehrer ist gut vorbereitet und bietet interessanten Unterricht. | – Schüler sind motiviert, stören deshalb nicht oder weniger. |
| – Lehrer stellt deutlich Ziele und Inhalte vor. | – Schüler »blicken durch« und sind nicht verunsichert. |
| – Lehrer agiert verstehend und bestimmend zugleich. | – Schüler fühlen sich ernst genommen und erkennen Grenzen. |
| – Lehrer gibt Fehler zu und beharrt nicht auf »Unfehlbarkeit«. | – Die Lehrer-Schüler-Distanz wird verringert, das Klima bessert sich. |
| – Lehrer zeigt Verständnis für Über- und/oder Unterforderung. | – Schüler »steigen« weniger aus dem Unterrichtsgeschehen aus. |
| – Lehrer zeigt Konsequenzen für unerwünschtes Verhalten auf. | – Schüler können sich darauf einstellen, wissen Bescheid, fühlen sich nicht überfahren. |

Auch Schüler können präventive Verhaltensweisen lernen und der Lehrer vermittelt ihnen die Wirkungen, die sie bei ihm hinterlassen:

| *Verhaltensweisen der Schüler* | *Wirkungen beim Lehrer* |
|---|---|
| – Alle Schüler haben heute die Hausaufgaben gemacht. | – Er freut sich, ist locker, den Schülern zugewandt. |
| – Alle Schüler sitzen zu Unterrichtsbeginn auf dem Platz. | – Er muss nicht lange um Ordnung bitten, kann gleich anfangen, hat mehr Zeit für die Schüler, ist erleichtert und entspannt. |
| – Der Klassendienst hat die Tafel gesäubert, die Blumen versorgt … | – Er fühlt sich wohl, weil er Verantwortung abgeben kann und sich nicht um alles kümmern muss. |

Damit Schüler zu diesen Verhaltensweisen kommen, ist es wichtig, dass der Lehrer die Wirkungen verdeutlicht:

*a) Bei störenden Verhaltensweisen*

| *Situation* | *Folge* | *Wirkung* |
|---|---|---|
| »Wenn du oft dazwischenredest, | dann muss ich den Unterricht unterbrechen, | und das ärgert mich.« |

*b) Bei konstruktiven Verhaltensweisen*

| *Situation* | *Folge* | *Wirkung* |
|---|---|---|
| »Weil ihr eure Hausaufgaben gemacht habt, | habe ich dadurch euer selbstständiges Arbeiten erkannt, | und deshalb bin ich jetzt richtig gut gelaunt.« |

Aber auch Schüler können lernen, sich dem Lehrer mitzuteilen und ihm die Wirkungen zu schildern, die er durch sein Verhalten auslöst:

| Situation | Folge | Wirkung |
|---|---|---|
| »Wenn Sie immer so viele Hausaufgaben aufgeben, | dann fühlen wir uns völlig überfordert | und werden stinksauer auf Sie.« |
| »Wenn Sie gute Laune haben, | dann finde ich Sie ganz toll, | dann geh ich richtig gern in die Schule.« |

(Äußerungen von Andrea und Marco, 14 J.)

Diese Beispiele zeigen, dass *beide* Seiten gelernt haben nicht mit Vorwürfen und Schuldzuweisungen zu argumentieren, sondern sich selbst in Offenheit dem Gegenüber mitzuteilen.

Zum Schluss noch eine Wechselwirkung zwischen meinen Schülern, den Eltern und mir, von deren Ausmaß ich selbst überrascht war: Als Klassenlehrer der Klasse 7a hatte ich während des Schuljahres erhebliche Schwierigkeiten: Das Verhalten der Schüler untereinander war so belastet, dass ich Probleme auf uns alle zukommen sah, wenn wir zu Beginn des kommenden Schuljahrs ins Schullandheim gehen würden. Deshalb schrieb ich während der Osterferien einen Brief an alle Schüler (und jedem noch einige individuelle Extrazeilen):

Hallo, liebe Schülerinnen und Schüler der 7a!

Ihr wundert euch bestimmt, dass ich euch jetzt in den Ferien einen Brief schreibe. Mir fiel nämlich in der letzten Zeit eine Menge über uns alle ein: über mich als euren Lehrer, über euch, über unsere Klassengemeinschaft ...

Über euren großen Geburtstagskorb vor einer Woche habe ich mich riesig gefreut, und ich habe gemerkt, dass ihr mich mögt. Und ich denke, dass ihr auch immer wieder erfahren könnt, dass ich euch ebenfalls sehr mag.

Ich wünsche uns allen viele Stunden, in denen es friedlich zugeht in unserem Klassenzimmer. Deshalb habe ich mir Folgendes gedacht: Auf der Rückseite dieses Blattes schreibe ich noch jedem Einzelnen von euch, was ich ihm persönlich sagen möchte. Ihr könnt mir gerne antworten, wenn ihr wollt – oder ihr wartet, bis wir nach den Ferien wieder in der Schule sind.

Zum Schluss schreibe ich euch, welche Wünsche ich an euch habe:
– dass ihr versucht miteinander und mit mir zu reden, wenn es Meinungsverschiedenheiten und Streit gibt;
– dass ihr euch weniger beschimpft, boxt, schlagt ..., sondern dass ihr herauskriegt, warum ihr euch so verhalten habt, und was wir miteinander tun können, um etwas zu ändern;
– dass wir miteinander reden, warum wir zur Zeit keine Klassengemeinschaft sind ...

Was meint ihr? Könnten wir das schaffen? Ich möchte mich, wie ihr auch, aufs Schullandheim freuen können!

Tschüß, macht's gut und habt viel Spaß in den Ferien!

euer Lehrer R.M.

# Lieber Herr Miller

Sie haben mir ja einen ganz tollen
Schrecken in meine Glieder gesetzt,
als sie mir einen Brief geschrieben haben.
Zuerst dachte ich nämlich es sei eine
Beschwerde über mich, aber als ich ihn,
den Brief öffnete und den Brief las,
fiel mir doch ein Stein vom Herzen.
Ich finde das wirklich ganz toll das Sie
sich solche mühe gegeben haben und jedem
einzelnen ein Brief schickten.
Mir hat das wirklich gut getan, als wir
uns mit Ihnen ausgesprochen haben.
Mit Ihnen kann man sich ganz prima
über Probleme unterhalten. Ich hoffe
das wir Sie noch recht lange, oder für
unsere ganze Schulzeit behalten werden.
Ich freue mich auch ganz riesig aufs
Landschulheim und über unsere Buben
mache ich mir keine Sorgen denn ich weiß
genau, wenn sie wollen und sich an-
strengen, schaffen sie es auch.

---

Ja, ich habe mich sehr gewundert, daß sie
mir schreiben. Herr Miller ich bin auch
froh das wir wieder mit Andrea gut sind!
Ich finde es auch ganz toll, daß man
mit ihnen über unsere Probleme sprechen
kann! Ich meine das wir es schaffen eine
größere Klassengemeinschaft zu haben,
sie nicht auch?

*Die Wirkungen:*

– Große Resonanz bei den Schülern; elf schriftliche Antworten; viele weitere Gespräche und Aktionen bis zu den Sommerferien und in den beiden letzten Schuljahren;
– großes Echo bei den Eltern (»Der Lehrer hat unseren Kindern geschrieben!«); die Eltern bekamen einen Einblick in die Klasse und erfuhren, wie man mit Schwierigkeiten umgehen kann;
– bei mir große Freude über das Doppelecho, Ermutigung, Zuversicht, Erleichterung.

(Das zeigen die beiden Ausschnitte aus Briefen auf Seite 105 – und dazu mein Aufwand: 21 Briefumschläge von der Schule – 21 Briefmarken aus eigener Tasche – drei Stunden Briefschreibezeit – Falten, Einstecken, Zukleben, Einwerfen.)

> **Merke:** Wie man in den Wald hineinruft ...

## Aufgaben

1 Wo entdecken Sie im Unterricht »Frustschnecke«, »Teufelsacht« und »Kreislauf«? Das heißt: Erkennen Sie Wechselwirkungen? Wo? In welchen Situationen? Bei welchen Gelegenheiten? Mit welchen Klassen? Mit welchen Schülern?

*Notizen*

_____

_____

_____

2 Kreuzen Sie an, was bei Ihnen zutrifft, und vermuten Sie Wirkungen bei den Schülern.

| *Schüler* | *Ich* | *Vermutliche Wirkung* |
|---|---|---|
| ☐ motzt | kontere | Sch.: kontert wieder |
| ☐ beschuldigt | verteidige mich | _____ |
| ☐ verweigert | greife an | _____ |
| ☐ resigniert | ermutige | _____ |
| ☐ macht Fehler | klage an | _____ |
| ☐ blockiert | blockiere | _____ |
| ☐ stänkert | ironisiere | _____ |
| ☐ greift an | breche ab | _____ |
| ☐ stört | werde laut | _____ |
| ☐ klagt an | fühle mich beleidigt | _____ |
| ☐ wirft vor | ärgere mich | _____ |

**3** Welche Gefühle lösen folgende Handlungen der Schüler bei Ihnen aus?

*Schüler*                                          *Ich*

– machen Vorwürfe;                      fühle mich schuldbewusst.

– verweigern die Mitarbeit;         _____

– stören ständig den Unterricht;   _____

– kommen laufend zu spät;          _____

– vergessen häufig die Materialien; _____

– arbeiten intensiv mit;              _____

– kommen mit eigenen Ideen.       _____


**4** Wenn Sie den Schülern gegenüber Ihre Gefühle (noch) nicht äußern können, was machen Sie dann?

☐ bei Ärger:          Ich fange an zu brüllen.
☐ in Rage:            Ich gebe sofort Strafaufgaben.
☐ bei Enttäuschung:   Ich sage gar nichts mehr.

_____
_____
_____


**5** Wie reagieren Sie?

Wenn                                          dann

– Schüler keine Hausaufgaben haben,    _____

– Schüler häufig vergessen …,          _____

– Schüler häufig dazwischenreden,      _____

– Schüler häufig zu spät kommen,       _____

– Schüler … _____          _____

– Schüler … _____          _____

– Schüler … _____          _____

– Schüler Sie loben,                   _____

– Schüler Sie sympathisch finden,      _____

– Schüler …                            _____


**6** Wie reagieren Schüler?

Wenn                                          dann

– ich launisch bin,                    _____

– ich beleidigt bin,                   _____

– ich laut werde,                      _____

– ich … _____              _____

– ich lobe,                            _____

– ich belohne,                         _____

– ich … _____              _____

**7** Notieren Sie Situationen, in denen Sie – vorschnell? – mit Vorwürfen oder Schuldzuweisungen reagiert haben.

Zum Beispiel: immer, wenn Schüler das Klassenzimmer unordentlich verlassen haben;

z.B.: Jedes Mal, wenn die Hausaufgaben vergessen wurden;

_____

_____

_____


**8** Notieren Sie Situationen, in denen Sie sich auf »Kriegsspiele« mit Schülern eingelassen haben.

– Schüler haben eine Arbeit verweigert.

– Ein Schüler hat mich provoziert.

– Aber ich habe mich doch durchgesetzt!

– Dem hab ich's aber gegeben.

_____   _____

_____   _____

_____   _____


**9** Notieren Sie Verhaltensweisen, die bei Schülern positive Wirkungen hinterlassen.

☐ Geduld   ☐ _____   ☐ _____

☐ Humor   ☐ _____   ☐ _____

☐ Einsicht   ☐ _____   ☐ _____


**10** Erstellen Sie mit Ihren Schülern einen »Wenn-dann-Katalog«:

*Lehrer:* »Wenn ihr dauernd dazwischenredet,

dann werde ich gestört und reagiere sauer.«

_____   _____

_____   _____

*Schüler:* »Wenn Sie uns anbrüllen,

dann werden wir erst recht motzig.«

_____   _____

_____   _____


**11** Was wird bei *Ihnen* ausgelöst, was wird bei *Ihnen* bewirkt?

– Ein Kollege: »Sagen Sie mal, können Sie Ihre Klasse nicht besser in den Griff bekommen?«

_____

– Eine Kollegin: »Also, ich kann gar nicht verstehen, dass Sie mit dem Christian nicht klarkommen. Bei *mir* ist der völlig in Ordnung!«

_____

– Ein Schüler: »Bei Herrn F. haben wir das aber machen dürfen.«

_____

- Eine Schülerin:»Ach, jetzt sind Sie wohl beleidigt, was?«

 

- Ein Schulrat:»Was, das wissen Sie nicht? Sie sind doch schon so lange im Schuldienst!«

 

12 Spiel: Visualisierung von angenehmen und unangenehmen Wirkungen: Was löse ich beim anderen aus?

Zwei Schüler – oder Sie und ein Schüler – stehen sich in einem größeren Abstand gegenüber. Abwechselnd formuliert jeder einen Satz, der eine Botschaft beinhaltet. Kommt diese Botschaft beim Gegenüber angenehm an, so geht er einen Schritt auf den Partner zu (oder mehrere, je nachdem, wie angenehm die Botschaft ist). Kommt sie unangenehm an, so geht der Spieler vom Gegenüber weg (ausgeschlossen sind persönliche Beleidigungen oder Anschuldigungen).

Z.B.:»Ich finde, du bist zur Zeit nicht sehr am Unterricht interessiert.«
»Ich merke, dass ihr euch zur Zeit ziemlich streitet.«
»Heute hast du sehr intensiv mitgearbeitet.«

Z.B.:»Ich finde, dass Sie manchmal ganz schön streng sind.«
»Sie bleiben immer so ruhig, wenn es Krach gibt.«
»Sie gehen uns manchmal auf den Wecker.«

Zusatz: Wirkungen können auch als angenehm empfunden werden, wenn sie *ehrlich* gemeint sind, zumindest angenehmer als – durchschaubare – Schmeicheleien.

13 »Übersetzen« Sie, was Schüler »eigentlich« sagen wollen, wenn sie sich äußern; z.B.:

a) »Sie sind ja viel zu stur.« »Eigentlich« will er sagen:»Ich komme Ihnen gegenüber nicht zu Wort. Ich renne wie gegen eine Mauer.«

b) »Sie haben ja keine Ahnung.« »Eigentlich« will er sagen:

 

c) »Sie sind aber heute gut drauf.« »Eigentlich« will er vielleicht sagen:

 

**Literaturempfehlungen**

Gagelmann, Hartmut: Kai lacht wieder. München 1985 (TB).
Die Arbeit eines Pflegers mit einem schwer erziehbaren Kind vermittelt so viel Zuwendung und Hingabe, so viel Verstehen und Geduld, dass die enge Verstehensbereitschaft dadurch sehr gestärkt wird. Ich habe das Buch mit großer Anteilnahme und Betroffenheit gelesen.
Grell, Jochen: Techniken des Lehrerverhaltens. Weinheim 1995 (Sonderausgabe).
Informationen und praktische Anleitungen zur Beobachtung und zum Training des Lehrerverhaltens; sehr inhaltsreich und zugleich verstehbar, konkret und locker geschrieben, zu Recht bereits in der 15. Auflage.

Heidemann, Rudolf: Körpersprache vor der Klasse. Heidelberg 1995/5.
Das Buch enthält Trainings- und Beobachtungskonzepte mit folgenden Schwerpunkten: nonverbales Verhalten; verbales Verhalten; der Lehrer im Umgang mit der Klase. Aus der Praxis für die Praxis; mit vielen Beispielen, Tipps, Anregungen; sehr detailliert und ausführlich; eine große Hilfe.

Manteufel, Eva/Seeger, Norbert: Selbsterfahrung mit Kindern und Jugendlichen. Ein Praxisbuch. München 1992/2.
Über den reinen Fachunterricht hinaus ist das Buch – mit einer Fülle von Beispielen und Übungen – ein hilfreicher Begleiter für Lehrerinnen und Lehrer, um Kindern und Jugendlichen zum Kontakt mit dem »eigenen Ich und den anderen« zu helfen.

Schenk-Danziger, Lotte: Entwicklungspsychologie. Wien 1995/23.
Bereits in der 23. Auflage und immer noch ein Renner: sehr informativ und konkret; nicht zu psychologisch; für den Lehrer gut annehmbar; zum Inhalt: zum Phänomen der Entwicklung; Fakten, welche die Entwicklung beeinflussen; die verschiedenen Entwicklungsstufen (frühe Kindheit, späte Kindheit, Jugendalter).

Walter, Hellmuth: Angst bei Schülern. München 1981/2.
Der Grundgedanke des Buches: Angst erkennen, Angst reduzieren. Von differenzierten Aussagen bis hin zu konkreten Hilfen: Angsttheorien; Zusammenhang von Angst und Leistung; Verarbeitung von Ängsten; Theorieansätze und Übungsaufgaben (Förderung des Verstehens von Kinderängsten, die nicht immer offen zutage treten).

# 5. Kapitel:
# Interaktionen

## 1. Kommunikation

- Aufgabenschwerpunkte:
- Vier Kommunikationsseiten unterscheiden,
- Beziehungsblocker abbauen,
- förderliche Verhaltensweisen anstreben.

Kommunikation und Kooperation sind zwei Schlüsselbegriffe des Lehrerberufes. Kommunikation umfasst einen sprachlichen und einen nichtsprachlichen Bereich (z.B. Mimik, Gestik) und Kooperation zeigt sich naturgemäß im Handeln.

Watzlawick, Paul/Beaven, John J. (Menschliche Kommunikation. Bern 1982/6) haben hier wichtige Impulse gegeben:
- Es ist unmöglich nicht zu kommunizieren. Eine Person kann sich nicht »nicht« verhalten. Auch schweigen, sich zurückziehen, sich abwenden ist Verhalten bzw. Kommunikation.
- Jede Kommunikation hat einen Beziehungs- und einen Inhaltsaspekt. Eine Mitteilung (Nachricht) enthält eine sachliche Information und eine Botschaft zwischen Sender und Empfänger (siehe auch die folgenden Seiten).
- Jede Kommunikation ist kreisförmig (vgl. 4. Kapitel, Abschnitt 3: Wechselbeziehungen). Es gibt keinen Anfang in einer Kommunikation, weil jeder der Beteiligten immer schon »etwas mitbringt«. Die Handlungsreaktionen sind wiederum auf vorausgegangene zurückzuführen.
- Jede Kommunikation ist digital (= Vermittlung durch Zeichen: Sprache, Buchstaben, Zahlen) und analog (= Vermittlung durch Mimik, Gestik, Tonfall ...), faktisch also verbal und nonverbal.
- »Jede Nachricht ist das Machwerk des Empfängers.« Das heißt: Der Sender kann nicht damit rechnen, dass seine Nachricht so ankommt, wie er sie aussendet (= »Ich weiß nicht, was ich auslöse.«). Der Empfänger macht aus der Botschaft etwas. Deshalb ist die Rückmeldung (feed back) so wichtig, damit der Sender weiß, ob und wie seine Nachricht angekommen ist.

Schulz von Thun, Friedemann (Miteinander reden, Störungen und Klärungen) hat den Ansatz von Watzlawick (zwei Seiten der Kommunikation) auf vier Seiten erweitert:
a) *Sachaspekt:* Worüber ich informiere.
b) *Beziehungsaspekt:* Wie ich zum Gegenüber stehe.
c) *Selbstmitteilungsaspekt:* Was ich von mir mitteile.
d) *Appellaspekt:* Wozu ich das Gegenüber veranlassen möchte.

Im Kommunikationsmodell dargestellt:

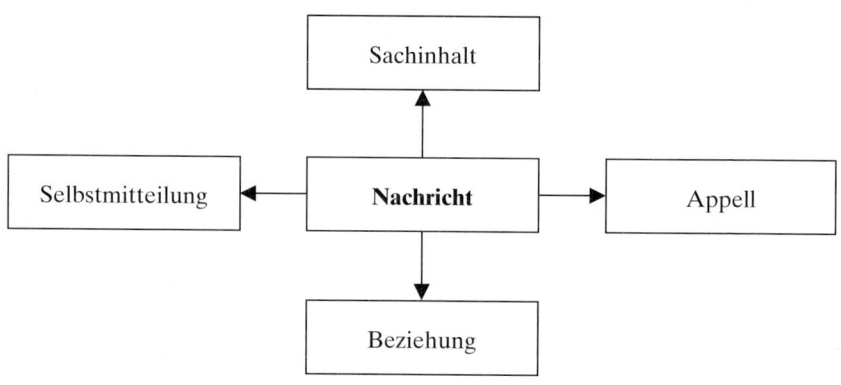

*Beispiele vierfacher Kommunikation (im Reden wie im Hören):*

a) *Die Situation:* Ihr Unterricht beginnt um 7.50 Uhr. Sie kommen fünf Minuten zu spät und begegnen Ihrem Schulleiter vor dem Lehrerzimmer.

*Die Nachricht:* »Herr G., es ist jetzt schon 7.55 Uhr!«

– Sachinhalt:              Der Unterricht beginnt um 7.50 Uhr.
– Selbstmitteilung:   Ich ärgere mich, weil Sie zu spät kommen.
– Beziehung:            Ich bin Ihr Schulleiter und weisungsberechtigt.
– Appell:                  Bitte kommen Sie in Zukunft pünktlich!

Jetzt können Sie den Spieß natürlich umdrehen und sehen, wie bei *Ihnen* die *Nachricht* ankommt (nämlich ebenfalls vierfach):

– Sachinhalt:              Stimmt. Der Unterricht beginnt um 7.50 Uhr.
– Selbstmitteilung:   So ein Mist! Ich fühle mich ertappt.
– Beziehung:            Als Schulleiter könnte er freundlicher zu mir sein!
– Appell:                  Bitte spielen Sie hier nicht den Polizisten!

b) *Die Situation:* Sie sind ein arbeitsfreudiger Lehrer, voller Aktivität und haben schon längere Zeit auch Ihren Schülern ziemlich viele Aufgaben gegeben.

*Die Nachricht:* »Herr St., immer geben Sie so viele Hausaufgaben auf!«

– Sachinhalt:              Die Hausaufgaben sind sehr umfangreich.
– Selbstmitteilung:   Wir (Schüler) fühlen uns überfordert.
– Beziehung:            Mit Ihnen können wir reden.
– Appell:                  Bitte geben Sie nicht so viel Hausaufgaben auf!

c) *Die Situation:* Sie kommen ins Klassenzimmer (nach Unterrichtsschluss) und sehen das Zimmer in »chaotischem Zustand« – leer! Am anderen Tag sagen Sie den Schülern:

*Die Nachricht:* »Also, gestern war wieder ein Saustall hier ...«

| – Sachinhalt: | Das Zimmer wurde nicht aufgeräumt. |
|---|---|
| – Selbstmitteilung: | Ich bekam eine richtige Wut, als ich das sah. |
| – Beziehung: | »Dicke Luft« zwischen uns. |
| – Appell: | Bitte säubert das Zimmer! |

Kommunikationsprobleme gibt es auf beiden Seiten: zum einen, weil A meist verschlüsselte Nachrichten mitteilt, nicht aber die vier Seiten – und zum anderen, weil B *ent*schlüsseln (= erraten) muss, was A nun »wirklich« meint. Das »Vier-Seiten-Modell« ist deshalb vor allem in Konfliktsituationen ein wichtiges *Klärungsinstrument*, um Irritationen und Störungen im »kommunikativen Ping-Pong« rascher wahrzunehmen, zu analysieren und zu beheben.

Menschen gehen mit ihren eigenen vier »kommunikativen Seiten« unterschiedlich um: Die einen bevorzugen mehr die Sachseite (Ingenieure, Juristen), die andern mehr die Appellseite (Eltern, Lehrer, Polizisten), wieder andere mehr die Beziehungsseite (Therapeuten, Ärzte), und die Selbstmitteilungsseite scheint, vor allem in Konfliktsituationen, ziemlich verkümmert zu sein (und wird lediglich Egoisten und Narzissten zugestanden!). Es fällt vermutlich vielen schwer »bei sich zu bleiben« und sich (oder etwas von sich) mitzuteilen.

Thomas Gordon hat deshalb darauf hingewiesen, dass es in zwischenmenschlichen Beziehungen förderlich ist, so genannte »Ich-Botschaften« mitzuteilen. Ich selbst vermeide diesen Begriff, weil er mir zu technisch erscheint (was nicht die Absicht Gordons ist!) und spreche lieber von »vierseitiger Selbstmitteilung«. Zudem meinen manche »Ich-Botschaftler«, man könne dadurch andere Menschen verändern und »kommunikativ herumkriegen«.

Das Entscheidende einer förderlichen zwischenmenschlichen Kommunikation sehe ich darin, ob es den Beteiligten gelingt (vorausgesetzt, dass sie es auch wollen), ihre Mitteilungen gegenseitig zu akzeptieren und nicht die jeweils andere Wirklichkeit »durchzustreichen« (»Du siehst das falsch.« – »So geht das nicht!« – »Da täuschst du dich aber gewaltig.« u.ä.). Bezogen auf die vier Seiten bedeutet dies: Ich teile mit, wie es *mir* geht, wie *ich* zu dem anderen stehe, wie *ich* die Sache sehe, welche Wünsche *ich* an den anderen habe …

Menschen haben die freie Wahl, welche der vier Seiten sie bevorzugen. Dies hat Gründe:

*a) Bevorzugung der Sachseite*

| – das Gesicht wahren zu wollen | (Nur keine Gefühle zeigen!) |
|---|---|
| – betont sachlich bleiben | (Der Sachliche wirkt überlegen.) |
| – sich sachlich rechtfertigen | (Sachen kann man nicht beleidigen.) |
| – Machtkämpfe verbal austragen | (Ich bin verbal der Stärkere.) |
| – sachliche Fehler nachweisen | (Ich bin intellektuell überlegen.) |

*b) Bevorzugung der Selbstmitteilungsseite*

| – die Schokoladenseite betonen | (Wie bin ich doch mutig.) |
|---|---|
| – Mitleid erheischen | (Ach, heute geht's mir schlecht.) |
| – psychisch andere erpressen | (Was hast du mit mir angestellt!) |

*c) Verweigerung der Selbstmitteilungsseite*

- nicht zur Verfügung stehen
- keine Gefühle äußern
- sich seelisch nicht öffnen
- nichts Persönliches äußern

(Ich will nicht anecken.)
(Das wird als Schwäche ausgelegt.)
(Ich will nicht verletzt werden.)
(Ich möchte nicht beurteilt werden.)


*d) Bevorzugung der Beziehungsseite*

- jemanden bevormunden
- jemanden beeinflussen
- Abhängigkeiten schaffen
- Eigenerfahrungen verhindern
- sich selbst durchsetzen

(Ich als deine Mutter weiß das
doch besser ...)
(Mir als deinem Lehrer kannst du
ruhig glauben ...)
(Meine Sichtweise ist die bessere.)


*e) Bevorzugung der Appellseite*

- den moralischen Zeigefinger
  erheben
- Zweifel anmelden
- diplomatisch sein
- sich unecht verhalten

(Das darfst du aber nicht!)
(Das ist doch verboten!)
(Und das willst du tun?)
(Jetzt bin ich besonders liebenswürdig,
dann bekomme ich ...)


**Beziehungsblocker**

Sie entstehen dann, wenn es den Partnern nicht gelingt, die angebotene Seite aufzunehmen (= Verständnis zeigen):

- »Du, da vorne ist Rot!«
  (Sachaussage und versteckte Selbstmitteilung = Angst)

»Fahr ich oder fährst du?«
(Der Empfänger erkennt nicht die
versteckte Selbstmitteilung.)

- »Ich schaff's ja doch nicht!«
  (Selbstmitteilung)

»Hör auf zu jammern!«
(Appell)

- »Bitte sei jetzt still!«
  (Appell)

»Halt's Maul, du hast mir gar nichts
zu sagen!«
(Konter)

Beispiele, in denen Verständnis gezeigt wird:

- »Du, da vorne ist Rot!«

»Du hast Angst, dass ich die Ampel
übersehe?«

- »Ich schaff's ja doch nicht!«

»Kann ich dir helfen?«

- »Bitte sei jetzt still!«

»Du, entschuldige. Habe ich dich gestört? Mir war das gar nicht bewusst.«

Nachfolgend einige *Beziehungsblocker* aus der Schule (vgl. auch Gordon, Thomas: Lehrer-Schüler-Konferenz)

*a) Schüler kommt mit einer Aufgabe nicht zurecht:*
- Hör auf zu jammern und sieh, dass du fertig wirst!
- Wenn du dich nicht zusammenreißt, schaffst du das nie!
- Du musst mehr lernen, wenn du hier weiterkommen willst!
- Streng dich an, bald ist Zeugniskonferenz!

*b) Schüler macht Fehler:*
- Entweder bist du dumm, faul oder sonst was.
- Du benimmst dich wie ein Schulanfänger.
- Also, wenn du es jetzt noch nicht kapiert hast ...
- Du bist der letzte Mensch, der mir begegnet ist!

*c) Ein Schüler wird mit einem Problem nicht fertig:*
- Du bist doch ein kluger Kopf, das schaffst du doch.
- Ach, mir ging das früher auch so.
- Du, das wird schon wieder ...
(Es mag sein, dass dem Schüler *momentan* durch Tröstungen geholfen wird, aber längerfristig wird das Problem verschleiert und dadurch nicht bewältigt.)

*d) Ein Schüler, Star der Klasse, hat eine Klassenarbeit »verhauen«.*
Der Lehrer nützt die Gelegenheit:
- Na, heut' ging's unserem Kind wohl nicht so gut!?
- Wohl vorgestern mit dem falschen Bein aufgestanden?
- Großes Mundwerk und kleine Taten, was?

Auf Beziehungsblocker reagieren Schüler gewöhnlich so:
- sie werden ungehalten und widerspenstig;
- sie gehen zum Gegenangriff über;
- sie sinnen verbissen auf Rache;
- sie fühlen sich unterlegen;
- sie fühlen sich schuldig und schlecht;
- sie fühlen sich unverstanden;
- sie resignieren und ziehen sich zurück;
- sie werden apathisch und lustlos;
- sie halten sich selbst für wertlos ...
- ...
(Im nachfolgenden Abschnitt »Gespräche mit Schülern« werden die vier Seiten der Kommunikation noch weiter verdeutlicht, ebenso beziehungsförderliche Verhaltensweisen und Beziehungsblocker.)

---

**Merke:** Vierfach senden! Vierfach hören!
Beziehungsblocker vermeiden!

---

**Aufgaben**

☐1☐ Vielleicht sind Ihnen die vier Seiten der Kommunikation neu. Notieren Sie Ihr Unbehagen – sollten Sie es haben:

☐ Das ist mir viel zu kompliziert.
☐ Damit fühle ich mich in der Schule überfordert.
☐ Ich kann doch nicht immer auf der Hut sein.
☐ _____
☐ _____
☐ _____

☐2☐ Welche der vier Seiten bevorzugen Sie als Sender? (Achtung: Lehrer stehen häufig auf der Appellseite!)

Ich sende bevorzugt die                    *Gründe:*

_____          _____

                                 _____

                                 _____

☐3☐ Welche Seite hören Sie als Empfänger heraus? (Viele Menschen hören z.B. häufig Vorwürfe aus Botschaften.)

Ich höre häufig die _____ Seite.    *Gründe:*

                                 _____

                                 _____

☐4☐ Nehmen sie die »vier Seiten der Kommunikation« und diskutieren Sie diese mit Ihren Kollegen und – vor allem – mit Ihren Schülern.

☐5☐ Notieren Sie Sätze, die bei anderen anders ankamen, als Sie sie meinten:

*Ich als Sender:*                *Empfänger:*

Stör mich jetzt bitte nicht!     Schon wieder wirfst du mir vor, dass …

Schade, dass cs draußen regnet.  Gestern war es dir noch zu trocken.

_____          _____

_____          _____

_____          _____

☐6☐ Antworten Sie bitte auf der gleichen Kommunikationsseite:

– Selbstoffenbarung: Jetzt bin ich völlig durcheinander.
– Beziehungsseite: Sie sind ein toller Lehrer!
– Appell: Bitte erklären Sie mir das noch einmal!

**7** Denken Sie an eigene versteckte Botschaften, die Sie senden:

*Ich sage versteckt:*

*Eigentlich meine ich:*

»Schon wieder habt ihr die Tafel nicht gesäubert.«

Ich ärgere mich über die Nachlässigkeit.

»Wenn doch nur schon die 6. Stunde vorbei wäre.«

Ich halte die große Unruhe in der Klasse einfach nicht mehr aus.

_____

_____

_____

_____

**8** Rollenspiel: A äußert Sachaussagen; B hört Vorwürfe heraus:

A: »Das Schriftbild an der Tafel ist aber sehr klein.«

A: »Es ist jetzt genau 12.55 Uhr.«

B: »Ihnen kann ich aber auch gar nichts recht machen.«

B: »Bin ich dir noch immer nicht pünktlich genug?«

_____

_____

_____

_____

_____

_____

**9** Rollenspiel: A äußert Selbstmitteilung; B hört Appelle heraus:

A: »Ach, geht es mir heute aber schlecht.«

A: »Du, ich kann das nicht.«

B: »Ich bringe Ihnen sofort ein Medikament.«

B: »Warte, ich helfe dir gleich.«

_____

_____

_____

_____

(Diese Übungen verschärfen das Gespür für die jeweils richtige Kommunikationsseite.)

**10** Notieren Sie eigene Beziehungsblocker, die Sie bei sich entdecken, und schreiben Sie Situationen dazu, in denen Sie diese anwenden:

*Blocker*

*Situation*

– »Mensch, stell dich doch nicht so an.«

– wenn ich ungeduldig/ärgerlich bin.

– »So etwas wie ihr ist mir noch nicht begegnet.«

– wenn ich enttäuscht worden bin.

_____

_____

_____

_____

11 Erinnern Sie sich an Beziehungsblocker aus Ihrer eigenen Schulzeit? Welche Empfindungen hatten Sie dabei?

*Äußerungen meiner Lehrer:*                    *Empfindungen bei mir:*

– »Na, du interessierst dich wohl
mehr für deine Freundin als für Mathematik?«

12 Situation: Über die Hälfte der Klasse hat keine Hausaufgaben gemacht.
Fünf verschiedene Reaktionen:

| | |
|---|---|
| – »Ich hab's satt, diese Entschuldigungen jeden Tag. In der 6. Stunde bleibt ihr da!« | *Bemerkungen* |
| – »Sagt mal, was ist denn mit euch los? Über die Hälfte keine Hausaufgabe?« | |
| – »Herrschaften, jetzt bin ich stocksauer. Wie lange soll ich denn das noch mitmachen?« | |
| – »Faule Bande! Jetzt arbeiten wir doppelt so intensiv während des Unterrichts.« | |
| – »Schon seit längerer Zeit hapert's bei euch mit den Hausaufgaben. Ich möchte die Situation mit euch besprechen. Mir wird das Problem allmählich zu groß.« | |

(Welche Haltungen stehen hinter den Äußerungen? Welche Gefühle – offen oder versteckt – kommen zur Sprache? Welche Blocker entdecken Sie?)

13 Antworten Sie beziehungsfördernd auf die Schüleräußerungen (mit anschließender Analyse):

*Schüleräußerungen*                    *Ihre Antworten:*

– »Vor lauter Schreiben tut mir die
Hand schon weh. Ich mag nicht
mehr.«

- »Meine Schrift gefällt mir, heute habe ich mir besonders Mühe gegeben.«

---

- »Ich hatte gestern keine Lust Hausaufgaben zu machen.«

---

- »Sie motzen dauernd an meiner Schrift herum, ich kann sie doch lesen. Das genügt doch, oder?«

---

*Hilfen:*

a) Welche Kommunikationsseite sprechen die Schüler an?
b) Welche versteckten Botschaften enthalten die Äußerungen?
c) Haben Sie ironisiert, bagatellisiert oder selbst versteckt geantwortet?
d) Wenn Ihnen eine Äußerung selbst zum Problem wurde, haben Sie dies dann geäußert? (Auch Verstehen hat seine Grenzen!)

14 Versuchen Sie, die folgenden Lehreräußerungen als Selbstmitteilungen zu formulieren:

| *Lehreräußerungen:* | *Bessere Reaktionen:* |
|---|---|
| - »Verdammt noch mal, haltet jetzt gefälligst euren Mund. Ich habe euch schon tausendmal gesagt, ihr sollt ruhig sein!« | - Es ist ziemlich laut hier, weil viele von euch reden. Ich komm' gar nicht zu Wort. Bitte hört mir zu!« |
| - »Sag mal, Sabine, kannst du mit deiner blöden Kämmerei nicht aufhören? Lies lieber mit, da hast du mehr davon!« | |
| - »Jetzt haben schon wieder neun von euch die Hausaufgaben vergessen. Habt ihr denn euer Hirn beim Hausmeister abgegeben?« | |
| - »Sagt mal, wie oft soll ich denn noch sagen, dass ihr die Stühle hochstellen sollt! Meint ihr, die Putzfrauen sind eure Sklavinnen?« | |

## 2. Gespräche mit Schülern[*]

• Aufgabenschwerpunkte:
– nichtförderliche Gespräche erkennen,
– förderliche Gespräche erkennen,
– Grenzen erkennen und akzeptieren.

Dieser Abschnitt beinhaltet die Fortsetzung von Abschnitt 2 im 3. Kapitel (Gespräche mit Eltern). Dort ging es um die fünf Seiten eines Gesprächs, hier werden jetzt ein nichtförderliches und ein förderliches Gespräch vorgestellt, beide mit Schülern, die »etwas angestellt« haben (weitere Vertiefung siehe 11. Kapitel, Abschnitt 1: Kommunikation).

### a) Nichtförderliches Gespräch

Bei Uwe, einem Schüler der 3. Klasse, entdeckt die Lehrerin im Gesicht Verletzungen (Kratzer, blaue Flecken, Schwellungen). Erst nach längerem Befragen gibt der verängstigt wirkende Junge den Namen des Täters preis: Peter, ein Schüler aus der 6. Klasse, habe ihm mehrmals ins Gesicht geschlagen. Die Lehrerin verständigt den Schulleiter, der sich bereit erklärt »die Sache wieder in Ordnung zu bringen«.

Durch den Hausmeister wird Peter aus der Klasse geholt. Bis zum Beginn des Gesprächs sitzt er wartend in einem Zimmer. Die Tür ist offen und jeder Lehrer, der zur Pause das Lehrerzimmer betritt, sieht ihn. Die Blicke, Gesten und Redewendungen reichen von »Kopf hoch« bis »Na, was hast du denn schon wieder angestellt?«.

Peter sitzt auf der Kante des Stuhls, die Arme verschränkt, sieht zum Fenster hinaus, mit dem Rücken zur Tür. Der Schulleiter betritt das Zimmer und knallt die Tür hinter sich zu:

Rektor: »Hab' mir's ja gleich gedacht, dass du es wieder bist. Immer hat man mit dir Scherereien. Frau H. hat mir erzählt, was du angestellt hast. Sag mal, schämst du dich denn nicht, einen Jungen aus der 3. Klasse zu schlagen?«

Peter: Guckt zu Boden, Gesicht verkniffen, sagt nichts.

Rektor: »Jetzt bist du recht kleinlaut, aber bei Uwe spielst du den starken Mann.«

Peter: »Der Uwe hat angefangen. Der lässt mich nie in Ruhe.«

Rektor: »Das kann schon sein, aber deswegen brauchst du ihn doch nicht so zu schlagen. Wo kommen wir denn da hin, wenn jeder, der eine Wut hat, gleich zuschlägt?«

Peter: (trotzig) »Ich lass mir nicht alles gefallen ...« (wird unterbrochen).

Rektor: »Du siehst ja selbst, was du angestellt hast. Nach der Pause gehst du zu Uwe in die Klasse und entschuldigst dich bei ihm. Und heute Nach-

* S. 120 bis S. 127. Erstveröffentlichung in: Miller, Reinhold: Gespräche mit gewalttätigen Schülern. In: Bäuerle, Siegfried (Hrsg.): Schülerfehlverhalten – Lehrertraining zum Abbau von Schülerfehlverhalten in Theorie und Praxis. Regensburg (Wolf-Verlag) 1985, S. 135–150.

|         | mittag kommst du in die Schule. Ich spreche mit deinem Klassenleh-rer, der gibt dir ein paar saftige Aufgaben.« |
|---------|---|
| Peter:  | Steht auf, schluckt, geht hinaus. |

Möglicherweise finden Sie die Handlungsweise des Schulleiters gar nicht so schlecht: Er reagiert ärgerlich und betroffen (was doch sein gutes Recht ist – wer wäre hier nicht ärgerlich?). Er bezieht Position, drückt sich nicht vor einer unangenehmen Aufgabe, handelt, um »die Sache wieder in Ordnung zu bringen«, scheut nicht vor Strafmaßnahmen zurück. Er verhält sich also normal im Sinne einer durchaus üblichen und gewohnten Reaktion und es ist verständlich, dass er so reagiert. Zum Verständnis für den Schulleiter kommt zugleich aber auch die Erkenntnis hinzu – bei näherer Analyse des Gesprächs –, dass das Gespräch Blockaden in der Beziehung zu dem Jungen enthält, statt ihm zu helfen mit seinen eigenen Schwierigkeiten – und mit denen, die er anderen bereitet hat – fertig zu werden.

• Der Schulleiter als Gesprächspartner reagiert aus einer emotionalen Befindlichkeit heraus, die selbst Aggressionen verrät. Diese erschweren das Verständnis für Peter.
• Er bestraft Peter, weil dieser Uwe nicht in Ruhe gelassen hat, und Peter bestraft Uwe, weil dieser ihn nicht in Ruhe gelassen hat. Das Verhaltensrepertoire ändert sich auf keiner Seite.
• Peter erfährt Bloßstellungen und Vorwürfe: Er wird aus der Klasse geholt (vor den Augen aller); die Lehrer sehen ihn im Gesprächszimmer (Seht den Sündenbock!); er muss sich entschuldigen; er bekommt Zusatzaufgaben.
• In seinem Inneren verfestigen sich Sätze wie: Na, was hast du denn schon wieder angestellt? Mit dir hat man nur Scherereien. Schämst du dich denn nicht?

Wenn Sie versuchen die Position zu wechseln, um in die Gefühlswelt Peters einzudringen, werden Sie entdecken, wie nichtverstehend der Schulleiter mit Peter umgeht: Welche Wirkung hat dieses Gespräch auf *Sie*? Welche Gefühle ruft es bei *Ihnen* hervor? Was empfinden Sie für den *Schulleiter*, was für den *Jungen*?
Die Wirkungen bei Peter können folgende sein:
– Er fühlt sich nicht verstanden und es wird ihm keine Gelegenheit gegeben *seine* Erlebens- und Sichtweise darzulegen.
– Die verbalen und nonverbalen Äußerungen seines Gegenübers wirken sich hemmend auf ihn aus. Peter bleibt verstockt, entschuldigt sich nur unter Druck, entwickelt keine Einsichten in sein Verhalten und erfährt keinen Zusammenhang zwischen seinem eigenen Erleben, seinem Tun und dessen Folgen.
– Er bekommt keine Zuwendung, verspürt keine Hilfen, sondern erfährt nur negative Gefühlsäußerungen, Vorwürfe und Handlungsdruck.
– Er lernt auch nicht, positive Gesprächsmöglichkeiten zu entwickeln, weil sie ihm nicht gezeigt werden.

Somit zeigt der geschilderte Fall folgende Verhaltensrituale:
– Entdecken der Gewalttat und Suche nach dem Täter;
– Konfrontation des Täters mit der strafenden Instanz;
– Konfrontation des Täters mit dem Geschädigten (real oder gedanklich);
– Aufklärung des Täters über die Folgen der Tat;
– Bestrafung und Suche der strafenden Instanz nach Vermeidungsstrategien.

Bei der Problembewältigung im Umgang mit schwierigen Schülern und/oder mit Schülern, die »etwas angestellt« haben, stoßen Lehrer immer wieder auf Schwierigkeiten:
– Beim Lehrer werden negative Gefühle ausgelöst und diese blockieren die Beziehung zwischen beiden Parteien. Der Weg der Konfrontation und Verhärtung ist vorgezeichnet, ein Dialog fast ausgeschlossen und das Verhalten wird mit Repression beantwortet.
– Der Lehrer sieht vorwiegend sein eigenes Verletztsein oder das Verletztsein des Geschädigten (z.B. des geschlagenen Jungen), und es ist schwer, »hinter den Täter« zu sehen, der ebenfalls verletzt ist. Achtung auch diesen Schülern zu zeigen ist kaum mehr möglich; Ablehnungen und Bloßstellungen sind die Folge.
– Schüler, die tätlich geworden sind, erschweren dem Lehrer das Verstehen ihrer inneren, seelischen Welt. Damit ist auch das Verstehen der Tat selbst kaum mehr möglich. Es gelingt nicht oder nur selten hinter die Fassaden der Schüler zu sehen und herauszuhören, was sie *wirklich* mitteilen möchten (Aggressionen z.B. als Ausdruck von Angst, Enttäuschung, Verlust von Geborgenheit und Zuneigung).
– Weil Lehrer sehr schnell wieder alles gutmachen wollen (ein sehr verständlicher Wunsch), neigen sie rasch zu dirigistischen Maßnahmen. Um »das Übel möglichst schnell aus der Welt zu schaffen«, entwickeln sie Strafmaßnahmen, die Verhalten unterdrücken bzw. vermeiden, aber nicht im eigentlichen Sinn ändern. Dem Schüler wird auferlegt, was er zu tun und/oder zu lassen habe, und er bekommt kaum Gelegenheit zu lernen mit seinem eigenen Fehlverhalten umzugehen. Die verstehende Begleitung auf dem langwierigen Weg, selbst Lösungen zu finden, bleibt aus.

In Gesprächen mit solchen Schülern tauchen dann auch immer wieder Blockaden auf, die sich schädlich auf die gegenseitige Beziehung auswirken:
– Den knöpf' ich mir gleich mal vor.
– Den krieg' ich auch noch klein.
– Den bring' ich schon noch zur Vernunft.
– Die bekomme ich auch noch in den Griff.
– Na, den nehm' ich mir mal zur Brust.
– Dir kann man aber auch nie über den Weg trauen.
– Wo kämen wir hin, wenn das jeder so machen würde?
– Du meinst wohl, du könntest dir alles erlauben?
– Das hätte ich nie von dir gedacht. Ich habe dich für vernünftiger gehalten.
– Siehst du, das hast du jetzt davon. Ich hab's ja gleich gesagt …

Hinter all den Äußerungen steht nicht böser Wille seitens der Lehrer, sondern gefühlsmäßige Betroffenheit, mit der der Einzelne selbst umzugehen nicht gelernt hat. Es ist deshalb wichtig sich klar zu machen, welche Grundhaltungen, Einstellungen und Verhaltensweisen im Gespräch mit schwierigen Schülern deutlich werden und welche zu verändern sind.
Vielleicht denken Sie jetzt: Mein Gott, was hab ich bisher alles falsch gemacht!
– Ich möchte bei Ihnen aber weder Schuldgefühle wegen bisheriger Verhaltensweisen erzeugen noch auf Ablehnung der folgenden Ausführungen über positive Gesprächsweisen stoßen, sondern ich möchte Sie anregen andere – möglicherweise für Sie neue – Sichtweisen auszuprobieren.

*b) Förderliches Gespräch*

Markus, Schüler einer 8. Klasse einer dörflichen Hauptschule, stiehlt in einem Geschäft 50 DM und wird erwischt. Eltern und Schule werden benachrichtigt. Dem Schulleiter ist der Vorfall nicht gleichgültig. (Die Geschäftsinhaberin: Jetzt sitzen die kriminellen Früchtchen schon in der Schule!) Nach einer Besprechung im Kollegium erklärt sich Herr F. bereit, mit Markus zu sprechen. Er hat, als Sportlehrer von Markus, den besten Zugang zu ihm.

Herr F.: »Ich möchte mit dir über den gestrigen Vorfall bei Frau S. sprechen. Möchtest du lieber mit deinem Klassenlehrer reden?«

Markus: Schüttelt den Kopf, sagt nichts, schaut zu Boden, »bockig«.

Herr F.: »War's schlimm für dich heute in der Schule?«

Markus: Nickt stumm, schweigt längere Zeit, plötzlich: »ein paar von der Klasse haben mich Dieb genannt und Theo hat gesagt, ich bin zu blöd zum Klauen.«

Herr F.: »Jetzt kommt zum Knatsch zu Hause auch noch der Spott der anderen?«

Markus: »Ja, am liebsten möchte ich gar nicht mehr in die Schule. Wär' ich nur nicht erwischt worden. Thomas hat gesagt, das geht leicht.«

Herr F.: »Thomas?«

Markus: »Das ist der Freund von meinem Bruder. Die haben schon öfters im Kaufhaus geklaut.«

Herr F.: »Und da hast du dir das auch zugetraut?«

Markus: Nickt. »Ich brauch doch unbedingt mein Modellflugzeug.«

Herr F.: »Und da wären dir die 50 Mark sehr gelegen gekommen.«

Markus: »Ja, und ich habe gedacht, die krieg' ich leicht und es merkt ja doch niemand …« Stockt, fängt plötzlich an zu heulen.

Herr F.: Sagt nichts, rückt den Stuhl neben Markus, legt den Arm auf seine Schulter, lässt ihn weinen.

Markus: Nach längerer Pause: »Gestern haben mich im Geschäft alle angeschaut und beschimpft. Dann hat mich Frau S. nach Hause gebracht und mein Vater hat furchtbar geschimpft und mich verhauen. Ich darf jetzt eine Woche nicht fernsehen und Taschengeld bekomm' ich den ganzen nächsten Monat nicht. (Schluckt.) Obwohl ich die 50 Mark doch wieder zurückgeben musste.«

Herr F.: »Jetzt hast du weder 50 Mark, noch Taschengeld, noch Fernsehen.«

Markus: »Ich finde das gemein und ungerecht. Es genügt doch, dass ich erwischt worden bin, oder?«

Herr F.: »Jetzt hast du 'ne Sauwut!?«

Markus: »Ja. (Pause!) Und morgen lachen mich wieder alle aus.«

Herr F.: (Nach längerem, gemeinsamen Schweigen.) »Möchtest du, dass ich dir helfe, dass alles wieder in Ordnung kommt?«

Markus: Schaut auf, wischt sich übers Gesicht, fragt zögernd: »Welche Strafe krieg' ich denn von Ihnen?«

Herr F.: »Ich denke jetzt nicht an Strafe.« (Kurze Pause.) Hast du dir denn schon überlegt, was du tun könntest?«

Markus: »Ne … ich hab' nur Angst, wenn ich jetzt nach Hause komme … Und morgen in der Klasse … Könnten *Sie* mit Herrn B. (dem Klassenlehrer) reden?«

Herr F.: »Du möchtest, dass alle wieder gut zu dir sind?«
Markus: Nickt. »Und dass sie mich nicht mehr auslachen und beschimpfen.«
Herr F.: Sagt nichts, sein Gesicht wirkt fragend.
Markus: »Am besten wäre es, wenn Herr B. mit den anderen reden würde und ich nicht dabei bin.«
Herr F.: »Du hast Angst?«
Markus: »Wenn ich dabei bin, schauen alle auf mich.«
Herr F.: »Du hast Angst und möchtest am liebsten davonlaufen? Ich denke, dass Herr B. dich braucht, wenn er mit der Klasse reden soll, du gehörst dazu.«
Markus: (Schaut fragend) »Dann mach' ich morgen blau.«
Herr F.: Schweigt – schaut Markus ruhig an.
Markus: Sagt lange nichts – dann: »Gehen Sie mit mir in die Klasse?«
Herr F.: »Du fühlst dich dann sicherer? So: Wir zwei gegen die anderen?«
Markus: »Ja, und dann trau ich mich auch reden.«
Herr F.: »Was meinst du, wie wirkt das auf die anderen, wenn ich da plötzlich mitkomme?«
Markus: Zuckt mit den Schultern, schweigt, denkt nach – plötzlich: »Sprechen Sie doch mit Herrn B., dass er mit uns allen redet und mich nicht fertig macht vor der Klasse.«
Herr F.: »Du hast Angst, dass du dann wieder alleine dastehst?«
Markus: »Mhm« (nickt).
Herr F.: »Was hältst du von meinem Vorschlag: Ich spreche mit Herrn B. heute Nachmittag, und morgen in der Früh reden wir zu dritt?«
Markus: Nickt erleichtert, will schnell aufstehen …
Herr F.: »Du, Markus, ich denke jetzt aber auch noch an Frau S., die bestimmt noch sauer auf dich ist.«
Markus: »O je, die auch noch …«
Herr F.: Sagt nichts …

Im weiteren Verlauf lässt Markus nochmal seinen Ärger über Frau S. los. Dann wählt er folgende Schritte: Er schreibt an Frau S. einen Entschuldigungsbrief (zu ihr persönlich zu gehen traut er sich noch nicht). Er nimmt es auf sich einen Monat lang kein Taschengeld zu bekommen und nicht fernsehen zu dürfen (»Da kann man nichts machen«).
Herr F. spricht am Nachmittag mit Herrn B., dem Klassenlehrer. Er telefoniert mit Frau S. und mit Markus' Vater: Herr N. zieht die Taschengeldreduzierung zurück, weil er einsieht, dass dann der »Klaudruck« bei Markus sich verstärken könnte, behält aber das Fernsehverbot aufrecht.
Der Klassenlehrer spricht am nächsten Tag vor Unterrichtsbeginn mit Markus. In der Klasse selbst wird anschließend noch einmal darüber gesprochen, auch über das Auslachen und Beschimpfen und über Stehlen allgemein. Die Schüler bringen selbst viele Beiträge. (Ich weiß … Ich habe gehört … Ich habe gelesen …). Im Laufe einiger Gespräche zu diesem Thema während der nächsten Wochen äußert Markus in einer Pause Herrn B. gegenüber, er würde nicht mehr klauen wollen, es sei falsch gewesen …

*Analyse des Gesprächs*

## a) Der Vorfall

Markus' Tat geschieht in der Öffentlichkeit (Stehlen im Geschäft, Beobachtung der Kunden, Kenntnisnahme der Eltern, Lehrer und Schüler). Der Druck, dem Markus ausgesetzt ist, verstärkt sich dadurch erheblich und seine Ängste steigern sich in gleichem Maße.

## b) Die Schule

Der Schulleiter reagiert, weil der Versuch zu stehlen von Markus auch die Schule betrifft und weil es u.a. Aufgabe der Schule ist, richtiges Sozialverhalten anzuregen. Der Schulleiter sieht sich als Vermittler zwischen Markus und dem Vertrauenslehrer; das Kollegium verhält sich neutral und Markus gegenüber nicht anklagend.

## c) Der Lehrer

Er hat Zeit seine eigene Gefühlslage zu überdenken und zu reflektieren. Er steht Markus offen und helfend gegenüber:
- Seine *Achtung* hat sich nicht verändert, obwohl er faktisch einen Dieb vor sich hat. Nur aus seiner unverminderten Achtung vor der Person Markus' (und nicht als Richter und Strafender im negativen Sinn) kann er Markus überhaupt erst hilfreich sein.
- Sein *Verstehen* wird in allen Phasen des Gesprächs deutlich. Es geht ihm darum, wie Markus sich fühlt, welche Motive ihn bewegt haben, unter welchem Druck er jetzt steht und wie er versucht, seine Probleme zu bewältigen.
- Seine *Echtheit* Markus gegenüber kommt in direkten und indirekten Äußerungen zum Ausdruck: Ich möchte mit dir reden. Ich tröste dich. Ich höre dir zu. Ich bewerte dich nicht. Ich bestrafe dich nicht. Ich gebe dir Hilfestellung. Ich zeige dir meine Grenzen. (Ich begleite dich nicht bei deinen »Fluchttendenzen.«)
- Er gibt keine *Direktiven*: Herr F. verlangt keine Entschuldigungen von Markus, fordert ihn nicht auf so oder so zu handeln, zwingt ihn nicht zu Einsichten. Er wartet, schweigt, versteht, fühlt mit.

## d) Markus

Die Situation ist für ihn bedrängend. Er ist öffentlich ertappt worden, bloßgestellt, beschimpft, bestraft, ausgelacht. Er fühlt sich ungerecht behandelt, will unbedingt seinen Wunsch erfüllt haben (Flugzeugmodell). Seine Haltung im Gespräch ist von Unsicherheit, Angst und »Fluchtgedanken« geprägt. Zunächst ist er wütend (die anderen sind gemein), dann verzweifelt, weint und spürt den Druck. Direkt und indirekt teilt er dem Gesprächspartner mit: Ich bin zu blöd zum Klauen. Ich werde beschimpft und ausgelacht. Ich habe Angst und trau mich nicht in die Klasse. Ich schaff's nicht alleine. Ich möchte, dass du (Lehrer) mir hilfst. Ich hab' Vertrauen zu dir. Ich weiß nicht, was ich tun soll. Mir ist alles zu viel.

# Zusammenfassung

- Die Hilfen des Lehrers sind frei von Vorwurf, Ablehnung, Beschuldigungen und Strafmaßnahmen. Es geht ihm in erster Linie um Markus. Für Herrn F. ist es wichtig, dass er sich seiner eigenen Gefühle bewusst ist und dass er die seelische Welt von Markus versteht.
- Er erliegt nicht in die Gefahr blockierend zu reagieren: Siehst du, das hast du jetzt davon. Dir geschieht recht so. So etwas tut man nicht. Du bist selbst schuld, weil ... Ich hab's ja gleich gesagt. Sieh zu, wie du zurechtkommst ...
- Der Lehrer hat Zeit, geht auf Markus ein und nimmt ihn ernst. Auch wenn Markus ausweicht (aus Angst), setzt ihn Herr F. nicht unter (Handlungs-) Druck. Auch in langen Schweigephasen bedrängt er Markus nicht, sondern lässt ihm Zeit.
- Herr F. solidarisiert sich aber nicht mit Markus. Der Junge erfährt: Der Lehrer versteht mich, ist aber nicht mit meiner Handlung einverstanden.
- Vordergründig betrachtet, scheint Markus auf dem Standpunkt des »ist mir doch egal« zu beharren (zumindest am Anfang des Gesprächs). Der Lehrer aber »hört« mehr aus Markus, was dieser ihm sagen will; er versteht, was Markus *wirklich* mitteilen möchte: Bitte, hilf mir, ich habe Mist gebaut und ich weiß nicht, wie ich da wieder herauskommen kann. Alle sind gegen mich. Bitte halten doch wenigstens Sie zu mir.

(Manche mögen hier mit Kopfschütteln reagieren: So einen verstehenden Lehrer gibt es ja gar nicht. Kann man so als Lehrer sein bzw. handeln? Normalerweise sind doch hier Wut und Ärger, Strafe und Wiedergutmachungsforderung viel verständlichere Reaktionen.)

Für Herrn F. ist es wichtig, dass er seine eigenen Gefühle und deren Äußerungen in Bezug auf das Problemverhalten von Markus trennt. Wichtig für ihn sind die Fragen: Wer hat in diesem ganzen Vorfall das größere Problem (der Lehrer oder Markus)? Wer ist von beiden der Hilflosere? Wie sieht die Hilfe für den Schwächeren aus?

- Der Lehrer sieht sich als Helfer und Vermittler und nicht als »Macher« für Markus. (Wart's ab, ich mach' schon, dass du ...) Er weist aber auch deutlich darauf hin, dass er die Konsequenzen für Markus nicht ausklammert: Markus gelangt letztlich zur Einsicht einen Brief zu schreiben. Er geht in die Klasse zurück und sieht sein Handeln als falsch an, wenn auch nicht gleich zum Zeitpunkt des Gesprächs. (Wer könnte *dafür* schon den Zeitpunkt bestimmen?)
- Das Gespräch mag den Eindruck vermitteln, der Lehrer hielte hier ganz zu Markus und die Geschädigten (Frau S. materiell, die Eltern ideell – welche Schande im Dorf!) kämen nicht zu Wort bzw. ihrem Recht. Im Gespräch selbst mit Markus ist »nur« wichtig, was dieser »anbietet«, und darauf geht Herr F. ein. Alle anderen Bereiche sind nicht vergessen oder ausgeklammert, sondern lediglich zeitlich zurückgestellt: Gespräche mit Frau S. und den Eltern bzw. dem Klassenlehrer haben die gleiche Bedeutung und Berechtigung wie mögliche Forderungen nach Wiedergutmachung.
- Gespräche sind nicht hilfreich, wenn der Lehrer
  - einen falschen Zeitpunkt wählt, bei dem er selbst noch nicht in der Lage ist emotional entsprechend zu reagieren;
  - dem Schüler anklagend, beschuldigend, drohend und mit Zwang ausübend begegnet;

- den Schüler in die Enge treibt und ihn nicht unterstützt eigene Wege zu finden und selbstständig zu gehen;
- Blockaden zwischen sich und dem Schüler errichtet.
- Gespräche sind nicht möglich, wenn der Schüler
  - jegliches Gesprächsangebot durch Passivität verweigert;
  - jegliches Gesprächsangebot bzw. Gespräch durch Aggressivität zerstört;
  - in Gesprächen selbst immer wieder innerlich oder äußerlich »aussteigt«;
  - Grenzen verletzt und Gefahr (seelisch und körperlich) für den Partner bedeutet.

  Gespräche sind *Teil* der Gesamtbewältigung von Problemen und Handlungen von Schülern. Sie sind sinnvoll, wenn allen Beteiligten bewusst wird, dass Gespräche Brücken zueinander bedeuten, Klärungen herbeiführen bzw. beschleunigen können, Voraussetzungen für Einsichtgewinnung und Wiedergutmachungen sind und Weiterführung der Problembewältigung und Durchführung möglicher Konsequenzen nicht ausschließen.
- Schließlich sind Gespräche nur sinnvoll, wenn sie in beispielgebende Taten münden oder von dort ihren Ausgang genommen haben:

In einem Schulhof ereignete sich folgender Vorfall: Ein Schüler geht mit erhobenen Fäusten bedrohlich auf einen Mitschüler zu, beide etwa neun Jahre alt. Der Bedrohte zuckt zusammen, worauf der andere sagt: »Gell, wenn ich so mache (zeigt die Fäuste), dann zuckst du zusammen.« Ein Lehrer, der gerade im Vorbeigehen die letzten Worte mitbekommen hat, bleibt stehen, bückt sich, nimmt den ängstlichen Schüler in die Arme, streichelt ihn und sagt dabei zu dem anderen Schüler: »Schau, und wenn ich so mache (streichelt wieder), dann zuckt er nicht zusammen.« Daraufhin richtet sich der Lehrer wieder auf, streichelt beiden übers Haar und geht ins Schulgebäude. Beide Buben schauen ihm verwundert nach ...

> **Merke:** Es sind vor allem die »schwierigen Schüler«, die unsere Zuwendung und unser Gespräch brauchen!

## Aufgaben

1 Es kann sein, dass Sie bei Markus anders gehandelt hätten:

| Ich handle ... | weil ... | Vermutliche Wirkung bei Markus |
|---|---|---|
| - Ich zitiere Markus sofort zu mir und sage ihm, dass ich sein Verhalten nicht richtig finde. | Markus wissen soll, was ich davon halte. | ist wahrscheinlich still, weil er sich sehr schuldig fühlt; |

| | | |
|---|---|---|
| – Ich zeige Markus meinen Ärger, denn er soll spüren, was er angestellt hat. | ich nicht einsehe, dass ich meinen Ärger einfach schlucken soll. | fühlt sich gefühlsmäßig überrannt, reagiert stumm oder trotzig; |
| – Ich bestrafe ihn. | | |
| – Ich bestehe darauf, dass er sich bei Frau S. persönlich entschuldigt. | | |
| – Ich stelle Markus vor der Klasse als negatives Beispiel hin: Das kommt davon, wenn man klaut. | | |
| – Ich erörtere den Fall noch einmal mit dem ganzen Kollegium. | | |
| – Ich sage ihm, dass ich seine Tränen verstehe, aber dass ihm das jetzt auch nichts mehr nütze. | | |

2 Ihre Äußerungen lösen bei Schülern oft die verschiedensten Gefühle aus. Vermuten Sie, welche es sein könnten und welche Reaktionen die Schüler damit verbinden:

| Äußerungen des Lehrers | Gefühle und Reaktionen der Schüler |
|---|---|
| – Sie greifen an:»Wenn du noch einmal, dann ...« | Schüler fühlt sich»klein«, trotzt, leistet Widerstand ...« |
| – Sie klagen an:»Wie konntest du nur, ...« | |
| – Sie beschuldigen:»Gib doch zu, dass du ...« | |
| – Sie blockieren:»Ach, hör doch auf damit ...« | |
| – Sie werden ironisch:»Ach, jetzt bekommst du wohl kalte Füße, was?« | |

| | |
|---|---|
| – Sie reagieren verärgert:»So kannst du mit mir nicht umgehen, das ist doch die Höhe!« | |
| – Sie werden beleidigend:»Bei dir piept's wohl. Weißt du, was du bist? Du bist …« | |
| – Sie lassen den Schüler nicht zu Wort kommen:»Ach, Mensch, halt doch den Mund!« | |
| – Sie machen Vorwürfe:»Siehst du, das hast du jetzt davon. Hättest du …« | |

3 Antworten Sie »nichtblockierend«:

| Schüleräußerungen[*] | Lehrerantworten |
|---|---|
| – »Am liebsten würde ich überhaupt nicht mehr in die Klasse gehen.« | *Blockierend:*»Das kannst du nicht machen. Du gehst jetzt in die Klasse und entschuldigst dich.«<br>*Nichtblockierend:*»Du hast Angst, dass sie dich fertig machen?« |
| – Das fand ich furchtbar gemein. Und überhaupt sind sie alle gegen mich.« | *Blockierend:*»Das stimmt überhaupt nicht, das bildest du dir nur ein.«<br>*Nichtblockierend:* |
| – »Wenn ich den erwische, der kriegt es aber mit mir zu tun!« | |
| – (Bockig)»Ich denke gar nicht daran. Machen Sie doch Ihren Mist alleine.« | |
| – »Mit Ihnen will ich nicht mehr reden. Sie sind ja auch gegen mich.« | |
| – »Immer bin ich's gewesen. An die anderen denkt niemand.« | |

---

* Die »vier Seiten der Kommunikation« helfen mir Schüleräußerungen zu »übersetzen«: Was meinen die Schüler *wirklich*?

4 Welche Reaktionen/Gefühle werden bei *Ihnen* ausgelöst:

| *Schüler:* | *Lehrer:* |
|---|---|
| – tritt einen anderen absichtlich ans Schienbein; | |
| – klaut einem Mitschüler Geld; | |
| – beschmiert die ganze Tafel mit »Sauereien«. | |
| | |

5 Wenn Schüler mit mir reden, dann erfahre ich häufig,

☐ dass ich blockiere, wenn ich angegriffen werde;
☐ dass ich innerlich sehr unruhig bin;
☐ dass ich manchmal nicht weiß, wie ich reagieren soll.
☐
☐
☐

| 6 *Schüler sollen lernen* | *Sie lernen es, indem sie* |
|---|---|
| – sich selbst mitzuteilen; | |
| – zuzuhören; | |
| – sich annehmbar zu äußern; | |
| – Äußerungen anzunehmen; | |
| – Vorwürfe zu reduzieren. | |

7 Mit Schülern möchte ich Situationen schaffen, in denen Gespräche förderlich sind:

☐ Einmal in der Woche eine Gesprächsstunde;
☐ Gespräche, wenn ich innerlich ausgeglichen bin (ansonsten verschieben!);

8 Meine Verstehensbereitschaft hat Grenzen, wenn Schüler ...

9 Ich halte Gespräche nicht mehr für sinnvoll, wenn ...

_____

_____

_____

10 In schwierigen Fällen, wenn Gespräche nichts mehr nutzen, dann bleibt mir
nur noch übrig:

_____

_____

_____

## 3. Kooperation

• Aufgabenschwerpunkte:
– kooperative Verhaltensweisen kennen lernen,
– kooperative Strategien kennen lernen,
– kooperative Verhaltensweisen lernen.

Kooperative Arbeit im Unterricht hat sich bewährt und tritt am stärksten in
Form der Gruppenarbeit auf. Im Bereich des sozialen Lernens ist Kooperation
immer noch »Neuland«, d.h. Lehrer neigen dazu hier das »Heft selbst in die
Hand zu nehmen«:»Ich sorge hier für Ruhe.« –»Ich bringe dies schon in Ordnung ...« Vor allem im 4 Kapiel wurde deutlich, dass eine Wechselbeziehung
zwischen Lehrern und Schülern stattfindet und dass Lernen im zwischenmenschlichen Bereich immer beide Seiten einschließt. Auch wenn die Betroffenheit
einseitig sein kann, so gibt es doch nicht nur den Lehrer, der Schwierigkeiten
hat, oder nur die Schüler, die Probleme verursachen. Immer ist hier ein Zusammenhang zu sehen, der in der Konsequenz bedeutet: Nicht der Lehrer ist der
»Macher«, sondern die Bewältigung von Problemen ist Sache aller. Die Schüler
erfahren, dass nicht nur mit ihnen etwas geschieht, sondern dass sie auch selbst
etwas bewirken können.
Die kooperative Verhaltensmodifikation (KVM) ist ein Modell, das kooperatives Lernen fördert und zwei Ziele verfolgt: Abbau von Störungen und Aufbau
aktiver Beteiligung und Mitarbeit (vgl. Redlich, Alexander/Schley, Wilfried:
Hauptschulprobleme). Hier geht es um soziales Lernen in Form von Projekten:
»Fächerübergreifend und über einen Zeitraum von mehreren Wochen wird *ein*
Aspekt der Lehrer-Schüler- oder Schüler-Schüler-Beziehung in den Mittelpunkt
gestellt. Kooperative Verhaltensmodifikation ist somit z.B. angezeigt bei derarti-
gen Zielen: Gleichverteilung der Aktivitäten in der Klasse, gegenseitiges Ak-
zeptieren und sachliches Kritisieren, Zuhören und Ausredenlassen, gegenseitige
Hilfestellung und Zusammenarbeit, offene Meinungsäußerungen, im Streit den
eigenen Standpunkt vertreten, Nachfragen bei unverständlichen Erklärungen,
Pünktlichkeit, regelmäßige Hausarbeit, Beteiligung am Unterricht usw. ... Die
Projekte versuchen Einsichtsvermittlung über Gespräche und Verhaltensänderung über praktisches Handeln zu verbinden« (S. 16f.).
Für den konkreten Unterricht heißt das:
– Es ist sinnvoll die KVM einzusetzen, wenn bereits über einen längeren Zeit-
raum gravierende Störungen oder sonstige Verhaltensschwierigkeiten aufgetaucht sind (siehe auch 6. Kapitel).

- Es ist sinnvoll, die KVM einzusetzen, wenn andere Maßnahmen, die Störung zu beseitigen, nichts gefruchtet haben.
- Die KVM ist nur wirksam, wenn alle Beteiligten sie auch wirklich durchführen wollen: Sie setzt also bereits Kommunikation voraus.
- Die KVM will in erster Linie Störungen beseitigen, die im *Verhalten* von Personen liegen, und will dann positives Verhalten (Beteiligung, Aktivität usw.) aufbauen. Äußere Umstände u.ä. müssen vorher aus dem Weg geräumt oder auf andere Weise bewältigt werden (z.B. Störungen wegen zu großer Klassen, zu kleiner Klassenzimmer, zu vieler Stunden an einem Tage usw. ...). Mit der KVM kann man auch keine *Strukturprobleme* lösen.
- Die Wahrscheinlichkeit, dass Schüler bei der KVM mitmachen, ist wesentlich größer, als mancher Lehrer es zunächst für möglich hält.
- Der Aufwand lohnt sich dann, wenn die Beteiligten der Meinung sind, dass die derzeitigen Störungen mehr belasten als die vermutete Arbeit mit der KVM.

Ich finde die Anregungen von Redlich und Schley sehr gut. Ihnen ist nämlich aufgefallen, dass Lehrer und Schüler deswegen nicht miteinander zurechtkommen, weil beide »Parteien« von der jeweils anderen Bestimmtes erwarten. Mit der KVM haben Lehrer und Schüler ein Mittel in der Hand Schwierigkeiten kooperativ zu bewältigen. Wie die konkrete Arbeit aussieht, zeigt folgender Verlaufsplan:

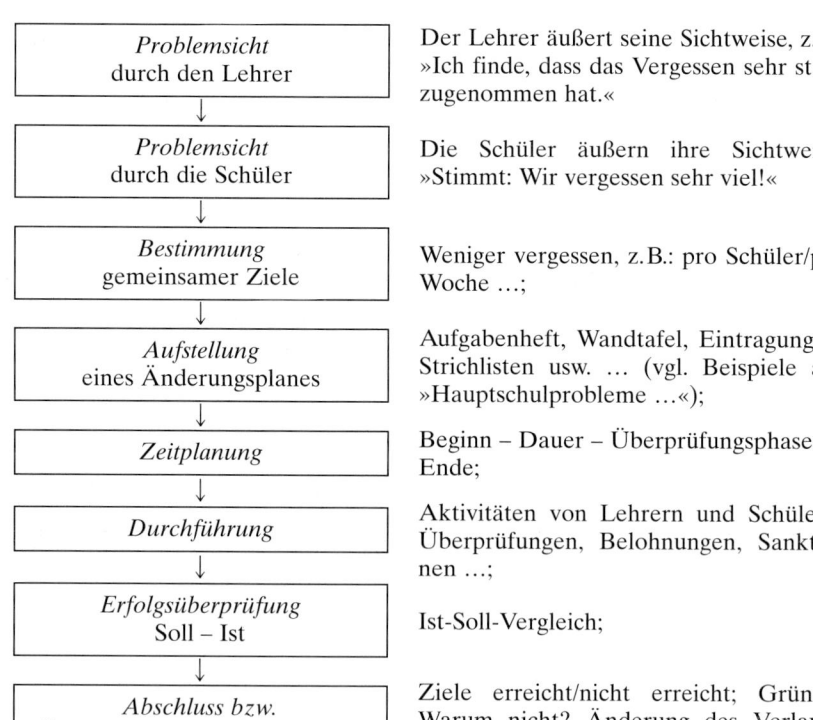

| | |
|---|---|
| *Problemsicht* durch den Lehrer | Der Lehrer äußert seine Sichtweise, z.B.: »Ich finde, dass das Vergessen sehr stark zugenommen hat.« |
| *Problemsicht* durch die Schüler | Die Schüler äußern ihre Sichtweise: »Stimmt: Wir vergessen sehr viel!« |
| *Bestimmung* gemeinsamer Ziele | Weniger vergessen, z.B.: pro Schüler/pro Woche ...; |
| *Aufstellung* eines Änderungsplanes | Aufgabenheft, Wandtafel, Eintragungen, Strichlisten usw. ... (vgl. Beispiele aus »Hauptschulprobleme ...«); |
| *Zeitplanung* | Beginn – Dauer – Überprüfungsphasen – Ende; |
| *Durchführung* | Aktivitäten von Lehrern und Schülern, Überprüfungen, Belohnungen, Sanktionen ...; |
| *Erfolgsüberprüfung* Soll – Ist | Ist-Soll-Vergleich; |
| *Abschluss bzw.* Änderung und ggf. Fortsetzung | Ziele erreicht/nicht erreicht; Gründe: Warum nicht? Änderung des Verlaufs, Fortsetzung ... |

Wichtig sind Abmachungen (aber nicht auf Kosten *einer* Partei), Belohnungen als Anreiz zum Lernen und Weiterlernen, zum Ermutigen und Durchhalten. Notwendig sind auch Selbstbeobachtungsbogen für Schüler und Lehrer (siehe umseitig), denn die KVM meint grundsätzlich:

– Die Änderung geschieht kooperativ, also von Lehrern und Schülern gemeinsam (wer kein Problem hat, hilft den anderen …).
– Die Änderung erfolgt aufgrund eigener Entscheidung und nicht unmittelbar durch Fremdbestimmung (Strafen, Druck, Zwang …).
– Die Änderungen sind wirksam und geändertes Verhalten hält an, weil es (längerfristig!) gelernt und nicht von außen (durch andere) erzwungen wurde.

Bei Redlich und Schley habe ich zum Thema »Hausaufgabenvergessen« einen sehr sinnvollen und praktikablen Vertrag gefunden (S. 121):

»Abmachungen zwischen den Lehrern und den Schülern der 8a
Abmachungen gelten ab 16.3.1979

1. Alle Lehrer der 8a tragen die zu Hause zu erledigenden Aufgaben in ein Hausaufgabenposter ein. Sind die Hausaufgaben nicht eingetragen, haben sie keine Gültigkeit.
2. Die Lehrer stimmen gemeinsam mit den Schülern über den Plan, das Maß der Hausaufgaben ab. Die Zeit für die zu erledigenden Hausaufgaben sollte an einem Tag eineinhalb Stunden nicht überschreiten.
3. Die Lehrer geben zu Montag keine Hausaufgaben auf.
4. Die Schüler führen ein Hausaufgabenbuch, in das jeden Tag eingetragen wird. Jeweils in der letzten Schulstunde eines jeden Tages überprüft der Partner, ob die Eintragungen mit dem Hausaufgabenposter übereinstimmen. Der Partner unterschreibt und ist mit für die Richtigkeit verantwortlich.
5. Der unterrichtende Lehrer und der Klassensprecher sorgen dafür, dass immer genügend Zeit für die Eintragung vorhanden ist.
6. Die Schüler führen einen Selbstbeobachtungsbogen, in dem sie vermerken, ob die Hausaufgaben erledigt wurden und ob das benötigte Material mitgebracht wurde.
7. Der Klassensprecher fertigt ein Poster an, aus dem alle Lehrer und Schüler entnehmen können, ob der tägliche Zielwert erreicht wurde.
8. Wenn am 4.5.1979 die Zielrate von 80% (dabei zählt der Durchschnitt der letzten Wochen) erreicht ist, wird die Klasse in der darauf folgenden Woche einen »Kegeltag« veranstalten.«

*Beispiele für Beobachtungsbogen:*

a) Störungen durch die Schüler

*Name: Petra H.*      *Klasse: 7b*

| Datum | Stunde | Ich habe die anderen gestört und nicht ruhig gearbeitet. | Ich habe fast die ganze Zeit gearbeitet/wenig gestört. | Ich habe leise gearbeitet und nicht gestört. |
|---|---|---|---|---|
| 19.3. | 1. | | × | |
| 19.3. | 3. | × | | |
| 20.3. | 2. | | | × |
| 22.3. | 4. | × | | |
| 22.3. | 5. | | | × |

(Der Lehrer unterbricht den Unterricht jeweils nach 15 Minuten und lässt den Schülern kurz Zeit die letzten 15 Minuten zu überblicken, damit sie dann ihre Beobachtungen eintragen können.)

b) Dazwischenrufen durch Schüler

*Name: Markus B.*      *Klasse: 8a*

| Datum | Stunde | Ich habe dazwischengerufen | | | Ich habe nicht dazwischengerufen | | |
|---|---|---|---|---|---|---|---|
| | | 1. Drittel | 2. Drittel | 3. Drittel | 1. Drittel | 2. Drittel | 3. Drittel |
| 4.10. | 4. | | × | | × | | × |
| 6.10. | 1. | × | | | | × | × |
| 7.10. | 2. | | × | | × | | × |
| 7.10. | 5. | | × | × | × | | |
| 7.10. | 6. | × | | | | × | × |
| 8.10. | 2. | | | | × | × | × |

134

c) Privatgespräche der Schüler

*Name: Andrea Z.*  *Klasse: 9a*

| Datum | Stunde | Ich arbeite still | | | Ich führe Privatgespräche | | |
|---|---|---|---|---|---|---|---|
| | | 1. Drittel | 2. Drittel | 3. Drittel | 1. Drittel | 2. Drittel | 3. Drittel |
| 12.4. | 2. | × | × | | | | × |
| 12.4. | 4. | | × | | × | | × |
| 13.4. | 1. | | × | × | × | | |
| 15.4. | 4. | × | × | × | | | |
| 15.4. | 5. | | × | | × | | × |

d) Konstruktives Verhalten der Schüler

*Name: Heike Sch.*  *Klasse: 9c*

| Datum: Stunde: | 8.6. 2. | 8.6. 6. | 8.6. 2. | 10.6. 4. | 11.6. 3. |
|---|---|---|---|---|---|
| Kein Kaugummi im Mund | × | | × | × | |
| Keine Coladose dabei | × | | | × | × |
| Auf dem Platz geblieben | | × | × | × | × |
| Bei der Sache gewesen | | × | | × | × |
| Nichts Außerunterrichtliches mit dem Nachbarn gemacht | × | × | × | × | |
| Leise gewesen | | | | × | |
| Mitschüler in Ruhe gelassen | × | | × | × | × |
| Hefte, Bücher dabei | | × | | × | × |
| Platz aufgeräumt | | × | × | × | × |
| Von 9 möglichen Punkten erreicht: | 4 | 5 | 5 | 9 Spitze! | 6 |

*Bemerkungen:*

– Die Eintragungen der Schüler erfolgen selbstständig; der Lehrer gibt lediglich Zeit dazu.
– Hilfen des Lehrers sind notwendig, wenn Schüler beginnen sich Erfolge oder Misserfolge aufzurechnen (Beschuldigungen ...). Hier ist Vermittlung bzw. Erklärung von Lehrerseite notwendig, damit es keine »Sündenböcke« gibt.
– Ermahnungen, Strafen usw. sind in der Anfangsphase nicht sinnvoll (weil ja sonst der Lehrer wieder der »Macher« ist). Ausnahme: Wenn Schüler über einen längeren Zeitraum hinweg das »Nichtbestraftwerden« ausnutzen, wird die Verhaltensmodifikation unterbrochen und das Problem besprochen.

e)  Beobachtungsbogen eines Lehrers

Wenn Schüler lernen sollen sich zu melden, dann darf auf der anderen Seite der Lehrer (z.B.) die Nichtmelder auch nicht aufrufen:

*Ich habe Nichtmelder aufgerufen:*

| Zeit | 1. Drittel | 2. Drittel | 3. Drittel | Bemerkungen u.Ä. |
|------|-----------|-----------|-----------|------------------|
| Mo., 1. Std. | 2× | – | 1× | 3× |
| Di., 2. Std. | 3× | 1× | – | 4× |
| Di., 3. Std. | 1× | – | – | 1× |
| Mi., 6. Std. | 4× | 2× | 1× | 7×! (6. Std.?) |
| Do., 3. Std. | 1× | 1× | – | 2× |
| Sa., 1. Std. | – | – | – | Na, endlich? |
| Sa., 2. Std. | 1× | 1× | – | 2× |
| 7 Stunden | 12× | 5× | 2× | 19× |

## f) Beobachtungsbogen mehrerer Lehrer: 2 Kriterien

| | Annahme von Zwischenrufen | | | Erteilung von Strafen | | |
|---|---|---|---|---|---|---|
| Zeit | 1. Drittel | 2. Drittel | 3. Drittel | 1. Drittel | 2. Drittel | 3. Drittel |
| Mo. 1. Std. L. A. | 2× | — | 2× | 3× | — | 1× |
| Di. 2. Std. L. B. | 1× | 4× | — | 1× | — | — |
| Mi. 2. Std. L. C. | 3× | 1× | — | — | 1× | — |
| Do. 5. Std. L. A. | 2× | — | 1× | — | — | 1× |
| Do. 6. Std. L. B. | 1× | — | 1× | 1× | — | — |
| Fr. 3./4. Std. L. C. | — | — | — | — | 1× | — |
| | 1× | 1× | 2× | 2× | — | — |

(Es ist sinnvoll die KVM pro Tag höchstens zwei Stunden anzuwenden. Entscheidend ist nicht die Häufigkeit des Trainings, sondern längerfristiges, intensives Lernen.)

> **Merke:** Wenn jeder sich selbst beobachtet, braucht niemand beobachtet zu werden!

## Aufgaben

1 Sie haben die Informationen über die KVM gelesen. Notieren Sie Ihre Einwände, Befürchtungen, Zweifel …

_____

_____

_____

2 Lassen Sie Ihre Klasse(n) Revue passieren: Auf welche Schwierigkeiten werden Sie vermutlich stoßen, wenn Sie den Schülern KVM anbieten?

Hier einige Einwände, die immer wieder kommen:

| Einwände: | Antworten: |
|---|---|
| Das Sagen (und die Verantwortung) habe ich als Lehrer. Ich kann doch nicht einfach mit Schülern kooperieren! | Was Ihre bisherige Erfahrung betrifft, so haben Sie Recht. Verantwortung jedoch kann man auch gemeinsam tragen. |
| Wo kommen wir da hin. Ich schließe doch keine Verträge mit Schülern. Das hieße, das Schulgesetz auf den Kopf stellen! | Kooperative Verträge wollen Ordnungen schaffen und Lernen ermöglichen. Sie sind Mittel zum Zweck. |
| Der Aufwand ist zu groß. Lohnen sich denn die Projekte und wird Verhalten wirklich geändert? | Der Aufwand ist dann nicht zu groß, wenn die Schwierigkeiten entsprechend gravierend sind (die Sie doch loswerden wollen!). |
| Ich kann mir nicht vorstellen, dass Schüler da mitmachen. | Wir haben viele Erfahrungsberichte von Lehrern, dass Schüler mitmachten (Schwierigkeiten sind nicht ausgeschlossen!). |
| Die Schüler stecken mich doch in die Tasche, wenn sie merken, dass ich das Heft aus der Hand gebe. | Die KVM besagt ein Miteinander und beinhaltet keine Einseitigkeit zu Gunsten der Schüler. |

3 Um die KVM durchführen zu können, müsste ich erst folgende Voraussetzungen schaffen:

_____

_____

_____

4 Stellen Sie eine Liste auf mit Ihren Wünschen nach Verhaltensänderungen. Kreuzen Sie an: Welche Änderungen könnten Sie mit dem *kooperativen Modell* herbeiführen?

Änderungswünsche                                            KVM ja/nein

_____     _____

_____     _____

_____     _____

5 Welche Erfahrungen haben Sie bisher mit Vereinbarungen gemacht?

_____

_____

_____

6 Angenommen, Sie entscheiden sich für die KVM. Welches Problem wollen Sie als Erstes angehen und wie steigen Sie ein?

Problem: _____

Ich werde:

a) _____

b) _____

c) _____

7 Um an unserer Schule/in meiner Klasse kooperativ arbeiten zu können, müssen erst folgende Voraussetzungen geschaffen werden:

_____

_____

_____

8 Schüler sollen kooperative Verhaltens- und Arbeitsweisen kennen lernen und allmählich können. Dabei sehe ich folgende Schwierigkeiten:

_____

_____

_____

9 Spiele mit Schülern zur Förderung der Kommunikation und Kooperation (siehe auch Vopel, Klaus W.: Interaktionsspiele).

⁎ Mehrere Gruppen, gleich groß: Jede Gruppe bekommt eine gleich lange Schnur (Seil), in die gleich viele Knoten geknüpft sind. Welche Gruppe hat am schnellsten entknotet?

⁎ Wir sind ein großes Auto: Jeder der Klasse ist ein Teil des Fahrzeugs und fügt sich – der Reihe nach – funktional an den anderen (2 Kotflügel, Scheinwerfer, Räder ...).

⁎ Alternative: Wir sind eine große Phantasiemaschine, die vielfache Geräusche – von den Teilnehmern gleichzeitig – von sich gibt. Alle Teilnehmer fügen sich mit entsprechenden Bewegungen aneinander.

⁎ Rücksichtnahme: Jeder will so schnell wie möglich zu einem imaginären Bahnhof rennen und darf dabei niemanden berühren.

⁎ Paaraufstellung: Die Partner stehen sich so gegenüber, dass sie sich mit den Handinnenflächen berühren (Arme ausgestreckt!). Jeder dreht sich mit geschlossenen Augen dreimal um die eigene Achse und versucht dann, die Innenflächen der Hände des Partners wieder (deckungsgleich mit den eigenen) zu ertasten.

⁎ »Kontaktaufnahme«: Jeder schüttelt innerhalb kurzer Zeit möglichst viele Hände und sagt dem Gegenüber etwas Persönliches.

⊛ »Atomspiel«: Bildung von Gruppen; die Anzahl der Gruppenmitglieder ist jeweils so groß wie die Zahl, die der Spielleiter ruft (plust Rest): 5 – 3 – 6 – usw. Die Gruppen müssen immer wieder »auseinander fallen«, damit sich dann wieder neue bilden können.

⊛ »Kunstwerk«: Jeweils zwei »Künstler« nehmen ein Blatt Papier und *gemeinsam einen Stift* und versuchen eine Zeichnung anzufertigen ohne vorherige Absprache. Während der Arbeit darf nicht miteinander gesprochen werden (Führen, Führenlassen, Dominieren usw. …)

⊛ »Einfädeln«: Einer beginnt zu gehen, der Nächste hakt unter, ein anderer nimmt eine Hand …, bis am Schluss alle eine Reihe bilden.

⊛ »Marionette«: Partnerwahl: Einer liegt auf dem Boden; der andere steht über ihm als Marionettenspieler, der so tut, als zöge er an Schnüren. Der unten liegende Spieler muss alle Bewegungen entsprechend der Vorgaben des Marionettenspielers nachvollziehen.

⊛ »City«: Die Teilnehmer bewegen sich in der Mitte als »anonyme Masse« durcheinander und können – je nach Phantasie – machen, was sie in der »Stadt« wollen: gehen, stehen bleiben, Schaufenster angucken, Plakate lesen, Gespräch führen, sich helfen, nach der Uhrzeit fragen, sich verlaufen, suchen …

⊛ »Inselspiel«: Jeder Spieler befindet sich allein auf einer Insel (Essen und Trinken ist genügend vorhanden!), auf die er acht Gegenstände aus folgender Auswahl mitgenommen hat:
Radio, Fernseher, drei Bücher, Tagebuch, Schlauchboot, Luftmatratze, Leuchtraketen, Kleiderkoffer, Geld und Ausweis, Hängematte, Taucherausrüstung, Surfbrett, Erste-Hilfe-Koffer, Schlafsack, Gitarre.
Nun wählt er sich einen *Partner* und zu zweit wählen sie aus den ausgewählten Gegenständen gemeinsam sieben (kein Kuhhandel, sondern partnerschaftliches Gespräch über Sinn, Nutzen, Zweck … der Gegenstände). Anschließend werden *Vierergruppen* gebildet, die insgesamt sechs Gegenstände auswählen. Zum Schluss gibt es *Achtergruppen* mit je fünf Gegenständen.
Am Ende des Spiels kann verglichen werden, welche Gruppen welche Gegenstände ausgewählt haben. Wenn gewünscht, kann auch eine Diskussion begonnen werden über die Auswahl, Gründe usw.

⊛ »Satzrennen«: In zwei bis vier Gruppen stehen die Schüler hintereinander vor der Tafel. Jeweils der Erste beginnt auf Kommando ein Wort an die Tafel zu schreiben, anschließend der Zweite usw., bis alle Teilnehmer der Gruppe einen Satz an die Tafel geschrieben haben (so viele Teilnehmer einer Gruppe, so viele Wörter eines Satzes!). Wer hat zuerst einen sinnvollen Satz geschrieben? Regel: Während des Schreibens dürfen sich die Gruppenmitglieder nicht unterhalten!

⊛ »12-Stunden-Reise«: Partnerwahl: Beide unterhalten sich darüber, wohin die Reise gehen soll und was sie gemeinsam unternehmen. Die Reise dauert 12 Stunden und der Gesprächsaustausch der Paare etwa 5 bis 10 Minuten. Anschließend berichten die Paare jeweils *gemeinsam* über ihre Erlebnisse.

$\boxed{*}$ »Vertrauen«: Partnerwahl: Der eine ist jeweils Blinder, der andere Sehender (abwechselnd)! Die Partner berühren sich an den Fingerspitzen und führen sich gegenseitig ...
(Es ist sinnvoll, nach jedem Spiel die Erfahrungen, Eindrücke, Empfindungen auszutauschen, die der Einzelne gemacht hat.)

*Zusatz:* Manche Spiele eignen sich auch zur Förderung der Kooperation im Kollegium (siehe auch 11. Kapitel, Abschnitt 2).

**Literaturempfehlungen**

Fittkau, Bernd, u.a.: Kommunizieren lernen (und umlernen). Aachen 1994/7.
Alles über Kommunikation und Kooperation:
– Psychologische Vorgänge in der zwischenmenschlichen Kommunikation,
– Kommunikations- und Verhaltenstraining,
– Kooperationstraining für Lehrer,
– Kommunikations- und Interaktionstraining für Schüler und Lehrer,
– Elterntraining: Mit Kindern partnerschaftlich leben.
Gordon, Thomas: Lehrer-Schüler-Konferenz. München 1989 (TB).
»Wie man Konflikte in der Schule löst« (ähnlich wie »Familienkonferenz«); konkrete Hilfen für eine effektive Lehrer-Schüler-Beziehung mit dem Inhalt: aktives Zuhören; Ichbotschaften senden; Verhinderung von Problemen; Konflikte im Klassenzimmer; Verbesserung des Schulklimas.
Miller, Reinhold: »Das ist ja wieder typisch!« Kommunikation und Dialog in Schule und Schulverwaltung. Weinheim 1997/2.
Der Autor bietet (DIN A 4, mit Kopiervorlagen) 25 Trainingsbausteine an (von Wahrnehmungsübungen über Beratungs- und Konfliktgespräche bis hin zu Aspekten der Gruppendynamik) mit dem Ziel der Klärung und Verbesserung zwischenmenschlicher Kommunikation.
Redlich, Alexander/Schley, Wilfried: Hauptschulprobleme. Weinheim 1980.
Lehrer und Schüler lösen gemeinsam Probleme durch die KVM = Kooperative Verhaltensmodifikation. Neben der Einführung in die KVM kommen vor allem Lehrer zu Wort, die von ihren Erfahrungen mit der KVM berichten, z.B.: Abbau von Störungen bei der Stillarbeit; Verbesserungen der Lehrer-Schüler-Beziehung; Selbstkontrolle bei Unpünktlichkeit; u.a.m.
Schulz von Thun, Friedemann: Miteinander reden: Störungen und Klärungen. Reinbek 1989 (Bd. 1).
Praktische Weiterführung des Kommunikationsansatzes von Watzlawick (Psychologie der zwischenmenschlichen Kommunikation): Die vier Seiten der Kommunikation, ausgewählte Beispiele, Anregungen, Erläuterungen, Hinweise.
Band 2 befasst sich vor allem mit den Kommunikationsstilen zwischen der Persönlichkeits- und Beziehungsdynamik: Welche Persönlichkeiten bevorzugen bestimmte Kommunikationsstile?

# 6. Kapitel:
# Störungen

## 1. Einstellungen und Zielvorstellungen

• Aufgabenschwerpunkte:
  – Einstellungen überprüfen,
  – Zielvorstellungen äußern,
  – Übereinstimmungen erzielen.

»Dann machen wir Sie fertig!« (Winkel, Rainer, zum Thema »Störungen in der Schule«, in: Die Zeit, Nr. 51, vom 16.12.1983, S. 33):

1. Lehrer müssen zuallererst zugeben, dass ihr Unterricht gestört wird, und damit Grenzen ihrer Kompetenz sehen lernen. Belastende Situationen sind ein konstitutives Element. Verdrängen ist das Gegenteil von Akzeptanz und führt nicht zur Realitätsbewältigung, sondern zu Allmachtsphantasien und Schuldgefühlen.
2. Alle Lehrer sollten die Möglichkeit haben oder sich einräumen wechselseitig zu hospitieren. Solche Hospitationen sollten nicht nur Anregungen für eigenes Handeln bieten, sondern den Konsens aller herstellen helfen.
3. Es geht darum, die Spannbreite der verschiedenen Erziehungsstile produktiv zu nutzen. 80 Lehrer können kein collegium pädagogicum werden, wenn der eine die Zigaretten der Schüler für Zeichen ihrer Selbstbestimmung hält und ein anderer darüber in Harnisch gerät. Ohne Minimalkonsens sind Lehrer isolierte Einzelkämpfer und Schüler desorientierte Erziehungsobjekte.
4. Unsere heutigen Schüler brauchen weder den stahlharten deutschen Blick noch permissives Gehabe, weder Peitsche noch Zuckerbrot. Autoritäre Erzieher schaden ihnen nicht weniger als prinzipielle Spontis. Mauern und Stacheldrähte sind genauso schlechte Wegmarkierungen wie Styropor oder Watte. Heutige Schüler brauchen den didaktisch sich umorientierenden, humorvollen, gelassenen und eindeutigen Lehrer sowie einen Erwachsenen, der Widersprüche und Spannungen durchzuhalten vermag, der also fordert und fördert, wagt und wägt, arbeitet und spielt, bewahrt und verändert, Freiheit ermöglicht und Bindungen zumutet.

Diese Äußerungen beinhalten drei Schwerpunkte:
– Belastende Situationen (= Störungen) sind ein konstitutives Element, d.h. sie gehören zur Schule, zum Unterricht, zu Lehrern und Schülern.
– Schüler brauchen eine Lehrerpersönlichkeit, die Widersprüche und Spannungen durchhält und sie nicht verdrängt.
– Nur durch einen Minimalkonsens der Lehrer (z.B. einer Schule) sind Bewältigungen von Störungen erreichbar.

Der Lehrer muss somit überprüfen, ob diese Erkenntnisse seinen Einstellungen entsprechen, d.h. ob er Störungen annehmen kann, ob er Widersprüche und Spannungen aushalten will und ob er bereit ist mit Kollegen immer wieder Übereinstimmungen zu erzielen, um sinnvoll Erziehung zu gewährleisten. Aufgrund seiner eigenen Einstellungen und wegen bestimmter Notwendigkeiten (z.B. Störungen als unmittelbare Gefahr für andere) wird der Lehrer grundsätzlich zu zwei Entscheidungen gedrängt Störungen anzugehen:

A: Entscheidung für kurzfristige Ziele (Beseitigung der Störung),
B: Entscheidend für langfristige Ziele (Bewältigung von Störungen).

Nachfolgendes Flussdiagramm verdeutlicht die Vorgehensweise:

**Flussdiagramm zur Beseitigung bzw. Bewältigung von Störungen**

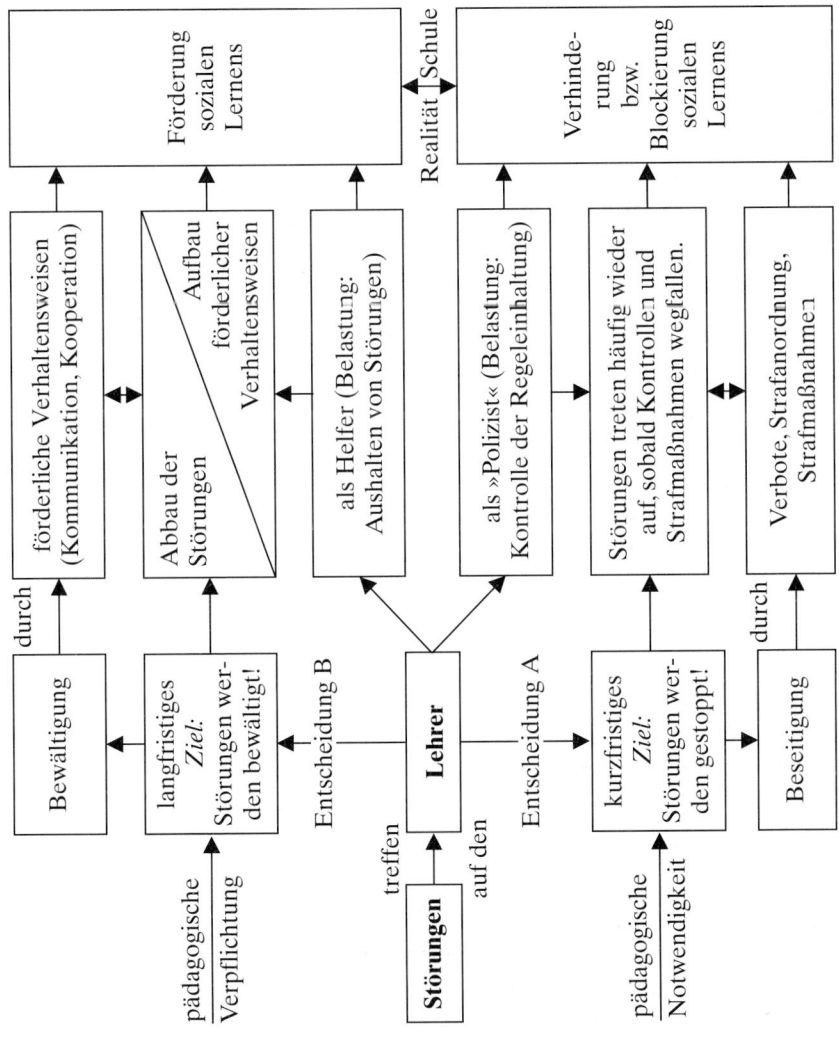

143

Die Entscheidung für kurz- und/oder langfristige Ziele kann nicht willkürlich getroffen, sondern muss begründet werden.

*a) Gründe, Störungen kurzfristig zu beseitigen:*

- Unmittelbare Gefahr droht.
- Schädigung soll verhindert werden.
- Schüler und Lehrer halten die Belastungen nicht (mehr) aus.
- Stoffvermittlung hat (jetzt) Vorrang.
- Klassenfriede soll nicht (länger) beeinträchtigt werden.
- Lehrer-Schüler-Beziehung soll (jetzt) nicht (länger) gestört werden.
- Ruhe und Ordnung werden (jetzt) gewünscht.
- Schüler wollen (jetzt) weiterarbeiten.
- Schulrat, Schulleiter, Kollegen kommen.
- Eltern protestieren gegen »Klassenchaos«.

*b) Gründe, Störungen langfristig zu bewältigen:*

- Schüler haben Anspruch auf soziales Lernen.
- Schüler sollen mit eigenem Verhalten konfrontiert werden.
- Schüler wollen Störungen selbst (z.B. durch KVM) bewältigen.
- Verhalten soll geändert und nicht nur abgeblockt werden.
- Förderliche Beziehungen sollen aufgebaut werden.
- Selbstbestimmung soll gefördert werden.
- Verhaltensänderung soll sich auch auf andere Bereiche erstrecken.
- Lehrer und Schüler wollen ein förderliches Klassenklima erreichen.
- Lehrer und Schüler haben gemeinsame Ziele: Klassenfahrt, Schullandheimaufenthalt ...
- Eltern, Lehrer und Schüler erstreben eine echte Schulgemeinschaft.

Obwohl es pädagogisch sinnvoll und erstrebenswert ist langfristig Verhaltensänderungen anzustreben, und nachdem die Unwirksamkeit von Strafmaßnahmen (in den meisten Fällen) und die Wirksamkeit von (konsequenten) langfristigen Änderungsangeboten erwiesen sind, sind *Lehrer* doch nicht (immer) in der Lage, langfristige Ziele zu verwirklichen:
- Lehrer haben in ihrer Kindheit und Jugend selbst häufig Strafandrohungen und Strafmaßnahmen erfahren.
- Lehrer sind kaum (z.B. während ihres Studiums) mit kommunikativen und kooperativen Ansätzen konfrontiert worden.
- (Auch) Lehrer haben in ihrem Erwachsenenleben nicht immer förderliche, zwischenmenschliche Verhaltensweisen erlebt.
- Verbote und Strafenäufiger vertraut, andere Angebote verunsichern sie (noch).
- Lehrer leiden darunter »Polizist« sein zu müssen, haben aber des Öfteren kein anderes Handlungsrepertoire.
- Die rasche (vorübergehende) Wirkung von Strafandrohungen und Strafen verleitet (immer noch) dazu nach ihnen zu greifen, selbst in Situationen, in denen sie nicht unbedingt notwendig wären.

Es bleibt zu wünschen, dass die pädagogischen Notlagen abnehmen (und dadurch der Zwang zu Strafmaßnahmen) und dass die pädagogische Verpflichtung soziales Lernen in immer weiterem Umfang zu ermöglichen, auch immer mehr in die Tat umgesetzt werden kann, freilich nur dann, wenn der Lehrer bereit ist eigene (Ver-)Änderungen zu bejahen und zuzulassen.

Neben kurz- und langfristigen Zielvorstellungen mit den entsprechenden Handlungsweisen ist ein dritter Aspekt von wesentlicher Bedeutung, nämlich ein Verhaltensrepertoire (im engeren Sinne auch »Techniken«) des Lehrers, durch das Störungen erst gar nicht aufkommen bzw. relativ rasch wieder aufhören (siehe auch 3. Abschnitt: Maßnahmen …).

Drei Varianten sind möglich:

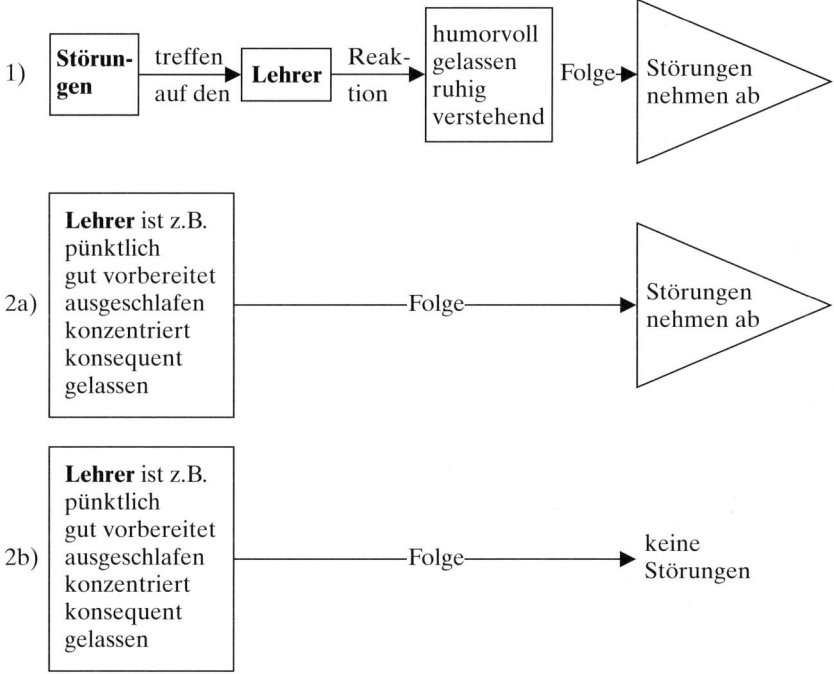

Alle drei Varianten dienen der Prophylaxe von Störungen.

Sind die Ziele, Störungen kurz- und/oder langfristig anzugehen, klar geworden, und sind dem Lehrer Prophylaxe und Reaktionen bewusst, so ist es kein großer Schritt mehr zur Einsicht, wie notwendig Übereinstimmungen im Kollegium hinsichtlich gemeinsamer Einstellungen und Maßnahmen sind, denn:

– Erziehung und Unterricht sind zielgerichtet und Ziele wollen erreicht werden, was nur innerhalb bestimmter Ordnungen und durch entsprechende Verhaltensweisen und Maßnahmen möglich ist.

– Da Erziehungsziele, Unterrichtsziele und Erziehungssituationen unterschiedlich betrachtet und interpretiert werden, gibt es in Theorie und Praxis keine Eindeutigkeit. Die muss – mit Hilfe von Vorgaben (Grundgesetz, Landesverfassung, Schulgesetz, Bildungspläne) – in der Schule »vor Ort« von jedem Kollegium erarbeitet werden, zumindest als Minimalkatalog (siehe auch 1., 3. und 12. Kapitel).

Dazu sind folgende Fragen richtungsweisend, und zwar für Lehrer und Schüler: Welche Ziele sind gefordert und erstrebenswert?
– Welche »Mittel« (Hilfen) werden angeboten?
Wie sind die Wirkungen und Folgen?
– Welche Probleme ergeben sich?
– Welche Änderungen sind notwendig?

Auch wenn Übereinstimmungen schulpolitisch gefordert werden und erzieherisch notwendig sind, so ist es doch schwer, diese zwischen den einzelnen Kollegen zu erreichen. Zu groß ist oft der konkrete Unterschied, ob jetzt (z.B.) Kaugummi gekaut werden darf oder nicht, und es sind die kleinen konkreten Einzelheiten, die unsere Schulwirklichkeit belasten.
Vielleicht ist für Sie folgendes fiktive Gespräch von Nutzen:

| *Kollege A* | *Kollege B* |
|---|---|
| »Ich habe da ganz andere Vorstellungen als Sie. Ich bin sehr streng erzogen worden.« | »Mich interessieren Ihre Vorstellungen, vielleicht entdecken wir (wenigstens ein paar) Gemeinsamkeiten?!« |
| »Ich habe andere Erfahrungen: Daumen drauf, dann klappt's!« | »Auch wenn's bei mir nicht immer klappt, so möchte ich Ihnen gern meine Erfahrungen mitteilen« |
| »Ich bin für Ordnung, basta!« | »Ich auch. Erzählen Sie mir, was Sie sich darunter vorstellen.« |
| »Bei mir liegt das Arbeitsmaterial auf dem Platz, wenn ich in das Klassenzimmer komme. Die Schüler stehen beim Grüßen auf. Ich lege Wert auf ordentliche Schrift. Hausaufgaben werden regelmäßig kontrolliert.« | »Haben Sie das Gefühl, dass ich das alles ablehne? Ich habe jetzt, da Sie mir das sagten, einiges gefunden, auf das ich ebenfalls Wert lege. Vielleicht könnten wir notieren, was wir wollen und vielleicht entdecken wir noch mehr Gemeinsamkeiten.« |
| »Und meine Maßnahmen, damit das alles klappt, die sind gerecht, wenn auch streng. Da lasse ich nichts durchgehen.« | »Mich interessieren Ihre Maßnahmen, denn ich möchte nicht haben, dass die Kinder durcheinander kommen, nur weil es bei mir anders sein könnte.« |

usw.

> **Merke:** Vereinbarungen mit anderen bedeutet nicht die Aufgabe eigener Meinungen!

**Aufgaben**

1 Brainstorming: Was fällt Ihnen zu den Wörtern »Disziplinschwierigkeiten/ Störungen« ein?

_____

_____

_____

2 Vergleichen Sie Ihre Äußerungen mit denen Ihrer Kollegen und diskutieren Sie über Übereinstimmung und Unterschiede.

_Übereinstimmung_                    _Unterschiede_

_____          _____

_____          _____

3 Kreuzen Sie an, was auf Ihren Unterricht zutrifft:

- ☐ Kaugummi kauen;
- ☐ Cola dabei;
- ☐ Essen während der Stunde (allerdings still);
- ☐ Auf die Toilette, wer will;
- ☐ Bei Stillarbeit Musik hören;
- ☐ Wer fertig ist, darf in die Leseecke.
- ☐ Hausaufgaben können nachgemacht werden.
- ☐ Vergessen ist kein Problem.
- ☐ Beim Grüßen aufstehen;
- ☐ Dazwischenreden: Text abschreiben!
- ☐ Ich nehme das alles nicht so genau.
- ☐ Störungen sind normal.
- ☐ Schüler müssen sich beherrschen lernen.
- ☐ Bei Gewalttätigkeiten bin ich hilflos.

- ☐ Zu spät kommen: Klassenbucheintrag!
- ☐ Frontalunterricht hat Vorzug.
- ☐ Gruppenunterricht hat Vorzug.
- ☐ Unruhe ist kein Problem (Schüler sind Kinder!).
- ☐ Wer fertig ist, darf spielen.
- ☐ Viel Konzentration während der Arbeitsphasen!
- ☐ Störungen werden sofort bestraft!
- ☐ Zuerst Strafankündigung, dann konsequente Handlung.
- ☐ Ich bin streng, aber gerecht.
- ☐ Ich bin ein lockerer Typ.
- ☐ Pünktlichkeit an erster Stelle!
- ☐ Die Schüler haben vor mir Respekt.
- ☐ Die Schüler mögen mich.
- ☐ Aggressionen werden sofort unterbunden.

4 Vergleichen Sie Ihre Ankreuzungen mit denen Ihrer Kollegen und diskutieren Sie darüber.

Wenn Sie die nachstehenden Aufgaben zunächst einzeln lösen und dann mit Ihren Kollegen vergleichen, so kommen Sie in der Diskussion »Übereinstimmung/ Nichtübereinstimmung« wieder ein Stückchen weiter:

5 Gruppenarbeit in Ihrer Klasse: Eine Gruppe arbeitet nicht mit.

Ihr Ziel: _____

Ihre Maßnahmen: _____

_____

6 Als Peter von der Tafel an seinen Platz gehen will, stellt ihm Dieter ein Bein. Peter stürzt, Dieter grinst schadenfroh.

Ihr Ziel: _____

Ihre Maßnahmen: _____

_____

7 Zeichenunterricht: Sabine hat keine Materialien dabei.

Ihr Ziel: _____

Ihre Maßnahmen: _____

_____

8 Während einer Stunde: Michael greift Angelika an den Busen und sie ruft laut: Du alte Sau!«, wobei sie mimisch eher amüsiert zu sein scheint.

Ihr Ziel: _____

Ihre Maßnahmen: _____

_____

9 Unruhe in der Klasse, die konkret nicht »fassbar« ist. (Viele reden leise, manche arbeiten etwas anderes ...):

Ihr Ziel: _____

Ihre Maßnahmen: _____

_____

10 Vergleichen Sie jetzt Ziele und Maßnahmen mit denen Ihrer Kollegen.

11 Stellen Sie im Kollegium gemeinsame Ziele zusammen und ordnen Sie ihnen entsprechende Maßnahmen und Hilfen zu.

| Ziele | Maßnahmen/Hilfen |
|---|---|
| z.B.: Häufiges Dazwischenreden soll abgestellt werden. | z.B.: Gespräche mit Schülern führen; KVM anbieten. |
| ☐ _____ | ☐ _____ |
| ☐ _____ | ☐ _____ |
| ☐ _____ | ☐ _____ |

12 Stellen Sie jetzt unterschiedliche Ziele zusammen und vermuten Sie Wirkungen bei den Schülern.

*Unterschiedliche Ziele*          *Wirkungen bei den Schülern*

a) Kaugummikauen während des
   Unterrichts ist erlaubt.          _____
b) Kaugummikauen während des
   Unterrichts ist verboten.         _____

a) Hausaufgaben sind freiwillig!     _____
b) Hausaufgaben sind Pflicht!        _____

a) _____      _____
b) _____      _____

a) _____      _____
b) _____      _____

13 Welche Unterschiedlichkeiten können Schülern zugemutet werden? (Schüler müssen lernen mit Verschiedenheiten umzugehen.)

_____
_____
_____

14 Welche Gemeinsamkeiten/Maßnahmen/Hilfen müssen Lehrer (mit Schülern) erarbeiten, um die Schüler nicht zu desorientieren? (Schüler brauchen Gemeinsamkeiten, Anhaltspunkte, Richtlinien ...)

_____
_____
_____

15 Und schließlich: Wer bestimmt, was Störungen sind?

_____
_____
_____

## 2. Wahrnehmung und Ursachen

• Aufgabenschwerpunkte:
– Störungen bewusst wahrnehmen,
– Ursachen erkennen,
– Störungen verstehen.

Störungen werden von Lehrern unterschiedlich wahrgenommen, nämlich durch

1) Vorerfahrungen der Lehrer:
– Einer Klasse geht ein »schlechter Ruf« voraus: Lehrer sind gewarnt und reagieren möglicherweise voreingenommen. (Schon kleinste Störungen werden geahndet.)

- Störungen sofort im Keim ersticken, dann herrscht Ruhe: Große Wachsamkeit der Lehrer und sofortige Unterbindung.
- Eine Klasse hat einen »guten Ruf«: Lehrer sind großzügig, (kleine) Störungen werden in Kauf genommen.

2) Einstellungen der Lehrer:
- Störungen sind normal: Gewisse Störungen werden akzeptiert bzw. als Störungen gar nicht wahrgenommen.
- Störungen verhindern generell qualifizierten Unterricht: Sofortige Beseitigung nach sorgfältiger Wahrnehmung.
- Schüler müssen mit Störungen umgehen lernen: Störungen aufkommen lassen und mit Schülern reflektieren.

3) Momentane Gefühlslage des Lehrers:
- Kommt gehetzt und nervös in den Unterricht: Schon die kleinste Störung wird registriert.
- Ist gut vorbereitet und kommt locker in den Unterricht: Kleine Störungen werden erst gar nicht wahrgenommen, erst größere fallen auf und ins Gewicht.
- Ist deprimiert: Störungen werden diffus wahrgenommen, aber es wird kaum darauf reagiert.
- Resigniert: Störungen werden als solche gar nicht erkannt (Verdrängung).

4) Unterschiedlichkeit der Situationen:
- Störungen werden nicht, kaum, häufig oder dauernd wahrgenommen, bedingt durch die Unterschiedlichkeit der Situationen: Montag, 1. Stunde; Freitag, 6. Stunde; große Klassen/kleine Klassen; große Klassenzimmer/kleine Klassenzimmer; nach einem Klassenausflug; vor einer Probezeit; zu Schuljahresbeginn; Ende des Schuljahres; nach einer Schulfeier; vor einer Geburtstagsfeier ...

5) Unterschiedlichkeit der Lehrer-Schüler-Beziehung:
- Lehrer mag einen Schüler besonders: »Der kann sich aber viel erlauben!«
- Lehrer hat einen Schüler besonders im Auge: Schon die geringste Störung wird wahrgenommen.
- Gutes Klima in der Klasse: Störungen werden erst ab einem bestimmten Grad als solche wahrgenommen.
- »Kriegsstimmung«: Jede »Kleinigkeit« ist bereits Anlass zu Spannungen und Konflikten.

6) Unterschiedlichkeit der Schüler:
- Ruth stört häufig und wird deshalb häufig wahrgenommen, auch dann, wenn sie selten stört: »Und kaum mach ich wieder was, fällt's dem da vorn schon wieder auf!«
- Franz ist ein ruhiger Schüler. Wenn er mal stört, wird das kaum zur Kenntnis genommen.
- Oder: Franz ist ein ruhiger Schüler: Wenn er mal stört, wird das sofort wahrgenommen, weil man die Störung von ihm nicht erwartet hat.

Und schließlich: Die Störungen selbst müssen differenziert wahrgenommen werden:

a) Allgemeine Schwierigkeiten
– große Unruhe und Konzentrationsschwächen der Schüler;
– dauerndes Schwätzen und Unterhalten, unkontrolliertes Dreinreden, Nicht-Aufpassen;
– Gleichgültigkeit und Desinteresse Stoff und Lehrern gegenüber, Vergessen der Hausaufgaben und Arbeitsmaterialien, Unpünktlichkeit;
– aggressives Verhalten der Schüler untereinander.

b) Schwierige Einzelfälle
– betont aggressives Verhalten dem Lehrer gegenüber;
– massive Einzelstörungen und kriminelles Verhalten;
– Apathie und Schulverweigerung;
– Verhaltensweisen, die auf psychische Störungen zurückgeführt werden können.

Für den Lehrer ergeben sich daraus Fragen, die für seine differenzierte Wahrnehmung von Bedeutung sind:
– Nimmt er die Situation wahr, in der Störungen auftauchen?
– Nimmt er Umstände wahr, die zu den Störungen führen?
– Wie nimmt er die störenden Schüler wahr?
Wie interpretiert er die Störungen (z.B. gravierend, harmlos)?
– Nimmt er die Reaktionen der Mitschüler wahr?
– Nimmt er sich selbst wahr, und zwar in seiner Einstellung, seiner momentanen Verfassung, seinen Reaktionen?
– Ist es ihm möglich bereits während der Störungen Ursachen zu erkennen?
– Hat er entsprechendes Handlungsrepertoire zur Verfügung?

Bei der Wahrnehmung der Ursachen ist zu unterscheiden:

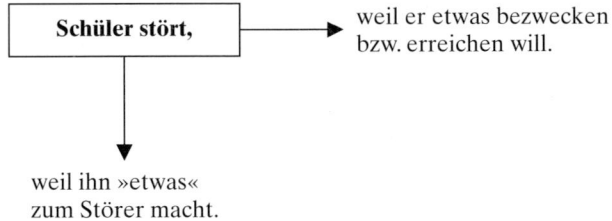

| Schüler stört, | → weil er etwas bezwecken bzw. erreichen will. |

weil ihn »etwas«
zum Störer macht.

151

Was den Schüler zum Störer macht:

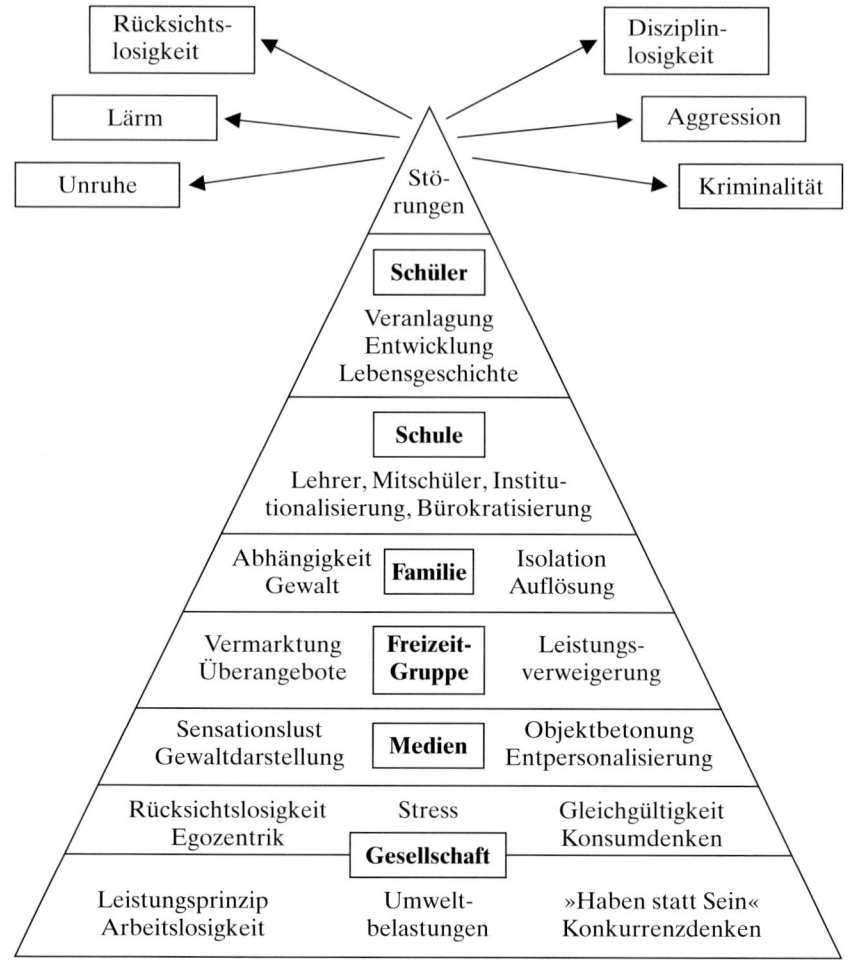

Lehrer werden mit den *Folgen* und *Wirkungen* der (tieferliegenden) *Ursachen* konfrontiert und sie haben nur geringe Möglichkeiten zu grundlegenden Veränderungen. Meist kommen Lehrer »nur« mit der »Spitze des Eisberges« in Berührung.

Was Schüler bezwecken/erreichen wollen:
– den Lehrer oder den/die Mitschüler ärgern;
– was anderes tun (Abwechslung haben);
– auf sich aufmerksam machen;
– sich verteidigen und/oder rechtfertigen;
– angreifen, Rache ausüben, provozieren;
– Macht über Lehrer und/oder Schüler ausüben;

- sich Zuwendung »erkaufen«;
- ihre Stärke zeigen;
- ihre Schwächen verbergen;
- sich groß, den anderen klein machen;
- den Lehrer und/oder Mitschüler ablenken;
- den Unterricht unterbrechen oder vorzeitig abbrechen;
- anderen Schaden zufügen;
- etwas überspielen ...

Beispiel:

Ein Schüler stört schon seit längerem (»nur«) den Englischunterricht (8. Kl., Hauptschule). Die Lehrerin reagiert jedes Mal mit der Konsequenz, dass der Schüler zu Hause einen Teil der Lektion abschreiben muss. Die Störungen lassen allerdings nicht nach.
In einem Beratungsgespräch mit mir äußerte sich der Schüler: »Wissen Sie, ich finde den Englischunterricht (Stoff) so langweilig, dass ich mache, was ich will und was für mich lustig ist. Die Zusatzaufgaben mache ich zu Hause lässig. Wissen Sie, *der Preis ist es mir wert*, dafür kann ich im Unterricht wieder Spaß (= Störung für die Lehrerin) machen.«

> **Merke:** Erkenne die Ursachen,
> versuche zu verstehen und bewältige mit
> Schülern die Störungen!

**Aufgaben**

1 Erinnern Sie sich an Situationen, in denen Sie auf gleiche oder ähnliche Störungen unterschiedlich reagiert haben:

| Situation/Störung | Reaktion | Begründung |
|---|---|---|
| – Einige Schüler reden ständig dazwischen. | – Ich ermahne; | – weil ich Ruhe haben will; |
| | – ich übersehe; | – weil's mir nichts ausmacht; |
| | – ich bestrafe; | – weil ich die Gespräche als sehr störend empfinde; |

153

**2** Teilen Sie namentlich ein:

| *Schüler*, die sich bei mir eigentlich viel »erlauben« (= stören) können: | *Schüler*, die sich bei mir so manches erlauben können: | *Schüler*, denen ich ziemlich schnell »auf die Finger gucke«: |
|---|---|---|
| | | |
| | | |
| | | |

**3** Notieren Sie:

| *Immer wenn ich* | *dann* |
|---|---|
| ☐ ausgeschlafen bin, | klappt es prima in der Klasse. |
| ☐ Ärger mit der vorhergehenden Klasse hatte, | komme ich unzufrieden in die nächste Klasse. |
| | |
| | |
| | |

**4** In folgenden Unterrichtssituationen/Fächern u.ä. kommen bei mir vermehrt Störungen vor:

| *Situationen* | *Störungen* |
|---|---|
| – Häufig am Mittwoch in der 6. Stunde | – sind die Schüler sehr unkonzentriert. |
| – Ausgerechnet im Fach Hauswirtschaft | – ist die größte Unruhe. |
| | |
| | |
| | |

Ich vermute folgende Ursachen:

_____

_____

_____

**5** Sammeln Sie Störungen und vergleichen Sie diese mit der Störungssammlung Ihrer Kollegen.

| *Störungen in meinem Unterricht* | *Störungen im Unterricht der Kollegen* |
|---|---|
| ☐ dazwischenreden | ☐ ebenfalls |
| ☐ mit dem Nachbarn reden | ☐ selten |
| ☐ Hausaufgaben vergessen | ☐ wie bei mir |
| | |
| | |
| | |

6 Fragen Sie Ihre Schüler:»Wodurch störe ich euch?«

☐ »Sie regen sich wegen jeder Kleinigkeit auf.«

☐ _____

☐ _____

☐ _____

(Vorsicht: Die Äußerungen der Schüler drücken subjektive Betroffenheit aus. Bitte nicht sofort in »Ja, aber-Erwiderung« übergehen! Sondern: Die subjektive Betroffenheit annehmen und anschließend äußern, was die Selbstmitteilung der Schüler bei *Ihnen* ausgelöst hat, z.B.: Unsicherheit, Überraschung ...)

7 Folgenden Störungen fühle ich mich (momentan) einfach nicht gewachsen:

_____

_____

_____

8 Derzeit massive Störungen in meinem Unterricht:

Vermutliche Gründe:

– Robert ist sehr aggressiv zu den Mitschülern.
– Ein Drittel der Schüler macht im Englischunterricht überhaupt nicht mit.

– Pubertät/Familienverhältnisse

– Mein Unterricht? – Der Stoff!

_____       _____
_____       _____
_____       _____

9 Um die oben genannten Störungen zu bewältigen, habe ich (mit den Schülern, den Kollegen) Folgendes vor:

_____

_____

_____

10 Was die Störungen betrifft, so kann ich meine Schüler eigentlich verstehen:

_____

_____

_____

### 3. Maßnahmen zur Bewältigung

• Aufgabenschwerpunkte:
– Maßnahmen differenzieren,
– Maßnahmen gezielt anwenden,
– Wirkungen (Erfolge/Misserfolge) reflektieren.

Entsprechend den Zielvorstellungen, Störungen kurz- oder langfristig zu beseitigen bzw. zu bewältigen, müssen auch die Maßnahmen (Hilfen) differenziert betrachtet werden. Nolting, Hans-Peter/Bernath-Kaufmann, Linde (in: Fittkau, Bernd: Pädagogisch-psychologische Hilfen für Erziehung, Unterricht und Beratung, Bd. 2) bieten Handlungsmöglichkeiten an, die im Umgang mit Störungen sehr hilfreich sind (S. 319ff.):

1) Unerwünschtes Verhalten hemmen:
– negativ durch Strafen: Eintrag ins Klassenbuch, Zusatzaufgaben ...;
– positiv durch Ignorieren: Peter kann machen, was er will, ich nehme ihn jetzt nicht zur Kenntnis;
– unerwünschtes Verhalten ohne Strafe stoppen: zwei Schüler auseinander setzen;
– unerwünschtes Verhalten im Keim ersticken: Unterricht sofort beginnen;
– sachliche Kritik in persönlich annehmbarer Form anbringen:»Geht bitte das nächste Mal während der Unterrichtszeit leise in die Sporthalle; die anderen werden gestört!«;
– Entzug von Vergünstigungen: heute Nachmittag keine Spielstunde.

2) Positive Anreger bieten:
– qualifizierter Unterricht: gute Vorbereitung, motivierend, abwechslungsreich;
– lernbezogene Abwechslung: Wechsel der Arbeits- und Sozialformen, vielfältiger Medieneinsatz ...;
– Lernsituationen strukturieren: Die Schüler sollen wissen, was sie wie lernen;
– Schüler ermutigen: Ich helfe euch ...; wir machen es zusammen ...; ihr habt schon ... Fortschritte gemacht;
– Aufbau von Eigendisziplin: Lernen bestimmter Verhaltensweisen;
– kooperative Lösungsmodelle anbieten (siehe auch 5. Kapitel, Abschnitt 3).

3) Negative Anreger vermindern:
– überflüssige Frustrationen vermeiden: Versprochenes halten, pünktlich den Unterricht beenden, Erfolge vermitteln;
– kein aggressives Verhaltensmodell bieten, denn: Verhaltensweisen des Lehrers übertragen sich auf die Schüler: schreien, brüllen, androhen ...;
– Reduzierung aggressiver Hinweisreize: Gewaltsymbole als Poster, Waffen, Filme ...

4) Bewertungen/Einstellungen verändern:
– Störungen»entdramatisieren«: Störungen kommen vor, sind normal, gehören zum Schulleben, zum Leben überhaupt;
– Verhalten nicht vorschnell bewerten (bzw. auf die Person beziehen): nicht »Bist du aber böse!«, sondern »Du hast Timo geschlagen; geschlagen werden tut weh; schlagen ist schlimm ...«

– Schuldzuschreibungen vermeiden: Wechselwirkungen von Handlungen beachten (siehe auch 4. Kapitel, Abschnitt 3);
– Schüler »erleben lassen, dass sie Verursacher von Unterrichtsgeschehen sind« (S. 327); Schüler in den Unterricht miteinbeziehen, Verantwortung übergeben, Unterricht gestalten lassen ...

5) Alternatives Verhalten fördern:
– Betonung eines sinnvollen Arbeitsverhaltens: Fertigkeiten, Fähigkeiten entwickeln lassen und fördern ...;
– die Konstruktivität von Konflikten sehen: Wenn wir uns mit Konflikten befassen, können wir sie auch bewältigen;
– personenzentrierte Gesprächsformen wählen (siehe auch 5. Kapitel);
– förderliche Verhaltensweisen zeigen statt Blocker anzuwenden (siehe auch 4. und 5. Kapitel);
– Übungsmöglichkeiten für Verhaltensänderungen anbieten (siehe auch 4. und 5. Kapitel);
– Schüler bei erwünschtem Verhalten »erwischen«.
  (In einem Klassenbuch fand ich folgenden Eintrag: In der 1. und 2. Stunde haben alle Schüler ganz toll mitgearbeitet! Danke 6b!)

Zudem ist es sinnvoll sich Maßnahmen zu überlegen, die vor, während und nach dem Unterricht ergriffen werden. Hier einige Vorschläge (überaus nützliche Hinweise habe ich zusätzlich bei Heidemann, Rudolf: Körpersprache vor der Klasse. Heidelberg 1995/5, S. 152–155, gefunden):

a) Maßnahmen/Einstellungen vor dem Unterricht:
– qualifizierte Unterrichtsvorbereitung;
– Auslösesituationen umstrukturieren (Sitzänderung, Stundenplanänderung, Klassenzimmerwechsel ...);
– Gemeinsamkeiten schaffen: Zimmergestaltung, Ausflüge, Aktionen außerhalb der Schule ...;
– mit Schülern Regeln vereinbaren;
– Grenzen erarbeiten, verdeutlichen, ankündigen ...;
– Hinweissignale während des Unterrichts vorher erarbeiten bzw. bekannt machen (Schüler sollen Bescheid wissen ...);
– pünktlicher Unterrichtsbeginn;
– Lehrer: entspannt, nicht gehetzt, ausgeschlafen, konzentriert ...;
– Überlegungen: Was mache ich, wenn ...; sich an einzelne Störer erinnern (aber keine Vorurteile ...); Verhaltensrepertoire parat haben (Techniken); sich auf Situationen einstellen ...;
– Störungen akzeptieren;
– Situationen akzeptieren: 6. Stunde; Fach X; Montagvormittag; Freitagnachmittag; Grundschule; Hauptschule, 9. Klasse ...;
– an etwas Angenehmes denken, sich auf den Nachmittag freuen;
– gemeinsam Unterricht mit Schülern planen;
– Schülern Angenehmes in Aussicht stellen;
– sich mit Kollegen beraten.

b) Maßnahmen/Einstellungen während des Unterrichts:
– Unterrichtsphasen wechseln;

- Hinweissignale geben: Im Satz innehalten, Blickkontakt aufnehmen, Tempo und Lautstärke verändern ...;
- störende Schüler einbeziehen;
- körperliche Nähe schaffen (an den Störer herantreten);
- das Problem verbalisieren;
- Spielverhalten ermöglichen;
- Störungen symbolisch austragen (z.B. Wettkämpfe ...);
- oppositionelles Verhalten ermöglichen (Demokratie ...);
- Gewalt moralisch ächten;
- den Ablauf von Aggressionen erklären;
- gedankliche Sprünge vermeiden;
- Individualisierung: Nie die ganze Klasse beschimpfen, sondern Kontakt zu den einzelnen Störern aufnehmen;
- Erwartungen des Störers enttäuschen (sich anders verhalten);
- Entlastungshandlungen schaffen (Bewegung, Austoben ...);
- Medienerziehung (Aggressionen im Fernsehen verarbeiten);
- Gefühle von Schülern zulassen und wahrnehmen;
- konstruktive Instruktionen geben: nicht »Du bist auf der falschen Seite, wie immer«, sondern »Wir lesen gerade auf S. 47 ...«;
- bei starker Unruhe selbst Ruhe ausstrahlen (nicht: in die Unruhe hineinbrüllen ...)
usw.

c) Maßnahmen/Einstellungen nach dem Unterricht:
- Wahrnehmungen reflektieren;
- Störungen und Störer reflektieren;
- mit Kollegen sprechen;
- mit Schülern über die Störungen sprechen;
- Beratungsstellen aufsuchen;
- sich mit entsprechender Literatur beschäftigen;
- Verhaltensrepertoire erweitern;
- Regeln aufstellen;
- Bedürfnisse der Schüler einholen;
- Sichtweisen der Schüler erfragen;
- Erfolge/Misserfolge bedenken;
- schwere Konflikte erst nach dem Unterricht in Angriff nehmen;
- mit schwierigen Schülern nach dem Unterricht reden;
- Probleme zeitlich verschieben.

Maßnahmen bekommen ihre Bedeutung dadurch, wie erfolgreich bzw. wie erfolglos sind sind.
Dabei muss der Zusammenhang zwischen Störungswahrnehmung, Einsatz der Maßnahmen und deren Wirkungen beachtet werden.

*Beispiel:*

Dem Kollegium einer Grund- und Hauptschule wurden Störungen durch die Schüler zu viel. Daraufhin erarbeitete das Kollegium Verhaltensregeln und entsprechende Maßnahmen bei Nichtbeachtung bzw. bei Verletzung:

## 1. Pünktlichkeit:
Alle Schüler sind mit dem Gong zu ihrer Unterrichtsstunde im Klassenzimmer und zum Unterricht bereit.

## 2. Arbeitsverhalten:
Jeder Schüler zeigt ein angemessenes, nicht störendes Arbeitsverhalten und fertigt alle verlangten Aufgaben sorgfältig an.

## 3. Arbeitsmaterialien:
Jeder Schüler bringt alle zum Unterricht des Tages gehörenden Materialien unaufgefordert mit.

## 4. Aggressivität:
Kein Schüler wendet sich aggressiv gegen Mitschüler, deren Eigentum oder Einrichtungen der Schule.

## 5. Raucher:
Kein Schüler raucht auf dem Schulgelände und bei schulischen Veranstaltungen.

## 6. Verlassen des Schulgebäudes:
Kein Schüler verlässt während der Schulzeit unaufgefordert das Schulgelände.

## 7. Sicherheit auf dem Schulhof:
Das Fahren auf dem Schulhof ist verboten!


*Maßnahmen bei Nichtbeachtung bzw. Regelverletzung*

Dreimaliges Nichtbeachten der Regeln 1 bis 3 und einmaliges Nichtbeachten der Regeln 4 bis 7 hat zur Folge:
– einen besonderen Eintrag (rot) ins Klassenbuch *und*
– eine Stunde zusätzlichen Unterricht *oder*
– eine zusätzliche Hausarbeit im Umfang einer Stunde.
– Das Nichterscheinen und/oder das Nichterledigen der Arbeit zieht einen weiteren roten Eintrag nach sich.
– Auf zwei rote Einträge folgt eine Benachrichtigung an die Eltern.
– Bei vier roten Einträgen erfolgt die zweite Benachrichtigung an die Eltern mit der Ankündigung vom Schulausschluss.


**Analyse:**

– Die Verhaltensregeln drücken in erster Linie den Wunsch des *Kollegiums* nach Ruhe und Ordnung (= Disziplin) aus. Dies ist umso verständlicher, da die Störungen schon lange andauerten.
– Die Verhaltensregeln werden sehr pauschal formuliert und nicht im Hinblick auf die Schüler (Klassen, Altersstufe u. ä.) differenziert.
– Einige Regeln werden negativ formuliert. Es ist besser Regeln als Bitte oder Anregungen und nicht als Verbote zu formulieren.
– Die Angaben »einmalig« und »dreimalig« sind willkürlich gewählt und zu wenig pädagogisch begründet worden.

– Die Verhaltensregeln drücken Grenzen aus, geben aber keinen Weg an, wie Verhalten »bis zu den Grenzen« zu erreichen ist.
– Letztlich werden die Schwierigkeiten an die Eltern weitergegeben (Benachrichtigung = die Eltern sollen die Verhaltensänderung bewirken); die erzieherische Aufgabe der Schule wird nicht erfüllt.
– Schulausschluss erfolgt bei extremer Nichtbeachtung; ob nach Wiederkehr des/der betreffenden Schüler Verhaltensänderungen eingetreten sind, wird nicht deutlich.

Dem Kollegium wurde nach einiger Zeit bewusst, dass sich im Grunde nichts geändert hat. Zwischenzeitlich machten die Lehrer auch die Erfahrung, dass die Regeln aufwendige Kontrolle erforderten, die in dem gewünschten Maße nie erfolgten. Schließlich beschloss ein Teil des Kollegiums Maßnahmen zu ergreifen, die eine Verhaltensänderung bei den Schülern bewirken sollten.

## Exkurs: Strafen

»Bemerkenswert ist, dass fast niemand etwas von Bestrafungen hält, obwohl sie doch in Erziehung und Justiz überaus verbreitet sind« (Nolting, Hans-Peter: Lernfall Aggression. Reinbek 1997 (TB), S. 25). In einer Befragung von Nolting halten nur 4% der Lehrer den Abbau von Störungen durch Bestrafung für sinnvoll.
Die Realität allerdings ist anders und als Hauptgründe, zu Strafmaßnahmen zu greifen, geben Lehrer immer wieder an:
– Durch Strafen komme ich am schnellsten wieder aus Konfliktsituationen heraus.
– Ich bin hilflos und weiß nicht (mehr), was ich sonst tun soll.
– Ich fühle mich überfordert.
– Ich habe kaum andere Verhaltensweisen zur Verfügung, die kurzfristig sinnvoll sind.
– Ich strafe, weil mir nichts anderes übrig bleibt, und hinterher bin ich selbst unzufrieden, unglücklich, frustriert …

Den Lehrern ist auch bewusst, dass Strafen für längerfristiges Lernen kaum geeignet sind: Durch Strafen ist »im Großen und Ganzen … nur mit einer kurzfristigen Unterdrückung des Verhaltens zu rechnen, insbesondere tritt es leicht wieder auf, sobald Bestrafungen nicht mehr zu erwarten sind« (Nolting, Hans-Peter, in: Fittkau [1993], S. 320). Auch der Nebeneffekt von Strafen ist offensichtlich:
– Aggressive Bestrafungen sind ein schlechtes Verhaltensvorbild für die Schüler. Sie lernen keine Verhaltensalternativen.
– Die emotionale Beziehung zwischen Lehrern und Schülern kann nachhaltig beeinträchtigt werden.
– Beim Kind können Ängstlichkeit und Gehemmtheit entstehen, aber auch erneut Aggressivität, teils versteckt, teils offen.
– Der Schüler lernt Vermeidungsstrategien, aber keine eigentlichen Veränderungen.
– Bei Kindern, die stark nach Beachtung suchen, können selbst Strafen positive Verstärkung sein (Strafe wird als Zuwendung empfunden).

Von der Bestrafung bis zur eigentlichen Verhaltensänderung gibt es folgende Stufen:
1. Ich bestrafe dich sofort: Die Strafe folgt unmittelbar auf die Tat.
2. Ich bestrafe dich, wenn du ...: Die Strafe folgt nach Ankündigung und erfolgter Tat.
3. Ich bestrafe dich nicht, zeige (verstärke) dir aber die *Wirkung* deiner Tat: »Du hast Sabine mit dem Fuß getreten und das hat ihr sehr weh getan. Jetzt weint sie.«

| 4. *Ich helfe dir, dich zu ändern:* | *Das bedeutet für Schüler:* |
|---|---|
| – Ich nehme dein Störverhalten wahr. | – Ich störe, werde aber nicht abgelehnt. |
| – Ich zeige dir Wirkungen und Folgen. | – Ich bin selbst für mein Tun verantwortlich. |
| – Wir suchen nach (Ver-)Änderungsmöglichkeiten. | – Ich kann mich/etwas ändern. |
| – Ich begleite dich auf deinem Änderungsweg. | – Ich werde nicht allein gelassen. |
| – Ich gebe dir Lernzeit. | – Ich muss nicht sofort alles können. |
| – Ich zeige dir, wie man mit Grenzen umgeht. | – Es gibt mich *und* andere. |

Die letzte Stufe ist die höchste und pädagogisch schwierigste, aber auch die langfristig wirkungsvollste. Sie setzt allerdings voraus, dass der Lehrer sowohl über Möglichkeiten der Änderung Bescheid weiß als auch Veränderungen und Änderung bei sich selbst zulässt.

> **Merke:** Strafen sind *manchmal* notwendig.
> Jedoch: Wer bestimmt, was notwendig ist?

**Aufgaben**

1 Bei Störungen reagiere ich *häufig*:

☐ Ich ignoriere bewusst.
☐ Ich verstärke meinen Blickkontakt.
☐ Ich äußere mich mit ruhiger Stimme.
☐ Ich wende mich dem Schüler direkt zu.
☐ Ich reagiere humorvoll.
☐ Meistens reagiere ich ärgerlich.
☐ Ich werde sehr laut.
☐ Ich reagiere körperlich (Schulter schütteln, kneifen, Haare ziehen ...).
☐ Ich gruppiere die Klasse um.
☐ Ich appelliere an die Einsicht der Schüler.
☐ Ich mache ihnen die Situation bewusst.
☐ Ich verweise auf Bestimmungen, Regeln ...
☐ Ich bestrafe sofort.
☐ Ich kündige Strafen an.

- ☐ Ich ermahne und ermahne …
- ☐ Ich schicke den/die Schüler hinaus.
- ☐ Ich hole einen Kollegen/den Schulleiter.
- ☐ Ich setze mich ans Pult.
- ☐ Ich breche den Unterricht ab.
- ☐ Ich sage, wie ich mich fühle.
- ☐ Ich mache Vorwürfe und Schuldzuweisungen.
- ☐ Ich verspreche Belohnungen.
- ☐ Ich beginne ein längeres Klassengespräch.
- ☐ Ich frage die Schüler nach ihren Gefühlen.
- ☐ Ich frage die Schüler, wie sie sich jetzt als Lehrer verhalten würden.
- ☐ Ich _____

_____

_____

(Auch wenn die Reaktionen von den einzelnen Störungen abhängig sind: Versuchen Sie *Häufigkeiten* Ihrer Reaktionen festzustellen.)

2 Bisher habe ich meine Maßnahmen wenig differenziert. Ich reagierte:

- ☐ Wie es mir gerade einfiel;
- ☐ Wie ich es bei anderen gesehen hatte.

_____

_____

_____

3 Wenn wieder Störungen auftauchen:

- ☐ Ich versuche, Störungen einzuteilen (Schwerpunkt beim Lehrer, beim Schüler, durch die Situationen usw.).
- ☐ Ich überlege mir bewusst Maßnahmen:

_____

_____

_____

4 Störungen

| die ich sofort abstelle: | die ich in dieser Stunde aushalte: | die ich längerfristig aushalten muss: |
|---|---|---|
| _____ | _____ | _____ |
| _____ | _____ | _____ |
| _____ | _____ | _____ |

Wenden Sie bei den folgenden Beispielen förderliche Maßnahmen an, die beiden Seiten nutzen (Lösungsversuche zuerst allein, dann mit Kollegen zusammen).

5 Sie loben einen Schüler: »Du, das hast du gut gemacht.« Daraufhin Pitt, 7. Klasse (nachäffend): »Das hast du gut gemacht.«

1) »Dir stinkt's wohl, dass du nicht gelobt worden bist?« (nichtförderlich)
2) _____
3) _____

6 Schon seit mehreren Wochen sind in der 6b ständig Unruhe, Lärm, Unkonzentriertheit zu verzeichnen:

1) Ich äußere meinen Unmut: »Also, so geht's nicht mehr weiter!« (hilfreich?)
2) _____
3) _____

7 Monika, 2. Klasse, bezeichnet die halb fertige Webearbeit als Scheißdreck und will nicht mehr weiterarbeiten:

1) Ich gebe ihr ein anderes Arbeitsmaterial. (!?)
2) _____
3) _____

8 Peter, ein großer Störer (7. Klasse), tritt während einer Stillarbeit eine Getränketüte laut knallend zusammen:

1) »Du hast wohl nicht alle Tasssen im Schrank!« (!?)
2) _____
3) _____

9 Cornelia arbeitet immer nur phasenweise mit (3. Klasse), verliert schnell die Lust, mag nicht mehr:

1) Ich rede ihr immer wieder gut zu. (hilfreich?)
2) _____
3) _____

10 Beate kommt ständig zu spät. Und wenn sie dann da ist, erzählt sie ihrer Nachbarin zuerst die wichtigsten Dinge …

1) Ich werde nach der Stunde ausführlich mit ihr sprechen.
2) _____
3) _____

11 Karl, 9. Klasse, klopft unter der Bank ständig auf eine Colabüchse. Lehrer: »Hör bitte auf damit!« Karl: »Ich mach' doch nichts!«

1) »Mensch, ich lass mich doch von dir nicht verarschen!« (hilfreich?)
2) _____
3) _____

12 Schildern Sie selbst einen Fall:

_____
_____
_____

| 13 | Was geht in Ihnen vor und wie reagieren Sie? |
|---|---|

| Situation | Ihre Betroffenheit | Reaktion |
|---|---|---|
| 1) »Bloß nicht wieder den langweiligen Scheißkram« (7. Kl.) | | |
| 2) Ein Schüler kommt vom Papierkorb und fegt grinsend das Arbeitsmaterial eines Schülers vom Tisch. | | |
| 3) Anke, 8. Kl.: »Mir reicht's!«, steht auf und will das Klassenzimmer verlassen. | | |
| 4) Während des Unterrichts trinkt ein Schüler Bier aus der Dose. | | |
| 5) Ein Schüler geht auf die Toilette; daraufhin gehen fünf weitere mit. | | |
| 6) Während der Musikstunde trommelt Markus ständig auf die Bank. | | |
| 7) »Sie haben hier gar nichts zu sagen. Heute machen wir, was wir wollen!« (9. Kl., zu einer Vertretungslehrerin) | | |
| 8) Während Sie vorlesen, beobachten Sie, wie Michael unter der Bank ein Pornoheft liest. | | |
| 9) Oder: | | |

14 Kreuzen Sie an, wie Sie reagieren würden, und vergleichen Sie anschließend mit Ihren Kollegen. Diskussion!

*Die Situation:* Ein Schüler, 6. Klasse, halb laut zu seinem Nachbarn:»Der Pauker da vorn ist doch das größte Arschloch, das 'rumläuft!« (Im Vorbeigehen hören Sie die Bemerkung.)

a) »Hör mal, so kannst du mit mir nicht reden. Wenn ich das zu dir sagen würde?«
b) Ich »überhöre« die Äußerung und unterrichte weiter!
c) Ich grinse und sage:»Selber Arschloch!«
d) Im Vorbeigehen sage ich zu ihm:»Na, du hast wohl jetzt 'ne ziemliche Wut auf mich?!«
e) »Wenn du keine besseren Ausdrücke hast, dann kannst du gleich daheim bleiben.«
f) Ich sage leise zu ihm:»Komm bitte nach der Stunde zu mir, ich möchte mit dir reden.«
g) »Lass gefälligst solche Ausdrücke und arbeite jetzt weiter!«

(Überlegen Sie: Wie geht die Bewältigung des Problems weiter?)

15 Erfolg/Misserfolg:

Bei Störungen hatte ich bisher mit meinen Maßnahmen Erfolg:

| Störung | Maßnahme | Vermutete Erfolgsbegründung |
|---|---|---|
| | | |
| | | |
| | | |

Bei Störungen hatte ich bisher mit meinen Maßnahmen keinen Erfolg:

| Störung | Maßnahme | Vermutete Misserfolgsbegründung |
|---|---|---|
| | | |
| | | |
| | | |

Zum Thema Strafen:

16 Menschen, die mich in meiner Kindheit häufig straften:

☐ Vater          ☐ Oma, Opa          ☐ Kameraden
☐ Mutter         ☐ Onkel, Tante       ☐ Pfarrer
☐ Bruder         ☐ Lehrer             ☐ Fremde
☐ Schwester      ☐ Lehrerin           ☐ _____

17 Ich kann mich noch an folgende Strafen erinnern:

Tat                          Strafe                          Meine Gefühle

_____              _____              _____

_____              _____              _____

_____              _____              _____

18 Folgende »strafenden Sätze« sind heute noch in mir:

_____

_____

_____

19 Ich kann meine strafenden Erzieher (eigentlich) verstehen:

☐ Mein Vater war sechs Jahre im Krieg, anschließend vier Jahre Gefangen-
   schaft.
☐ Meine Eltern sind selbst sehr streng erzogen worden.
☐ Ich war das älteste Kind und musste immer Vorbild sein.
☐ Ich wurde aus moralischen Gründen sehr streng erzogen.

_____

_____

_____

Fazit:

☐ Ich bin als Kind sehr bestraft worden.
☐ Ich bin als Kind wenig bestraft worden.
☐ Ich bin als Kind nie bestraft worden.

20 Wenn ich an meine Kindheit/Jugend denke und an mein Verhalten als Lehrer, dann sehe ich Zusammenhänge im Bereich des Strafens.

Notizen:

_____

_____

21 In folgenden Situationen strafe ich als Lehrer häufig:

z.B., wenn Schüler andere schlagen

_____

_____

_____

**22** Notieren Sie Ihre bisherigen Strafmaßnahmen und begründen Sie Erfolg bzw. Misserfolg:

Strafe                          Erfolg/Misserfolg

weil ———————————————    weil ———————————————

weil ———————————————    weil ———————————————


**23** Wenn ich gestraft habe, dann entdecke ich bei mir:

- ☐ Meine Entscheidung war richtig.
- ☐ Schon wieder ist mir nichts Besseres eingefallen.
- ☐ Endlich Ruhe. Ich hab's geschafft.
- ☐ Ich weiß, Strafen sind nicht sehr sinnvoll, aber …
- ☐ Ich komme mir wie ein Polizist vor.
- ☐ Strafen sind die natürlichen Konsequenzen einer Tat.
- ☐ Ich verurteile die Tat, aber nicht den Schüler.
- ☐ Der Schüler soll Unangenehmes erfahren, damit er sich ändert.
- ☐ Mir blieb nichts anderes übrig.
- ☐ Ich werde mir künftig etwas anderes überlegen …


**24** Strafen und Schülerreaktionen:

Ich habe folgende Strafe gegeben:       Der Schüler hat so reagiert:


**25** Sie werden »bestraft«. Wie fühlen Sie sich dabei?

| Situation | Gefühl |
|---|---|
| 1) Sie sind mehrmals zu spät gekommen. Der Schulleiter rügt Sie vor dem ganzen Kollegium. | ☐ Ich fühle mich bloßgestellt, weil … |
| 2) Sie haben im Klassenzimmer nicht für Ordnung gesorgt. Der Hausmeister: »Haben Sie zu Hause auch so ein Durcheinander?« | |
| 3) | |

*Übrigens:* Eine amerikanische Lehrerin (Ruth Cohn) zu einem lernunwilligen und störenden Schüler:

1. Du musst dir überlegen, ob du lernen willst oder nicht. Ich kann dich nicht zwingen. Ich kann nicht für dich lernen. Das musst du selbst tun. Ich kann nur lehren.
2. Ich freue mich, wenn du mir hilfst, gut zu lehren. Das kann ich am besten, wenn du mir sagst, wie du selbst am leichtesten lernst.
3. Wenn du also lernen willst, so kann ich dir dabei helfen. Wenn du aber nicht lernen willst, dann sag mir bitte, warum nicht – und ob du es wirklich ernst damit meinst.
4. Und wenn du nun wirklich nicht lernen willst und das auch wirklich so meinst – und ich dir wirklich nicht helfen kann –, dann kann ich dir auch nichts bieten.
5. Aber dann möchte ich dich wirklich ehrlich bitten, mich – uns, die Klasse – nicht weiter zu stören, sondern in Ruhe zu lassen!

## Literaturempfehlungen

Bastian, Johannes (Hrsg.):»Strafe muss sein«? Das Strafproblem zwischen Tabu und Wirklichkeit. Weinheim 1995.
Mit dem Buch wollen die Autorinnen und Autoren»das Dunkelfeld aufhellen; eigene Erfahrungen zulassen; Widersprüche zwischen Anspruch und Realität enttabuisieren; eine offene Diskussionen eröffnen, die Probleme zugibt und Handlungsmöglichkeiten anbietet«. Ein ausgezeichneter»Klärungshelfer« für diejenigen, die sich in der Schulpraxis im weiten Feld zwischen »Lob und Strafe« bewegen.
Dreikurs, Rudolf u.a.: Lehrer und Schüler lösen Disziplinprobleme. Weinheim 1995/8.
Praxisnah und mit vielen Beispielen aus dem Schulalltag wird erläutert, wie Lern- und Disziplinprobleme zu lösen bzw. zu verhindern sind.
Graese, Hannelore/Lederer, Margarete: Störende Schüler – unruhige Klasse. Hilfen für den Schulalltag. München 1982.
Neben einigen Theorien (u.a. individual-psychologisch-kommunikativ) viel Praxis mit Materialien, Anregungen und Beispielen.
Harnisch, Günter: Schulstress. Düsseldorf 1984.
Ein informatives und sehr brauchbares Buch für den Lehrer:
– Ursachen von Stress (Schulangst, Schulversagen, Lernstörungen);
– Anti-Stress-Programm: Umgang mit Träumen; Meditation mit Kindern; Stressabbau durch Bewegung; richtig lernen; Kommunikationsspiele.
Hennig, Claudius/Keller, Gustav: Lehrer lösen Schulprobleme. Donauwörth 1992/3.
Auch wenn der Titel etwas irreführend ist (Lehrer – allein – lösen keine Schulprobleme!), so ist das Buch doch ein sehr hilfreicher Begleiter in Schule und Klassenzimmer, vor allem deshalb, weil die Lösung von Problemen durch die Verbindung von Lernförderung, Verhaltenssteuerung und konstruktiver Gesprächsführung gesehen wird.
Nolting, Hans-Peter: Lernfall Aggression. Reinbek 1997 (TB).
Aggression: Wie sie entsteht; wie sie veränderbar ist; ein hilfreiches Buch, weil die Vorschläge auch wirklich anwendbar sind.

Nolting, Hans-Peter/Bernath-Kaufmann, Linde: Aggression, Gewalt, Disziplin-probleme. In: Fittkau, Bernd (Hrsg.): Pädagogisch-psychologische Hilfen für Erziehung, Unterricht und Beratung, Bd. 2. Braunschweig 1993, S. 312–332.
Singer, Kurt: Lehrer-Schüler-Konflikte gewaltfrei regeln. Weinheim 1996/5. »Erziehungsschwierigkeiten« und Unterrichtsstörungen werden als Beziehungsschwierigkeiten gesehen und entsprechend »bearbeitet«.
Tennstädt, Kurt-Christian, u.a.: Das Konstanzer Trainingsmodell (KTM): Entwurf eines integrativen Lehrertrainingsprogramms zur Bewältigung von Aggressionen und Störung im Unterricht auf der Basis subjektiver Theorien; Trainingshandbuch, Stand vom 15.9.1985, kann unter »Sonderforschungsprogramm 23« von der Universität Konstanz angefordert werden.
Die Materialien enthalten verschiedene Trainingselemente (vom Erkennen von Störungen bis zur Erfolgsüberprüfung), die je nach Bedarf einzeln verwendet werden können; sehr ausführlich und praxisnah!

# Teil 3:
# Lernen und Lehren

Die Kapitels dieses Teils befassen sich mit dem Thema Lernen und Lehren im Unterricht. Aus den Erkenntnissen über Lernvorgänge im Allgemeinen und über Lernverhalten der Schüler im Besonderen ergeben sich Konsequenzen für das Lernen mit Schülern und eigenes Lehren (7. Kapitel), die u. a. Voraussetzung für eine qualifizierte Unterrichtsvorbereitung (8. Kapitel) sind, und diese wiederum ist der Boden für einen guten Unterricht (9. Kapitel).
Ich maße mir nicht an, das ganze Spektrum des Unterrichts pädagogisch-didaktisch auszuleuchten, sondern ich habe diejenigen Bereiche ausgewählt, die nach meiner Erfahrung das Lernen und Lehren am stärksten beruhren und die in der Schulwirklichkeit am häufigsten Fehlerquellen enthalten.

# 7. Kapitel:
# Lernen lernen

## 1. Lernvorgänge

• Aufgabenschwerpunkte:
– Über Lernvorgänge Bescheid wissen,
– Schülern Lernverhalten bewusst machen,
– Konzentrationsübungen mit Schülern durchführen.

Aus dem überreichen Angebot der Lernforschung habe ich mich auf einige wenige Aspekte beschränkt und mich in der Auswahl von meiner Erfahrung als Lehrer und von der Anwendbarkeit bzw. Übertragbarkeit der Theorien leiten lassen, nachdem mich die Vielfalt und Uneinheitlichkeit des »Lernmarkts« (beinahe) erschlagen hat.
Meine Leitfrage lautet: Was muss ich als Lehrer über Lernvorgänge wissen, um Schüler beim Lernen zu fördern und selbst gut zu lehren?

**Die Lernbiologie** bezeichnet die Lernfähigkeit als »das Vermögen, Erfahrungen für künftiges Verhalten speichern und verwerten zu können. Diese Leistung ist an das Gedächtnis gebunden«. Das Ultrakurzzeitgedächtnis behält Eindrücke nur wenige Sekunden, das Kurzzeitgedächtnis Eindrücke bis zu 20 Minuten (wobei das Speichern u.a. vom Interesse abhängt) und die Übernahme von Eindrücken in das Langzeitgedächtnis ist von Bedingungen abhängig wie z.B. der Verknüpfung von altem Lernstoff mit neuem. Die Einteilung in vier Lerntypen, den auditiven (= hörorientiert), den visuellen (= sehorientiert), den haptischen (= fühlorientiert) und den verbalen (= sprachorientiert) ist für die Vermittlung von Information von Bedeutung. Die Festlegung auf diese vier Lerntypen ist in dieser Abgrenzung und Ausschließlichkeit allerdings heute nicht mehr haltbar, da die Lernfähigkeit noch von weiteren Faktoren abhängig ist (vgl. auch Aktuell, Lexikon der Gegenwart. Dortmund 1984, S. 393; Lernforschung).

→ Konsequenzen für den Lehrer:

Gedächtnis hat etwas mit dem Behalten zu tun und nicht unbedingt mit »faul« oder »fleißig«. Schüler müssen lernen mit ihrer unterschiedlichen Behaltensfähigkeit umzugehen. Lehrer sollen ihnen dabei behilflich sein und Lernstoffe sehr vielfältig anbieten. Damit ermöglichen sie Lernen auf sehr verschiedene Weise und werden den einzelnen Lerntypen gerecht, auch wenn dies z.B. in großen Klassen ein schweres Unterfangen ist. Hinzu kommt, dass Lehrer ihren Schülern Gelegenheiten geben müssen eigenes Lernen kennen zu lernen und sich Techniken anzueignen, um Lernerfolge zu erzielen (siehe auch 2. Abschnitt).

Frederic Vester (Denken, Lernen, Vergessen. Stuttgart 1978) hat aus der Lernbiologie Regeln abgeleitet, die mir für den Unterricht äußerst wichtig und hilfreich erscheinen (S. 141–143):
- Schüler sollen Lernziele und Lerninhalte kennen, denn was von Bedeutung
ist, motiviert auch. Antrieb und Aufmerksamkeit werden geweckt.
- Die Motivation wird erhöht, wenn Neugierde, Faszination und Erwartung geweckt werden.
- Neues soll mit Bekanntem verpackt werden, weil Unbekanntes als »feindlich«
erkannt wird und dadurch Stress auslöst. Vertraute Verpackung blockiert jedoch nicht.
- »Skelett vor Detail«: Zuerst soll ein Raster, ein breites Netz geschaffen werden, bevor Details vermittelt werden. Einzelheiten können besser eingeord-
net werden.
- Interferenzen sollen vermieden werden: Ähnliche Inhalte verwischen bzw.
vermischen sich; diese sollen getrennt und in zeitlichem Abstand vermittelt
werden.
- Hilfreich beim Lernen sind zusätzliche Assoziationen, Beispiele oder beglei-
tende Informationen, da so »Aufhängungsmöglichkeiten« geschaffen werden.
- Wenn mehrere »Eingangskanäle« und Wahrnehmungsfelder angesprochen
werden, erhöht sich die Lerneffizienz ebenfalls.
- Wichtig ist die Verknüpfung mit der Realität: Was hat der Lernstoff mit der
Wirklichkeit und mit den Schülern zu tun?
- Und schließlich auf Wiederholung achten: Neues in kurzen Abständen mehrmals wiederholen und in zunehmendem Maße die Abstände vergrößern. (Gefahr: Je größer die Stoffmenge, desto weniger wird wiederholt. Es sollte ge-
rade umgekehrt sein: Je größer die Stoffmenge, desto umfangreicher die
Wiederholung!)

Die Lernpsychologie schließlich liefert Erkenntnisse, um Lernen als Prozess ein-
sichtig zu machen und zu optimieren. Allerdings erschweren die derzeit immer
noch unterschiedlichen Auffassungen von Lernen die Gewinnung klarer Vorstellungen. Ich empfehle sehr: Edelmann, Walter: Lernpsychologie. In: Fittkau,
Bernd: Pädagogisch-psychologische Hilfen für Erziehung, Unterricht und Beratung, Bd. 1. Braunschweig 1993, S. 45–172.
Der Autor unterscheidet und verdeutlicht einige Grundformen des Lernens:


*a) Das assoziative Lernen (auch Signallernen genannt)*

Darunter versteht man die Verknüpfung von Reiz und Reaktion: Ein Reiz löst
unter bestimmten Bedingungen ein Antwortverhalten aus. (Vgl. auch die klassi-
sche Konditionierung, die es mit unbedingten und bedingten Reizen zu tun hat.)
Die Bedingung besteht hier in der Berührung zweier Reize. Dabei ist keine Einsicht notwendig, sondern das Zusammentreffen geschieht zufällig (= automa-
tisch, mechanisch). Auf diese Weise kann man z.B. lernen Angst zu haben:
Ein Kind fängt plötzlich zu weinen an, weil ein Mann in weißem Kittel das Zimmer betritt. Was ist geschehen?
Das Kind hat einmal während einer Behandlung durch einen Arzt eine
schmerzvolle Erfahrung gemacht. Der weiße Kittel des oben genannten Mannes
»erinnert« das Kind an den (damaligen) Schmerz: Angst wird ausgelöst.

Es wird deutlich, dass vor allem im emotionalen Bereich das Reiz-Reaktion-Lernen eine hohe Bedeutung erlangt; ebenso im Bereich des Motivationsgeschehens: Alles, was positiven Aufforderungscharakter hat, wird angestrebt, und was negativen Aufforderungscharakter hat, wird vermieden.

→ Konsequenzen für den Lehrer:

– Angst*auslöser* müssen erkannt und vermieden werden. »Du brauchst doch hier keine Angst zu haben« ist also wenig hilfreich.
– Es muss eine Atmosphäre der Sicherheit geschaffen werden, in der möglichst wenig Angst entstehen kann.
– Der Lehrer soll Assoziationen wecken, an Angenehmes anknüpfen und Unangenehmes vermeiden.
– Vorurteile sind häufig Verknüpfungen, die dem einzelnen Schüler gegenüber unangemessen sind.
– Die »unbewussten Verknüpfungen« müssen bewusst gemacht und dadurch »entknüpft« werden.

Beispiele eines assoziativen Lernens in der Schule:
– neutraler Reiz: Fach Chemie;
– bedingter Reiz: strenger Lehrer;
– Verknüpfung: Ablehnung des Faches Chemie, weil der *Lehrer* als unangenehm empfunden und dadurch abgelehnt wird;

– neutraler Reiz: Peters rote Haare;
– bedingter Reiz: Peters aggressives Verhalten;
– Verknüpfung: *Fritz*, der zufällig auch rote Haare hat, wird abgelehnt, weil seine roten Haare den Lehrer an *Peters* Aggressionen erinnern.

Vorsicht also vor Vorurteilen und vor Beeinflussung (Konditionierung). Dem verantwortlichen Handeln des Lehrers kommt in diesem Bereich eine besondere Bedeutung zu und die Möglichkeiten zur Manipulation müssen klar erkannt werden.

*b) Das instrumentelle Lernen (auch operantes Lernen genannt)*

Zur Erreichung eines Zieles wird ein Mittel (= Instrument) eingesetzt. Wichtig dabei ist die Kontingenz, d. h. eine Regelmäßigkeit des Mittels, um ein bestimmtes Verhalten herbeizuführen.

Beispiele:
– Sabine malt. Der Lehrer lobt. Sabine malt jetzt häufiger.
– Axel arbeitet sehr intensiv in der Klasse mit. Der Lehrer beachtet ihn kaum. Die Mitarbeit von Axel wird immer geringer.

Man unterscheidet vier Formen des instrumentellen Lernens:

*Aufbau* neuer Verhaltensweisen:

1 Darbietung einer angenehmen Konsequenz = positive Verstärkung

*Beispiele:*
Eine Freistunde, eine Spielstunde, ein Zoobesuch, ein Lob, ein Streicheln, ein Stück Kuchen ...

2 Wegfall einer unangenehmen Konsequenz = negative Verstärker

*Beispiele:*
Keine Zusatzaufgaben, keine Strafaufgabe mehr, kein Ausgehverbot, kein Nachsitzen ...
(Hinweis: Negative Verstärker sind also keine Strafen, sondern der *Wegfall von unangenehmen* Konsequenzen, also gerade der Wegfall von Strafen! In der Lernpsychologie wird hier nicht immer genau unterschieden.)

*Abbau* alter Verhaltensweisen

3 Nichtverstärkung = Löschung

*Beispiele:*
Lehrer beachtet Kai nicht, der dauernd dazwischenredet; er übersieht die Trotzreaktionen von Claudia; er überhört die Zoten von Karl ...

4 Darbietung einer unangenehmen Konsequenz = Bestrafung

*Beispiele:*
Peter muss einen Zusatztext abschreiben; Silvia muss eine Stunde nachsitzen; Monika bekommt einen Eintrag ins Klassenbuch ...

→ Konsequenzen für den Lehrer (vgl. auch Edelmann, S. 156f.):
– Die vier Formen des instrumentellen Lernens müssen genau unterschieden werden, um eine effiziente Anwendung zu garantieren.
– Verstärkung, Löschung und Bestrafung müssen differenziert und bewusst angewandt werden.
– Die Konsequenzen wirken nur dann verstärkend, wenn der Schüler motiviert ist. Ein »Null-Bock-Schüler« muss also zuerst motiviert werden (bzw. sich selbst motivieren), bevor sein Verhalten verstärkt werden kann. (Ich kann nur verstärken, was bereits vorhanden ist.)
– Neues Verhalten kann erst abgebaut und stabilisiert werden, wenn es vorher angeregt worden ist (z.B. durch Anweisung oder durch Modell).
– In der Anfangsphase des Lernens muss möglichst immer verstärkt und Strafe vermieden werden.
– Ein Verhalten wird nicht sofort perfekt ausgeführt. Es muss immer noch geformt werden.
– Gelegentliche Verstärkung ist notwendig, um eine Löschung zu vermeiden.
– Bemühungen der Nichtbeachtung von Störungen können zunichte gemacht werden, wenn nicht einheitlich gehandelt wird (z.B.: Lehrer beachtet den Störer nicht, Fachlehrer jedoch sehr).
– Instrumentelles Lernen erfordert vom Lehrer konsequentes Handeln.

*c) Modelllernen*

Es besteht in der Fähigkeit des Menschen zur Nachahmung fremden Verhaltens und geschieht in folgenden Stufen:
– Aneignung durch Aufmerksamkeit (bewusst und/oder unbewusst);
– Behalten durch das Gedächtnis;
– Reproduktion durch Handeln (Äußerung des Verhaltens).

Ähnliche Formen des Modelllernens sind:

– Das Beobachtungslernen
Sabine beobachtet, wie die Lehrerin eine Mitschülerin tröstet, als diese weint. Beim nächsten Mal tröstet Sabine die Mitschülerin.

– Das Imitationslernen
Franz sieht, wie sein Nachbar plötzlich mit grüner Tinte schreibt. Dies gefällt ihm und er macht es ebenso (nach).

– Das Identifikationslernen
Cornelia identifiziert sich so stark mit ihrer Freundin Angelika, dass sie genauso gekleidet in die Schule kommt wie diese.

– Das stellvertretende Lernen
Thomas sieht, dass Charly belohnt wird, weil er Zusatzaufgaben gemacht hat. Weil er ebenfalls Belohnung will, macht auch er Zusatzaufgaben.

– Das soziale Lernen
Von der Gruppe bekommt Rosi die Rückmeldung, dass man sie mag, weil sie so hilfsbereit ist. So ist sie auch weiterhin hilfsbereit, weil sie sich dadurch die Zuneigung/Zuwendung der Gruppe erhält.

→ Konsequenzen für den Lehrer:

– Der Lehrer wird beobachtet, nachgeahmt und Schüler identifizieren sich mit ihm. Er ist für sie ein Lernmodell in großem Umfang: Der Lehrer ist Vorbild (siehe auch 2. Kapitel).
– Vorbild sein heißt nicht,»ohne Fehl und Tadel leben«, sondern bedeutet bewusstes, reflektiertes und verantwortliches Handeln.
– Dem Lehrer muss das vielfältige Modelllernen vertraut sein, damit er die Hintergründe der Schülerverhaltensweisen erkennt und entsprechend handeln kann.

*d) Das kognitive Lernen*

Darunter versteht man
– Lernen als Informationsaufnahme und Verarbeitung,
– Lernen als Vorgang des Kategorisierens (= Ordnens),
– Lernen als Begriffs- und Hierarchiebildung (= Einordnung),
– Lernen als »in Beziehung setzen«,
– Lernen als Wissenserwerb.

Wichtig ist dabei eine »kognitive Struktur«, d.h. dass das erworbene (diffuse)

Wissen in einer bestimmten Ordnung gespeichert wird. Es werden zwei Dimensionen des Lernens unterschieden, nämlich das sinnvoll-mechanische und das rezeptiv-entdeckende Lernen:
– Sinnvolles Lernen besteht im Lernen von Symbolen (z.B. Sprache) und Inhalten.
– Mechanisches Lernen ist wortwörtliches Lernen.
– Rezeptives Lernen nimmt Wissensstoff in fertiger Form auf.
– Entdeckendes Lernen wird durch Problemlösen strukturiert und dann aufgenommen.

Das Ziel des kognitiven Lernens besteht im »Erwerb einer klaren, stabilen und organisierten Wissensmenge« (Edelmann, S. 163, zitiert nach Ausubel).

→ Konsequenzen für den Lehrer:
– Wissen um kognitive Lernvorgänge bei sich und bei Schülern (vgl. z.B. auch die Arbeiten von Piaget);
– Sammeln des diffusen Wissensstoffes der Schüler;
– Ordnen und Strukturieren der Wissensmenge;
– Anbieten der verschiedenen Lernarten, also des sinnvollen, mechanischen, rezeptiven und entdeckenden Lernens unter Berücksichtigung der Unterschiedlichkeit der Lerntypen (akustisch, visuell, haptisch, kinästhetisch, gemischt ...)
– Bedingungen schaffen, die »konzentriertes Lernen« ermöglichen.
Man kann von Schülern nicht erwarten, dass sie »konzentriert lernen«, wenn für sie der Stoff lebensfremd ist (und sie sich deshalb langweilen); wenn die Unterrichtsgestaltung monoton ist (und sie *deshalb* »stören«); wenn sie nur »sitzen, zuhören, abschreiben« müssen (und sie *deshalb* geistig träge werden); wenn sie als »Lernobjekt« behandelt werden (und sie *deshalb* ihr Selbstwertgefühl verlieren).
– Stoffvermittlung ist nicht Lernen. (Vermittelt wird nicht Lern*stoff*, sondern Energie!) Lernen ist Wahrnehmen, Auswählen, Verarbeiten, Speichern, Abrufen – und dies sind sehr *individuelle* Vorgänge (mit der Konsequenz einer *prinzipiellen* Differenzierung!).
– Zu achten ist sowohl auf die Struktur des Senders (= Lehrender) als auch auf die Struktur der Empfänger (= Lernende), die sehr ähnlich, aber auch sehr unterschiedlich sein können:

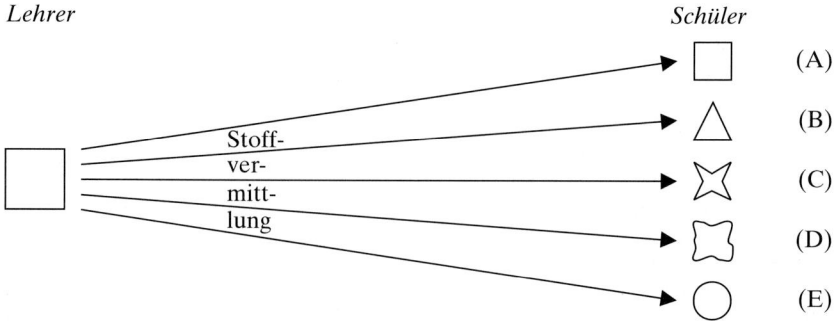

178

(Schüler, die eine Struktur haben, die dem des Lehrers ähnlich ist, haben es bei der *Stoffvermittlung* leichter; beim *Lernen* ist darauf zu achten, dass jeder seine eigene Struktur weiterentwickeln kann.)

– Es ist wichtig vor dem eigentlichen »Lehren« und »Lernen« diagnostisch zu verfahren: Wie sind die *kognitiven, emotionalen* und *sozialen* Lernvoraussetzungen für die Schüler? (Erst wenn die Lernstrukturen der Schüler erkannt sind, kann angemessenes »Lehren« stattfinden!)
– Es ist Abschied zu nehmen von einem Unterricht der »Güteklasse Schema Eins«:

| | |
|---|---|
| *ein* Lehrer | für 25 bis 30 verschiedene Personen |
| *ein* Thema | für 25 bis 30 unterschiedlich Interessierte |
| *ein* Lernziel | für 25 bis 30 verschiedene Gehirne |
| *eine* Methode | für 25 bis 30 verschiedene Lerntypen |
| *eine* Zeitvorgabe | für Schnelle und Langsame zugleich |
| *ein* Ergebnis | für 25 bis 30 »Lernwelten« und Wirklichkeiten |

– Lernen ist die *Eigengestaltung empfangener Energie.* Nur der Lernende selbst kann sein Lernen bestimmen – nicht der Lehrer! Lernprozesse sind also grundsätzlich offen, bei denen das *Lehren* einen gewissen Anteil hat. Der Lehrer bleibt Fachmann für bestimmte Wissensgebiete und ist gleichzeitig Lernförderer, Begleiter, Helfer, Ansprechpartner …

Lernen muss also ausprobiert werden, damit der einzelne Schüler selbst erfährt und erkennt, welche Art zu lernen für ihn sinnvoll und effektiv ist.
Bei F. Vester habe ich konkrete Hinweise bekommen, wie ich *Schülern* bei der Beantwortung oben genannter Fragen helfen kann (S. 144 ff.). Schüler kreuzen an, was für sie zutrifft:

1) Ich behalte/verstehe etwas besonders gut, wenn

☐ der Lehrer den Stoff mit Worten vorträgt
☐ der Lehrer Bilder an die Tafel malt
☐ der Lehrer Dias oder Filme zeigt
☐ wir den Stoff gemeinsam üben
☐ der Lehrer es mir alleine erklärt
☐ ich Nachhilfe bekomme
☐ meine Eltern es mir erklären
☐ ich alleine lerne
☐ ich mit anderen lerne
☐ ich mir Notizen mache
☐ mir dazu etwas Schönes einfällt
☐ ich mit jemandem darüber reden kann
☐ ich es interessant finde
☐ ich es komisch finde
☐ ich unter Zeitdruck stehe
☐ ich keine Angst habe
☐ es mir Spaß macht
☐ ich hinterher belohnt werde
☐ ich benotet werde.

2) Ich kann etwas Gelerntes gut wiedergeben, wenn

☐ mich der Lehrer unerwartet fragt
☐ mich ein Mitschüler fragt
☐ mich meine Eltern abfragen
☐ ich keine Note bekomme
☐ ich Noten bekomme
☐ mich der Lehrer nicht anguckt
☐ mich der Lehrer anschaut
☐ ich vor der ganzen Klasse stehe
☐ ich nicht vor der ganzen Klasse stehen muss
☐ ich es aufschreiben kann
☐ ich auf meinem Platz sitzen bleiben kann.

3) Was ich beim Lernen mag:

☐ den Gegenstand anfassen (wenn es geht)
☐ etwas selber basteln, was mit dem Stoff zu tun hat
☐ bei Experimenten zuschauen
☐ im Buch nachlesen
☐ lieber mündlich als schriftlich lernen
☐ lieber schriftlich lernen
☐ daheim lernen
☐ vor dem Einschlafen lernen
☐ Kaugummi kauen
☐ Musik hören
☐ allein im Zimmer sein
☐ meine Mutter dabeihaben.

4) Was bei mir zutrifft:

☐ Beim Erklären wird mein Vater immer sehr schnell laut.
☐ Am wenigsten verstehe ich Textaufgaben.
☐ Ich mache meine Hausaufgaben gleich, wenn ich nach Hause komme.
☐ Ich verschiebe mein Lernen, so lange es geht.
☐ Vor einer Klassenarbeit muss ich immer aufs Klo.
☐ Ich muss mir die Fragen immer laut vorlesen.
☐ Ich kann nur lernen, wenn ich dabei etwas esse/trinke.
☐ Nach der Klassenarbeit vergesse ich meistens wieder den Stoff.
☐ Was ich einmal gelernt habe, das behalte ich auch.
☐ Ich lerne nur das, was der Lehrer verlangt.
☐ Oft habe ich »ein Brett vor dem Kopf«.
☐ Wenn es doch keine Hausaufgaben gäbe!
☐ Bei manchen Lehrern komme ich mit, bei anderen nicht.
☐ Vor manchen Lehrern habe ich Angst.
☐ Ich kann mich oft nicht konzentrieren.
☐ Manche Schulbücher verstehe ich überhaupt nicht.
☐ Meine Eltern schimpfen immer gleich bei schlechten Noten.
☐ Ich gehe gerne in die Schule.
☐ Am liebsten würde ich überhaupt nicht in die Schule gehen.

Wenn Sie mit den Schülern deren Aussagen reflektieren, werden Sie gemeinsam herausbekommen,»wo der Lernschuh drückt«.

**Konzentration:**

Bevor Sie sich im nächsten Abschnitt mit den Lerntechniken befassen, gebe ich Ihnen einige Anregungen zum Thema Konzentration.
Sie können mit Schülern folgenden »*Merkzettel*« erarbeiten:

---

1. Wenn du merkst, dass du dich nicht konzentrieren kannst, dann höre auf zu lernen und überlege dir den Grund.
2. Denke bewusst an das, was dich soeben stört, ein paar Minuten oder länger.
3. Jetzt entscheide dich: Kannst du weiterlernen oder beschäftigt dich die Ablenkung immer noch so stark?
4. Nimm dir zum Weiterlernen nur sehr wenig Zeit – und mache dann eine kleine Pause.
5. Wenn du dich wieder gestört fühlst, kannst du auch Folgendes probieren: Setze dich auf einen Stuhl, schließe die Augen und denke ganz fest an das, was du nun lernen möchtest.
6. Mache Konzentrationsübungen, wie wir sie in der Schule schon probiert haben.
7. Beginne jetzt wieder mit dem Lernen und denke an die Pausen. Belohne dich, wenn du es geschafft hast über eine längere Zeit hinweg zu lernen.
8. Versuche deine Lernzeiten allmählich zu verlängern. Stelle dir einen Wecker! Wenn er klingelt, darfst du aufhören.
9. Wenn du merkst, dass deine Konzentration nachlässt, so lege wieder eine Pause ein. Versuche nicht mit »Gewalt« zu lernen.
10. Mache in den Pausen das, was dir Spaß macht, und denke an etwas Schönes; iss und trink, treibe Sport, höre Musik, gammle oder mache einfach etwas Blödsinniges, ganz Verrücktes. Vorsicht: Andere sollen dabei nicht geschädigt werden!

Versuche nach den Pausen deine Gedanken wieder auf den Lernstoff zu richten. Setze dir wieder Lernzeiten und belohne dich, wenn du sie eingehalten hast!

---

Zur Förderung der Konzentration im Unterricht empfehle ich Ihnen: Vater, Heike und Wolfgang: Konzentrationsspiele (2./3. Schuljahr). Bonn 1984: Auch wenn die Spiele nur für die 2./3. Klasse angegeben sind, so enthalten sie auch Anregungen für höhere Klassen.

*Hinweise zum Thema Konzentration*

– Erklären Sie den Schülern, was Sie wollen.
– Führen Sie Gespräche über Konzentration, über Schwierigkeiten und darüber, wie Ihre Schüler selbst konzentrierter werden können.

– Beachten Sie die erschwerten Bedingungen: Altersstufe, Klassengröße, Fach, Unterrichtsstunde, Voraussetzungen der Kinder, Beeinflussungen, Familienverhältnisse, Freizeitbeschäftigung usw.
– Halten Sie sich an folgenden Dreischritt:
  • Tätigkeiten auswählen, welche die Schüler bereits können und von denen Sie wissen, dass sie diese Tätigkeiten relativ konzentriert ausführen. Erfahrung: Ich *kann* mich konzentrieren.
  • Tätigkeiten auswählen, die die Schüler noch nicht konzentriert ausführen können, aber gerne machen. Erfahrung: Ich mache etwas gerne und *lerne* mich dabei zu konzentrieren.
  • Tätigkeiten auswählen, die die Schüler nicht so gerne machen und sich dabei auch nur schwer konzentrieren können. Erfahrung: Obwohl ich etwas nicht so gerne mache, *kann* ich doch *lernen* mich zu konzentrieren.
– Machen Sie den Schülern nach den verschiedenen Tätigkeiten deutlich, dass und wie sie sich konzentriert haben.
– Immer wenn Sie Phasen entdecken, in denen Ihre Schüler sich sehr konzentrieren, teilen Sie dies den Schülern mit und verstärken Sie deren Bemühungen.

Nachfolgend einige Beispiele, durch die Sie die Konzentration fördern können. Sie betonen vor allem kognitive Bereiche der Konzentrationsfähigkeit; hier arbeiten die Schüler mit Vorlagen.
(Sie können den Schülern aber auch Materialien geben, durch die sie lernen sich zu konzentrieren.)

→ *Wie viele Wörter ergeben rückwärts gelesen auch eine Sinn?*

| | | | | | | |
|---|---|---|---|---|---|---|
| REGEN | WASSER | EIN | SARG | HOSE | OTTO | AHA |
| ABER | STOPP | REBE | ESEL | BREI | ESSE | BANK |
| SAND | EID | WURM | BALL | REGAL | SEELE | OBST |
| HOCH | TOT | BAU | EIS | RATTE | TAT | FEIN | TOR |
| SALAT | TANTE | TORTE | ZAHN | LAST | DIEB | LOCH |
| LAGE | NORDEN | SAAT | AST | UHU | ROST | ROT | STAR |
| SEIDE | PEST | BERG | STUFE | | |

→ *Wie viele Wörter haben jeweils die gleiche Anzahl Vokale?*

| | | | | | |
|---|---|---|---|---|---|
| Tor | Hose | Lippenstift | Nebel | Taschenlampe | Handball |
| Fischernetz | Kaufhaus | Tag | Sommeranfang | | Tennisclub |
| Turnhalle | Besen | Campingplatz | Stadion | | Badewanne |
| Mittagessen | Klosterruine | Heftpflaster | Apfelkiste | | Rennboot |
| Blumenbeet | Kaminkehrer | Flohzirkus | | | Kartoffelsalat |
| Motorrad | Sonnenfinsternis | Regenbogen | | | Violine |

*Vokale:*  1: ____  2: ____  3: ____  4: ____  5: ____

→ *Wie viele Wörter enthalten nur drei gleiche Buchstaben?*

SEELE      STELLE      SEGEN      STALL      LACHEN      AAL
STARREN      BIENENWABE      REEDEREI      BANKKONTO
KNOLLENBLÄTTER      TEESTUBE      ZAHNPASTA      ORCHESTER
AUTOMOBILRENNEN      HÜHNERFARM      BOCKSBEUTEL      TONNE
BAHNHOFSGASTSTÄTTE      BIERBRUNNEN      EINKAUFSZENTRUM
METZGERMEISTER      HEIDELBEEREN      IMMERGRÜN
ZAHLENLOTTO      SECHSTAGERENNEN      MALEREIBETRIEB
SPEISEEIS      WÖRTERBUCH      DRUCKFEHLERTEUFEL      ZOOLOGIE
OCHSENSCHWANZSUPPE      VIOLONCELLO      WEINBERGSCHNECKE
OBERAMMERGAU      EISENBAHNTUNNEL      ☐

→ *Wie viele einzelne Wörter enthält der folgende Text?*

Underginghinundzähltediestufenderbahnhofstreppeundprägtesich
diezahlinseingedächtniseinindemjetztkeineabfahrtszeitenmehr
warendannsahmanihnniemehrimbahnhofergingjetztinderstadtvon
hauszuhausundzähltedietreppenstufenundmerktesiesichunderwußte
jetztzahlendieinkeinembuchderweltstehenalseraberdiezahlder
treppenstufenindenganzenstadtkanntekameraufdenbahnhofgingan
denbahnschalterkauftesicheinefahrkarteundstiegzumerstenmalin
seinemlebenineinenzugumineineanderestadtzufahrenunddietreppen-
stufenderganzenweltzuzählenundumetwaszuwissenwasniemandweiß.

(Text von Peter Bichsel)

☐

→ *Wie viele Zahlen enthalten nur drei gleiche Ziffern?*

| | | | |
|---|---|---|---|
| 1404874 | 30003033 | 12345545 | 280056232 |
| 776100126 | 7012210 | 1811432241 | 8412 |
| 23023123 | 800080 | 327668 | 521521 |
| 8823978 | 753113573 | 17817877 | |
| 2974634 | 199944494 | 3700620 | 83348 |
| 123456696 | 98747482 | 33344003 | 331 |
| 49310001 | 20202020 | 737211237 | |
| 018245521 | 24042033303 | 16087168722 | |
| 34473721 | 272411002342 | 9878685 | ☐ |

*Weitere Anregungen:*

– Alle Schüler verteilen sich im Klassenzimmer. Es wird ein Punkt bestimmt,
der von allen innerhalb einer Minute erreicht werden soll. Sieger sind diejenigen, die nach genau einer Minute das Ziel mit der Hand anschlagen.
Zwei Regeln: Keiner darf auf die Uhr sehen. Alle müssen sich immer bewegen ohne zu sprechen (Konzentration auf sich selbst).
– Einige Schüler sitzen im Kreis und werden eine Minute von einigen Mitschülern beobachtet. Danach verlassen die Beobachter den Raum. Nun werden
Veränderungen bei der Gruppe vorgenommen, die beobachtet wurde: Platz-

183

tausch, Veränderungen an der Kleidung u.a.m. (Vorsicht: Nicht zu viel verändern!) Anschließend kommen die Beobachter wieder in den Raum und versuchen so viele Veränderungen wie möglich zu erraten (Konzentration auf andere).

– Spiel für jeweils zwei Schüler; Gegenstand: eine Uhr mit Zehntelsekundenanzeige:
  Schüler A gibt das Startzeichen, Schüler B muss ohne Uhr nach 10 oder 20 Sekunden (seinem Gefühl nach) das Stoppzeichen geben. Wie nahe ist er an die Bestimmungszeit herangekommen? Anschließend Wechsel (Konzentration auf das eigene Zeitgefühl).
– Konzentration auf den eigenen Körper (tasten, fühlen, hören, sehen):
  • Wie hoch ist dein Puls in der Minute?
  • Wie oft atmest du in der Minute?
  • Blicke eine Minute lang auf deine Uhr. Notiere dann, was dir in dieser Minute alles eingefallen ist.
  • Lege deine Hände an das Zwerchfell (Daumen nach vorne) und atme eine Minute ruhig ein und aus. Was empfindest du?
  • Schließe die Augen: Welche Geräusche hörst du?
  • Berichte: Wann, wo und bei welcher Tätigkeit kann dich niemand und nichts ablenken?


*Hinweise zum Thema »Entspannung/entspanntes Lernen«:*

In den letzten Jahren sind Begriffe wie »entspanntes Lernen«, »Suggestopädie« oder »Phantasiereisen« immer mehr in den Blickpunkt des (Lern-)Interesses gerückt. Deshalb gebe ich Ihnen einige Literaturempfehlungen zu diesen so bedeutsamen Aspekten:

Kruse, Waltraud: Entspannung. Autogenes Training für Kinder. Köln 1984.
Müller, Else: Hilfe gegen Schulstress. Reinbek 1984.
Teml, Hubert: Entspannt lernen. Linz-Passau 1998/6.
Teml, Huber: Komm mit zum Regenbogen. Phantasiereisen für Kinder und Jugendliche. Linz-Passau 1996/6.
  Der Autor betont die Zusammenhänge zwischen Entspannung, Lernförderung und Persönlichkeitsentwicklung. Die Übungen eignen sich sehr gut für die Anwendung im Schulalltag.
Teml, Hubert: Zielbewusst üben, erfolgreich lernen. Lerntechniken und Entspannungsübungen für Schüler. Linz-Passau 1996/4.

> **Merke:** Lernen heißt:
> Wahrnehmen – auswählen – aufnehmen –
> verarbeiten – speichern – abrufen – anwenden

**Aufgaben**

| 1 | Über Lernvorgänge weiß ich | Ich müsste: |

☐ ausreichend Bescheid     _____

☐ zu wenig Bescheid     _____

☐ eigentlich gar nichts     _____

| 2 | Über mein eigenes Lernverhalten   Ich müsste:
weiß ich

☐ ausreichend Bescheid     _____

☐ wenig Bescheid     _____

☐ eigentlich gar nichts     _____

| 3 | Nehmen Sie die »Checklisten« (nach Vester) der Schüler zum Thema Lernen zur Hand und kreuzen Sie an, was bei *Ihnen* zutrifft. (Entsprechende Aussagen in die »Erwachsenenwelt« übertragen!)

| 4 | Lassen Sie Ihre *Schüler* die Checklisten ankreuzen. Sie werden dadurch viel über das Lernen Ihrer Schüler erfahren.

| 5 | Überprüfen Sie die Aussagen der Schüler über ihr Lernverhalten

☐ Ich mache verschiedene Tests. Daran sehe ich, ob ...
☐ Ich frage unterschiedlich ab. Dadurch erkenne ich, wie ...
☐ _____
☐ _____
☐ _____

(Bei allen Überprüfungen die Rückmeldung der Schüler einholen: Wie ging's euch dabei? Wie habt ihr euch gefühlt? Hast du dabei etwas gelernt ...? Was hat dich blockiert?)

| 6 | In folgenden Situationen/Bereichen lasse ich Schüler eigene Erfahrungen machen:

☐ Suche dir aus, mit wem du jetzt arbeiten möchtest.
☐ Entscheidet selbst, wann ihr eure Aufgaben macht.
☐ _____
☐ _____
☐ _____

**7** In folgenden Situationen/Bereichen lasse ich Schüler (noch) wenig eigene Erfahrungen machen (obwohl es schon möglich wäre):

☐ Ich schreibe genau vor, wie man auswendig lernt.
☐ Beim Lesen haben alle das Buch auf der Bank liegen (und z.B. nicht auf den Knien!).
☐ _____
☐ _____
☐ _____

**8** Schüler lernen sinnvoll, wenn sie
z.B. eine Regel anwenden können (Textaufgabe lösen);

_____
_____

**9** Schüler lernen mechanisch, wenn sie sich
z.B. eine Zahlenreihe einprägen;

_____
_____

**10** Schüler lernen rezeptiv, wenn sie sich
z.B. einen Tafeltext inhaltlich merken;

_____
_____

**11** Entdeckendes Lernen findet statt, wenn Schüler
z.B. entsprechende Materialien untersuchen können, um ...

_____
_____
_____

**12** Bei der Informationsaufnahme der Schüler muss ich beachten:
z.B. Rückfragen der Schüler einholen (feed back);

☐ _____
☐ _____
☐ _____

13 Überprüfen Sie mit Ihren Schülern deren (unterschiedliches) Gedächtnis (ausführlich in Vester):

- Wie viele Schüler behalten etwas, wenn ich den Stoff immer nur mündlich vortrage (auditiver Lernkanal)?
- Wie viele Schüler behalten etwas, wenn sie viel zu sehen bekommen (Filme, Dias = visueller Lernkanal)?
- Wie viele Schüler behalten etwas, wenn sie damit arbeiten können (Materialien = haptischer Lernkanal)?
- Wie viele Schüler behalten etwas, wenn sie darüber gemeinsam sprechen können (Gruppenarbeit, Diskussionen = verbaler Lernkanal)?

(Dafür werden Sie vermutlich sehr viel Zeit benötigen!)

14 Wenn Sie Ihre Schüler lange genug beobachtet haben, können Sie sie in die entsprechenden Lerntypen einteilen. (Viele Schüler sind vermutlich Mischtypen!)

| auditiv | visuell | haptisch | verbal |
|---------|---------|----------|--------|
|         |         |          |        |
|         |         |          |        |
|         |         |          |        |

(Auch wenn diese Typologie nicht mehr den neuesten Erkenntnissen entspricht, so ist sie doch besser als gar keine.)

→ Bitte *mehrkanalig* lehren und lernen (= mit möglichst *vielen* Sinnen)!

15 Ich habe bisher gerne Schüler in »faul« und »fleißig« eingeteilt. Ich werde in Zukunft besser differenzieren:

☐ Michael ist nicht faul. Ich vermute, er hat Probleme u.a. mit seinem Vater.
☐ Traudl ist bei mir sehr fleißig. Manchmal habe ich den Eindruck, sie will sich bei mir einschmeicheln.

16 Bringen Sie in Erfahrung, welche »Lernstrukturen« Ihre Schüler haben, und zwar

☐ kognitiv/intellektuell
☐ emotional
☐ sozial

17 Und welcher »Lerntyp« sind *Sie*?

## 2. Lerntechniken

- Aufgabenschwerpunkte:
  - Lernbedingungen aufzeigen,
  - Lerntechniken vermitteln,
  - selbstständiges Lernen ermöglichen.

Für Schüler ist es wichtig, dass ihnen die eigenen Lernbedingungen bewusst sind. Schüler brauchen:

- einen Platz zum Lernen,
- eine Zeitplanung,
- eine Arbeitsplanung.

(Vgl. auch Hülshoff, Friedhelm/Kaldewey, Rüdiger: Training: Rationeller lernen und arbeiten. Stuttgart 1976, S. 32ff.).

Weil familiäre Situationen einen sinnvollen und lernfördernden Arbeitsplatz manchmal verhindern, sollten Lehrer mit Schülern darüber sprechen und mit ihnen planen.
Als Ergebnis kann ein Wandposter entstehen oder ein Plakat, das die Schüler anfertigen und nach Hause mitnehmen. Und schließlich kann über die Ergebnisse auch mit Eltern gesprochen werden anlässlich eines Elternabends.

**Mein Lernplatz (vgl. auch Hülshoff, S. 41ff.):**

- Schreibtisch: Räume ihn so auf, dass du Platz zum Lernen hast. Lass möglichst wenig auf dem Tisch liegen, damit du nicht abgelenkt wirst.
  Bau dir einen »Lernstoß« auf: Alles was du zum Lernen brauchst, lege links von dir auf einen Stoß. Sobald du das entsprechende Buch/Heft usw. nicht mehr brauchst, lege es weg. Dein Erfolgserlebnis: Der Lernstoß wird immer kleiner!
- Stuhl: Du sollst bequem auf ihm sitzen können. Achte auf Sitzhöhe und auf die Lehne. Dein Stuhl soll nicht knarren: Das lenkt ab!
- Lampe: Helles Licht, aber nicht zu grell. Das Licht soll von links kommen (wenn du Rechtshänder bist), weil sonst deine Schreibhand Schatten wirft.
- Materialien: Schreibzeug u.ä. griffbereit bei der Hand. Oder gehörst du zu denjenigen, die erst eine halbe Stunde suchen müssen?
- Ordnung: Wenn du Unordnung magst – in Ordnung! Aber nicht auf dem Schreibtisch und beim Lernen. Ordnung und Übersicht ersparen dir Zeit und Ärger!
- Zimmer: Während der Lernzeit sollen dich Dinge im Zimmer möglichst wenig ablenken. Stelle deinen Schreibtisch so, dass du alles, was dich ablenken könnte, im Rücken hast – und nicht im Blickfeld. Alles was dich zum Lernen anregt, lass nahe an dich herankommen!

Bevor Schüler ihre Zeit planen, sollen sie feststellen, wofür sie ihre Zeit verwenden (vgl. Hülshoff, S. 37):

**Wofür ich meine Zeit verwende**

|                    | Mo | Di | Mi | Do | Fr | Sa | So | Ø |
|--------------------|----|----|----|----|----|----|----|---|
| Schule/Unterricht  |    |    |    |    |    |    |    |   |
| Hausaufgaben       |    |    |    |    |    |    |    |   |
| Lesen              |    |    |    |    |    |    |    |   |
| Schulweg           |    |    |    |    |    |    |    |   |
| Essen              |    |    |    |    |    |    |    |   |
| Hygiene            |    |    |    |    |    |    |    |   |
| Schlafen           |    |    |    |    |    |    |    |   |
| Radio/Fernsehen    |    |    |    |    |    |    |    |   |
| Kino/Disco         |    |    |    |    |    |    |    |   |
| Hobby/Sport        |    |    |    |    |    |    |    |   |
| Club/Verein        |    |    |    |    |    |    |    |   |
| Familie/Haushalt   |    |    |    |    |    |    |    |   |
| Gammeln            |    |    |    |    |    |    |    |   |
| Sonstige Freizeit  |    |    |    |    |    |    |    |   |
| Und:               |    |    |    |    |    |    |    |   |
| Kontrolle = 24 Std.|    |    |    |    |    |    |    |   |

Für die Wahrnehmung und Notierung sind ausführliche Gespräche mit Schülern notwendig. Meine Schüler tragen in der Regel vier Wochen lang ihre Beobachtungen ein, bevor ein brauchbarer Mittelwert entsteht. (Vorsicht, nicht lachen, wenn bei manchen Schülern ein 28-Stunden-Tag zum Vorschein kommt!) Die Zeit in Minuten eintragen lassen!
Der nächste Schritt besteht in der gemeinsamen Erarbeitung eines Zeit- und Arbeitsplanes:
– Welche Tätigkeiten verrichte ich wann?
– Wie lange brauche ich für die einzelnen Arbeiten?

Um ihr eigenes »timing« ausprobieren zu können, benötigen Schüler wiederum Zeit. Wichtig ist, dass die unterschiedlichen Erfahrungen in der Schule besprochen werden. Am Ende der Erarbeitungsphase kann dann wieder ein Poster entstehen:

*Zeit- und Arbeitsplan (Muster von Bernd)*

| Reihen-folge der Arbeits-gänge | Zeit von bis | geplante Tätigkeiten | geschätzte Zeiten | tat-sächliche Zeiten |
|---|---|---|---|---|
| 1,5 | 14.30–14.50 16.40–17.00 | Englisch-Vokabeln, S. 43 | 40' | 40' |
| 2 | 15.00–15.30 | Rechenaufgaben: siehe Heft | 30' | 25' |
| 3 | 15.30–15.50 | Biologie: Zeichnung! | 20' | 25' |
| 4,6 | 16.00–16.15 17.00–17.15 | Gitarre spielen | 30' | 30' |
| 7 | 17.30–18.45 | Vollyballtraining | 75' | 75' |
| 8 | 19.30–20.00 | Radio: Musik aufnehmen | 30' | 30' |

*Hinweise:*

Es wäre zu viel verlangt, wenn Schüler den Zeit- und Arbeitsplan tagtäglich ausfüllen würden. Ich habe folgende Erfahrungen damit gemacht:
– Anfangs arbeien Schüler sehr gerne mit dem Plan.
– Im Laufe der Zeit werden die Eintragungen weniger.
– Jedoch: Durch die Zeit mit dem Plan wird mit Zeit und Tätigkeiten bewusster umgegangen.
– Ich habe immer erst dann wieder auf den Zeit-Arbeits-Plan hingewiesen, wenn ich im Lernverhalten der Schüler Defizite wahrgenommen habe.
– Zusätzlich gab ich ihnen Hilfen:

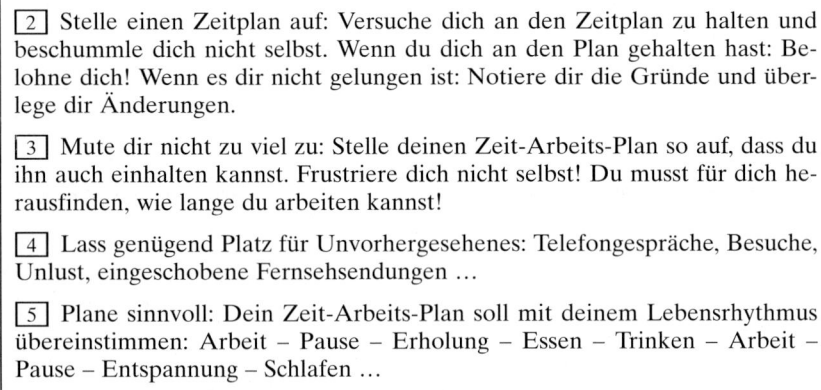

1 Gewöhne dich an feste Arbeitszeiten: Warte nicht *zu* lange, bis die Lust zum Arbeiten kommt. (Es soll Leute geben, die immer noch warten!)

2 Stelle einen Zeitplan auf: Versuche dich an den Zeitplan zu halten und beschummle dich nicht selbst. Wenn du dich an den Plan gehalten hast: Belohne dich! Wenn es dir nicht gelungen ist: Notiere dir die Gründe und überlege dir Änderungen.

3 Mute dir nicht zu viel zu: Stelle deinen Zeit-Arbeits-Plan so auf, dass du ihn auch einhalten kannst. Frustriere dich nicht selbst! Du musst für dich herausfinden, wie lange du arbeiten kannst!

4 Lass genügend Platz für Unvorhergesehenes: Telefongespräche, Besuche, Unlust, eingeschobene Fernsehsendungen …

5 Plane sinnvoll: Dein Zeit-Arbeits-Plan soll mit deinem Lebensrhythmus übereinstimmen: Arbeit – Pause – Erholung – Essen – Trinken – Arbeit – Pause – Entspannung – Schlafen …

Was die Lerntechnik betrifft, so werden Schüler vor allem mit folgenden Aufgaben konfrontiert:
– Vokabeln lernen, Daten behalten, Regeln einprägen;
– Texte lesen und gliedern, verstehen, behalten;
– Informationen aufnehmen, ordnen, strukturieren.

Auf zwei Fragen reduziert heißt das:
– Wie lerne ich Vokabeln u.ä. auswendig (= wie behalte ich sie)?
– Wie verstehe ich Texte und behalte deren Inhalt?

Für die Beantwortung der ersten Frage habe ich eine Lernkartei anzubieten: Leitner, Sebastian: So lernt man lernen. Herder-Verlag, Freiburg 1982/12 (zitiert nach 1977/9, S. 64ff.).
Die Beantwortung der zweiten Frage geschieht durch Arbeit an und mit Texten.

*Die Lernkartei*

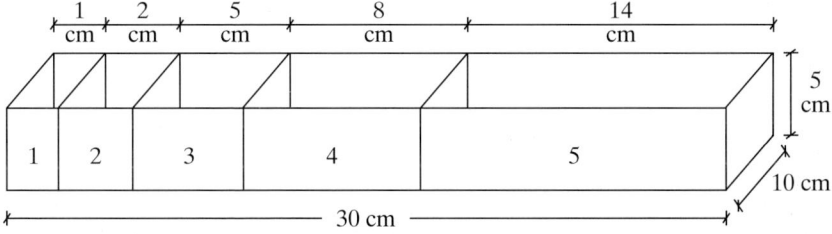

1. Bastle dir einen Kasten nach den Maßen, wie du sie oben siehst: 30 cm lang, 5 cm hoch, 10 cm breit (ungefähr). Du kannst auch einen alten Schuhkarton oder ein Holzkistchen ähnlicher Größe nehmen.
2. Unterteile deinen Kasten in fünf Fächer, ebenfalls nach den Maßen, wie sie oben angegeben sind.
3. *Lernen* kannst du mit dem Karteikasten alles das, was man auf Kärtchen schreiben kann: Vokabeln, Formeln, Lehrsätze, Wörter, Geschichtszahlen und vieles andere.
4. Was du jetzt noch brauchst, sind kleine Kärtchen, so breit wie der Lernkasten und etwas höher (also 6 bis 7 cm). Du kannst die Kärtchen aus Papier, Pappe, alten Karteikarten oder alten Computerkarten machen. (Manchmal habe ich mir von einer Druckerei Abfallpapier geben lassen.)
5. Wie du jetzt lernst: Beispiel Englischvokabeln
   – Schreibe das Wort »boy« auf die eine Seite des Kärtchens und das Wort »Junge« auf die Rückseite. Mach das mit allen Vokabeln so: Vorderseite Englisch, Rückseite Deutsch.
   Wenn du einen kleinen Stoß geschrieben hast (etwa 20 Wörter), dann gibst du diese Kärtchen in das erste Fach, wobei die deutschen Wörter dir zugewandt sind.
   – Jetzt nimmst du das erste Kästchen, liest das deutsche Wort und wartest (etwa 2 bis 3 Sekunden), bis dir das englische Wort dazu eingefallen ist.

Wenn ja, dann steckst du dieses Kärtchen ins 2. Fach, wenn nein, dann steckst du es zurück ins 1. Fach. Das machst du mit den 20 Kärtchen so oft, bis nur noch ein paar im 1. Fach liegen (vielleicht 3 bis 4).
– Vorteil: Wörter, die du gut verdaut (= gewusst) hast, kommen weiter, die harten Brocken verdaust du ein andermal.
Und so geht es weiter: Am nächsten oder übernächsten Tag nimmst du die Kärtchen aus dem 2. Fach und liest die Wörter: Wörter, die du weißt, kommen ins 3. Fach, die du nicht weißt, ins 1. Fach. Am nächsten oder übernächsten Tag: Wörter aus dem 3. Fach, die du weißt, ins 4. Fach, Wörter, die du nicht (mehr) weißt, zurück ins 1. Fach usw.
*Zusammenfassung:* Alle Wörter (Zahlen, Texte), die du kannst, dürfen ins *nächsthöhere Fach* aufrücken, alle anderen müssen immer *ins 1. Fach zurück!*
– Belohnung: Wenn die Kärtchen im 5. Fach gelandet sind, dann darfst du sie aus dem Kasten entfernen!
– Und noch ein Hinweis: Verwende möglichst farbige Kärtchen (die es übrigens auch zu kaufen gibt) für deine verschiedenen Fachgebiete, also z.B. Englisch = rot, Deutschgrammatik = gelb, Geschichtsdaten = blau usw.

Und damit du weißt, wie Kärtchen in anderen Stoffgebieten aussehen, hier einige Beispiele:

| Fach | Vorderseite | Rückseite |
|---|---|---|
| Deutsch (schwierige Mehrzahl) | *der Saal* | *die Säle* |
| Englisch | *der Junge* | *the boy* |
| Mathematik (Formeln) | *Fläche des Dreiecks* | $A_\triangle = \dfrac{l \cdot b}{2}$ |
| Geschichte (Zahlen) | *Gründung Roms* | *753 v. Chr.* |

*Arbeit mit Texten:*

Bis Schüler selbstständig Texte lesen, verstehen und behalten können, brauchen sie immer wieder die Hilfe des Lehrers:
– Texte vorgeben, die für die Schüler verständlich sind;
– Texte unterschiedlich lesen: laut, still, allein, vor der Klasse;

- Verstehensfragen stellen, anfangs konkret, allmählich abstrakt: Wer war ...? Wie heißt ...? Wie nennt man ...? Was bedeutet ...?
- Techniken zeigen: Substantive, Verben unterstreichen; Bedeutungswörter notieren; auf so genannte Füllselwörter hinweisen; Daten farbig hervorheben usw.;
- aus Texten ein Gerippe herausarbeiten (siehe nachfolgend);
- Gerippe auswendig lernen.

*Beispiel: Geschichtstest*

Als Karl V. im Jahre 1521 in Worms Luther gegenübersaß, war ihm Fanatismus jeglicher Art fremd. Er wusste, dass in Rom eine Reform dringend nötig war und dass Papst Leo X. die Institution Kirche in ein schlechtes Licht gerückt hatte ...

*Gerippe:*

Wer? _Karl V. und Luther_

Wann? _1521_

Wo? _in Worms_

Problem I: _Reform in Rom_

Beteiligter: _Papst Leo X._

Problem II: _Römische Institution_

Das verstehende Arbeiten an Texten verlangt ausdauerndes Lernen; am Ende sollten folgende selbstständige Schritte stehen:

1 Text lesen und sinnerhellende Fragen stellen

2 Gerippe herausarbeiten und auswendig lernen

3 Gerippe wieder in Zusammenhänge bringen und wiedergeben (= Vergleich mit dem Originaltext):

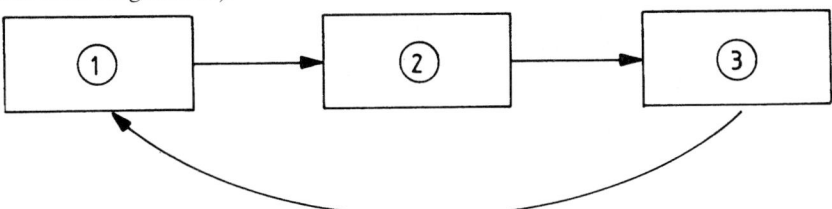

Abschließend können Sie auch mit Schülern gemeinsam ein (zusammenfassendes) *Lernposter* anfertigen. Die Schüler können es sich zu Hause in ihr Zimmer hängen:

1 Wenn ich nicht lernen mag:
- Überlege dir die Ursache.
- Stelle nur kurze Ziele auf.
- Lerne etwas Leichtes.
- Stelle dir Belohnungen in Aussicht.
- Lege Pausen ein.

2 Wenn ich mich gestört fühle:
- Finde die Ursache heraus.
- Denke nach, wie du die Störungen abstellen kannst.
- Nimm dir nur kleine Lernschritte vor.
- Stelle dir Belohnungen in Aussicht.

| 3 | Wenn ich etwas nicht kapiere: | – Notiere, was du nicht verstehst. |
|---|---|---|

3 | Wenn ich etwas nicht kapiere:
- Notiere, was du nicht verstehst.
- Versuche Teillösungen herauszubekommen.
- Belohne dich, wenn du Lösungen gefunden hast.
- Überlege, wer dir weiterhelfen könnte.
- Mache Pausen, schalte ab ...

4 | Wenn ich die Aufgabenstellung nicht verstehe:
- Zergliedere sie in kleine Einheiten.
- Lies sie öfter laut durch.
- Unterstreiche wichtige Stellen.
- Überlege, wer dir helfen könnte.

5 | Wenn ich mich nicht besonders gut fühle:
- Sprich mit jemandem über deine Unlust.
- Mach Pause.
- Suche dir einen Lernpartner.
- Telefoniere mit deinem Freund/deiner Freundin.
- Denke an Belohnungen.
- Schimpfe laut in deinem Zimmer.
- Überlege dir, wie deine Stimmung besser werden könnte. (Bitte lauf nicht sofort vor deinen Aufgaben davon!)

6 | Wenn ich Probleme habe:
- Sprich mit jemandem über deine Probleme.
- Schreib in dein Tagebuch.
- Schreib jemandem einen Brief.
- Überlege, wer dir helfen könnte.
- Überlege, was du selbst tun kannst.
- Teile anderen mit, was *dir* schwer fällt.

7 | Wenn ich ...

Ein weiterer Weg zum selbstständigen Lernen ist die Fähigkeit Störungen zu erkennen und sie selbst (und/oder mit Hilfe anderer) zu beheben.
Ein gutes Beispiel dafür bieten Hülshoff/Kaldewey, S. 76

| *Störungen* | *Mögliche Abhilfen* |
|---|---|
| kein oder nur ein sehr schlechter Arbeitsplatz | _____ |
| unordentlicher Arbeitsplatz, der ablenkt | _____ |
| Eltern stören | _____ |
| Geschwister stören | _____ |
| Besuche stören | _____ |
| Telefonate stören | _____ |
| Lärm stört | _____ |
| Radio/Fernsehen stören | _____ |
| Andere Störungen | _____ |

Ich kann mich nicht konzentrieren

Ich habe keine Lust

Meine Arbeitsplanung
stimmt nicht

Ich denke immer an …

Mir fehlt …

Ich habe Krach mit …

Ich …

Diskutieren Sie mit Schülern mögliche Störungen und Abhilfen und lassen Sie
die Schüler eintragen.

Bei Lernstörungen bin ich bisher folgendermaßen vorgegangen:
– Schüler haben einzeln ihre Störungen notiert (Was mich alles beim Lernen
  stört).
– Wir haben alles zusammengetragen und auf eine Folie geschrieben (= in etwa
  deckungsgleich mit oben genanntem Beispiel).
– Mündlich haben Schüler ihre möglichen Abhilfen genannt und wir haben sie
  in die Folie eingetragen.
– Eine Ablichtung der Folie hat jeder Schüler mit nach Hause bekommen.
– Nach einigen Wochen haben wir darüber gesprochen, was brauchbar und hilf-
  reich war. Anschließend wurde das Blatt verbessert.

*Zusammenfassung:*

Kinder lernen Lernen, wenn Lehrer und Schüler (möglichst zusammen mit Eltern) gemeinsam Lernvorgänge beobachten, darüber sprechen, verschiedene
Lernweisen ausprobieren, Rückmeldung geben, wieder ausprobieren usw. Anfangs brauchen die Schüler vermehrt die Hilfestellung des Lehrers (der Eltern),
allmählich wird Lernen von selbst selbstständiger. Für mich waren schlechte
Leistungen der Schüler immer auch ein Signal dafür ihnen beim Lernen (wie-
der/neu) zu helfen.

*Hinweis:* Vermutlich werden Sie über den Zeitaufwand stöhnen, den Ihre Schüler zum »Lernen lernen« benötigen: »Ich komme ja mit dem Stoff nicht durch!«
Meine Erfahrung: Am Anfang benötigen Sie wirklich viel Zeit und der Stoff
kommt zu kurz. Je mehr Ihre Schüler aber das Lernen beherrschen, desto rascher bewältigen sie auch den Stoff. Bis zum Schuljahresende haben Sie dann
längst Ihr anfängliches Defizit aufgeholt!

> **Merke:** Lernen lernen durch Lernen =
> learning by doing!

**Aufgaben**

1 Lassen Sie sich von Ihren Schülern über deren Lernplatz/Zeitplanung und Arbeitseinteilung berichten (ggf. Veränderungen/Verbesserungen).

2 Legen Sie mit Schülern Lernordner, Lernposter, Lernkartei und ähnliches an.

3 Beobachten Sie das Lernverhalten der Schüler.

4 Besprechen Sie die Lernschwierigkeiten der Schüler und suchen Sie gemeinsam nach Lösungen.

*Schwierigkeiten*　　　　　　　　　*Lösungen*

———————————　　　———————————

———————————　　　———————————

———————————　　　———————————

5 Fördern Sie selbstständiges Lernen.

– ausprobieren lassen
– Fehler machen lassen
– Alternativen suchen lassen
– Lösungen suchen lassen
– verschiedene Arbeitsweisen vergleichen lassen
– Aufwand und Effektivität vergleichen lassen
– Lernerfahrungen austauschen lassen

6 Vergleichen Sie das Lernverhalten der Schüler bei Ihnen und bei Ihren Kollegen (Schülerbefragung – Kollegenbefragung).

Bei Kollege A:　　　sehr konzentriert, mitarbeitend in Mathematik
Bei Kollege B:　　　lustlos

—————————　　———————————

—————————　　———————————

—————————　　———————————

7 Vergleichen Sie das Lernverhalten der Schüler in den verschiedenen Fächern:

Deutsch　　　　　　Von Interesse bis Langeweile
Sport　　　　　　　Die meisten Jungen interessieren sich für's Geräteturnen.

—————————　　———————————

—————————　　———————————

—————————　　———————————

8 Vergleichen Sie das Lernverhalten einiger Ihrer Schüler (z.B. der lernschwachen, der schwierigen ...) mit einzelnen Fächern (Unterschiede z.B. in Deutsch, Mathematik u.a.).

| Ursula | schreibt sehr gute Aufsätze, Mathematik meistens mangelhaft. |
| --- | --- |
| Charly | _____ |
| | _____ |
| _____ | _____ |
| | _____ |
| _____ | _____ |
| | _____ |

(Hilfreich ist der Austausch von Erfahrungen mit Ihren Kollegen über Fächer, einzelne Schüler und über eigenes Unterrichten.)

9 In folgenden Situationen lasse ich den Schülern zu wenig Raum, selbstständig zu lernen:

☐ wenn der Stoff zu umfangreich ist (dann »lerne« _ich_ für die Schüler);
☐ weil es »optisch« schneller geht.

_____
_____

_Merke:_ Den Stoff als Lehrer »durchziehen« heißt für die Schüler noch lange nicht, dass sie ihn dadurch lernen!

10 Wenn ich an meinen Schreibtisch, an meine Zeiteinteilung und an meine Arbeitseinteilung denke, dann fällt mir ein:

☐ Ganz schön unordentlich, mein Schreibtisch. Ich müsste mal wieder aufräumen.

_____
_____

11 Für die nächste Zeit nehme ich mir fest vor mit meinen Schülern im Bereich des Lernens Folgendes zu tun:

_____
_____
_____

### 3. Lernblockaden – Lernhilfen

• Aufgabenschwerpunkte:
– Lernblockaden erkennen,
– Lernblockaden abbauen,
– Lernhilfen geben.

Das Lernen der Schüler wird verhindert bzw. blockiert, wenn
– sie unter Stress stehen (z.B. unmittelbare Konfrontation mit einem Stoff, Drängen des Lehrers …);

- sie kein Interesse haben können und sich langweilen müssen;
- sie gezwungen werden (Anschreien, Drohungen, Schläge ...);
- sie durch Lernstoff, Lernzeit und Lerntempo über- oder unterfordert werden;
- sie allein und ohne Hilfe gelassen werden;
- sie längere Zeit keine Erfolgserlebnisse haben;
- sie zu großem Leistungsdruk ausgesetzt sind (werden);
- sie zu große Vorbilder (z.B. Väter, ältere Geschwister) immer wieder vor Augen gestellt bekommen;
- sie Liebesentzug erfahren müssen;
- sie nicht entsprechend beachtet werden;
- man ihre Aktionen ironisiert, belächelt, nicht ernst nimmt;
- man als Lehrer eigene Lernerfahrungen unbesehen auf sie überträgt.

Entsprechende verbale Äußerungen des Lehrers blockieren dann nicht nur das Lernen der Schüler, sondern auch die Beziehung zwischen den beiden:
- »Du sagst zwar, dass du das Gedicht zu Hause gelernt hast, aber davon merke ich nichts.«
- »Wie oft soll ich dir's jetzt noch erklären? Allmählich müsstest du es doch kapiert haben!«
- »Wenn du nicht mitkommst, dann musst du eben die Schule wechseln.«
- Wenn du's nicht bringst, dann geh' doch zur Müllabfuhr.«

Schüler können Schulangst haben, weil
- sie Trennung erfahren haben (von Eltern, Geschwistern);
- sie negative Schulvorstellungen bekommen haben (durch ältere Geschwister);
- sie zu großen Veränderungen ausgesetzt sind (neuer Lehrer, zu große Klasse, neuer Stoff, neue Kameraden);
- sie häufig Misserfolge erfahren haben;
- sie Ablehnung durch Lehrer und Mitschüler erfahren haben;
- sie persönliche Probleme haben (Elternkonflikte, Kummer, Pubertät, Kriminalität).

Verbale Äußerungen wecken bzw. verstärken Angst bei Schülern:
- »Mensch, sei doch kein Angsthase, die anderen können es doch auch!«
- »Kannst du es schon wieder nicht? Das habe ich mir gleich gedacht.«
- »Also jetzt schauen wir mal, wen es heute in meinem Notenbuch trifft.« – Pause! – »Aha, da habe ich einen gefunden – den ...«
- »Silvia, du hast es gestern nicht gekommen. Komm mal raus und rechne uns vor, wie es geht.«

Lehrer können Angst bei Schülern abbauen, wenn sie sich folgenden Fragen stellen und entsprechend handeln:
- Welche Lerntypen habe ich in der Klasse?
- Wie umfangreich kann ich den Lernstoff anbieten, ohne zu unter- bzw. zu überfordern?
- Wie setzen sich meine Schüler mit dem Lernstoff auseinander?
- Wie gestalte ich/gestalten wir die Lernatmosphäre?
- Sieht unser Klassenzimmer lernfreundlich aus?
- Arbeite ich mit den Schülern in sinnvollen Lernschritten?
- Achte ich genügend auf den Lernzuwachs der Schüler?

– Welche konkreten Hilfen gebe ich und wo lasse ich die Schüler eigene Erfahrungen machen?
– Wie ist die Art meiner Hilfe?
– Achte ich auf Rückmeldung der Schüler?
– Beobachte ich sie genügend beim Lernen?
– Differenziere ich genügend?

Lehrer sind Schülern beim Lernen behilflich, wenn sie
– einfühlend sind und Schülern die Angst vor dem Lehrer nehmen;
– auf die vielfältigen Signale der Schüler achten, die teils versteckt, teils offen ausgesendet werden;
– Lernstoff, Lernzeit und Lerntempo den Schülern entsprechend dosieren;
– die Neugierde und Lernbereitschaft der Schüler wecken;
– an alten und bekannten Lernstoff anknüpfen;
– Lernstoff mit angenehmen Dingen verbinden;
– bestätigen, ermutigen und bei Niederlagen trösten;
– eine freundliche Atmosphäre schaffen;
– die Schüler in ihrem Tun beachten;
– ihnen das Gefühl des Angenommenseins vermitteln;
– ihnen Zeit zum Lernen, zum Wachsen und Reifen geben;
– eigene (Lehr- und Lern-)Schwierigkeiten den Schülern gegenüber äußern.

> **Merke:**
> Die größte Lernblockade ist die Angst!

**Aufgaben**

1 Denken Sie an Ihre eigene Schulzeit. Was hat *Ihnen* Angst gemacht?

_____

_____

2 Was haben Sie sich als Schüler gewünscht, aber nicht bekommen?

☐ Ich habe oft umsonst auf Verständnis gewartet.

_____

_____

_____

3 Um Lernblockaden bei Schülern zu erkennen, geben Sie ihnen einen Fragebogen.

---

- ☐ Wenn ich an das Lernen denke, habe ich Angst vor …
- ☐ Meine Angst spüre ich so (Magendrücken, öfter aufs Klo …):
- ☐ Ich traue mich nicht …
- ☐ Am liebsten würde ich …
- ☐ Es liegt am Lehrer, weil …
- ☐ Ich kann Folgendes dagegen tun …
- ☐ Ich hätte gerne Hilfen:

---

4 Nehmen Sie sich Zeit für Gespräche zum Thema Lernangst.

Ergebnis/Notizen:

---
---

5 Lehrerblockaden

| *Ich verhindere Lernen:* | *… in Situationen* | *Änderungen* |
|---|---|---|
| – Manchmal werde ich ziemlich ungehalten und laut! | – meist wenn Schüler mir unverständliche Fragen gestellt haben. | – Fragen zulassen: Stoff zu viel?<br>– Atmosphäre zu angespannt?<br>– Schüler zu wenig bemüht? |
| | | |
| | | |

6 Nehmen Sie Unterrichtsstunden auf Tonband auf und hören Sie sich die Aufnahmen (eventuell auch mit Ihren Schülern) an. Entdecken Sie »Blocker«?

Reagieren Sie auf folgende Äußerungen Ihrer Kollegen:

| Äußerung | Mein Gefühl | Meine Erwiderung |
|---|---|---|
| »Was, Sie verstehen das nicht? Aber das ist doch ganz leicht!« | | |
| »Schade, dass Sie jetzt Physik nicht vertreten können. Ihr Vorgänger konnte das.« | | |
| »Wenn Sie von Bio keine Ahnung haben, dann müssen Sie sich halt Informationen verschaffen.« | | |
| »Gestern bin ich an Ihrem Klassenzimmer vorbeigekommen. Da war's aber ganz schön laut.« | | |
| »Sie glauben doch wohl selbst nicht, dass in diesem Chaos Schüler lernen können.« | | |

8 Notieren Sie Ihre verbalen Blockaden den Schülern gegenüber und äußern Sie sie »blockadenfrei«:

| Blockaden | Änderungen« |
|---|---|
| »Was, das kannst du nicht? Ach, stell' dich doch nicht so an!« | »Zeig mir doch, wieso du es nicht kannst. Wenn du magst: Ich helfe dir gerne weiter.« |
| | |
| | |
| | |

9 Ich merke im Unterricht, wann Schüler Angst haben:

Dann helfe ich ihnen bzw. ändere ich mein Verhalten:

– Otto rutscht dauernd auf seinem Stuhl herum, während andere mir ein Gedicht aufsagen.

– Ich höre den anderen ruhig zu und lege meine Hand beruhigend auf seine Schulter.
– Oder:

**10** Sprechen Sie mit anderen Kollegen über ängstliche Schüler in Ihrer Klasse/ Ihrem Fach.

Notizen: _____

_____

_____

**11** Bei mir haben Schüler keine Angst, weil

_____

_____

_____

**12** Ich kann Schüler beim Lernen stabilisieren.

☐ Ich glaube, ich muss die sehr schüchterne Petra etwas leiser ansprechen als die anderen.

☐ Ich glaube, ich nehme in Physik den Stoff zu schnell durch; ich werde die Schüler fragen.

☐

_____

_____

**13** Resümee:

☐ Ich kann so weiterunterrichten wie bisher.

☐ Mein Unterricht ist zu lehrerzentriert. Ich werde stärker differenzieren.

**Literaturempfehlungen**

Edelmann, Walter: Lernpsychologie. In: Fittkau, Bernd (Hrsg.): Pädagogisch-psychologische Hilfen für Erziehung, Unterricht und Beratung. Braunschweig 1993, S. 145–172 (Bd. 1).
Ein sehr guter Aufsatz über vier grundlegende Lernformen, sehr anschaulich, praxisnah, mit vielen Beispielen; beeindruckend die Fähigkeit zur Knappheit und Übersichtlichkeit, ohne dadurch an Qualität zu verlieren.
Hülshoff, Friedhelm/Kaldewey, Rüdiger: Training: Rationeller lernen und arbeiten. Stuttgart 1980/5.
Ein sehr praktisches Buch zum selbstständigen Lernen für die Sekundarstufe I und II und für Studenten; Grundschüler brauchen dazu Lehrer- und Elternhilfen.
Aus dem Inhalt: Kleine angewandte Lernpsychologie; Zeiteinteilung und Freizeit; Organisation des Arbeitsplatzes; aktive Mitarbeit im Unterricht, Hausaufgaben u. ä.
Keller, Gustav: Lehrer helfen Lernen. Donauwörth 1991/3.
Lerninformationen für den Lehrer und Anleitung, wie man Schülern beim Lernen hilft.
Keller, Gustav: Lernen will gelernt sein. Heidelberg 1992/4.
Ein Lerntraining für Schüler (hauptsächlich Sekundarstufe I) – praktische Hilfen (in kleinen Kapiteln): »Wie man lernt« (Planung des Lernens, Lern-

techniken, Beherrschung von Fertigkeiten – viele Anregungen und Beispiele)! Dieses Büchlein ist am geeignetsten zum Selbstlernen für Schüler.

Leitner, Sebastian: So lernt man lernen. Freiburg 1982/12.
Dieses Buch ist sehr umfangreich, aber lustig (für Schüler und Erwachsene), lebendig und spannend geschrieben. S. 7: »Dieses Buch ist im Zorn entstanden – im Zorn über den selbstherrlichen, selbstgefälligen Hochmut, mit dem in aller Welt und auf allen Schulen angeblich untalentierte, unbegabte, ›dumme‹ oder ›faule‹ Schüler diskriminiert, gedemütigt und ihrer Hoffnungen beraubt werden ...«
Aus dem Inhalt: Lernen – Vergessen – Erfolg – Misserfolg – Sinn und Unsinn – Lernprogramme – Denken – Intelligenz.

Lempp, Reinhart: Lernerfolg und Schulversagen. München 1978/3.
Das Buch ist – 20 Jahre nach Erscheinen – immer noch sehr hilfreich. Mir hat es ein größeres Verständnis vermittelt für Schüler und ihre (psychischen) Lernhindernisse:
– Umweltbeziehung des Kindes;
– störendes Schulverhalten als neurotische Reaktion;
– Neurosen, die von der Schule unabhängig sind;
– Störungen der Lernfähigkeit.

Vater, Heike und Wolfgang: Konzentrationsspiele (2./3. Schuljahr). Bonn 1997/7.
Auch wenn die Spiele für das 2./3. Schuljahr konzipiert sind, so kann man doch viele davon auch auf andere Klassenstufen übertragen.

Vester, Frederic: Denken – Lernen – Vergessen. Stuttgart 1978 (TB).
»Was geht in unserem Kopf vor, wie lernt das Gehirn und wann lässt es uns im Stich?« Vester hat mir viele Hinweise gegeben und Bereitschaft und Bemühen in mir verstärkt Lernen der Schüler differenzierter als früher zu betrachten: Prägung unseres Gehirns – Gedächtnisarten – biologische Kommunikation – *Konsequenzen* für den Unterricht (die Sie sich nicht entgehen lassen sollten!).
(Zusätzlich verweise ich auf die »Lerntrainer« für verschiedene Fächer, die im Beltz Verlag erscheinen.)

# 8. Kapitel: Unterrichtsvorbereitung

## 1. Planung und Pläne

- Aufgabenschwerpunkte:
  - ein Schuljahr planen,
  - Bildungspläne reflektieren,
  - Lernstoff verteilen.

Wer planen will, muss wissen, mit welchen »Bausteinen« er es zu tun hat und in welchem Zusammenhang sie zueinander stehen. Die Bausteine für den Unterricht sind zahlreich und vielfältig:

```
          Bildungspläne/Lehrpläne
```

- Reflexion der Bildungspläne
- Verbindlichkeit, Freiräume
- Stoffverteilung/Querverbindungen
- Zusammenhang: Ziele – Inhalte
- Fächerübergreifende Aspekte

```
   Unterrichtsvorbereitung              Unterrichtsdurchführung
```

- Diagnoseverfahren
- Bedingungsanalyse
- didaktische Analyse
- Ziele und Inhalte
- Methoden und Medien
- Lernzielkontrollen
- Stufen/Verlaufsplanung

- Impulse, Motivation
- Steuerung von Lernprozessen
- Schüler- und Handlungsorientierung
- Lehrer-Schüler-Beziehung
- Flexibilität und Änderung
- Zielorientierung
- Ergebnissicherung

```
          Unterrichtsreflexion
```

- Erfolgsüberprüfung: Ist – Soll
- Analyse: Erfolg – Misserfolg
- Lehrer-Schüler-Beziehung: förderlich, nichtförderlich
- Begründung der Änderungen
- Auswertung der Erfahrungen
- Erarbeitung von Alternativen.

Im Zusammenhang betrachtet, stehen diese didaktischen Bausteine in folgender Beziehung zueinander:

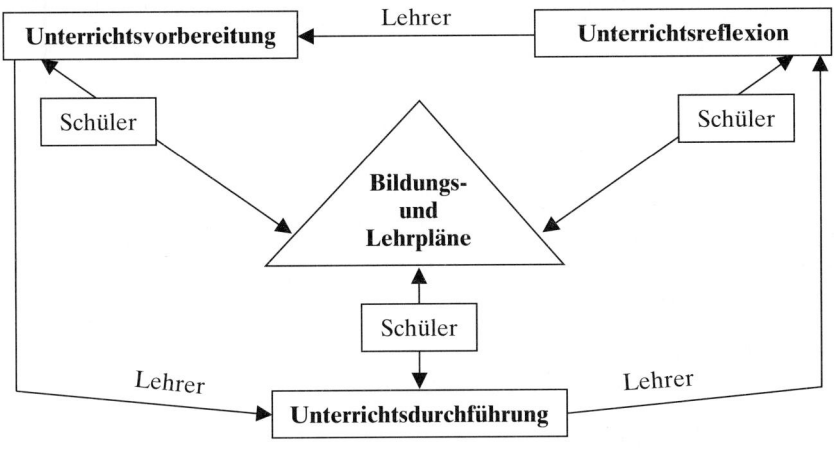

Unterrichtsvorbereitung, -durchführung und -reflexion beeinflussen sich gegenseitig. Im Detail sind folgende Tätigkeiten für die Lehrenden von Bedeutung:

- Ausführliche Auseinandersetzung mit den Bildungs- und Lehrplänen
- Reflexion der Erziehungs- und Unterrichtsziele/der angebotenen Inhalte und Methoden
- Erstellung von Stoffverteilungsplänen nach bestimmten Erfordernissen und Kriterien
- Didaktische Analysen, Unterrichtsentwürfe, Unterrichtsskizzen, Kurznotizen
- Auf- und Ausbau förderlicher Beziehungen in der Schule (Kollegen, Schüler, Eltern, Hauspersonal ...)
- Reflexion des Unterrichts (Nachbesinnung/Ist-Soll-Vergleich) und ggf. entsprechende Änderungen
- Übernahme des Stundendeputats und anderer über die reine Unterrichtstätigkeit hinausgehender Verpflichtungen

↓

Planung

↓

| | | |
|---|---|---|
| – Stoffverteilung: Jahresplan bzw. Quartalspläne | – Organisation in der Klasse | – Erweitertes Bildungsangebot |
| – Wochenpläne | – Klassenarbeiten | – Orientierung in Berufsfeldern |
| – Unterrichtseinheiten | – Noten/Zeugnisse | – Feste und Feiern |
| – Unterrichtsstunden | – Konferenzen | – Wanderungen |
| | – Elternabende | – Fahrten |
| | | – Exkursionen |

Vor der Unterrichtsvorbereitung im engeren Sinne sind zwei Aufgabenbereiche von Bedeutung:
- die Reflexion der Bildungs- und Lehrpläne;
- die Erstellung von Stoffverteilungsplänen.

*Zu den Bildungs- und Lehrplänen (vgl. auch 1. Kapitel):*

Es liegt weder im Interesse der Kultusbehörden noch im Interesse von Lehrern und Schülern vorgegebene Ziele und Inhalte unbesehen zu übernehmen, sondern sich bewusst mit ihnen auseinander zu setzen. Dies kann unter folgenden Fragestellungen geschehen:
a) Entsprechen die Leitideen und Ziele der Pluralität der Betroffenen (Schüler, Eltern, Lehrer)? Können sich Lehrer und Schüler mit den Zielen und Inhalten identifizieren (Toleranzbreite vorausgesetzt)?
b) Sind die Ziele präzise formuliert und die Inhalte konkret angegeben; inwieweit sind sie also praktizierbar?
c) Sind Ziele und Inhalte aufeinander bezogen und inwieweit besteht die Möglichkeit der Auswahl?
d) Handelt es sich um Gesamt- und/oder Teillehrpläne? Welche Angaben werden über Verbindlichkeiten und Freiräume gemacht?
e) Sind die Angaben des Lehrers deutlich artikuliert? Enthält der Bildungsplan Angaben über die Unterrichtsorganisation, über Arbeitstechniken, Materialien, Medien u.ä.?
f) Enthält der Bildungsplan Angaben über die Dauer von Unterrichtseinheiten, über Kontrollmöglichkeiten und sonstige Bedingungen?
g) Handelt es sich um Rahmenpläne oder um detaillierte Lehrpläne mit einem »strengen« Kanon? Wie groß ist die Palette der didaktischen Möglichkeiten (von Angaben über Einzelstunden und fächerübergreifendem Unterricht bis hin zu offenen Unterrichtsformen und Projekten)?
h) Inwieweit werden Angaben gemacht über die Einflussnahme und Mitwirkung der Schüler/Eltern?

Wenn Sie sich auf diese Fragen einlassen und sie mit Ihren Kollegen zu beantworten versuchen, dann haben Sie den Bildungsplan bereits sehr intensiv reflektiert, die beste Voraussetzung dafür einen Stoffverteilungsplan zu erstellen:

*Zur Erstellung von Stoffverteilungsplänen*

Sie haben viele Möglichkeiten einen Plan zu erstellen:

- den Plan aus dem vergangenen Jahr abschreiben;
- den Plan vom Kollegen abschreiben;
- den Plan selbst erstellen;
- den Plan mit Kollegen erstellen;
- den Plan mit Schülern erstellen.

Wenn Sie den Plan allein oder mit Kollegen/Schülern erstellen, so müssen Sie beachten:

| – Welche Klassenstufe? | davon abhängig z.B. die Ziele |
| – Welches Fach? | davon abhängig z.B. der Umfang |
| – Welche Querverbindungen? | davon abhängig z.B. die zeitliche Einteilung |
| – Welche Parallellehrer? | davon abhängig z.B. die Abstimmung |
| – Welcher zeitliche Rahmen? | davon abhängig z.B. die Methoden |
| – Welche Verteilung? | davon abhängig z.B. die Koordination. |

Auch die *Verlaufsform* kann unterschiedlich aussehen, z.B.:

| Woche bzw. Tag | Themen | | |
|---|---|---|---|

| Woche bzw. Tag | Ziele | Inhalte | |
|---|---|---|---|

| Woche bzw. Tag | Ziele | Inhalte | Medien Materialien | |
|---|---|---|---|---|

| Woche bzw. Tag | Ziele | Inhalte | Medien Materialien | Unterrichts-verfahren |
|---|---|---|---|---|

| Woche bzw. Tag | Ziele | Inhalte | Medien Materialien | Unterrichts-verfahren |
|---|---|---|---|---|

Da es sich um Stoffverteilungspläne handelt, steht das Problem der *Verteilung* im Mittelpunkt. Die Verteilung kann von Fach zu Fach verschieden sein (vorausgesetzt, Sie haben die Möglichkeit der Wahl und sind nicht durch Vorgaben gebunden):

| – Mathematik: | z.B. nach logischen Gesichtspunkten |
| – Biologie: | z.B. nach entwicklungsbedingten Gesichtspunkten |
| – Sport: | z.B. nach dem Schwierigkeitsgrad der Übungen |
| – Deutsch: | z.B. Lesen: Leselehrgang |
| | z.B. Texte: Jahreszeit |
| | z.B. Aufsatz: Schwierigkeitsgrad |
| – Heimat- und Sachunterricht: | z.B. nach Gegebenheiten der Natur, der Umwelt, der örtlichen Besonderheiten. |

Nachfolgend zeige ich ein Beispiel, wie ich – zusammen mit meinem Parallellehrer – den Stoff im Heimat- und Sachunterricht verteile:

– Den Stoff einer Woche schreibe ich auf Kärtchen (zweimal bzw. fotokopiert).
– Mein Kollege und ich verteilen die Kärtchen (= Themen) nach jeweils eigenen Gesichtspunkten in ein vorgefertigtes Jahres- bzw. Quartalsraster (siehe nachfolgend).
– Gemeinsam diskutieren wir unsere Verteilung: Vor- und Nachteile, Unterschiede, Gemeinsamkeiten …
– Zum Schluss einigen wir uns auf einen gemeinsamen Plan bzw. auf klasseninterntern begründete Unterschiedlichkeiten.

*Vorteile:* Das »Kartenlegen« ist sehr erleichternd.
Die Verteilung geschieht sehr rasch.
Änderungen sind dauernd möglich.
Die Kärtchen können auch im kommenden
Schuljahr (gleiche Klassenstufe) benutzt werden.

*a) Die Kärtchen (z.B.)*

| **Bereich II: Nahrung** | **Bereich V: Wasser** | **Bereich I: Post** |
|---|---|---|
| – Gesunde Ernährung<br>– schädliche Nahrung<br>– Genussmittel | – Bedeutung,<br> Verbrauch<br>– Umgang/Sauber-<br> haltung<br>– Einsparung | – Einrichtungen<br> der Post<br>– Die Tätigkeiten<br> eines Postbeamten |

*b) Jahresraster*

|  | September | Oktober | November |
|---|---|---|---|
| Wo | Ferien |  |  |
| Wo |  |  | Freiraum |

(Bei 90 Pflichtstunden = 30 Wochen/à 3 Std. ergeben sich 30 »Pflichtkästchen«
und 10 Freiräume, wenn man 40 Schulwochen als Gesamtkontingent nimmt.)

**Merke:** Pläne können verändert werden!

**Aufgaben**

[1] Notieren Sie, was Sie zu Beginn eines Schuljahres bereits alles festlegen können:

z. B. Elternabend am ——————————

z. B. Schullandheim von ———— bis ————

☐ _____

☐ _____

☐ _____

[2] Notieren Sie, was Sie erst im Laufe des Schuljahres festlegen können:

z. B. Klassenfahrt 7b voraussichtlich Mai
Klassenarbeiten in 5, 6a, 9

_____

_____

_____

[3] Was trifft auf Sie zu, wenn Sie an den Stoffverteilungsplan denken:

☐ O Gott, schon wieder!
☐ Ich sehe es ja ein, dass die Arbeit notwendig ist.
☐ Ich schiebe die Arbeit hinaus.
☐ Das bringt ja doch nichts.
☐ Jedes Jahr dasselbe.
☐ Ich schreibe vom Kollegen ab.
☐ Wichtig für mich: Ich brauche einen Überblick.
☐ Ohne Systematisierung geht es nicht.
☐ Kein Problem!
☐ Ich habe immer große Schwierigkeiten.
☐ Ich bin froh, wenn ich's hinter mir habe.
☐ _____
☐ _____
☐ _____

[4] Notieren Sie Besonderheiten/Bedingungen, die Sie in den jeweiligen Fächern berücksichtigen müssen:

Biologie                 z. B.: Kaum Möglichkeiten zu Erkundigungen

Heimat- und          Achtung: im Mai 1200-Jahr-Feier!
Sachunterricht

————————————   ————————————————————————————————

————————————   ————————————————————————————————

————————————   ————————————————————————————————

**5** Wie erstellen Sie einen Stoffverteilungsplan? Wissen Sie, wie Ihre Kollegen ihn erstellen? Tauschen Sie Ihre Erfahrungen aus!

Fach: _____ 1) Ich _____
2) Kollege A _____
3) Kollege B _____
4) Kollege C _____

Fach: _____ 1) _____
2) _____
3) _____
4) _____

**6** Notieren Sie Ihre Arbeitsschwerpunkte eines Schuljahres:

– *Jeden Tag:*     z.B. pro Stunde kurze Skizze;
kurze Unterrichtsvorbereitung;

_____

_____

– *Jede Woche:*    z.B. ein ausführlicher Unterrichtsentwurf;
Klassenbuchkontrolle;

_____

_____

– *Jeden Monat:*   z.B. eine Hospitation bei einem Kollegen;
mindestens drei Elterngespräche;

_____

_____

– *Jedes Quartal:*   z.B. ein Elternabend;
Stoffverteilung Fach 1, 2, 3;
eine Fachkonferenz;

_____

_____

– *Sonstiges:*       _____

_____

**7** Was ich im vergangenen Schuljahr alles an »Extras« erledigt habe:

– Orientierung in Berufsfeldern, Klasse 8a
– Mitfahrt mit Kollegen T. (9. Klasse, Abschlussfahrt)

_____

_____

**8** Nicht planen möchte ich: _____

_____

_____

## 2. Praktizierbare Didaktik

• Aufgabenschwerpunkte:
– Didaktische Modelle anwenden,
– sich an Lernzielen orientieren/sie reflektieren,
– Lernschritte finden und zuordnen.

Der Prozess der didaktischen Theoriebildung ist nicht abgeschlossen und in der Praxis zeigt sich keine Einheitlichkeit. Derzeit stehen (nach Peterßen) vier Positionen zur Diskussion:
– die kritisch-konstruktive bildungstheoretische Didaktik,
– die lerntheoretische Didaktik,
– die kritisch-kommunikative Didaktik,
– die informationstheoretisch-kybernetische Didaktik.
Dazu: die curriculare Bewegung.


*Didaktik im Überblick (siehe folgende Tabelle):*

(Vgl. Huwendiek, Volker: Modelle der Didaktik. In: Frommer, Helmut: Handbuch Praxis des Vorbereitungsdienstes, Bd. 2. Düsseldorf 1982, S. 236f.)

Welche Positionen in der Praxis vorkommen und von Lehrern bevorzugt werden, darüber gibt es meines Wissens keine umfangreiche Untersuchung.
Für mich war eine Befragung von ca. 200 Lehrern (davon etwa 50 Lehreranwärter) sehr aufschlussreich. Ich stellte ihnen folgende Fragen bzw. Aufgaben:

– Was versteht man unter einer didaktischen Theorie?
– Nennen Sie didaktische Modelle und deren Vertreter.
– Kreuzen Sie an:
  □ Ich brauche keine didaktische Theorie.
  □ Ich arbeite mit folgender Theorie: _____
  □ Ich bereite mich kaum schriftlich vor.
– Wie sieht Ihre Unterrichtsvorbereitung aus?


*Ergebnis:*

1. Die meisten Lehrer wussten nicht (mehr), was man unter einer didaktischen Theorie versteht.
2. Die Lehreranwärter (der wissenschaftlichen Ausbildung noch am nächsten) können etwa zur Hälfte die Frage nach der didaktischen Theorie richtig beantworten.
3. Von den didaktischen Modellen wurde das »Berliner Modell« am häufigsten (etwa ein Viertel) genannt – Vertreter der Modelle wurden diesen kaum zugeordnet.
4. Bis auf drei Ausnahmen verwendete niemand bewusst eines der vier didaktischen Modelle; viele Lehrer gaben an keine didaktische Theorie zu brauchen.

211

| Kriterien | Bildungstheoretisch | Lerntheoretisch | Kommunikativ | Kybernetisch |
|---|---|---|---|---|
| Definition | Theorie der Bildungsinhalte, Bildung als Zielbegriff, exemplarisches Lehren und Lernen | Theorie der Struktur des Unterrichts, Unterrichtswissenschaft | Kritische Theorie des Unterrichts, Unterricht als kommunikativer Prozess | Theorie der Steuerung von Lehr- und Lernprozessen |
| Gegenstandsbereich | Primat der Didaktik, Wegfragen sekundär | Integrative Perspektiven, Zusammenhang der Strukturmomente | Betonung gesellschaftlicher und kommunikativer Inhalte | Optimierung von Lehr- und Lernstrategien, Zielfragen sekundär |
| Planung und Analyse | Offene Unterrichtsvorbereitung durch die didaktische Analyse | Unterrichtsanalyse in vier Entscheidungsfeldern, Prinzipien der Interdependenz von Ziel, Inhalt, Methoden und Medien | Analyse im Blick auf Vermittlungs-, Inhalts-, Beziehungs- und Störungsaspekt; schülerorientierte Unterrichtsplanung | Dreischritt der Planung nach dem Regelkreismodell: Strategien – Medien – Kontrollen |
| Lehrer-Schüler-Beziehung | Pädagogischer Bezug, Betonung der Lehrerpersönlichkeit, Lehrer als Anwalt der Schüler | Mitsteuerung der Schüler und Partnerschaft angestrebt | Tendenz zu symmetrischer Kommunikation, Lehrer als Mitglied der Lehr-Lern-Gruppe | Automation von Kommunikation, Planer-Adressat-Schema, Subjekt-Objekt-Schema |
| Wissenschaftstheoretische Position/Verfahren | Geisteswissenschaften, Hermeneutik | Wertfreies Modell, empirische Orientierung | Kritische Theorie (Erkenntnisinteressen), pragmatische Kommunikationstheorie | Kybernetik, Informationstheorie, kritischer Rationalismus |

5. Die meisten Lehrer beachteten bei der Unterrichtsvorbereitung folgende Schritte:
   – Ich entnehme dem Bildungs- bzw. Lehrplan die vorgegebenen Grobziele und Inhalte/Themen.
   – Ich setze mich (wenn nötig) mit dem Stoff auseinander (Lehrer-Sach-Relation) und bringe ihn mit den Schülern in Verbindung (Schüler-Sach-Relation).
   – Ich formuliere Stunden- und (wenn nötig) einige Teilziele.
   – Ich plane Handlungsschritte/Schüleraktivitäten/Sozialformen.
   – Ich stelle Materialien und Medien bereit.
   – Ich überlege mir Kontrollmöglichkeiten.

Betrachte ich diese Ergebnisse und ziehe ich meine eigenen Erfahrungen in der Arbeit mit Lehrern hinzu, so komme ich zur Feststellung, dass Unterricht heute Elemente, zumindest aber Spuren aller vier genannten didaktischen Richtungen enthält:
   – Die Bildungsinhalte tauchen häufig in den Bildungsplänen auf und finden somit Eingang in den Unterricht.
   – Die Lerntheorie und der Zusammenhang der Strukturmomente werden ebenfalls berücksichtigt.
   – Unter dem Stichwort »Schülerorientierung« werden auch gesellschaftliche und kommunikative Perspektiven beachtet.
   – Der kybernetische Ansatz findet als »Soll-Ist-Vergleich« (Lernzielkontrollen) ebenfalls Platz im unterrichtlichen Geschehen.

Nicht immer allerdings werden die Elemente bewusst in den Unterricht eingebracht. Ich sehe jedoch als »roten Faden« zwei Schwerpunkte: die *Lernzielorientierung* und die *Schülerorientierung*. Daran kann heute niemand mehr als Lehrer vorbei, es sei denn, er lässt sich einen rückständigen Unterricht vorwerfen.
Weiter hat sich gezeigt, dass die Auseinandersetzung mit didaktischen Theorien hauptsächlich wissenschaftlich an den Universitäten und Pädagogischen Hochschulen geschieht und dass ausführliche didaktische Analysen vorwiegend von Lehreranwärtern/Referendaren und Lehrern in der Anfangsphase ihres Berufes gemacht werden. Lehrer mit zunehmender Unterrichtserfahrung beschränken sich auf Unterrichtsskizzen (lernziel- und in zunehmendem Maße auch schülerorientiert; Näheres dazu siehe 9. Kapitel, Abschnitt 2).
Die Lernzieleuphorie der Siebzigerjahre, in denen zwischen Richt-, Grob-, Fein-, Funktions-, Lehr- und Lernzielen unterschieden wurde, ist längst verblasst und man spricht heute im Allgemeinen von Unterrichtszielen. Dabei besteht nach wie vor das Problem, dass Erwachsene (= Lehrplanexperten/Lehrer) bestimmen, welche Ziele (und Inhalte mittels bestimmter Methoden) die Schüler erreichen sollen. Die Tatsache, dass Menschen über (Lern-)Ziele anderer Menschen bestimmen, wird legitimiert u. a. durch

a) die hohe Verantwortung der Lehrer Schülern gegenüber
b) den Weitblick und größeren Erfahrungsschatz
c) gebotene (Lebens-)Notwendigkeiten
d) Beobachtung der und Einfühlung in die Welt der Schüler
e) fachmännisches Wissen über Lehr- und Lernvorgänge
f) eine Grundhaltung des Förderns und Helfens.

(Dabei ist es didaktisch sinnvoll, die Schüler von Anfang an in zunehmendem

Maße an der Auswahl der Ziele/Inhalte und der Unterrichtsgestaltung – Lernen durch Lehren – zu beteiligen und sie dadurch zu größerer Selbstbestimmung und Mitverantwortung zu führen. – Der Lehrer ist nicht der alleinige Besserwisser!)

Lernziele sind als *Angebote* an die Schüler zu verstehen, durch deren Erreichung sie Fähigkeiten erlangen die Gegenwart zu bewältigen und sich auf die Zukunft vorzubereiten. Dabei gibt es unterschiedliche Vorstellungen über die Bedeutsamkeit und Auswahl von Lernzielen und Inhalten, sei es, indem man die »epochalen Schlüsselprobleme« (W. Klafki) als Ausgangspunkt nimmt oder die Visionen, die P. Dalin auf dem Heidelberger Schulkongress »Die Schule neu erfinden« (März 1996) formuliert hat:

| *Visionen* | *Belastungen der Gegenwart* |
|---|---|
| Harmonie mit der Natur | Umweltkatastrophen |
| Gerechte und ehrliche Demokratie | Demokratieverdrossenheit |
| Frieden und Kooperation der Völker | »Völkerwanderungen«, Kriege |
| Arbeit für alle/für viele | Arbeitslosigkeit/Arbeitskampf |
| Humane Techniken | Inhumanität, Abhängigkeit |
| Ein Weltethos | Ethikverlust |

Es bleibt die (mitunter schwere) Aufgabe von Lehrplanexperten und Lehrern konkrete Unterrichtsziele (und entsprechende Inhalte und Methoden) zu finden, sie den Schülern anzubieten – immer verbunden mit der Gewissheit der Erfahrung und der Unsicherheit der erwünschten Wirkung –, dass sie für deren Leben in Gegenwart und Zukunft bedeutsam sind. Schwerpunktmäßig geht es dabei in der Schule um die

a) Selbstkompetenz (= Förderung und Stärkung der einzelnen Persönlichkeit)
b) Sozialkompetenz (= Förderung der zwischenmenschlichen Beziehungen/ Teamfähigkeit)
c) Fach-/Sachkompetenz (= Aneignung von Wissen, Fähigkeiten, Fertigkeiten)
d) Methodenkompetenz (= Flexibilität, Methodenvielfalt).

Es ist Abschied zu nehmen von dem Gedanken, zwischen Berchtesgaden und Flensburg, zwischen Görlitz und Aachen gäbe es einen einheitlichen Bildungskanon und Lernziele, die für alle Schüler gleich wären. Die Schulen sind Orte mit »Vielfachangeboten«, in denen die einzelnen Kollegien durch Schulprogramme ihre Ziele und Inhalte festlegen.
Die Lehrer müssen dabei

a) *vor* dem Unterricht wissen, was sie wollen (Festlegung des Ziels als formulierter *Endzustand*)
b) eine Auswahl relevanter Inhalte treffen
c) entsprechende Methoden, Materialien … anbieten/bereitstellen
d) Lernschritte ermöglichen
e) die *individuellen* Lernfortschritte der Schüler feststellen.

Für die Arbeit des Lehrers ergibt sich folgender Grobplan für den Unterricht:

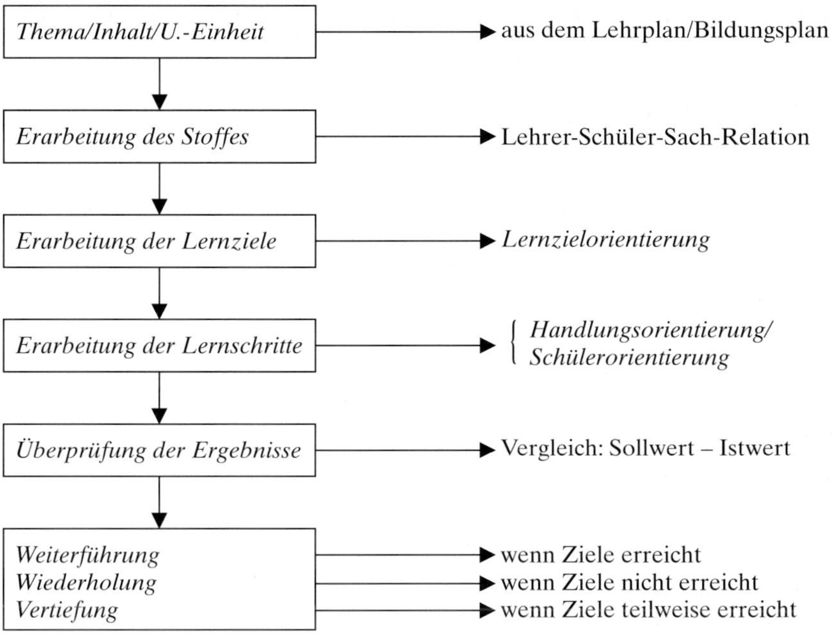

*Thema/Inhalt/U.-Einheit*
aus dem Lehrplan/Bildungsplan
*Erarbeitung des Stoffes*
Lehrer-Schüler-Sach-Relation
*Erarbeitung der Lernziele*
*Lernzielorientierung*
*Erarbeitung der Lernschritte*
*Handlungsorientierung/ Schülerorientierung*
*Überprüfung der Ergebnisse*
Vergleich: Sollwert – Istwert
*Weiterführung*
*Wiederholung*
*Vertiefung*
wenn Ziele erreicht
wenn Ziele nicht erreicht
wenn Ziele teilweise erreicht


Sind Ziele erreicht worden, haben Schüler also etwas gelernt, so haben sich die Ziele in Wissen, Können, Fähigkeiten, Fertigkeiten umgewandelt. Diese sind dadurch zu neuem »Material« für andere Lernziele geworden, sodass Schüler ihre er- und gelernten Fähigkeiten in konkreten Handlungen als Mittel zu neuen Zielen benutzen können:

**Lernprozess**
Lernziel 1 (formuliert)
Lernschritt 1
Lernschritt 2
Lernschritt 3
Lernschritt 4
Lernziel 1 (erreicht)
z.B.
Lernziel 2 (formuliert)
Lernschritt 1
Lernschritt 2
Lernschritt 3
Lernschritt 4
Lernziel 2 (erreicht)
z.B.
Lernziel 3 (formuliert)
Lernschritt 1
Lernschritt 2
Lernschritt 3
Lernschritt 4
Lernziel 3 (erreicht)

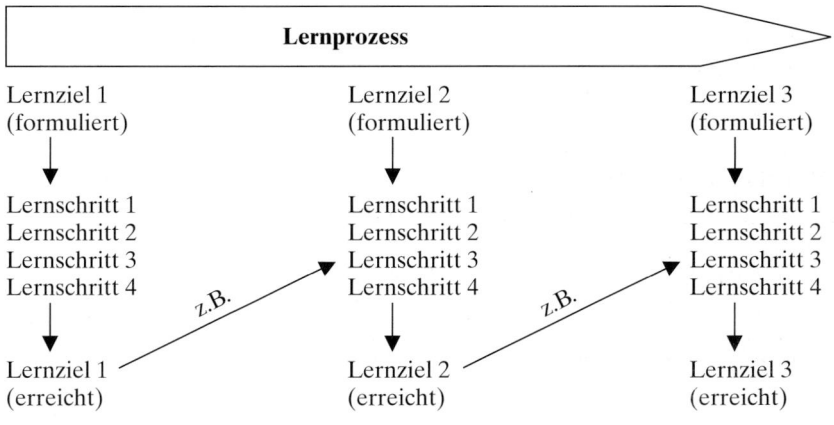

*Beispiel:*

Lernziel 1:  Die Schüler sollen *Sprachkompetenz* aufweisen können, um eine Person zu beschreiben.

Lernschritte: 1. Schüler beschreiben mündlich einige Merkmale von Personen.
2. Schüler lesen eine Personenbeschreibung und notieren sich die »beschreibenden« Verben und Adjektive.
3. Schüler formulieren Sätze, in denen sie Personen beschreiben.
4. Schüler finden selbst zusätzliche Verben und Adjektive, durch die man Personen beschreiben kann.

Lernziel 2:  Die Schüler sollen eine bestimmte Person beschreiben können.

Lernschritte: 1. Schüler beobachten eine bestimmte Person.
2. Schüler notieren sich Merkmale dieser Person.
3. Schüler verwenden signifikante Verben und Adjektive, mit denen man die Person beschreiben kann (= *Sprachkompetenz*).

Dieser 3. Lern*schritt* war im oben genannten Beispiel nach Lern*ziel* 1.

---

**Merke:** Es gibt Lehrer, die vor lauter
Stundenzielen die Unterrichtswege und die
Schüler aus den Augen verlieren.

---

Die außerschulischen Veränderungen, die sehr unterschiedlichen »Welterfahrungen« und Lebenswirklichkeiten der Schüler fordern weit mehr als bisher eine »subjektive Didaktik« (E. Kösel) und eine Vielfalt der Lehr- und Lernangebote. Eine »Schule zum lebendigen Lernen« entsteht beispielsweise durch
– Freiarbeit: Lernen in Einzel-, Partner- und Gruppenarbeit mit individuellen Zielen, Inhalten, Methoden und Lerntempi
– Wochenplanarbeit: Zusammenstellung eines individuellen »Lernmenüs« für die Schüler innerhalb eines Schultags, einer Schulwoche
– Offenen Unterricht: Vielfältige Lehr- und Lernangebote zur Förderung des individuellen und sozialen Lernens
– Projektunterricht: Betonung von Zielorientierung, gemeinsamer Planung, differenzierter Realisierung der Vorhaben und genauer Auswertung
– Handlungsorientierten Unterricht: Verstärkung der Selbsttätigkeit und Schüleraktivierung, verbunden mit dem Anspruch ganzheitlichen Lernens
– Praktisches Lernen: Förderung der Handlungs- und Erfahrungsmöglichkeiten der Schüler innerhalb und außerhalb der Schule.

Wenn »lebendiges Lernen« und vielfältige Lernangebote in den Mittelpunkt von Unterricht und Didaktik rücken und wenn Stoffvermittlung den zentralen Stellenwert verliert (Stoffvermittlung ist nicht Lernen!), dann hat das auch einen Wandel im Berufsverständnis der Lehrerschaft zur Folge. Es verändern sich traditionelle Lehr- und Lernmuster (vgl. H. Teml 1992/1):
– vom Lehren zum Lernfördern
– vom Eingreifen zum Entfaltenlassen
– vom Vorgeben zum Bedingungen schaffen

- vom Korrigieren zum Arrangieren
- vom Disziplinieren zum (sich) Orientieren
- vom Belehren zum Begegnen (M. Wagenschein: Unterricht ist das gemeinsame Anschauen einer Sache).

Schüler können dann
- auf eigene Ideen kommen und Experimente machen
- Lösungswege finden und ausprobieren
- sich aus alten Denkschemata befreien
- neue und ungewohnte Wege gehen
- eigene Sichtweisen entwickeln und Sichtwechsel vornehmen
- selbstständig handeln und mit anderen kooperieren.


**Aufgaben**

$\boxed{1}$ Welche der didaktischen Theorien/Modelle, die genannt wurden, sind für Sie in der Praxis brauchbar?

a) ——————————————, weil ——————————————

b) ————————————————————————————

$\boxed{2}$ Wenn Sie sich in der Praxis nicht mit didaktischen Modellen beschäftigen, so begründen Sie bitte Ihre Entscheidung:

- Die Arbeit an der PH war für mich ausreichend.
- Ich halte andere unterrichtliche Arbeit für wichtiger.
- In meiner Praxis kommt didaktische Theorie nicht vor,

weil ————————————————————————————

————————————————————————————

$\boxed{3}$ Bisher habe ich folgendermaßen lernzielorientiert gearbeitet:

1) ————————————————————————————
2) ————————————————————————————
3) ————————————————————————————
4) ————————————————————————————

$\boxed{4}$ Vergleichen Sie Ihre Erfahrungen mit denen Ihrer Kollegen:

Übereinstimmung                    Unterschiede

——————————————        ——————————————
——————————————        ——————————————
——————————————        ——————————————

$\boxed{5}$ Kontrollieren Sie: Lernziele? Ja oder nein? (ja ankreuzen)

☐ Die Schüler sollen Beobachtungen begründen können.
☐ Die Schüler sollen Lösungsmöglichkeiten finden.
☐ Die Schüler vergleichen einen Münzfernsprecher mit einem häuslichen Telefon.

☐ Die Schüler sollen die Begriffe X, Y, Z kennen.

☐ Die Schüler kennen und benennen Vorgänge.

☐ Die Schüler sollen aus einer Liste Verhaltensweisen aussuchen, die ...

☐ Die Schüler sollen die geeignete Technik selbst wählen.

☐ Die Schüler sollen Schablonen anfertigen können.

☐ Die Schüler sollen ein Fahrzeug anfertigen.

☐ Die Schüler füllen ein Arbeitsblatt aus.

6 Bei der Zuordnung von Lernschritten zu Lernzielen habe ich (noch) folgende Schwierigkeiten:

_____

_____

_____

7 Sprechen Sie mit Ihren Kollegen/Kolleginnen über die Beteiligung der Schüler bei der Auswahl von Lernzielen.

Bemerkungen: _____

_____

_____

8 Formulieren Sie nach folgender Inhaltsvorgabe (3 Stunden) die entsprechenden Stundenziele:

»Zeitwörter als Anzeiger für zeitliche Beziehungen«

(Ziel:»Kenntnisse über Wortarten, Wortbildung sowie über die Funktion und Struktur einfacher Sätze verstärken die Einsichten des Schülers in Leistung und Bau der Sprache.« Bildungsplan Grundschule Baden-Württemberg, 1984, Deutsch, 4. Klasse, S. 128).

Ziel der 1. Stunde: _____

Ziel der 2. Stunde: _____

Ziel der 3. Stunde: _____

9 Ordnen Sie nachfolgendem Stundenziel vier Lern-/Handlungsschritte der Schüler zu:

Die Schüler sollen die Begriffe Grundwert, Prozentsatz und Prozentwert den Angaben in einer Sachaufgabe zuordnen können (Hessische Rahmenrichtlinien, Sekundarstufe I, Mathematik, S. 72 [7. Klasse], Wiesbaden 1976).

1) _____

2) _____

3) _____

4) _____

10 Formulieren Sie nach folgender Inhaltsvorgabe (Bildungsplan Hauptschule Baden-Württemberg, 1984, Geschichte, 8. Klasse, S. 192) Stundenziele:

Inhaltsvorgabe: »Gesellschaftliche Auswirkungen der Industrialisierung«

Ziel der 1. Stunde: _____

Ziel der 2. Stunde: _____

Ziel der 3. Stunde: _____

11 Erarbeiten Sie jeweils drei Lernziele einer Stunde:

Thema 1: Förderung des mündlichen Sprachgebrauchs (Klasse 4, Deutsch)

_____

_____

_____

Thema 2: Münzen und Banknoten bis DM 100 (Klasse 2, Mathematik)

_____

_____

_____

Thema 3: Sprachlicher Umgang mit anderen Klassen (Klasse 5, Deutsch)

_____

_____

_____

Thema 4: Die Gründung des Deutschen Reiches (Klasse 8, Geschichte)

_____

_____

_____

12 Überprüfen Sie einige Ihrer bisherigen Unterrichtsentwürfe:

– Waren die Lernziele richtig formuliert?
– Entsprechen die Lernschritte den Lernzielen?

13 Wie viele Gründe finden Sie für eine »Schülerorientierung«?

_____

_____

_____

14 Lernziel: Die Schüler sollen die besonderen Eigenschaften eines Quadrats kennen.

Durch welche Lernschritte können Schüler der _____. Klasse dieses Ziel Ihrer Meinung nach erreichen?

_____

_____

_____

15 Lernziel: Den Schülern soll bewusst werden, dass die wachsende Müllmenge unsere Umwelt bedroht.

Durch welche Lernschritte können Schüler der _____. Klasse dieses Ziel Ihrer Meinung nach erreichen?

_____

_____

_____

16 Lernziel: Die Schüler sollen wissen, dass es tierische und pflanzliche Nahrung gibt.

Durch welche Lernschritte können Schüler der _____. Klasse dieses Ziel Ihrer Meinung nach erreichen? (Bestimmen Sie die Klassenstufe selbst!)

_____

_____

_____

(Wählen Sie bitte selbst Themen und Ziele, wenn Ihnen meine Aufgabenvorschläge nicht behagen.)

17 Welche Konsequenzen ziehen Sie, wenn die intellektuelle, emotionale und soziale Entwicklung der Schüler untereinander in Ihren Klassen weit auseinander driften?
Notizen:

_____

18 Von Lehrern werden »neue Unterrichtsformen« gefordert. Was bedeutet dies für Sie und Ihr Kollegium?

_____

19 Vergleichen Sie Ihre Lehrerrolle zu Dienstbeginn mit den heutigen an Sie gestellten Anforderungen. Wie geht es Ihnen

a) persönlich: _____

b) hinsichtlich Ihrer fachlichen Fortbildung: _____

c) in Beziehung zu Ihren Schülern (Sie werden älter): _____

d) bezüglich der Arbeit mit Ihren Kollegen: _____

e) im Kontakt mit den Eltern: _____

20 Zu Beginn meines Berufs bedeutete für mich Didaktik: _____

_____

Heute verstehe ich Didaktik als: _____

_____

# 3. Strukturen und Raster

• Aufgabenschwerpunkte:
– Unterricht strukturieren,
– Raster/Schemata wählen,
– Unterricht skizzieren.

Jede Unterrichtsstunde, jede Unterrichtseinheit, weist eine bestimmte Struktur auf. Man spricht auch von »Artikulation des Unterrichts« und versteht darunter die Beantwortung der Frage: In welchen didaktisch sinnvollen Stufen (Formalstufen, Abschnitten) vollzieht sich der Unterrichtsprozess?

Hier eine Auswahl von Möglichkeiten:

*3 Stufen*

| Erschließung | Hinführung | Zielsetzung | Wahrnehmung |
|---|---|---|---|
| Besinnung | Darstellung | Planung | Erkennung |
| Bewältigung | Verarbeitung | Ausführung | Nachahmung |

*4 Stufen*

| Vorbereitung | Erfahrung | Einführung |
|---|---|---|
| Darbietung | Verarbeitung | Vertiefung |
| Verknüpfung | Einübung | Verfestigung |
| Zusammenfassung | Übertragung | Übertragung |

*5 bzw. 7 Stufen*

| Ziele bewusst machen | Motivation | Einstieg |
|---|---|---|
| Stoff bekannt machen | Problemerörterung | Motivation |
| Stoff festigen | Lösungsversuche | Weiterführung |
| Fähigkeiten entwickeln | Behalten/Einüben | Wiederholung |
| | Bereitstellen | Zusammenfassung |
| | Übertragen | Übertragung |

(Vgl. auch Vogel, Alfred: Artikulation des Unterrichts, Ravensburg 1975.)

Es liegt in der Entscheidung des Lehrers, wie er seinen Unterricht strukturiert bzw. artikuliert; allerdings muss seine Entscheidung didaktisch begründet sein. Die Praxis zeigt, dass einige wenige Stufen genügen. Sie weisen in etwa die gleiche (Grob-)Struktur) auf:

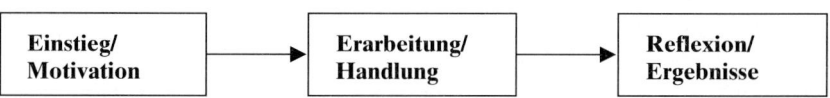

| Einstieg/ Motivation | → | Erarbeitung/ Handlung | → | Reflexion/ Ergebnisse |

Wenn die Struktur des Unterrichts das statische Prinzip ist, so wird der Unterrichtsprozess (das Lernen im eigentlichen Sinn) als dynamisches Prinzip verstanden. Dies wird in den so genannten »Verlaufsskizzen« deutlich. Auch hier gibt

221

es wieder eine Reihe von Möglichkeiten: Welche Elemente kann eine Verlaufsskizze haben?

Nach W.H. Peterßen:

| Zeit | Inhalt | Methode | Interaktion | Medien | Begründung |
|------|--------|---------|-------------|--------|------------|

Nach H. Kober und L. Rössner

| Zeit | Stufe | Stoff | Methode | Begründungen und Anmerkungen |
|------|-------|-------|---------|------------------------------|

Nach K.-K. Beckmann:

| Zeit | Inhalte/ Teilziele | Erwartetes Schülerverhalten | Geplantes Lehrerverhalten – ggf. Alternativen | Bemerkungen |
|------|--------------------|-----------------------------|-----------------------------------------------|-------------|

Nach H. Chiout:

| Zeit | Phasen | Unterrichtsschritte und Aktivitätsformen | Bezug zum Inhalt |
|------|--------|------------------------------------------|------------------|

Nach W. Schulz

| Erwartetes Schülerverhalten | Geplantes Lehrerverhalten | Didaktischer Kommentar |
|-----------------------------|---------------------------|------------------------|

Sonstige:

| Zeit | Teilziele | Geplanter Unterrichtsverlauf | Erwartetes Schülerverhalten | Sozialformen | Medien |
|------|-----------|------------------------------|-----------------------------|--------------|--------|

| Zeit | Ziele/Inhalte | Verlaufsform | Vermittlungshilfen des Lehrers | Schüleraktivitäten |
|------|---------------|--------------|--------------------------------|--------------------|

| Zeit | Ziele/Inhalte | Lehreraktivitäten | Schüleraktivitäten | Sozialformen | Medien |
|------|---------------|-------------------|--------------------|--------------|--------|

| Zeit | Ziele | Inhalte | Stufen/ Phasen | Methoden | Sozialformen | Aktionsformen |
|------|-------|---------|----------------|----------|--------------|---------------|

Auch hier gilt: Wer wenig Unterrichtspraxis hat und damit wenig Erfahrungen aufweist, dem sind ausführliche Raster hilfreich, weil die wichtigen Teile einer

Stunde deutlich artikuliert werden. Erfahrenen Lehrern genügen einige wenige Anhaltspunkte, fixiert durch folgendes *Grundraster*:

*Stundenziel:*

| Zeit | Stufen/Phasen | Lehreraktivitäten | Schüleraktivitäten |
|------|---------------|-------------------|--------------------|
| 5'   | Einstieg/Motivation | Lehreraktionen 1 | Schüleraktionen 2 |
| 30'  | Erarbeitung | Vermittlungshilfen (= Lehreraktionen 2) | Schüleraktionen 2 |
| 10'  | Reflexion | Lehreraktionen 3 | Schüleraktionen 3 |

Eine Unterrichtsskizze kann dann so aussehen:

| Thema: | *Ich mag dich. - Ich mag dich nicht.* | | |
|--------|------|------|------|
| Stundenziel: | *Die Schüler sollen ihre Beziehungen bewußt erfahren.* | | |
| Datum: *12.7.84* Klasse: *3b* Stunde: *2.* Fach: *Heimat-u. Sachunterricht* | | | |

| Zeit | Phasen | Lehreraktivitäten | Schüleraktivitäten |
|------|--------|-------------------|--------------------|
| *5'* | *Einführung* | *-erklärt Ziel der Stunde und Partnerspiel* | *- Partnerspiel* |
| *15'* | *Vertiefung* | *-vermittelt, hilft* | *- Auswertung des Spiels, Plenum* |
| *15'* | *Weiterführung* | *-erklärt Arbeitsblatt* | *- Einzelarbeit (A.-Blatt)* |
| *10'* | *Reflexion* | *-Austausch der Ergebnisse und Erfahrungen* | *- abschließendes Spiel* |

*Zusammenfassung:*

– Jede geplante Stunde muss eine deutliche Struktur und einen genauen Verlauf aufweisen.
– Im Hinblick auf die Schüler- und Handlungsorientierung ist Flexibilität im Umgang mit dem Raster gefordert.
– Die Skizze ist eine Hilfe für den Lehrer und kein »Mitteilungsblatt« für den Unterrichtsbesucher (Kollegen, Schulrat u.a.). Für den Außenstehenden, der

an der Vorbereitung des Unterrichts nicht beteiligt war, ist ein ausführlicher Unterrichtsentwurf notwendig.

– Die Skizze ist hilfreich:
a) rasch anzufertigen,
b) gut verwendbar,
c) keine Überforderung (bei 4 bis 6 Stunden Unterricht pro Tag).

> **Merke:** Lieber alle Stunden kurz skizziert,
> als keine Stunden sehr ausführlich!

## Exkurs »Checkliste«: Haben Sie an alles gedacht?

### 1. Neue Schule:

– Ort
– Lage
– Klassenzimmer
– Schulleiter
– Kollegium
– Einrichtungen
– Medien
– Materialien
– Lehrweisen

– Gewohnheiten
– Erziehungsmethoden
– Umfeld
– Elternarbeit
– Ortsfeste
– _____
– _____
– _____
– _____

### 2. Neue Klasse:

– Klasse
– Alter
– Schülerzahl
– Mädchen
– Jungen
– Lernvoraussetzungen
– Gewohnheiten
– Interaktionsformen
– _____

– Konstellationen
– Lernerfahrungen
– Besonderheiten
– Abmachungen
– Interessen
– familiärer Hintergrund
– Beziehungen zu Kollegen
– Schwierigkeiten
– _____

### 3. Stundenvorbereitung

– Thema
– Ziel
– Lehreraktivitäten
– Schüleraktivitäten
– Lernzielkontrollen

– Medien
– Materialien
– Besonderheiten
– Hausaufgaben
– Schwierigkeiten

| Was | Wo | Kontakt |
|---|---|---|
| – Tageslichtprojektor<br>– Filmapparat<br>– Bastelmaterial<br>– physikalische Geräte | – Kleines Zimmer<br>– Medienraum<br><br>– Physiksaal | Frau Dörr<br><br>Herr Knab |
| ___ | ___ | ___ |

4. *Nachbesinnung:*

Soll-Ist-Vergleich

– Erfolg/Misserfolg (Analyse)     – Erfahrungen
– Änderungen     – Schwierigkeiten
– Lehrer-Schüler-Beziehung     – Alternativen

---

Ich fand meinen Unterricht heute

– sehr gut, weil _____

– gut, weil _____

– zufriedenstellend, weil _____

– nicht gut, weil _____

Ich muss unbedingt beachten/verbessern:

_____

indem ich:

_____

_____

Probleme mit _____, weil _____

      mit _____, weil _____

      mit _____, weil _____

Bemerkungen: _____

5. *Neue Schüler, neue Klasse*

**Fragebogen** (für Ihre Schüler)   Wichtig für Sie zur Vorbereitung?

1) Am liebsten arbeite ich
☐ allein               ☐ in der Gruppe
☐ zu zweit             ☐ in der Klasse

2) Ich bin in der Klasse
☐ sehr gern                    ☐ geht so
☐ gern                         ☐ nicht gern

3) Ich mag besonders (Mitschüler)

_____

4) Ich kann nicht leiden (Mitschüler)

_____

5) Ich mag besonders (Tätigkeiten)

_____

6) Ich mag überhaupt nicht (Tätigkeiten)

_____

7) In der Klasse wird
☐ nicht gestritten             ☐ oft gestritten
☐ wenig gestritten             ☐ _____

8) Ich habe an Sie folgende Wünsche:

_____
_____
_____

9) Ich mag nicht, wenn Lehrer …

_____
_____
_____

10) Wenn ich heimkomme, dann
☐ esse ich gleich              ☐ bin ich allein
☐ spiele ich zuerst            ☐ gehe ich zu _____
☐ mache ich meine Hausaufgaben ☐ mache ich mein Essen selbst
_____        _____

11) Tätigkeiten am Nachmittag:     Am Nachmittag bin ich meist:
☐ Hausaufgaben                 ☐ allein
☐ Fernsehen                    ☐ bei Oma/Opa
☐ Spielen                      ☐ oder bei: _____
☐ Musizieren: _____  ☐ zu Hause
☐ Lesen                        ☐ _____
☐ Sport: _____       ☐ _____
☐ Computer: _____
☐ oder: _____

12) Mein Wochenende sieht meist so aus:
☐ Samstagnachmittag: _____
☐ Samstagabend: _____
☐ Sonntagvormittag: _____
☐ Sonntagnachmittag: _____
☐ Sonntagabend: _____

13) Am Montag bin ich meist in folgender Stimmung:
☐ müde                 ☐ _____
☐ froh                  ☐ _____
☐ lustlos              ☐ _____
☐ gespannt         ☐ _____

14) Meine hauptsächlichen Interessen sind: _____

(Wichtig: Bitte erklären Sie den Sinn des Fragebogens und betonen Sie die *Freiwilligkeit*! – Wenn Sie wollen: Füllen Sie auch einen Fragebogen aus und lesen Sie diesen den Schülern vor!)

**Aufgaben**

1   Vergleichen Sie Ihre Unterrichtsentwürfe und/oder Skizzen: Welches Raster bevorzugen Sie

_____

2   Welche Phasen/Stufen halten Sie für brauchbar?

z.B. Einführung/Hinführung       oder:
      Erarbeitung                   _____
      Reflexion                     _____
                                    _____

3   Probieren Sie möglichst viele Phasen/Stufen und Raster aus; notieren Sie Ihre Erfahrungen damit:

                                      Notizen:

Raster 1: _____ | _____

Raster 2: _____ | _____

Raster 3: _____ | _____

usw. _____ |

4   Denken Sie an Ihre einzelnen Fächer: Welches Schema ist für welches Fach für Sie am brauchbarsten?

Fach: _____       Schema: _____
Fach: _____       Schema: _____
Fach: _____       Schema: _____

5 Welche Elemente enthalten Ihre Unterrichtsskizzen?

_____

_____

_____

6 Nach welchen Gesichtspunkten wählen Sie Ihre Unterrichtsthemen aus?

_____

_____

_____

7 Machen Sie sich über Ihren Schulort, die Ortsgeschichte, die Schule u.a.m. Notizen, die für Sie als Lehrer von Bedeutung sind.

_____

_____

_____

8 Was wissen Sie über die Lehrweisen Ihrer Kollegen? (Konkret: Sind Ihre Schüler sehr unterschiedlichen Lehrweisen »ausgesetzt«?)

_____

_____

_____

9 Wenn ich meine Unterrichtsstunden skizziere, so muss ich beachten:

□ fachliche Gesichtspunkte

_____

_____

_____

10 Notieren Sie Gründe, im Unterricht von der Planung abzuweichen.

_____

_____

_____

11 Verfertigen Sie eine Unterrichtsskizze zu einem Thema, über dessen Inhalt/ Stoff Sie bereits Bescheid wissen:

– Mein Ziel lautet:

_____

– Ich habe folgende Stufen:

_____

– Ich nehme folgendes Verlaufsschema:

_____

– Für diese Skizze benötige ich _____ Minuten.

**12** Wenn Sie an alle Ihre Fächer und Unterrichtsstunden einer Woche denken:

☐ Ausführlicher Unterrichtsentwurf im Fach:
☐ Kurze Unterrichtsskizze im Fach:
☐ Lediglich Stich- bzw. Anhaltspunkte im Fach:
☐ Mündliche Vorbereitung genügt im Fach:
☐ Mein vermutlicher Arbeitsaufwand für die Planung der einzelnen Unterrichtsstunden beträgt in der Woche etwa ... Stunden.

**13** Überlegen Sie: Wie effektiv ist Ihr Unterricht im Vergleich zu Ihrem Arbeitsaufwand bezüglich der Planung?

Notizen:

_____

_____

**14** Erarbeiten Sie ein Planungsraster, das für Sie effektiv und gut handhabbar ist.

**15** Beobachten Sie – ohne vorherige Einsicht in die Unterrichtsplanung – verschiedene Unterrichtsstunden und versuchen Sie Strukturen (Verlaufsformen, Stufen, Phasen) zu entdecken. Vergleichen Sie anschließend Ihre Notizen mit dem tatsächlichen Plan.

**Literaturempfehlungen**

Bauer, Roland: Schülergerechtes Arbeiten in der Sekundarstufe I: Lernen an Stationen. Berlin 1997.
In diesem Buch gibt der Autor viele Anregungen, wie eine »didaktische Monokultur« aufzubrechen ist und wie durch das »Lernen an Stationen« lebendiges und effektives Lernen zustande kommt.
Grell, Jochen und Monika: Unterrichtsrezepte. Weinheim 1996/11.
»Unterricht ist ein sehr komplexes Geschehen. Und genau deswegen brauchen wir Rezepte.« Diese sind sehr ausführlich und verständlich dargeboten, eine echte Fundgrube für alle, die Spaß an der Schule haben und (wieder) bekommen wollen. Aus dem Inhalt:
– Zur Tradition des Erarbeitungsmusters,
– Der informierende Unterrichtseinstieg – lernen, erklären, informieren.
Der Schüler wird als Partner ernst genommen.
Huwendiek, Volker: Modelle der Didaktik. In: Frommer, Helmut: Handbuch Praxis des Vorbereitungsdienstes, Bd. 2. Düsseldorf 1982, S. 191–243.
Der Autor gibt in sehr präziser und sachkundiger Weise einen Überblick über die didaktischen Modelle.
Meyer, Hilbert: Leitfaden zur Unterrichtsvorbereitung. Königstein/Ts. 1993/12.
Dem Autor ist es wirklich gelungen Didaktik spannend aufzubereiten. Das Buch beinhaltet alles, was der Lehrer für die Unterrichtsvorbereitung braucht. Geeignet zum Nachschlagen einzelner Probleme als auch zum »direkt Durchlesen«. 17 Lektionen (z.B.): Kurzvorbereitung – Stundenentwurf – Lernzielorientierung – Schülerorientierung – Handlungsorientierung – Strukturierung – Analyse des Unterrichts – u.v.a.m.

Meyer, Hilbert: Schulpädagogik. Bd. I für Anfänger, Bd. II für Fortgeschrittene. Berlin 1997.
Hier liegt das »opus summum« des Autors vor, zwei Bände, die das gesamte Spektrum der Schulpädagogik ausbreiten, eine schier unausschöpfbare, an dem kein Lehrer/keine Lehrerin vorbeigehen darf!

Peterßen, Wilhelm: Handbuch Unterrichtsplanung. München 1998/8.
Im Unterschied zu Meyer didaktisch präziser, jedoch nicht so »locker«; ebenfalls sehr umfangreich, anspruchsvoll, wissenschaftlich äußerst prägnant, »Totalinformation«. (Die Komplexität ist bestechend.) Aus dem Inhalt: Grundfragen der Unterrichtsplanung – Modelle der Unterrichtsplanung – Planungsstufen – Strukturierungshilfen für den Unterricht.

Scheller, Ingo: Erfahrungsbezogener Unterricht. Königstein/Ts. 1994/4.
Das Buch vermittelt einen Einblick in die Schulstube eines Lehrers und bietet eine Fülle von Beispielen, Anregungen, Angeboten Unterricht erfahrungsbezogen durchzuführen. Ein Buch für all diejenigen, die die Verkopfung der Schule beklagen und die den Schüler umfassender ansprechen wollen.

Voß, Reinhard (Hrsg.): Die Schule neu erfinden. Neuwied 1997/2.
Der Untertitel des Sammelbandes weist auf die Absichten von Herausgeber und Autoren hin: »Systemisch-konstruktivistische Annäherungen an Schule und Pädagogik« – und ich füge hinzu: mit bedeutsamen und weit reichenden Konsequenzen für das »Lehren und Lernen« in der Schule.

# 9. Kapitel:
# Unterrichtsdurchführung

## 1. Anfang und Motivation

• Aufgabenschwerpunkte:
– den Unterricht beginnen,
– motiviert sein,
– Motivationen ermöglichen.

Wie beginnen Sie Ihren Unterricht?

☐ Ich stelle mich vor die Klasse und warte, bis es ruhig ist.
☐ Ich bitte freundlich um's Wort.
☐ »Hallo, ich bin da!«
☐ Ich fange einfach an.
☐ »Ruuuuuuuhe!!!«
☐ Ich setze mich ans Pult und warte.
☐ Ich beginne mit sehr leiser Stimme.
☐ Ich ziehe etwas »Interessantes« aus dem Ärmel.
☐ Ich gehe auf einzelne »Nichtaufpasser« zu.
☐ Ich stelle Aufgaben, damit die Schüler gleich etwas zu tun haben.
☐ Ich singe ein Lied.
☐ Ich setze mich ans Klavier; ich spiele Gitarre …
☐ Wir sagen gemeinsam ein Gedicht.
☐ »Achtung, alle mal herhören!«
☐ Ich schreibe das Stundenziel an die Tafel.
☐ Ich appelliere an die Vernunft der Schüler.
☐ Keinerlei Probleme!
☐ Ich _____

Wenn Sie nicht (mehr) wissen, wie Sie den Unterricht beginnen sollen, hier einige Vorschläge und Anregungen:

– Bild, Folie, Film, Dia
– Schallplatte, Kassette
– Tafel: Wort, Frage, Zeichnung
– Arbeitsblatt, Prospekte
– Gegenstand, Modell, Präparat
– Pro und Contra
– Geschichte, Gedicht, Text
– Erzählung, Erlebnis
– Beobachtung, Ereignis
– Zeitung, Zeitschrift, Buch
– _____

– Anknüpfung, Wiederholung
– Hausaufgabenkontrolle
– Rätsel, Quiz, Spiel, Lied
– Schülerarbeiten/-zeichnungen
– Lerngang/Erkundung
– Fallstudie, Versuch
– Landkarte, Schaukasten
– verschiedene Materialien
– Schülervorschläge
– Wettbewerb
– _____

Zur *Selbstkontrolle*: Ordnen Sie oben genannte Beispiele ein:

– Ich mache oft: _____

_____

– Ich mache selten: _____

_____

– Ich mache nie: _____

_____

– Sollte ich mal wieder ausprobieren: _____

_____

Jeder Unterrichtsbeginn hat immer auch etwas mit Motivation zu tun. Bei Grell, Jochen und Monika: Unterrichtsrezepte ..., habe ich bemerkenswerte Aussagen gefunden (S. 34 ff.). Was meinen Sie dazu?

1. Wir können andere Menschen nicht motivieren, sondern jeder Mensch motiviert sich selbst. Motivationszustände werden von den einzelnen Personen angeschaltet und nicht von irgendeinem »Motivationskünstler«. (Übrigens: Wenn Sie »den Grell« lesen, werden Sie feststellen, dass Jochen und Monika Motivationskünstler sind! Es gelingt ihnen anzuregen und zu motivieren.)

2. Schüler können ihre Motivation erst dann einschalten, wenn sie wissen, um was es geht. Deshalb will im »informierenden Unterrichtseinstieg« der Lehrer seine eigenen Absichten so weit verdeutlichen, wie es für den lernenden Schüler nützlich ist. Verheimlichung nimmt den Schüler nicht ernst, sondern hält ihn in Abhängigkeit.

3. Wenn Sie den Unterricht informierend beginnen, dann werden mehr Schüler bereit sein, sich selbst zu motivieren als bei den üblichen Einstiegen Informationen zurückzuhalten. Legen Sie also die Karten auf den Tisch.

4. Wenn Sie aus irgendeinem Grund den Schülern etwas noch nicht mitteilen können, dann ist folgender Unterrichtseinstieg angebracht:
»Liebe Schüler, heute werde ich etwas mit euch machen, was ich euch aus einem bestimmten Grund noch nicht verraten kann. Es kommt nämlich darauf an, dass ihr zunächst unbefangen reagiert. ... Hinterher werdet ihr diese Geheimnistuerei verstehen ...«
Dies ist also auch ein informierender Unterrichtseinstieg, weil der Lehrer die Klasse über seine Absichten informiert.

5. Argumente dagegen:
   – Dann wissen Schüler schon alles im Voraus.
   – Dadurch geht die ganze Spontaneität verloren.
   – Dann ist die ganze Spannung weg.
   – Dann geht doch der Clou der Stunde flöten.
   – Dann wird ja schon alles vorweggenommen.
   – Das Interesse der Schüler sinkt auf den Nullpunkt.
   – Wenn man die Ziele bekannt gibt, können die Schüler von Anfang an ja schon dagegen sein.

6. Antworten:
   – Unsere Vorstellungen von Kindgemäßheit müssen geändert werden.
   – Man muss wissen, was man will, und bereit und fähig sein dies den Schülern klarzumachen.

- Verbalisierungen sind hilfreich: Wie findet ihr diesen Plan? Habt ihr Lust dazu? Wie könnte man diese Ziele am besten erreichen? Welche Ideen habt ihr? Warum ist es wichtig dies zu lernen?
7. Zusammenfassung: Das Rezept des informierenden Unterrichtseinstiegs kann immer dann angewandt werden, wenn die Schüler etwas Neues lernen sollen. Man kann auf dieses Rezept verzichten, wenn die Schüler sowieso wissen, was, warum und wie gelernt werden soll.

Hier wird deutlich, dass nicht *Sie* die Schüler motivieren, sondern dass Sie *Voraussetzungen* schaffen, dass Schüler sich selbst motivieren können. Motivieren heißt also nicht:
- Schüler so lange raten lassen, bis sie die Lösung gefunden haben.
- Als Lehrer denken: Ich weiß etwas, was ihr nicht wisst, aber ich tu so, als ob ich's auch nicht wüsste.
- 27 Tricks auspacken, damit die Schüler (endlich) mitmachen.
- Als Lehrer meinen, man könnte Schüler motivieren, wenn man nur den richtigen »Dreh« heraushat. (Es gibt Dinge, die die Schüler wirklich nicht interessieren.)
- Als Lehrer der Ansicht sein, dass Interesse der einzige Lerngrund sei. Es gibt auch noch andere: Notwendigkeit, Zwang, Zuneigung …
- Und schließlich: Wir können nicht »machen«, dass der/die andere »macht«. Das muss er/sie schon selbst tun.

Ich empfinde es als Erleichterung mich als Lehrer nicht »mit Gewalt« abstrampeln zu müssen, um Schüler zu motivieren. Meine Trickkiste wird jetzt nicht mehr überstrapaziert und ich vollführe auch keine Dreifachsalti mehr. Gegen die Angebote aus Film, Funk, Fernsehen und Video komme ich sowieso nicht an!

Zwei Aspekte haben für mich an Bedeutung zugenommen:

a) Wie motiviere ich mich selbst bzw. wie bleibe ich motiviert (nach zig Schuljahren) für Schüler und Schule, für Stoff und Unterricht?
b) Wie schaffe ich – mit Schülern! – Bedingungen, dass diese sich selbst motivieren können *und* dass wir gemeinsam lernen auch »ohne Motivation« (= bei Schülern »ohne Lust«) zu arbeiten. Denn: Die *Realität* fragt nicht immer nach Lust und Laune, nach Mögen oder Nichtmögen!

Zur Beantwortung der ersten Frage:

1. Ich mag Schüler. Sie brauchen mich zur Begleitung für ein Stück ihres Lebens und ich brauche sie, weil ich gerne Begleiter bin.
2. Ich mache mir bewusst, dass ich jeden Tag gefordert bin, unabhängig davon, ob ich Lust habe oder nicht.
3. Für mich gelten ähnliche Beweggründe etwas zu tun, wie für meine Schüler (siehe umseitig).
4. Ich versuche förderliche Bedingungen für meinen Beruf zu schaffen: Ausgeruht und seelisch stabil sein, sich Zeit nehmen und Zeit haben, Bedeutungsvolles auch loslassen können, Wichtiges auswählen, Verantwortung abgeben …

5. Ich erfahre, dass Routine (= Schulalltag) auch Erleichterung bedeuten kann und nichts mit Gleichgültigkeit zu tun hat.
6. Ich bin offen für Rückmeldungen meiner Beziehungspersonen: Die positiven bestätigen mich, die negativen motivieren mich für Änderungen.

Zur Beantwortung der zweiten Frage helfen mir folgende Einsichten:

Schüler sind motiviert und handeln, weil sie

| | |
|---|---|
| – Kontakt haben wollen | zu anderen Menschen (Eltern, Lehrern, Mitschülern) wegen der Erfahrung von Gemeinsamkeit, Geborgenheit, Solidarität, Schutz ... *(Sozialmotiv)* |
| – sachlich interessiert sind | an Dingen, Ereignissen, Geschehnissen, Prozessen ... *(Sachmotiv)* |
| – neugierig sind | auf Menschen, Tiere, Situationen, Änderungen, Entwicklungen ... *(Neugiermotiv)* |
| – etwas leisten wollen | um Grenzen kennen zu lernen, Ergebnisse zu erzielen, Eigenständigkeit zu erlangen, stolz zu sein und Freude zu haben ... *(Leistungsmotiv)* |
| – etwas lernen wollen | beim Lesen, Schreiben, Rechnen, Fahrrad zerlegen, Baumhaus bauen, Versuch durchführen ... *(Lernmotiv)* |
| – Geltung erlangen wollen | durch Anerkennung, Nähe, Beachtung, Zuneigung, Geborgenheit, Liebe ... *(Geltungsmotiv)* |
| – Macht haben wollen | über Personen und Sachen ... *(Machtmotiv)* |
| – aggressiv sind | gegen Personen und Sachen ... *(Aggressionsmotiv)* |
| – keine Strafe bekommen wollen | um Sanktionen zu vermeiden, keine Bloßstellungen zu erleiden ... *(Vermeidungsmotiv)* |

Bestimmt haben Sie inzwischen bemerkt, dass manche Motive ineinander übergehen und sich vermischen. Und natürlich gibt es noch viele andere Motive (siehe Literaturempfehlungen!).

> **Merke:** Menschen motivieren sich selbst oder sie lassen es bleiben (Grell, J. + M., S. 139).

**Aufgaben**

[1] Im Kollegium: Jeder von Ihnen notiert sich drei Unterrichtseinstiege (möglichst originelle und ausgefallene Ideen, jedoch didaktisch begründet!); anschließend Austausch und Diskussion.

*Meine Einstiege*                    *Einstiege meiner Kollegen*

_____      _____

_____      _____

[2] Überlegen Sie: Immer wenn Sie etwas Neues im Unterricht einführen: Wie beginnen Sie dann mit dem fragenden Unterricht?

[3] Diskutieren Sie die Ausführungen von Grell im Kollegium und sammeln Sie Argumente dafür und dagegen.

*Pro*                                *Contra*

_____      _____

_____      _____

_____      _____

[4] Ihre Meinung/Erfahrungen zum Thema »Motivation«:

_____

_____

_____

[5] Meinungen und Erfahrungen meiner Kollegen:

_____

_____

_____

[6] Ich motiviere mich selbst, indem ich

_____

_____

_____

[7] Meine Beweggründe (Motive):

☐ Ich fotografiere, weil _____

☐ Ich spiele Volleyball, weil _____

☐ _____

_____

_____

8 Wenn ich keine Lust auf etwas habe, dann

☐ tu ich's einfach nicht _____

☐ warte ich ab, bis _____

☐ überwinde ich meine Unlust und _____

☐
_____

☐
_____

(Welche Erwartungen haben Sie an Ihre Schüler, wenn diese keine Lust haben ...?)

9 Notieren Sie Situationen, in denen andere Menschen Sie (doch noch) zu etwas »überreden« (was Sie vielleicht gar nicht wollen).

| *Situationen* | *Gefühle/Empfindungen* |
| --- | --- |
| »Ach, geh doch bitte mit ins Kino!« | – gemischtes Gefühl: So zwischen gezwungen und »geht so« |
| | |
| | |
| | |

10 Was tun Sie, um für Stoff und Unterricht motiviert zu sein?

11 Wie belohnen Sie Schüler, wenn diese etwas getan haben, was sie große Überwindung kostete?

12 Wie belohnen Sie sich, wenn Sie sich überwunden haben?

13 Ich mache etwas gerne, wenn _____

_____

14 Wenn Schüler absolut nicht lernen/arbeiten wollen (auch nach vielen Gesprächen und Ermahnungen nicht), dann

☐ akzeptiere ich ihre Unlust
☐ übe ich Zwang aus
☐ beginne ich zu strafen
☐ mache ich einfach weiter
☐ kümmere ich mich nicht mehr um sie
☐ lasse ich sie nachsitzen
☐ bin ich hilflos

_____

_____

15 Was trifft bei Ihnen zu?

☐ Ich möchte, dass immer möglichst alle Schüler Interesse haben.
☐ Ich kann es akzeptieren, dass nicht immer alle Schüler das gleiche Interesse haben.
☐ Ich bin immer sehr bemüht etwas zu finden, womit ich die Schüler motivieren kann.
☐ Ich suche meist förderliche Bedingungen. Es ist dann Sache der Schüler, ob sie lernen wollen oder nicht.
☐ Ich werde öfter mal den informierenden Unterrichtseinstig benutzen.
☐ Ich glaube, ich sollte die Schüler öfter entscheiden lassen.
☐ Manchmal entdecke ich, dass ich die Schüler zu stark zu einem bestimmten Ziel bringen will.

## 2. Aktionen

• Aufgabenschwerpunkte:
– Aktionsformen kennen und anwenden,
– differenziert unterrichten,
– unterschiedliche Situationen bewältigen.

Ein Unterricht, der – wie im letzten Abschnitt verdeutlicht wurde – Motivationen der Schüler ermöglicht, muss auch – als Folge – Aktionsformen enthalten, in denen »die Beweggründe etwas zu *tun*«, verwirklicht werden können. (Die didaktische Terminologie ist hier nicht eindeutig; manche sprechen, wenn sie Aktionsformen meinen, von Unterrichtsformen, manche auch von Sozialformen.) Zum besseren Verständnis deshalb: Überblick und Zusammenhänge der Begriffe:

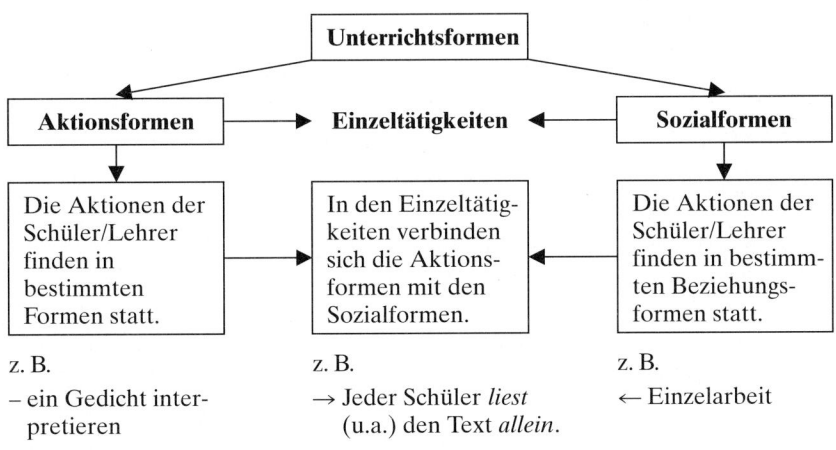

| **Unterrichtsformen** | | |
|---|---|---|
| **Aktionsformen** | **Einzeltätigkeiten** | **Sozialformen** |
| Die Aktionen der Schüler/Lehrer finden in bestimmten Formen statt. | In den Einzeltätigkeiten verbinden sich die Aktionsformen mit den Sozialformen. | Die Aktionen der Schüler/Lehrer finden in bestimmten Beziehungsformen statt. |
| z. B. | z. B. | z. B. |
| – ein Gedicht interpretieren | → Jeder Schüler *liest* (u.a.) den Text *allein*. | ← Einzelarbeit |

237

| – Vokabeln lernen | → Jeweils *zwei* Schüler *fragen sich* gegenseitig *Wörter ab.* | ← Partnerarbeit |
| – ein geographisches Problem lösen | → Jede *Gruppe diskutiert* das Problem unter bestimmten Gesichtspunkten. | ← Gruppenarbeit |
| – ein Referat halten (Lehrer) | → *Alle hören zu* und *machen sich Notizen.* | ← Plenum (Klassenverband/Frontalunterricht) |

(Zum Thema »Sozialformen« siehe Abschnitt 3.)

**Aktionsformen:**

| *Aktionsformen* | *Hinweise* | *Fragen/Aufgaben* |
|---|---|---|
| Referate halten | Betonung der Wissensvermittlung; Bevorzugung des auditiven Lerntyps; Abrundung durch anschließende Diskussion | – Begründen Sie die Notwendigkeit ein Referat zu halten oder halten zu lassen.<br>– Wie hoch schätzen Sie den Lerneffekt ein?<br>– Neigen Sie zu Referaten, weil dadurch (vielleicht) mehr Ruhe ins Klassenzimmer kommt? |
| Informationen geben | Betonung der Wissensvermittlung; Bevorzugung kognitiver Lernprozesse; Strukturierung; Zusammenfassung | – Wer kann informieren (Lehrer und/oder Schüler)?<br>– Welche Medien werden benutzt?<br>– Gibt es auch andere Möglichkeiten Wissen zu vermitteln? |
| Sachverhalte klären | Problemlösung; Teillösungen; Erläuterungen | – Wer klärt die Sachverhalte?<br>– Wie werden die Rückmeldungen aufgenommen?<br>– Welche Erklärungsmuster werden verwendet? |
| Gespräche führen/an Gesprächen teilnehmen | Verknüpfung von Erfahrungsaustausch und Wissensvermittlung; Gleichgewicht von Sach- und Beziehungsebene | – Wer ist der Gesprächsleiter?<br>– Welche Funktion übernimmt der Lehrer?<br>– Welche Ziele hat das Gespräch?<br>– Wie verläuft die Kommunikation?<br>– Wie werden die Ergebnisse festgehalten, verarbeitet und eventuell transferiert? |

| Aktionsformen | Hinweise | Fragen/Aufgaben |
|---|---|---|
| Aufgaben lösen | Problemlösung; Teillösungen; Schwierigkeitsgrad | – Wie präzise ist die Aufgabenstellung?<br>– Welche Lösungshilfen werden gegeben?<br>– Welcher Art sind die Aufgaben (abstrakt/kognitiv, konkret/praktisch/manuell ...)? |
| Brainstorming durchführen | Sammlung von Ideen und Erfahrungen; keine Wertungen! (Erfahrungen können eingeordnet, aber nicht bewertet werden!) | – Begründen Sie die Methode?<br>– Wie verwerten Sie didaktisch die eingebrachten Ideen und Erfahrungen? |
| Geschichten erzählen | Beachtung der didaktischen Notwendigkeit bzw. Gegebenheit, der Auswahl, Erzählweise und Verwertung | – Wer erzählt die Geschichte?<br>– Aus welchem Grund wird welche Geschichte erzählt?<br>– Wie wird die Geschichte didaktisch verwertet?<br>– Wie sieht die Kommunikation zwischen Erzähler und Zuhörer aus? |
| Etwas demonstrieren | Hervorhebung eines Versuches, eines Objekts oder Modells | – Begründen Sie die Demonstration.<br>– Werden die Schüler in den Versuch miteinbezogen?<br>– Wie verhält sich das Modell zur Wirklichkeit?<br>– Wie wird der Versuch didaktisch verwertet? |
| Medien/Materialien einsetzen (Karten, Bücher, Dias, Filme ...) | Beachtung der Auswahl und des Ausschnitts, der Einsatzmöglichkeit und der Verwendbarkeit | – Begründen Sie Ihre Entscheidung.<br>– Welche Ziele verfolgen Sie mit den entsprechenden Medien/Materialien?<br>– Welche Beziehung, welchen Kontakt haben die Schüler zu den Medien/Materialien? |
| Lernhilfen geben | Vermittlung zwischen Stoff und Schüler; Beachtung des Lernverhaltens der Schüler und der Effektivität der Lernhilfen | – Inwieweit achten Sie auf die Sach- und Beziehungsebene?<br>– Wie werden die Hilfen angenommen und verwertet?<br>– Wie sehen die Rückmeldungen aus? |

| Aktionsformen | Hinweise | Fragen/Aufgaben |
|---|---|---|
| mündlich/ schriftlich prüfen, bewerten, benoten | Beachtung der Aufgaben- und Fragestellungen, der Bewertungsgesichtspunkte und der Wirkungen bei den Schülern | – Welche Ziele verfolgen Sie?<br>– Kommen die Fragen bei den Schülern an?<br>– Wie ist die Kommunikation zwischen Ihren Schülern und Ihnen?<br>– Nehmen Sie die Wirkungen Ihrer Bewertung/Benotung bei den Schülern wahr? |
| Aufgaben/Arbeitsaufträge geben | Klarheit der Vermittlung; Beachtung der »Aufnahme« | – Wie sieht die Vermittlung Ihrer Aufgaben aus (akustisch, visuell)?<br>– Welche Ziele haben Sie intendiert?<br>– Beachten Sie die Rückmeldungen der Schüler? |
| Spiele spielen (singen, tanzen ...) | Betonung der Kooperation und Kreativität | – Begründen Sie den Einsatz des Spiels?<br>– Welche Ziele verfolgen Sie?<br>– Welche Vorgaben und Freiräume geben Sie?<br>– Wie sieht die Kommunikation aus? |

Und was fällt *Ihnen* noch ein?

_____   _____   _____

_____   _____   _____

## Zur Differenzierung

Die Beachtung und Reflexion der verschiedenen Aktionsformen führt uns (beinahe zwangsläufig) zum Thema der Differenzierung. Meiner Erfahrung nach steht die Fülle der Literatur umgekehrt proportional zur Verwirklichung und Umsetzung im Unterricht oder besser gesagt: Der *Wunsch* nach differenziertem Unterricht ist größer als die angestrebte *Realisierung* und die Schwierigkeiten dabei liegen nicht nur beim Lehrer.
Eine sehr übersichtliche Zusammenstellung geben Geppert, Klaus/Preuß, Eckhardt: Differenzierender Unterricht – konkret. Bad Heilbrunn 1981, S. 72:

1. Differenzierung aufgrund der individuellen Disposition der Schüler:
   – personaler Entwicklungsstand,
   – sozialer Entwicklungsstand,
   – sachstruktureller Entwicklungsstand,
   – arbeitsmethodischer Entwicklungsstand.
2. Differenzierung verlangt vom Lehrer
   – Offenheit gegenüber dem Kind und seinen individuellen Möglichkeiten,

- Offenheit bezüglich des eigenen pädagogischen Standorts in Theorie und Praxis,
- Offenheit gegenüber den Sachgehalten der Bildung,
- Offenheit hinsichtlich der Planung und Gestaltung des Unterrichts.

3. Differenzierung stellt den Anspruch,
   - individuelle Fähigkeiten und Interessen zu fördern,
   - Lerndefizite zu beheben,
   - Selbsttätigkeit und Selbstständigkeit zu fördern,
   - Selbsterfahrung zu ermöglichen,
   - soziale Kooperative zu stärken.

4. Differenzierung geschieht durch Variation
   - des Lernangebots,
   - der Lernziele,
   - der Lernschritte,
   - der Sozialformen,
   - der Aktionsformen,
   - der Medien und Materialien,
   - der Leistungskontrolle,
   - der Hausaufgabengestaltung.

5. Differenzierung geschieht durch
   - freie Gruppenbildung,
   - gebundene Gruppenbildung,
   - homogene Gruppenbildung,
   - heterogene Gruppenbildung.

6. Differenzierung benötigt entsprechende Sitzordnung/Raumgestaltung:
   - sechseckige Form,
   - U-Form,
   - Kreisform,
   - quadratische Form,
   - Raumzonen.

7. Differenzierung wird organisiert durch
   - Klassenunterricht,
   - integrierte Phasen,
   - freie Phasen,
   - Stütz- und Förderunterricht,
   - häusliche Arbeit.

*Fazit:* Individuelle Lerntypen brauchen individuelle Lernmöglichkeiten. Deshalb: Differenzierung als Unterrichts*prinzip*! (Schüler lernen nicht gleich, auch nicht gleich schnell – und schon gar nicht gleichmäßig!)

Die sieben umfangreichen Gesichtspunkte zeigen, wie differenziert Differenzierung betrachtet werden muss und wie schwierig, verantwortungsvoll, aber auch schüler- und sachgerecht und notwendig sie ist.

Drunkemühle, Ludger, und Pollert, Manfred: Differenzieren lässt sich lernen, Frankfurt/M. 1980, geben hilfreiche Tipps (S. 7–11), z.B.:
- Differenzierung mit einem Fach beginnen;
- vom Frontalunterricht ausgehen: Impuls, Aufgabenstellung, Arbeitsverhalten, Gruppeneinteilung u.ä.;

- Zur »Einübung«: mit Partnerarbeit beginnen; Wechsel der Sitzformen üben, Verhaltensweisen der Schüler üben (still sein, leise arbeiten, miteinander reden können usw.); mit Medien und Arbeitsmaterialien umgehen können; Arbeitsaufträge verstehen können;
- Prinzipien: von kurzen zu längeren Arbeitsphasen; von leichten zu schweren Aufgaben; vom Spiel zur Sache (Arbeit); vom »schon Können« zum »noch Lernen«; vom Einfachen zum Komplizierten;
- Lösung und Selbstüberprüfung sollen möglichst von den Schülern erreicht werden;
- Abwechslung der Gruppen nach Neigung, Leistung, Fähigkeit ...;
- vielfältige Schüleraktivitäten bevorzugen.

Wenn Sie im Unterricht differenzieren, dann werden Sie vermehrt auch mit unterschiedlichen Situationen konfrontiert, in denen Sie als Lehrer handeln müssen. (Ein undifferenzierter Frontalunterricht unterliegt – nach außen hin – weit weniger Lern- und Kommunikationsprozessen und damit Handlungssituationen und Handlungen als ein offener und differenzierter Unterricht.)
Sie müssen handeln, wenn
- einige Schüler bereits fertig sind, andere aber noch arbeiten;
- plötzlich fünf Schüler auf einmal auf die Toilette wollen;
- Schüler nicht in der Lage sind einen Sitzkreis zu bilden;
- zu Unterrichtsbeginn sieben Schüler vor Ihnen stehen und sagen, sie hätten keine Hausaufgaben gemacht;
- Doris Ihre Erklärungen immer noch nicht verstanden hat;
- der Tafeldienst schon wieder »verschlafen« hat;
- Sabine als »Streberin« ausgelacht bzw. gemieden wird;
- am Montagmorgen niemand Lust hat zu arbeiten;
- sich ein Drittel der Klasse überfordert fühlt;
- ...

Hier einige Anregungen:
- Schüler frühzeitig zur Selbstständigkeit erziehen: Dann sind Sie selbst entlastet.
- Die Kooperation der Schüler untereinander fördern: Sie müssen dann nicht immer Aufforderungen geben.
- Handlungszeitraum schaffen: Sie müssen nicht immer *sofort* handeln.
- Sich ein Handlungsrepertoire erarbeiten: Notieren Sie immer wieder Situationen und Handlungen: Welche waren sinnvoll, effektiv, förderlich?
- Tipps und Rezepte im Kollegium austauschen: Keine Angst! Tipps und Rezepte sind wirklich hilfreich. Das meinen viele Ihrer Kollegen, nur geben es nicht alle zu!
- Mit Schülern einen »Wenn-dann-Katalog« erarbeiten: Zuordnung bestimmter Reaktionen auf Situationen: Lehrer und Schüler sollen Bescheid wissen und nicht überrascht werden.
- Mit Kollegen das »Reagieren« üben: Wenn ich morgen in die Klasse komme, dann ... (Siehe auch nachfolgende Aufgaben!)

Eine gute Unterrichtsstunde/-einheit, ein sinnvoller Unterrichtstag für Schüler *und* Lehrer besteht aus der Ausgewogenheit von

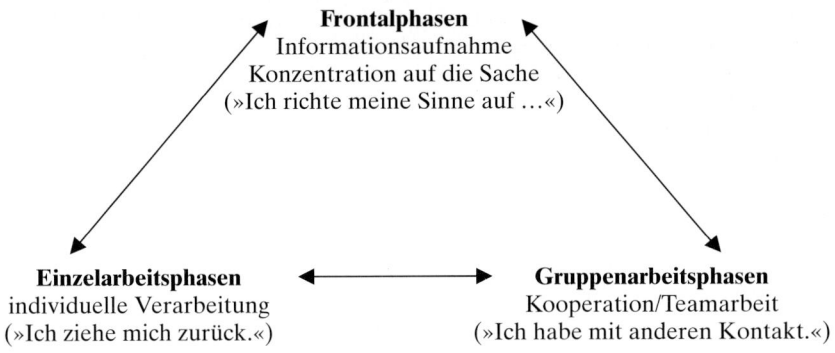

**Frontalphasen**
Informationsaufnahme
Konzentration auf die Sache
(»Ich richte meine Sinne auf ...«)

**Einzelarbeitsphasen**
individuelle Verarbeitung
(»Ich ziehe mich zurück.«)

**Gruppenarbeitsphasen**
Kooperation/Teamarbeit
(»Ich habe mit anderen Kontakt.«)

*Integrativer Unterricht*

Wenn Sie im Unterricht unterschiedlich handeln (wollen), so stellt sich Ihnen auch die Frage nach dem lehrer- und/oder schülerzentrierten Unterricht. Ich halte die Entscheidung für oder gegen einen schülerzentrierten oder lehrerzentrierten Unterricht grundsätzlich für falsch, weil es in einem Unterricht, in dem sich Lehrer und Schüler als *Partner* verstehen, kein *Für* oder *Gegen* geben kann. In einer Partnerschaft geht es immer um den *Stellenwert* und die *Gewichtung* jeweiliger Aktionen in beiderseitigem Einverständnis: Als *Lernpartner* verteilen Lehrer und Schüler Aufgaben, um gemeinsam Ziele zu erreichen. Mir geht es also um eine *Integration* und nicht um eine *Polarisierung*, wie Sie sie nachfolgend immer wieder irgendwo lesen können:

| Kriterien | lehrerzentriert | schülerzentriert |
|---|---|---|
| Lenkung | fremdgesteuert | selbstgesteuert |
| Lehrweise | darbietend | entdeckend |
| Lernweise | reproduktiv | produktiv |
| Unterricht | geschlossen | offen |
| Ziel | Wissensvermittlung | Erfahrungszunahme |
| Funktion | Einführung/Führung | Lösungssuche und -findung |
| Methode | deduktiv | induktiv |
| Aktion | Lehrertätigkeit | Schülertätigkeit |
| Schwerpunkt | Stoff | Schüler |

Diese Polarisierung zeigt, wie unsinnig die Trennung in »lehrerzentriert« und »schülerzentriert« ist. Ich plädiere für einen integrativen kommunikativ-kooperativen Unterricht und meine damit:
– Lehrer und Schüler als Partner;
– gemeinsame, unterschiedliche und getrennte Aufgaben, je nach Zielstellung und Lernfähigkeit;
– einen aktiven Prozess von Lehrern und Schülern;
– Selbstbehauptung und Selbstständigkeit beider Partner;
– Unterricht als »Sache aller Beteiligten«.

Was ich *inhaltlich* meine, definiert Angelika Wagner in ihrem Buch: Schüler-zentrierter Unterricht (München 1978/4, S. 19). Ich stimme ihr voll und ganz zu, nenne aber diese Form von Unterricht nicht (mehr) »schülerzentriert«, weil sie eben *nicht* schülerzentriert, sondern partnerschaftlich-integrativ ist, wie Sie nachfolgend lesen werden:

»Schülerzentrierter Unterricht ist für uns kein Idealtypus eines Unterrichts, den man nach Art des Alles-oder-nichts entweder durchführt oder verfehlt, sondern ein Prozess, in dessen Verlauf *Lehrer und Schüler gemeinsam* die unterrichtliche Struktur so verändern, dass ein zunehmend größeres Ausmaß an Selbstständig-keit und Mitbestimmung möglich wird. Dies setzt nach unseren Erfahrungen voraus, dass Schüler und Lehrer gemeinsam lernen, wie Unterricht und alles, was dazu gehört, funktioniert. Es erfordert außerdem ein emotional förderli-ches, d.h. relativ angstfreies, akzeptierendes Klima.«

Das Schlagwort »Schülerorientierung« setzt meines Erachtens den Lehrer zu sehr unter Druck didaktisch alles nach dem Schüler auszurichten. Dies ist weder sinnvoll noch realisierbar.

Wenn ich Unterricht als Partnerschaft verstehe, dann bedeutet das nicht eine Aufteilung in »fifty-fifty«, wie es oft üblich ist. Partnerschaft besteht in der ver-antwortungsvollen Übernahme von *Teilen* in einer Beziehung (pars, lat., der Teil!). Welche Teile und wie viele dies sind, bestimmen wiederum beide Seiten bzw. sie ergeben sich aus der (unterschiedlichen) Funktion, z.B.:

Tätigkeiten im Unterricht: berichten, informieren, korrigieren, zusammenfassen, erläutern, erklären, vortragen, anweisen, loben, ermahnen, bestimmen, erzäh-len, auswählen usw. Es wäre unsinnig dem lehrerzentrierten Unterricht »vortra-gen« zuzuschreiben und dem schülerzentrierten Unterricht beispielsweise »er-zählen« zuzuordnen.

Ein Unterricht ist nicht lehrerzentriert, wenn oder weil Lehrer aktiv sind, und er ist ebenso wenig schülerzentriert, wenn oder weil Schüler aktiv sind. Integra-tiver Unterricht beinhaltet beides und es sind Ziele, Inhalte, Funktionen und Beziehungen, die die jeweiligen Aktivitäten bestimmen. Partnerschaft in einer 1. Klasse ist genauso möglich wie in einer 9. Klasse; in der 1. Klasse übernimmt der Lehrer mehr »Partnerschaftsanteile« (aufgrund der noch geringen »Über-nahmefähigkeit« der Schüler) als in der 9. Klasse. Dabei wird partnerschaftli-ches Tun *im Dialog miteinander* immer wieder neu geklärt.

Zum Schluss noch einige Bemerkungen zum Thema »Übung im Unterricht«: Bei Kösel, Edmund/Schneider, Josef: Übung – Grundlage des Lernens, Ravens-burg 1978, lese ich (S. 3):

»Wenn wir im Folgenden von Übung sprechen, so sind darunter all jene Lern-prozesse zu verstehen, die zwischen der ersten Begegnung mit Lerninhalten und dem endgültigen Wissen und Können liegen.«

Wenn *dies* die Definition ist, so gibt es praktisch keinen Unterschied mehr zwi-schen *Lernen* und *Üben*, sondern diese beiden Begriffe sind dann identisch und ich kann anstelle von »üben« meist »lernen« sagen.

Der Begriff der Übung stammt aus einer Zeit der Erziehungswissenschaften, zu der die Erkenntnisse der Lernpsychologie noch in den Kinderschuhen steckten; Üben wurde gleichgesetzt mit »Pauken, Einpauken, Drill, mechanischem Wie-derholen«. Heute geht es um differenzierte Betrachtungsweisen von Lernproze-sen. Die methodischen Hinweise, die z.B. Kösel/Schneider geben, zeigen bereits, wie sehr Üben und Lernen eins geworden sind (S. 8ff.): »Übungsmethoden sind gezielte Vorgehensweisen, durch die Lerninhalte möglichst ökonomisch erreicht werden wollen. Dabei sollen die Übungsgesetze so weit wie möglich beachtet werden. Bekannt ist die Einteilung in visuelle, auditive und motorische Lerntypen.« Die Autoren vermischen die Begriffe Lerninhalte, Übungsmethoden, Übungsgesetze und Lerntypen. Mir selbst ist der Begriff »Übung« zu formal und ich versuche in den meisten Fällen ihn durch den Begriff »Lernen« zu ersetzen. Dabei verwende ich Tätigkeitsformulierungen, wenn ich mit Schülern »übe«. Ich sage nicht mehr: »Wir üben Rechtschreiben«, sondern: »Schreibt bitte je eine Zeile der Wörter X, Y, Z.« Oder: »Lies bitte den Abschnitt einmal still, einmal leise deinem Nachbarn vor und dreimal laut zu Hause« (Leseübung).

Je mehr Sie sich mit dem Thema Lernen befassen, umso mehr wird der Übungsbegriff differenziert werden und Sie werden vermutlich mehr mit Lernbegriffen arbeiten.

Das heißt allerdings nicht, dass das Wort »Übung« nun ganz aus Ihrem Vokabular verschwinden muss (Turnübung, Konzentrationsübung, Klavierübung). Für Schüler ist es lediglich hilfreicher, wenn aus dem pauschalen Üben ein konkretes Lernen wird, wenn aus dem »Übt bitte!« genaue Lernanweisungen werden.

---

**Merke:** Üben ist nichts anderes als methodisches Lernen.

---

## Aufgaben

1 Denken Sie an unterschiedliche Tätigkeiten im Unterricht: Welche führen Sie gerne und welche führen Sie nicht gerne aus?

*gerne*                                     *nicht gerne*

_____          _____

_____          _____

_____          _____

2 Notieren Sie Tätigkeiten, die Schüler übernehmen können, die *Sie* bisher übernommen haben.

*Situationen*                               *Schülertätigkeiten*

_____          _____

_____          _____

_____          _____

3 Wenn ich an differenzierten Unterricht denke, so habe ich folgende Schwierigkeiten:

☐ Ich kenne die unterschiedlichen Lernvoraussetzungen der Schüler (noch) zu wenig.

☐ Mir wird bange, wenn ich an die umfangreiche Vorbereitung denke.

_____

_____

_____

4  Ich habe bisher erfolgreich differenziert:

*Situationen*                          *Erfolge*

Unterschiedliche Aufgabenstellung im    Die Leistungen der Schüler wurden
Rechtschreibunterricht                  deutlich besser.

_____    _____

_____    _____

_____    _____

5  Denken Sie an die verschiedenen *Fächer* und an die unterschiedlichen Differenzierungsmöglichkeiten.

*Fächer*                  *Differenzierung gut möglich/nicht möglich, weil*

_____    _____

_____    _____

_____    _____

6  Differenzierung verlangt von Schülern bestimmte Verhaltensweisen:

☐ selbstständig arbeiten können
☐ in Gruppen arbeiten können
☐ mit Materialien umgehen können

_____

_____

_____

7  Sie wollen in Zukunft differenziert unterrichten. Erklären Sie Ihren Schülern, was Sie vorhaben.

☐ Differenzierung nennt man _____

☐ Wir bilden Gruppen, weil _____

_____

_____

8  Geben Sie sinnvolle Arbeitsaufträge (mündlich/schriftlich), z.B.:

☐ Bildet Gruppen zu je fünf Schülern und wählt den Gruppenleiter.

_____

_____

_____

9  Im Unterricht müssen Sie des Öfteren spontan und sofort handeln. Hier haben Sie Gelegenheit und – auf dem Papier – Zeit!

*Situationen*                          *Lösungen*

Einige Schüler schreiben sehr langsam
von der Tafel ab. Es sind immer dieselben.

_____

246

| Situationen | Lösungen |
|---|---|
| Peter ist der beste Schüler. Er weiß immer als Erster die Lösung. | |
| Die Schüler sollen einen Sitzkreis bilden. Wie geht das schnell und reibungslos? | |
| Alle paar Minuten geht irgendein Schüler zum Papierkorb. | |
| Im Winter hängen viele Kleidungsstücke über der Stuhllehne (riecht, unhygienisch ...). Im Gang wird Unfug damit getrieben. | |
| Es hat gegongt und schon sind die Schüler draußen. Dabei bin ich mit dem Unterricht noch gar nicht fertig. | |
| Ich komme in das Klassenzimmer. Mir dauert es einfach zu lange, bis die Schüler ihre Materialien bereitgestellt haben. | |
| Die anderen schreiben schon lange, Peter träumt noch immer. | |
| Die kommen einfach nicht von allein darauf nach der letzten Stunde die Stühle hochzustellen. | |
| Diesmal ist in der Pause ein schreckliches Gedränge beim Brötchenstand. | |
| Schon wieder nicht die Tafel gesäubert. Was ist bloß mit dem Ordnungsdienst los? | |
| Manche Kinder schaffen es einfach nicht in den Pausenhof zu gehen. Sie trödeln und trödeln und ich warte und warte ... | |

| *Situationen* | *Lösungen* |
|---|---|
| Plötzlich stehen zehn Schüler vor Ihnen und bestürmen Sie mit Fragen. | |
| Wer darf wann auf die Toilette gehen? | |
| Schon wieder kommt Michael zu spät! | |
| Montagmorgen, Kl. 8: Müdigkeit, Gäh-nen, Langeweile ... Und ich habe mich sooo gut vorbereitet. | |

10 Sie müssen oft auf Schülerfragen (themenbezogen, nichtthemenbezogen) antworten. Versuchen Sie das in nachfolgenden Beispielen mit den Schülern durch Wort, Zeichnung und Tun (vgl. auch 7. Kapitel: Lernen lernen):

| *Frage* | *Wort* | *Zeichnung* | *Handlung* (wenn möglich) |
|---|---|---|---|
| Was ist eine Podiums-diskussion? | – Wenn in einem Saal ... | – | – mit Schülern spielen |
| Was ist eine Kettenreaktion? | | | |
| Was ist eine Demonstration? | | | |
| Was sind Asylanten? | | | |
| Was ist ein Labyrinth? | | | |
| Was ist eine Mondfinsternis? | | | |
| Was ...? | | | |

(Versuchen Sie mit Ihren Schülern die Fragen zu klären, d.h.: Die Fragen an die Klasse weitergeben! Sie steuern und ihr helfen.)

[11] Als Lehrer habe ich bisher im Unterricht dominiert, weil

☐ ich es so gelernt habe
☐ mir dies effektiv erscheint
☐ meine Schüler es so gewohnt sind
☐ andere Lehrer es auch so machen

_____

_____

_____

[12] Ich habe Schwierigkeiten meine Schüler als Lernpartner zu betrachten:

☐ Meine Schüler sind Frontalunterricht gewohnt.
☐ Die meisten meiner Kollegen arbeiten »lehrerzentriert«.

_____

_____

_____

[13] Diskutieren Sie im Kollegium das Thema: Lehrer und Schüler als Lernpartner.

Notizen: _____

_____

_____

[14] Im integrativen Unterricht sind die Rollen verteilt. Notieren Sie Situationen, in denen Sie häufiger bzw. weniger häufig die Lehrerrolle (aus didaktischen Gründen) übernehmen (müssen).

_Lehrerrolle stark betont_          _Lehrerrolle wenig betont_

☐ im Fach Mathematik              ☐ im Heimat- und Sachunterricht
☐ am Unterrichtsbeginn            ☐ während der Gruppenarbeit

_____          _____

_____          _____

_____          _____

[15] Für mich besteht ein Unterschied zwischen »üben« und »lernen«, weil

_____

_____

_____

[16] Formulieren Sie (Fach beliebig) konkrete Lernanweisungen (statt: »Übt bitte!«):

_____

_____

_____

# 3. Sozialformen

- Aufgabenschwerpunkte:
- Sozialformen differenziert betrachten,
- Sozialformen vermitteln,
- Sozialformen didaktisch sinnvoll anwenden.

Unterricht findet auf zwei Ebenen statt, auf der Sach- und auf der Beziehungsebene, d. h. Unterricht ereignet sich in Aktionsformen (siehe Abschnitt 2) und in Sozialformen.
Im Unterricht werden hauptsächlich vier Sozialformen verwendet: (Vorsicht! Die Terminologie ist nicht immer einheitlich; vor allem werden Arbeits-, Aktions- und Sozialformen des Öfteren vermischt!)

| *Alleinarbeit* | *Partnerarbeit* | *Gruppenarbeit* | *Plenum* |
|---|---|---|---|
| Jeder Schüler arbeitet allein für sich. | Schüler arbeiten zu zweit miteinander. | Schüler arbeiten in Gruppen miteinander. | Schüler arbeiten im Klassenverband. |

Die didaktische Aufgabe des Lehrers besteht darin, Aktionsformen und Sozialformen sinnvoll miteinander zu verbinden. Dies setzt voraus, dass er über die Merkmale der einzelnen Sozialformen Bescheid weiß. (Die *Einteilung in Gruppen* garantiert z. B. noch keine Gruppenarbeit, sondern *erst die gruppenspezifische Aufgabenstellung*!)

*Merkmale Plenum (auch Frontalunterricht u. ä. genannt):*

- Alle Aktivitäten gehen von einer Person aus (Lehrer oder Schüler) und die anderen Beteiligten folgen dem jeweiligen Angebot.
- Oder: Alle agieren miteinander; z. B.: Spiel, Aktion, Wettbewerb ...
- Zweiwegkommunikation zwischen Lehrer und Schüler oder Schüler und Schüler oder Mehrwegkommunikation: alle mit allen.
- Impulsunterricht: Fragen des Lehrers/des Schülers und Antworten aus dem Plenum oder »Vielimpulse/Vielkontakte«.

*Merkmale Alleinarbeit*

- Schüler arbeiten in individuellem Tempo und unter gleichen oder differenzierten Anforderungen.
- Arbeitsanweisungen, Medien und Materialien sind gegeben.
- Schüler sind selbstständiges Arbeiten gewohnt.
- Zwischen den einzelnen Schülern findet keine Kommunikation statt.

*Merkmale Partnerarbeit*

- Jeweils zwei Partner arbeiten selbstständig miteinander.
- Arbeitsanweisungen, Medien und Materialien sind gegeben.
- Zwischen den beiden Schülern findet Kommunikation statt.

*Merkmale Gruppenarbeit*

- Schüler arbeiten selbstständig in Gruppen miteinander.
- Arbeitsanweisungen, Medien und Materialien sind gegeben.
- Es wird arbeitsgleich oder arbeitsteilig verfahren.
- Der Lehrer ist »Anlaufstelle«, Helfer …
- In den Gruppen findet zwischen den einzelnen Schülern Kommunikation statt.

*Hinweise:*

- Es ist kein Frontalunterricht, wenn jeder für sich im Klassenverband arbeitet. Dies nennt man Alleinarbeit.
- Es ist keine Partnerarbeit, wenn lediglich zwei Schüler nebeneinander sitzen und jeder für sich arbeitet.
- Es ist keine Gruppenarbeit, wenn beispielsweise fünf Schüler an einem Tisch sitzen und jeder für sich arbeitet.
- Nicht die verschiedenen Sitzformen beinhalten die Sozialform, sondern die unterschiedlichen *Beziehungsformen*!

Von den Sozialformen nimmt die Gruppenarbeit eine besondere Stellung ein. Gruppenarbeit als didaktische Form steht unter der Leitfrage:

In welcher *Form* ist *wann* mit welchen *Zielen* Gruppenarbeit didaktisch sinnvoll?

Unterscheidungen:
- arbeitsgleiche Gruppenarbeit (= konkurrierende GA),
- arbeitsteilige Gruppenarbeit.

Ziele:
- Unterteilung komplexer Themen,
- intensives Lernen,
- breite Basis von Ergebnissen,
- Handlungsorientierung,
- individuelle Lernprozesse,
- Kooperation/Kommunikation,
- Lernausgleich unter den Schülern,
- Selbstkontrolle/Selbstständigkeit,
- Mitbestimmung/Solidarität.

*Fragebogen für Schüler zur Gruppenarbeit*

| | |
|---|---|
| – Die Anweisungen des Lehrers waren für mich | – völlig klar,<br>– etwas unklar,<br>– völlig unklar. |
| – Die Arbeit in der Gruppe fand ich | – sehr gut,<br>– mittelmäßig,<br>– schlecht. |
| – Ich fühlte mich in der Gruppe | – sehr wohl,<br>– mittelmäßig,<br>– ausgeschlossen. |
| – Ich habe heute | – viel gelernt,<br>– wenig gelernt,<br>– nichts gelernt. |
| – Ich selbst war heute in der Gruppe | – aktiv,<br>– wenig aktiv,<br>– nicht aktiv. |
| – Ich möchte | – in der Gruppe bleiben,<br>– beim nächsten Mal wechseln,<br>– nicht mehr Gruppenarbeit machen. |

## Phasen in der Gruppenarbeit

Von Bedeutung ist der Zusammenhang von Aktions- und Sozialformen. Lehrer und Schüler wollen Ziele erreichen. Schüler sollen ein Gedicht interpretieren können. Schüler sollen den Zahlenraum von ... bis ... beherrschen können usw. In zweiter Linie wird dann entschieden, und zwar didaktisch begründet, in welcher Sozialform (= in welcher Form des Miteinander, der Interaktion) diese Ziele erreicht werden sollen.
Eine sehr geglückte Verbindung beider Formen habe ich bei Ruth Cohn gefunden, und zwar in der so genannten »Themenzentrierten Interaktion« (siehe auch 11. Kapitel). Die Sache (das Thema, der Stoff) und die Schüler werden in Beziehung zueinander gebracht.
– Schüler beschäftigen sich mit einem *Thema*.
– Jeder *einzelne Schüler* ist dabei gefordert.
– Schüler arbeiten miteinander, sind also in *Interaktion*.

Wichtig ist, dass versucht wird, ein Gleichgewicht zwischen den drei Elementen herzustellen:
– Zu viel Thema vernachlässigt den einzelnen Schüler, z.B. in seinen Bedürfnissen.
– Zu viel »Privates« eines Schülers vernachlässigt das Thema und die Bedürfnisse der anderen.
– Zu viele Interaktionen vernachlässigen das Thema.

252

**Phasen der Gruppenarbeit**

Lernzuwachs

**Aufgabenstellung**

- Bekanntgabe des Themas
- Detaillierung der Aufgaben
- Rückfragen der Schüler
- Klärung der Fragen

**Einteilung**

- Einteilung in Gruppen
- Verteilung der Arbeit
- Bereitstellung der Materialien
- Bestimmung der Arbeitszeit
- Bestimmung des Gruppenleiters
- Bestimmung des Protokollanten

**Ausführung**

- Bestimmung der Arbeitsschritte
- Lösung der Aufgaben
- Anfertigung des Protokolls

**Ergebnisdarstellung**

- Veröffentlichung der Gruppenergebnisse
- Klärung der Probleme
- Diskussion der Ergebnisse
- Vergleich mit anderen Gruppen
- Vergleich: Aufgabenstellung/Lösung

**Ergebnissicherung**

- Notierung der Ergebnisse
- Überprüfung der Verwendbarkeit
- Transfermöglichkeiten

## Zwei Erklärungsmuster

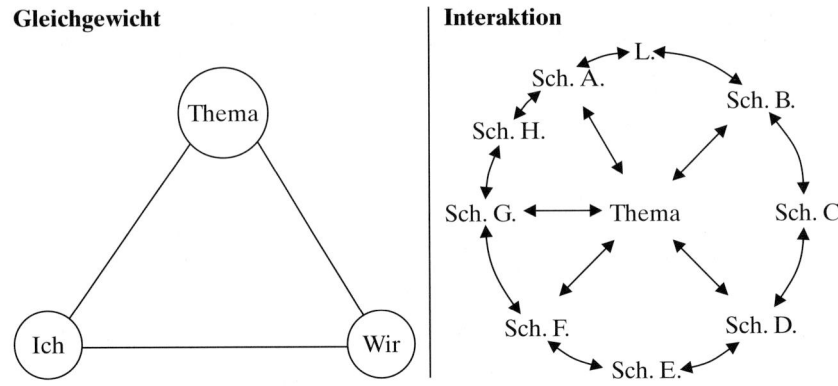

**Gleichgewicht**

Thema

Ich ——— Wir

**Interaktion**

Sch. A. L. Sch. B.
Sch. H.
Sch. G. ⟷ Thema Sch. C.
Sch. F. Sch. D.
Sch. E.

Sozialverhalten wird nicht in die Wiege gelegt, sondern muss erworben (= gelernt) werden. Lernen bedarf der Anleitung und erfordert Zeit.

Je früher Sozialformen gelernt werden, desto besser ist es für das Zusammenleben von Lehrern und Schülern. Und weil dieses Lernen oft so schwer ist, findet es des Öfteren gar nicht statt, d.h. aber auch, Lehrer und Schüler erfahren nicht die Erleichterung, die gelernte Sozialformen bringen können.

Beim Lernen von Sozialformen unterscheide ich drei Lernstufen, die sich in Erfahrungen der Schüler ausdrücken (siehe Tabelle S. 255):

Stufe 1: Ich erfahre, dass ich etwas kann.
Stufe 2: Ich erfahre, dass ich etwas will, aber (noch) nicht kann.
Stufe 3: Ich erfahre, dass ich etwas muss, aber (oft) nicht will und auch (noch) gar nicht kann.

Das Lernen beginnt auf der ersten, der leichtesten Stufe und geht über zu den schwereren, der zweiten und dritten Stufe (siehe S. 255).

*Beispiel: Alleinarbeit*

Stufe 1: Hoppla, ich *kann* ja auch allein für mich etwas machen.
Stufe 2: Ich *will* ja alleine arbeiten, aber ich lasse mich immer wieder ablenken.
Stufe 3: Ich *muss* jetzt alleine arbeiten (Aufforderung des Lehrers usw.), aber eigentlich will ich nicht und ich kann's auch noch gar nicht, obwohl ich einsehe, dass …

| Stufen | Alleinarbeit | Partnerarbeit | Gruppenarbeit |
|---|---|---|---|
| **Stufe 1:**<br><br>*Erfahrung:*<br><br>Ich kann allein arbeiten (bzw. zu zweit/in Gruppen). | – Jeder Schüler wählt sich eine beliebige Tätigkeit aus, die er jetzt gerne allein macht.<br>– Lehrer hilft bei Auswahl und/oder Entscheidung (nicht alles ist im Klassenzimmer jetzt gerade möglich).<br>– In der Anfangsphase wird diese Form sehr oft wiederholt. | – Jeder Schüler sucht sich einen Partner (bleibt einer übrig, dann zu dritt).<br>– Zu zweit wählen sich die Schüler eine Tätigkeit, die sie zusammen gerne tun. Der Lehrer gibt Hilfestellung (Entscheidung, Auswahl usw.).<br>– In der Anfangsphase wird diese Form sehr oft wiederholt. | – Gruppenwahl freiwillig (bis zu 6 Teilnehmer).<br>– Wahl einer gemeinsamen Tätigkeit (in den meisten Fällen ein Spiel).<br>– Lehrer gibt Hilfestellung.<br>– In der Anfangsphase wird diese Form (hauptsächlich durch Spiele) oft wiederholt. |
| **Stufe 2:**<br><br>*Erfahrung:*<br><br>Ich will allein arbeiten, kann es aber noch nicht (bzw. zu zweit/in Gruppen) | – Schüler sucht sich Tätigkeiten, die er ausführen will.<br>– a) Schüler notiert Ablenkungen;<br> b) Wettbewerb: Lehrer versucht abzulenken (reden, Musik machen usw.).<br>– Ziel: Schüler soll sich bewusst mit Eigen- und Fremdablenkung auseinander setzen. | – Schüler suchen sich Partner und gemeinsame Tätigkeit.<br>– Schüler notieren (während der Tätigkeit) die einzelnen Ablenkungen bzw. Störfaktoren.<br>– Ziel: Störfaktoren bewusst wahrnehmen und entgegensteuern.<br>– Diese Form oft wiederholen! | – Die einzelnen Gruppen spielen/agieren.<br>– Lehrer oder einzelne Gruppen versuchen zu stören.<br>– Störungen notieren, reflektieren.<br>– Maßnahmen erarbeiten: Wenn Störungen ..., dann ... |
| **Stufe 3:**<br><br>*Erfahrung:*<br><br>Ich muss (jetzt) allein arbeiten, will aber nicht und kann es auch (noch) nicht (bzw. zu zweit/in Gruppen). | In allen drei Formen gleich: Der Lehrer verdeutlicht die Realsituationen, dass Schule (auch) der Ort ist, an dem nicht nur freiwillig gelernt wird, und dass Bedingungen auch Zwänge einschließen.<br>– Lehrer gibt Aufträge, von denen er weiß, dass sie nicht gerne getan werden.<br>– Hilfestellungen, Wettbewerbscharakter, Belohnungen.<br>– Reflexion: Gespräche, Gefühle, Bedingungen, Überwindung, Ausdauer u.a.m. | Ähnlich wie Alleinarbeit | Ähnlich wie Alleinarbeit |

Die dritte Stufe gelingt umso leichter, je intensiver und ausführlicher die beiden vorhergehenden Stufen gelernt worden sind. Belohnungen nicht vergessen!

Es gibt unzählige Möglichkeiten, Sozialformen zu lernen und sich *nicht* auf folgenden Teufelskreis einzulassen:

| **Lehrer:** Ich mache keine Gruppenarbeit mit den Schülern, weil diese sie ja gar nicht können. | **Schüler:** Wir können keine Gruppenarbeit, weil wir ja nie eine machen bzw. lernen. |
| --- | --- |

**Merke:** Lieber freiwillig in einer selbstgewählten Sozialform arbeiten als in einer erzwungenen gar nicht!

**Aufgaben**

1 Notieren Sie Aktivitäten im Plenum.

| *Lehrer* | *Schüler* |
| --- | --- |
| z.B.: Ich bin Gesprächsleiter. | diskutieren miteinander. |

2 Notieren Sie Aktivitäten in der Alleinarbeit.

| *Lehrer* | *Schüler* |
| --- | --- |
| z.B.: Ich gebe Aufgaben. | führen sie einzeln aus. |

3 Notieren Sie Aktivitäten in der Partnerarbeit.

| *Lehrer* | *Schüler* |
| --- | --- |
| z.B.: Ich gebe den Schülern Aufgaben. | lösen zu zweit Aufgaben. |

4 Notieren Sie Aktivitäten in der Gruppenarbeit.

*Lehrer*                          *Schüler*

z.B.: Ich gehe von Tisch zu Tisch ...    fertigen ein Poster an.

_____    _____
_____    _____
_____    _____
_____    _____

5 Kreuzen Sie an, was für Ihren Unterricht zutrifft (eventuell fachlich verschieden).

| Sozialform | häufig | selten | nie |
|------------|--------|--------|-----|
| Plenum | | | |
| Alleinarbeit | | | |
| Partnerarbeit | | | |
| Gruppenarbeit | | | |

6 Begründen Sie

| Sozialform | häufig, weil | selten, weil | nie, weil |
|------------|--------------|--------------|-----------|
| Plenum | | | |
| Alleinarbeit | | | |
| Partnerarbeit | | | |
| Gruppenarbeit | | | |

7 Überlegen Sie: Differenzieren Sie auch innerhalb der Sozialformen (einige arbeiten allein, einige zu zweit, die anderen in Gruppen usw.)?

Notizen: _____
_____
_____

**8** Probieren Sie alle Sozialformen aus und notieren Sie Ihre Erfahrungen (anschließend Austausch in der Gruppe!).

| Plenum | Alleinarbeit | Partnerarbeit | Gruppenarbeit |
|---|---|---|---|
|  |  |  |  |

**9** Notieren Sie Situationen, in denen Sie Sozialformen bevorzugen:

| Situationen | PL | EA | PA | GA |  |
|---|---|---|---|---|---|
| Wenn ich Schüler informiere | × |  |  |  |  |
| Wenn |  |  |  |  |  |
|  |  |  |  |  |  |
|  |  |  |  |  |  |

**10** In welcher Sozialform arbeiten *Sie* am liebsten?

_____, weil _____

(Sozialform)

_____

*Exkurs: Individuelle Leistungsbewertung und Benotung*

Die Unterrichtsdurchführung beinhaltet auch, dass Sie Leistungen der Schüler bewerten und ihnen Noten geben. Das Problem der so genannten Objektivität wird vielseitig diskutiert und auch die Bewertung ist von Fach zu Fach verschieden.
Ich habe die Erfahrung gemacht, dass meine »Bewertungssicherheit« zunimmt, je umfassender meine Schülerbeobachtung ist. Für den Heimat- und Sachunterricht verwende ich z.B. Bewertungskriterien, die den Leistungen der Schüler in hohem Maße gerecht werden. Vielleicht können Sie für Ihre Fächer einiges davon übernehmen:
– Bewertung von Schüleraktivitäten:
  Schüler zeigt, *dass* er (mit-)arbeitet.
– Bewertung individueller Tätigkeit:
  Schüler zeigt, wie *er* arbeitet.
– Bewertung von Schülerfertigkeiten:
  Schüler zeigt, *wie* er arbeitet.

- Bewertung von Schülerprodukten:
  Schüler zeigt Arbeits*ergebnisse* vor.
- Bewertung von (Grund-)Wissen:
  Schüler zeigt, dass er etwas *weiß*.
- Bewertung von Sozialverhalten:
  Schüler zeigt, dass er *alleine und mit anderen* arbeiten kann.

Wichtig erscheint mir zudem die eigene Überlieferung Schüler zu bewerten.
Welche der nachfolgenden Aussagen treffen vielleicht auch auf Sie zu?

☐ Ich bewerte Mädchen anders als Jungen (nachsichtiger, großzügiger, kleinlicher).

☐ Ich kann nicht alle Schüler gleich mögen. Ich glaube, das schlägt sich auch in meiner Bewertung nieder.

☐ Wenn mich ein Schüler geärgert hat, dann bewerte ich seine Leistungen kritischer.

☐ Schüler, die nicht ordentlich aussehen, die schmutzig, frech, vorlaut ... sind, bewerte ich strenger.

☐ Bei der Korrektur von Schülerarbeiten sehe ich zuerst auf das Namensschild.

☐ Ich werde unsicher, wenn ich Arbeiten von Schülern korrigiere, deren Eltern etwas »vom Geschäft« verstehen (Lehrer, Mathematiker, Germanisten ...).

☐ Ich weiß: Es sind doch immer wieder dieselben Schüler, die die schlechten Leistungen bringen.

☐ Manchmal vergleiche ich einen Schüler, dessen Bruder/Schwester ebenfalls schon Schüler(in) bei mir waren.

☐ Was die Benotung betrifft: Als Schüler bin ich oft ungerecht bewertet und benotet worden. Ich glaube, ich habe auch noch nicht alles »verdaut«.

☐ Ich lege einen gerechten, einheitlichen Maßstab an. Wer es nicht schafft, dem kann ich auch nicht helfen.

☐ Noten sind wichtig und bedeutungsvoll. Ich gehe deshalb sehr behutsam und verantwortungsvoll damit um.

**Literaturempfehlungen**

Becker, Georg E.: Planung von Unterricht. Weinheim 1997/7.
Als »handlungsorientierte Didaktik« will der Autor die Lehrer in die Lage versetzen »mit einem hohen professionellen Anspruch« Unterricht zu planen, um damit beste Voraussetzungen für »guten« Unterricht zu schaffen.
Becker, Georg E.: Durchführung von Unterricht. Weinheim 1995/7.
Der Autor betont die Handlungsebene im Unterricht. Das Buch ist aus der Arbeit mit Studenten und Lehrern entstanden und wird theoretischen wie praktischen Ansprüchen gerecht.
Becker, Georg E.: Unterricht auswerten und beurteilen. Weinheim 1998/6.
Aus dem Inhalt: Leistung und Erfolgskontrollen; schriftliche Arbeiten, mündliche Prüfungen; Beurteilung und Zensuren.
Cohn, Ruth: Von der Psychoanalyse zur themenzentrierten Interaktion. Stuttgart 1997/13.
Das Buch ist ein Sammelband und »lässt den Leser daran teilhaben, wie sich aus den persönlichen Erfahrungen der Autorin eine psychotherapeutische und pädagogische Methode entwickelt hat: das themenzentrierte interaktio-

nale System«. Keine Angst! Das Buch ist sehr verständlich geschrieben und wird unterschiedlichen Interessen gerecht. Es können auch einige Aufsätze überblättert werden!

Drunkemühle, Ludger/Pollert, Manfred: Differenzieren lässt sich lernen. Frankfurt a.M. 1980.
Es wimmelt geradezu von Beispielen aus dem Unterricht der Grundschule!

Geppert, Klaus/Preuß, Eckhardt: Differenzierender Unterricht – konkret. Bad Heilbrunn 1981.
Die beiden Autoren bieten sowohl einen umfangreichen Überblick als auch eine Fülle praktischer Beispiele aus dem Primarbereich an, die jedoch auf andere Bereiche übertragbar sind. Sehr hilfreiche Anregungen!

Jank, Werner/Hilbert, Meyer: Didaktische Modelle. Frankfurt a.M. 1994/3.
Im Mittelpunkt steht die Darstellung und Reflexion/Kritik gängiger didaktischer Modelle und Unterrichtskonzepte. Dass dies nicht spröde-trocken geschieht, sondern sehr anschaulich, lebendig und praxisnah, beweisen die beiden Autoren fast auf jeder Seite. Eine umfassende und gründliche Lektüre.

Klippert, Heinz: Methodentraining. Weinheim 1997/6.
Der Autor bietet 32 »Übungsbausteine für den Unterricht« an mit den Schwerpunkten: Informationsbeschaffung, -erfassung, -verarbeitung und -aufbereitung; Arbeits-, Zeit- und Lernplanung. Ein echter Gewinn für alle diejenigen, die dieses Buch als ständigen Berufsbegleiter bei sich haben!

Meyer, Hilbert: Leitfaden ... (siehe 8. Kapitel), S. 254.

Meyer, Hilbert: Unterrichtsmethoden. (II: Praxisband). Frankfurt a.M. 1995/7.
Eine schier grenzenlose Fundgrube für Methodenfreunde und diejenigen, die es werden wollen. Sehr zu empfehlen!

Thiele, Hartmut: Lehren und Lernen im Gespräch. Bad Heilbrunn 1981.
Beispiele für Gesprächsführung im Unterricht: u.a. Impuls, Lehrerfrage; verstärken, informieren, ermutigen, aufgreifen, akzentuieren, bewerten, zusammenfassen – wichtig in allen Unterrichtsphasen, in denen das Gespräch betont wird.

Wagner, Angelika, u.a.: Schülerzentrierter Unterricht. Weinheim, neubearb. Aufl. 1982.
Grundlagen und Ideen eines schülerorientierten Unterrichts; dazu Erfahrungen von Kollegen; Gruppenunterricht – Gespräche – Spiel – Disziplin im schülerorientierten Unterricht – Interaktionen – Kooperation u.a.m.

# Teil 4:
# Lehrer und Kollegium

In diesem Teil geht es um den einzelnen Lehrer und seine Beziehungen innerhalb des Kollegiums. Damit ist zugleich das Spannungsfeld angesprochen zwischen dem Lehrer mit seinen individuellen Eigenschaften und Bedürfnissen und dem Kollegium als einem vielschichtigen Organismus. Kommunikation und Kooperation sind darin genauso wichtig wie Störungen dort normal sind. Und schließlich soll deutlich werden, dass der Erziehungsauftrag der Schule umso besser erfüllt werden kann, je intensiver die gemeinsame Erziehungsarbeit von einem Kollegium geleistet wird.

# 10. Kapitel:
# Lehrer im Kollegium

## 1. Der Einzelne und die Gruppe

• Aufgabenschwerpunkte:
– den Einzelnen akzeptieren,
– sich in die Gruppe integrieren.
– für Neues offen sein.

Wenn ein Lehrer neu in ein Kollegium[*] kommt, wird er ähnliche Erfahrungen machen wie ein Schüler:
– Er wird herzlich begrüßt.
– Er wird aus der Distanz betrachtet.
– Er findet Stammplätze vor.
– Er bekommt die Schule gezeigt.
– Er muss sich zurechtfinden.
– Er findet Anschluss, Kontakt, Freunde.
– Er erfährt Schwierigkeiten und Ablehnung.
– Er bereitet selbst wiederum Schwierigkeiten.
– Er ...

Kurzum: Lehrerkollegien sind genauso Zwangsgebilde wie Klassen und in Lehrerzimmern spielen sich die gleichen Gruppenprozesse ab wie in Klassenzimmern.
Für den Lehrer, der neu in ein Kollegium kommt, ist es nicht immer einfach Fuß zu fassen, und für diejenigen,»die schon da sind«, nämlich»die anderen«, ist es nicht immer selbstverständlich mit»ausgebreiteten Armen« den Neuling zu empfangen, denn:
– jedes Kollegium (wie jede Gruppe) bildet nach außen ein geschlossenes Gefüge (auch wenn Einzelne innerhalb der Gruppe untereinander wenig oder kaum Kontakt haben) und
– jeder, der von außen kommt, wird zunächst (bewusst oder unbewusst) als Eindringling betrachtet.

---

[*] Unter »Kollegium« ist hier nicht ein idealtypisches Gebilde gemeint – *das Kollegium gibt es nicht! –, sondern eine Gruppe oder Teilgruppe von Lehrerinnen und Lehrern, die an einer Schule unterrichten.*

Im Schema sieht das dann so aus:

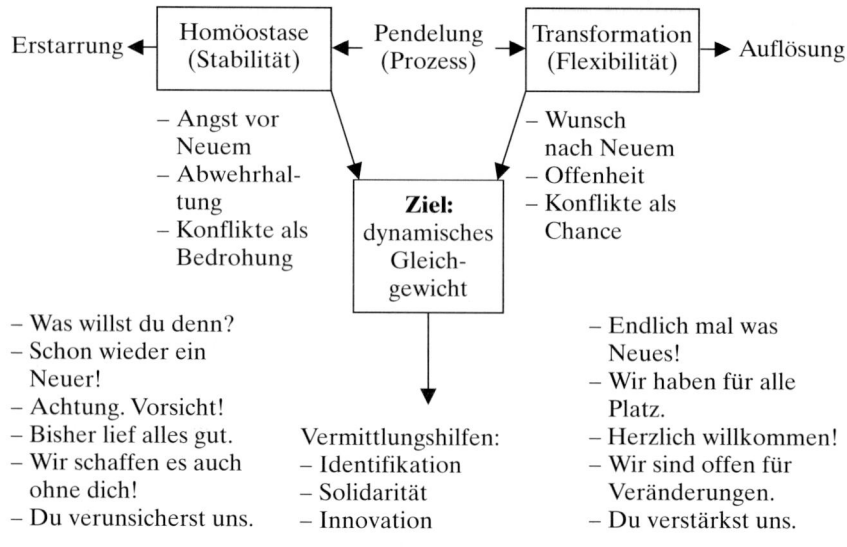

Erstarrung ← Homöostase (Stabilität) ← Pendelung (Prozess) → Transformation (Flexibilität) → Auflösung

– Angst vor Neuem
– Abwehrhaltung
– Konflikte als Bedrohung

**Ziel:** dynamisches Gleichgewicht

– Wunsch nach Neuem
– Offenheit
– Konflikte als Chance

– Was willst du denn?
– Schon wieder ein Neuer!
– Achtung. Vorsicht!
– Bisher lief alles gut.
– Wir schaffen es auch ohne dich!
– Du verunsicherst uns.

Vermittlungshilfen:
– Identifikation
– Solidarität
– Innovation

– Endlich mal was Neues!
– Wir haben für alle Platz.
– Herzlich willkommen!
– Wir sind offen für Veränderungen.
– Du verstärkst uns.

*Erklärung:*

Das Kollegium ist hier als ein *System* zu verstehen, als eine Einheit, die sowohl Geschlossenheit als auch Offenheit benötigt, um als selbstständiger Organismus lebensfähig zu bleiben:
– Geschlossenheit, um nicht auseinander zu fallen;
– Offenheit, um nicht in Leblosigkeit zu erstarren.

Die *Leistung* eines Systems (und damit der Einzelnen) besteht darin eine *fruchtbare Pendelung* zu schaffen zwischen Erstarrung und Auflösung, zwischen Geschlossenheit und Offenheit, also Wachstum zu ermöglichen.
Diese Leistung bedeutet für alle Beteiligten bewusste *Arbeit.* Ich nenne sie *Beziehungsarbeit* und für die bestehende Gruppe heißt das:
– den Neuen in seiner Person zu akzeptieren
– ihm die Normen und Gepflogenheiten der Gruppe zu vermitteln,
– ihn in die Gruppe (allmählich und kontinuierlich) zu integrieren,
– für dessen Impulse in zunehmendem Maße offen zu sein,
– Erwartungen an ihn annehmbar zu äußern,
– dessen Erwartungen aufzunehmen,
– Störungen als Teil eines lebendigen Gruppenorganismus anzunehmen und zu bewältigen.

Für den Neuankommenden besteht die Arbeit darin,
– sich in die Gruppe zu integrieren,
– Gruppennormen und Gepflogenheiten zu akzeptieren,
– eigenes Verständnis zu artikulieren,

– Identifikation und Solidarität in zunehmendem Maße anzustreben,
– eigene Impulse der Gruppe zu vermitteln.

Das bedeutet für beide Teile sowohl Stabilität als auch Beweglichkeit. Die »Beziehungsarbeit« (= das Verstehen der Dynamik der Gruppe) wird erleichtert, wenn man versucht die Unterschiedlichkeit der einzelnen Menschen wahrzunehmen und nach Gemeinsamkeiten zu suchen: Menschen sind verschieden in Geschlecht, Alter, Lebensgeschichte, Aussehen, Herkunft, Gewohnheiten, materiellen Bedingungen usw. Menschen unterhalten sich über Mode und Sport, über Gehaltsstufen und Einkommen, über Veranstaltungen und Erlebnisse, über Neuigkeiten und Ereignisse usw. In meinem eigenen Bemühen Menschen besser in ihrer Eigenart zu verstehen, und in der Suche nach Gemeinsamkeiten habe ich die Erfahrung gemacht: Je mehr ich von »Äußerlichkeiten« absehe und je tiefer ich mich auf menschliche Beziehungen einlasse (was von beiden Seiten Öffnung und Offenheit erfordert), desto geringer werden die Unterschiedlichkeiten und umso mehr tauchen Gemeinsamkeiten auf:
– Hoffnung auf Frieden und Sicherheit;
– Sehnsucht nach Geborgenheit, Zärtlichkeit, Zuneigung;
– Angst vor Krankheit, Sterben, Alleingelassensein;
– Streben nach Anerkennung und Beachtung;
– Wunsch nach Gemeinsamkeit und Austausch;
– Mitteilung von Freude, Trauer, Unsicherheiten;
– Erfahrung von Ablehnung und Zuwendung;
– u. a. m.

Die wirklichen Gemeinsamkeiten von Menschen liegen vermutlich also mehr in inneren, seelischen Bereichen als in äußeren Aktivitäten, Äußerlichkeiten und Erscheinungen. Diese Erfahrung hat für mich zur Folge, vermehrt hinter meine eigenen Fassaden und hinter die Fassaden meiner Mitmenschen zu sehen. Manchmal habe ich den Eindruck, sie warten darauf, haben aber selbst (noch) nicht den Mut es zu tun. Ich fühle mich mit anderen bereichert, wenn wir von der Oberfläche der Verschiedenheit zur Tiefe der Gemeinsamkeit vorstoßen. Zum gegenseitigen Verstehen ist es dann kein weiter Schritt mehr.
(Ausführlich über systemische Betrachtungen, Gruppe und Gruppendynamik in: Miller, Reinhold: Beziehungsdidaktik. Weinheim 1998/3.)

> **Merke:** So viel Bewahrung wie nötig
> (um nicht »auseinander zu fallen«)
> und so viel Neuerung wie möglich
> (um lebendig zu bleiben und nicht zu erstarren)!

**Aufgaben**

1 Ich kann einen Kollegen akzeptieren, weil

☐ er ähnliche Ansichten vertritt wie ich;
☐ mir seine Erscheinungsweise sympathisch ist;
☐ er nicht verschlossen wirkt.
☐ _____
☐ _____
☐ _____

2 Ich habe Schwierigkeiten einen Kollegen zu akzeptieren, wenn

☐ er grundsätzlich andere Positionen vertritt als ich;
☐ sein Äußeres nicht sehr gepflegt ist;
☐ sein Umgang mit Schülern zu kumpelhaft ist.
☐ _____
☐ _____
☐ _____

3 Wenn ich neu in eine Gruppe komme, so habe ich Schwierigkeiten mich zu integrieren:

☐ Ich habe dann das Gefühl, dass ich mich sehr stark nach den anderen richten muss.
☐ Ich habe nicht immer den Mut von mir aus Kontakt mit anderen aufzunehmen.
☐ _____
☐ _____
☐ _____

4 Wenn ich in eine Gruppe komme, so habe ich folgende Erwartung an sie:

☐ Einzelne sollen zuerst auf mich zukommen.
☐ _____
☐ _____
☐ _____

**5** Notieren Sie Ihre bisherigen Erfahrungen mit und in Gruppen in Bezug auf Geschlossenheit und Offenheit:

|  | *Geschlossenheit* | *Offenheit* |
|---|---|---|
| als Schüler in Klassen | z.B.: Ich habe nie so richtig Anschluss gefunden. | Von Anfang an wurde mir viel Verständnis entgegengebracht. |
|  | | |
| als Mitglied einer Freizeitgruppe, z.B. Verein | Ich musste zuerst meine Fähigkeiten unter Beweis stellen. | Von Anfang an war ich der Hecht im Karpfenteich. |
|  | | |
| als Lehrer eines Kollegiums | Ich habe über ein Jahr gebraucht, bis ich mich wohl gefühlt habe. | Ich habe viele Freunde im Kollegium. |
|  | | |

oder:

**5a** Oder (weniger strukturiert): Meine bisherigen Erfahrungen in Gruppen

_____

_____

_____

**6** Ich habe mich in Gruppen bisher (durchgängig) verhalten:

Schule/Klasse:  
☐ Ich war immer ein Außenseiter.  
☐ Ich hatte immer viele Spielkameraden.  
☐ Meine Geburtstagspartys waren immer ...  
☐ _____  
☐ _____  
☐ _____

Gruppe/Freizeit:    ☐ Ich bin in keinem Verein.
                    ☐ Meine Familie genügt mir.
                    ☐ Meine Wandergruppe kommt gleich nach der Familie.
                    ☐
                    ☐ _____
                    ☐ _____

Schule/Kollegium:   ☐ Das Kollegium ist für mich eine reine Berufsgruppe.
                    ☐ Ich bin froh, wenn im Kollegium auch privat viel los ist.
                    ☐
                    ☐ _____
                    ☐ _____

**7** Überdenken Sie Ihre Aussagen und kreuzen Sie an:

Ich fühle mich in Gruppen

☐ sehr wohl    ☐ wohl    ☐ nicht immer wohl    ☐ gar nicht wohl

Gründe: _____
_____
_____

**8** Schätzen Sie Ihre eigene Position im Kollegium ein:

Ich bin sehr          1          5          9          Ich bin überhaupt
angenommen.        ├─┼─┼─┼─┼─┼─┼─┼─┤           nicht angenommen.

Vermutungen über die Position:
_____

**9** Andere im Kollegium schätzen meine Position so ein:

Ich bin sehr          1          5          9          Ich bin überhaupt
angenommen.        ├─┼─┼─┼─┼─┼─┼─┼─┤           nicht angenommen.

Kollege A _____
Kollege B _____
Kollege C _____

**10** Sprechen Sie im Kollegium miteinander:

– Wie sehe ich meine Position?
– Welche Gründe habe ich dafür?
– Wie sehen die anderen mich?
– Welche Erfahrungen haben sie mit mir gemacht?

11 Sie haben vielleicht in Ihren Schulklassen bereits Soziogramme gemacht. Trauen Sie sich zu, dies auch im Kollegium zu tun?

Befürchtungen: ———————————————————

———————————————————

Die anderen meinen dazu: ———————————————

———————————————————

Wir haben im Kollegium ein Soziogramm gemacht.

Ergebnis: ———————————————————

———————————————————

(Was für Ihre Schüler/Klasse hilfreich ist, kann doch für ein Kollegium nicht schädlich sein, oder?)

12 Wenn Sie – in etwa – Ihre Position im Kollegium festgestellt haben, so kreuzen Sie bitte an:

☐ Meine Selbstwahrnehmung stimmt mit der Wahrnehmung des Kollegiums im Großen und Ganzen überein.
☐ Zwischen meiner Selbstwahrnehmung und der Wahrnehmung des Kollegiums bestehen Differenzen.

Vermutete Gründe: ——————————————

———————————————————

13
☐ Ich fühle mich im Kollegium wohl.
☐ Ich fühle mich im Kollegium nicht wohl, weil

———————————————————

———————————————————

14 Ich denke, dass ich Folgendes ändern müsste:

———————————————————

———————————————————

15 Ich möchte, dass sich im Kollegium/bei den anderen Folgendes ändert:

———————————————————

———————————————————

16 Versuchen Sie in Erfahrung zu bringen: Das Kollegium/einige wünscht/wünschen sich von mir:

☐ Bitte sei nicht so empfindlich!
☐ Bring dich etwas mehr in die Gruppe ein!

_____

_____

_____

17 In folgenden Situationen fühle ich mich vom Kollegium unter Druck gesetzt:

☐ Wenn ich nicht bei jedem Fest dabei bin.
☐ Wenn ich mal eine extrem andere Meinung habe.
☐ Wenn's in meiner Klasse chaotisch zugeht.

_____

18 Ich glaube, ich setze die anderen auch unter Druck, indem ich

☐ des Öfteren vielleicht zu hohe Ansprüche stelle;
☐ zu wenig auf deren Eigenart sehe;
☐ zu stark von meiner eigenen Position ausgehe.

_____

_____

_____

## 2. Das Kollegium als Gruppe

• Aufgabenschwerpunkte:
– das Kollegium als Gruppe akzeptieren,
– sich solidarisieren,
– Gruppenverhalten lernen.

In den vergangenen Jahren habe ich immer wieder die gleichen oder ähnliche Erfahrungen gemacht:
Als Tagungsleiter oder Referent arbeitete ich mit Kollegen in verschiedenen pädagogischen Bereichen. Wenn dabei die Sprache auf das Verhalten der Schüler kam, wurde in zunehmendem Maße auch der Wunsch nach Reflexion eigenen Verhaltens als Lehrer im Kollegium deutlich. Dabei ergaben sich vorwiegend folgende Wünsche:
– mehr Verständnis füreinander;
– mehr Offenheit;
– verstärkt Erfahrungsaustausch, Gespräche, Hilfen;
– bessere Zusammenarbeit im Kollegium;
– bessere Kollegialität, weniger »Hintenherum«.

Kollegialität wird also in überwiegendem Maße bejaht und gewünscht, aber es klafft zwischen Wunsch und Wirklichkeit eine große Lücke.
Drei Aufgabenbereiche bieten sich deshalb an:

- Die Überprüfung der Bedürfnisse, Wünsche, Erwartungen der Einzelnen in Bezug zur Gruppe (= Kollegium)
- Die Wahrnehmung von Hindernissen diese Bedürfnisse u. ä. zu verwirklichen
- Die Suche nach förderlichen Verhaltensweisen und Aktionen

Lehrer sind nicht »Einzelarbeiter«, die am Fließband stehen oder Büroarbeit verrichten, sondern sie haben als Einzelne *in* einem Kollegium die Aufgabe zu erziehen und zu unterrichten. Das bindet sie nicht nur an die Schüler, sondern auch untereinander. Als »Summe von Lehrern« unterliegen sie deshalb den gleichen Prozessen wie andere Gruppe auch, d. h. sie haben es zu tun mit
- Nähe und Distanz,
- unterschiedlichen Meinungen,
- Spannungen und Konflikten,
- Zweierbeziehungen und Kleingruppen,
- Unvereinbarkeiten und Vereinbarungen.

Es sind die *Aufgaben* der Lehrer, die sie untereinander als Gruppe konstituieren, und nicht die *Bedürfnisse* Einzelner nach einer homogenen Gruppe (wie z. B. im Freundeskreis), um es persönlich leichter zu haben. Der Lehrerberuf ist also kein Einzelkämpferberuf, sondern immer an ein Kollegium gebunden und dieses bedarf der Bejahung als Gruppe. Als Konsequenz daraus ergibt sich die Notwendigkeit zur Solidarität untereinander und die wiederum beinhaltet bestimmte Gruppenverhaltensweisen.
Betrachtet man die oben genannten drei Aufgabenbereiche unter diesen Gesichtspunkten, so relativieren sich die Vorstellungen und Wünsche der Lehrer:

| *Wünsche* (z. B.) | *Realisierung* (z. B.) |
|---|---|
| - Verständnis füreinander | - nicht immer möglich |
| - Erfahrungsaustausch, Gespräche, Hilfen | - nicht in allen Bereichen möglich |
| - Zusammenarbeit | - nicht von allen erwünscht |
| - Kollegialität | - nicht immer machbar. |

Hindernisse, die einzelnen Erwartungen zu erfüllen, sind z. B.:
- unterschiedliche Erfahrungen der Lehrer und die daran gekoppelten unterschiedlichen Erwartungshaltungen,
- die unterschiedlichen Grundhaltungen und Lebensweisen;
- die unterschiedlichen Sichtweisen des Lehrerberufes.

Förderliche Gruppenverhaltensweisen können z. B. sein:
- Akzeptanz der Unterschiedlichkeit;
- Kompromiss-/Vereinbarungsfähigkeit;
- Offenheit, Sensibilität;
- Stärke mit Störungen umzugehen.

Da die Größe der einzelnen Kollegien sehr unterschiedlich ist, muss im Hinblick auf gemeinsame Aktivitäten differenziert werden: Die Aufgaben der Gesamtkonferenzen und deren Arbeitsweisen sind anderer Art als beispielsweise die Tätigkeiten in Klassenkonferenzen oder die Arbeit in informellen Kleingruppen. Entscheidend sind die Zielvorgaben, die Arbeitsweisen und die Motive der einzelnen Gruppenmitglieder, denn sie bestimmen die Lebensfähigkeit und Funktionsfähigkeit der Gruppen.

Sich auf Gruppen einlassen und sich in Gruppen (Kollegien) integrieren bedeutet einen Prozess, der nicht immer einfach zu durchschreiten ist. Nachfolgend Aussagen von Kollegen, die diesen *Prozess* verdeutlichen:

– »Ich war so froh, dass gleich zu Beginn eine Kollegin auf mich zukam, mich ansprach und mir die Schule etwas vertrauter machte. Alleine hätte ich mich nicht getraut so spontan auf jemanden zuzugehen.«
– »Als ich in das Lehrerzimmer kam, waren alle Plätze belegt. Ich zwängte einen Stuhl zwischen zwei andere. Nur langsam rückten die beiden Kollegen auseinander. Erst im Laufe der Zeit fühlte ich mich aufgenommen.«
– »Ich fand das wahnsinnig nett, dass mir der Schulleiter schon am ersten Tag das ganze Schulgebäude zeigte und sich eine Stunde lang mit mir unterhielt.«
– »Auch heute noch (nach einem Jahr) habe ich nicht Kontakt zu allen. Das Kollegium ist einfach zu groß. Zudem liegen die Interessen der Einzelnen weit auseinander. Privat gibt es viele Kleingruppen.«
– »Ich merkte stark eine Kluft zwischen den Älteren und den Jüngeren. Anfangs wusste ich nicht, wohin ich gehörte.«
– »Ich finde es so schade, dass bei privaten Veranstaltungen immer wieder dieselben Kolleginnen und Kollegen eine ›Ausrede‹ haben nicht zu kommen. Das wirkt sich auch auf unser gesamtes Schulklima aus.«
– »Wir haben auch Außenseiter im Kollegium. Wir spüren das vor allem im privaten und persönlichen Bereich. Schulisch jedoch wirkt sich das nicht so sehr aus.«

---

**Merke:** Die Lebendigkeit und Lebensfähigkeit einer Gruppe besteht in der Stärke der einzelnen Mitglieder und in deren intensiver Beziehung zueinander.

---

## Aufgaben

1  Ich kann mein Kollegium als Gruppe akzeptieren, weil

☐ es für mich zahlenmäßig überschaubar ist;
☐ ich das Gefühl einer Einheit habe.
☐ _____
☐ _____
☐ _____

2  Ich kann das Kollegium als Gruppe nur sehr schwer akzeptieren, weil

☐ es für mich zahlenmäßig nicht mehr überschaubar ist;
☐ sich zu viele Untergruppen gebildet haben.
☐ _____
☐ _____
☐ _____

3 In folgenden Bereichen kann ich mich gut mit der Mehrheit des Kollegiums solidarisieren:

☐ Erziehungsvorstellungen
☐ Einstellungen zu den Schülern
☐ _____
☐ _____
☐ _____


4 In folgenden Bereichen kann ich mich nicht solidarisieren:

☐ Vorstellungen über Disziplin
☐ Einstellungen zu den Schülern
☐ _____
☐ _____
☐ _____


5 Ich bin grundsätzlich mehr für mich und mag keinen Kontakt, der über das Notwendige hinausgeht:

☐ Ich komme mit meinen Schülern allein zurecht.
☐ Alles was mit Gruppe zu tun hat, ist mir suspekt.
☐ _____
☐ _____
☐ _____


6 Um unser Kollegium stärker als Gruppe zu erfahren, müsste ich

☐ mehr Zeit aufwenden;
☐ meine eigenen Wünsche deutlicher mitteilen.

_____
_____
_____


7 Vom Kollegium erwarte ich

☐ mehr Eingehen auf meine Wünsche.

_____
_____
_____


8 Mein Anspruch an das Kollegium als Gruppe ist

sehr hoch _____ sehr gering

Ich erfahre im Kollegium

viel Verständnis _____ wenig Verständnis

Ich habe

viel Kontakt _____ wenig Kontakt

Unser Kollegium ist

sehr offen _____ wenig offen

Im Kollegium findet

viel Austausch statt _____ wenig Austausch statt

Ich habe

viele Gespräche _____ kaum Gespräche

Ich bekomme

viele Hilfen _____ kaum Hilfen

Ich setze mich im Kollegium

stark ein _____ kaum ein

9 Vergleichen Sie Ihre Skalenwerte mit Werten einiger Ihrer Kollegen: Wie erfahren die anderen Sie? (Vergleich: Selbstwahrnehmung – Fremdwahrnehmung)

10 Bisher hatte ich
intensiven Kontakt mit          weil _____
_____          _____
_____          _____

11 Bisher hatte ich
kaum Kontakt mit          weil _____
_____          _____
_____          _____

12 Ich kann mit der Verschiedenheit der anderen

gut umgehen, weil          schlecht umgehen, weil
_____          _____
_____          _____

13 Ich bin sehr offen, weil          Ich bin wenig offen, weil
_____          _____
_____          _____

14 Wenn ich an mein Verhalten im Kollegium denke, so möchte ich:

☐ noch stärker auf die anderen eingehen;
☐ meine Hemmschwelle etwas rascher überwinden.
☐ _____
_____
_____

274

15 Spiel: Sie können Ihre Position und die Ihrer Kollegen auch visualisieren:
Die Fensterseite beinhaltet: Ich fühle mich sehr gut im Kollegium. Die gegenüberliegende Seite beinhaltet: Ich fühle mich nicht gut im Kollegium. Alle Positionen dazwischen beinhalten die Zwischenstufen des jeweiligen Sichwohlfühlens.
Auf Zeichen des Spielleiters begibt sich jeder an die Stelle im Raum, die seiner momentanen Gefühlslage entspricht. Alle versuchen die einzelnen Positionen wahrzunehmen.
Anschließend Auflösung und Kreisgespräch.

## 3. Lehrer und Schulleitung

• Aufgabenschwerpunkte:
– unterschiedliche Positionen akzeptieren,
– gemeinsame Ebenen finden,
– kooperieren.

Lehrer begegnen – idealtypisch gesehen – drei Arten von Schulleitern:
– dem autoritären, von »oben nach unten« handelnden Führertyp;
– dem kollegialen Integrationstyp;
– dem schwachen, von höheren Instanzen geleiteten Vollzugstyp.

Befriedigende Beziehungen zwischen Schulleiter und Lehrern erfordern eine Reihe von realistischen Einsichten:
– Der Schulleiter *leitet* eine Schule. Die Leitungsfunktion ist zu akzeptieren und damit sind Grenzen in Bezug zu Nähe und Distanz, zu Integration und Führungsrolle gegeben.
– Der Schulleiter ist Kollege *und* Vorgesetzter. Diese Doppelrolle schließt Spannungen mit ein.
– Als Vorgesetzter steht der Schulleiter zwischen höheren Instanzen und dem Kollegium, sodass auch hier Grenzen der Solidarität und Integration gegeben sind.
– Schulleiter können sich nicht immer mit allen Vorschriften identifizieren und auch nicht immer alle Erwartungen des Kollegiums erfüllen.
– Die Kollegen müssen ihre Einstellung zu Autoritäten überprüfen und zu einer Grundhaltung finden, die dem Schulleiter und dem Kollegen (als Doppelrolle) gerecht wird.
– Von großer Bedeutung ist der Austausch der unterschiedlichen Sichtweisen und die Verdeutlichung der verschiedenen Positionen:

| *Schulleiter:* | *Lehrer/Kollegium:* |
| --- | --- |
| – Wie mache ich mich verständlich? | – Wie machen wir uns verständlich? |
| – Wie verdeutliche ich meine Position (Rolle)? | – Wir verdeutlichen wir unsere Erwartungen/Bedürfnisse? |
| – Was muss ich vermitteln? | – Was müssen wir annehmen, akzeptieren? |
| – Wo muss ich Grenzen akzeptieren? | – Wo stoßen wir an Grenzen? |

Schulleiter als autoritäre, unnahbare Alleinentscheider blockieren die Beziehung zum Kollegium genauso wie Schulleiter, die allen alles recht machen wollen (um z. B. von niemandem abgelehnt zu werden) und damit niemandem nutzen.

Lehrer blockieren ihre Beziehung zum Schulleiter durch überzogene, unrealistische Forderungen oder durch zu geringe kollegiale Unterstützung bzw. durch Ablehnung.

Gefährlich sind Schuldzuweisungen und Äußerungen wie

*Schulleiter*

– »Ich muss immer alles alleine machen und bekomme keine Hilfe.«

– »Ich gebe mir die größte Mühe und mache es dann doch keinem recht.«

– »Dauernd muss ich auf die Unpünktlichkeit hinweisen!«
– »Ich versuche möglichst gerecht den Stundenplan zu gestalten.«

– »Ich kann sagen, was ich will. Jeder tut ja doch, was er möchte.«

*Kollegium/Lehrer*

– »Autoritär wie er ist, macht er doch immer, was er will. Ihm ist nicht zu helfen.«

– »Mal sagt er so, mal so, wir wissen allmählich nicht mehr, woran wir sind.«

– »Er kritisiert uns alle ständig wegen der Unpünktlichkeit einiger.«
– »Mich kann er doch nicht leiden. Schon wieder hat er mich bei der Stundenplangestaltung benachteiligt.«

– »Uns fragt er ja nie nach unseren Wünschen. Wir fühlen uns häufig überrumpelt.«

Die größte Gefahr, die in der Beziehung zwischen Schulleiter und Kollegium auftauchen kann, ist die der Solidarisierung des Kollegiums gegen den Schulleiter und damit die Heraufbeschwörung seiner Isolation:

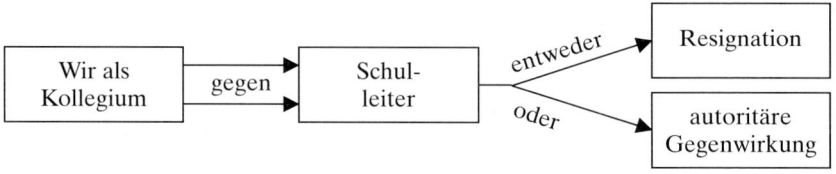

Kooperative und für beide Seiten integrative Verhaltensweisen sind die beste Voraussetzung, damit Schulleiter, Kollegium und Schüler förderlich miteinander arbeiten können. (Näheres über Beziehungen siehe auch Teil 2.) Wenn unterschiedliche Positionen von Schulleiter und Kollegium akzeptiert werden, so ist es zum Schritt, gemeinsame Ebenen zu finden, nicht mehr weit. Gemeinsamkeiten liegen im Bereich der Erziehung und des Unterrichts.
Erzieherische und unterrichtliche Gemeinsamkeiten fördern die Beziehung zwischen Schulleiter und Kollegium, sodass die Position des Vorgesetzten dann umso leichter angenommen und akzeptiert werden kann.
Die Kooperation ist allerdings in Gefahr, wenn Beurteilungsfunktionen von

Schulleitern zunehmen; in Gesprächen zu diesem Thema hörte ich immer wieder folgende Äußerungen:

Schulleiter:
- Es fällt mir schwer Kollegin A zu beurteilen. Ich weiß jetzt schon, dass sie wochenlang kein Wort mehr mit mir reden wird. Das belastet mich. (Dass ein Schulleiter »dies halt aushalten müsse«, verbessert weder das Gefühl noch ändert es die Situation!)
- Heute beurteile ich einige meiner Kollegen und morgen soll ich ein Schulfest mit ihnen gestalten. Das schaffe ich nie!
- Je mehr ich zum Kontrolleur und Beurteiler werden muss, desto mehr entferne ich mich vom Kollegium.
- Eigentlich traue ich mir Beurteilungen meiner Kollegen zu, aber die Reaktionen einiger erschweren mir die Arbeit.

Lehrer:
- Ich fühle mich eingeengt und längst nicht mehr so frei, seitdem ich weiß, dass mich mein Schulleiter beurteilen kann.
- Im Kollegium spüre ich jetzt schon weniger Offenheit und in zunehmendem Maße Misstrauen: Wie schneiden wir bei der Beurteilung gegenseitig ab?
- Ich habe ein gutes Verhältnis zum Schulleiter. Aber wie verhalten sich diejenigen meiner Kollegen, die sich nach einer Beurteilung (meines Erachtens sogar grundlos) benachteiligt fühlen? Wie sieht dann unser gemeinsamer Alltag aus?
- Wir sind doch kein Wirtschaftsunternehmen, eingeteilt in verschiedene Stockwerke, in denen die Beurteiler keinen Kontakt zu den Beurteilten haben!

Trotz möglicher großer Belastungen sehe ich auch hier neue Lernchancen: Verstärkung der Eigenverantwortlichkeit, Austausch der verschiedenen Sichtweisen (Beurteiler/Beurteilter), Transparenz der Beurteilungskriterien, Akzeptanz von Realitäten und Zunahme an Sensibilität füreinander. Dazu ein Beispiel:
Als ich die Schule wechselte, musste mein Schulleiter eine Beurteilung über mich schreiben. Er lud mich zu einem Gespräch ein, das er mit folgenden Worten eröffnete:»Ich habe mir Gedanken über Sie gemacht und ich sehe Sie folgendermaßen: ... Wie sehen Sie sich hier an unserer Schule?« Bereits diese Frage empfand ich als sehr hilfreich und offen. Im regen Gesprächsaustausch hat sich eine Beurteilung ergeben, die von beiden Seiten als realistisch empfunden wurde.

> **Merke:** Jeder Schulleiter war Kollege,
> mancher Kollege wird Schulleiter.
> Alle sitzen in einem Boot.

**Aufgaben**

Die unterschiedlichen Positionen zwischen Schulleiter und Kollegium werden in der Praxis durch Verhaltensweisen und Handlungen deutlich. Notieren Sie diese nach a) akzeptierbar – b) nicht akzeptierbar und c) nur schwer akzeptierbar:

Lehrer:

1 a) Aus meiner Sicht akzeptierbare Verhaltens- und Handlungsweisen meines Schulleiters:

☐ Er leitet bestimmt und präzise, aber dennoch offen die Konferenzen.
☐ _____
☐ _____
☐ _____

b) nicht akzeptierbar:

☐ Nach meinem Gefühl mischt er sich in jede kleine Angelegenheit.
☐ Er moniert die zu große Lautstärke in meinem Klassenzimmer.
☐ _____
☐ _____
☐ _____

c) nur schwer akzeptierbar:

☐ Er achtet sehr genau auf Pünktlichkeit. Na ja, ich sehe ja ein ...
☐ _____
☐ _____
☐ _____

Schulleiter:

2 a) Aus meiner Sicht akzeptierbare Verhaltens- und Handlungsweisen meines Kollegiums:

☐ Der Großteil gibt sich sehr kritisch und engagiert zugleich.
_____
_____
_____

b) nicht akzeptierbar:

☐ Meiner Meinung nach ein zu großzügiges Verständnis von Ordnung und Disziplin.
_____
_____
_____

278

c) nur schwer akzeptierbar:

☐ Große Spannungen zwischen jüngeren und älteren Kollegen.

_____

_____

_____

3 Wir haben mit unserem Schulleiter gemeinsame Ebenen gefunden:

☐ Reger Austausch über Erziehungsziele und Maßnahmen.
☐ Gemeinsame Gestaltung der Schulräume, Gänge usw.
☐ _____
☐ _____
☐ _____

4 Wir möchten noch mehr Gemeinsamkeiten erreichen:

☐ Planung der Konferenzen
☐ _____
☐ _____
☐ _____

Es gibt noch Kommunikationsschwierigkeiten:

| 5 _Lehrer_ | _Lösung:_ |
|---|---|
| – »Ich habe des Öfteren Vorschläge gemacht und den Eindruck gewonnen, dass sie nicht beachtet werden.« | |
| – »Ich gebe mir im Unterricht große Mühe, meine aber, dass dies der Schulleiter nicht genügend würdigt.« | |
| | |
| | |

6 *Schulleiter:*                                    *Lösung:*

– »In Konferenzen habe ich die
   größte Mühe von allen gehört zu
   werden.«

– »Ich fühle mich nach der Erstellung
   des Stundenplans von einigen immer heftig angegriffen.«

Versuchen Sie Sicht- und Positionswechsel:

7 *Schulleiter:*

– »Ich fühle mich manchmal als Poli-        Wenn ich jetzt als Lehrer Schulleiter
   zist, wenn ich an die Unpünktlich-        wäre, dann …
   keit meiner Kollegen denke und sie
   ermahnen muss.«

– »In Konferenzen muss ich mir immer lautstark Gehör verschaffen.
   Ich weiß gar nicht, warum die Kolleginnen und Kollegen so unauf-
   merksam sind.«

8 *Lehrer:*

– »Er trifft Entscheidungen, die wenig kollegial sind. Wir fühlen uns oft vor den Kopf gestoßen.«

Wenn ich jetzt als Schulleiter Lehrer/ Kollege wäre, dann ...

– »Ich finde, er kritisiert häufig und überfordert mich des Öfteren.«

9 *Als Schulleiter muss ich:*

– des Öfteren allein Entscheidungen treffen.

*Manchmal aber möchte ich*

– nicht die Verantwortung allein tragen müssen.

10 Ich fühle mich als Schulleiter dem Kollegium gegenüber

– machtvoll
– überlegen
– kollegial
– entgegenkommend

Ich fühle mich als Lehrer dem Schulleiter gegenüber

– unterlegen
– kollegial verbunden
– im Hintertreffen
– benachteiligt

| 11 Heute, nach ———— Schulleiterjahren, möchte ich | Eigentlich würde ich gerne Schulleiter sein/werden, weil |
|---|---|
| a) immer noch Schulleiter bleiben, weil | ———————————————— |
| | ———————————————— |
| ———————————————— | ———————————————— |
| ———————————————— | ———————————————— |
| | ———————————————— |
| b) eigentlich kein Schulleiter mehr sein, weil | ———————————————— |
| ———————————————— | |
| ———————————————— | |

| 12 *Lehrer:* | |
|---|---|
| Folgende Verhaltensweisen schätze ich an meinem Schulleiter, weil sie integrativ sind: | Folgende Verhaltensweisen finde ich blockierend/störend: |
| ———————————————— | ———————————————— |
| ———————————————— | ———————————————— |

| 13 *Schulleiter:* | |
|---|---|
| Folgende Verhaltensweisen schätze ich an meinem Kollegium, weil ich sie als hilfreich und integrativ empfinde: | Folgende Verhaltensweisen blockieren mich und drängen mich in die Isolation bzw. verstärkte Machtposition: |
| ———————————————— | ———————————————— |
| ———————————————— | ———————————————— |
| ———————————————— | ———————————————— |

| 14 Ich komme meinem Schulleiter entgegen: | Ich glaube, ich lasse ihn (immer noch) im Stich: |
|---|---|
| ———————————————— | ———————————————— |
| ———————————————— | ———————————————— |

**Literaturempfehlung**

Dubs, Rolf: Die Führung einer Schule. Stuttgart 1994.
   Fundierte und ausführliche Darstellung von organisatorischer, personeller, administrativer und pädagogischer Führung in der Schule.
Ehinger, Wolfgang/Hennig, Claudius: Praxis der Lehrersupervision. Weinheim 1997/2.
   Ein »Leitfaden für Lehrergruppen mit und ohne Supervisor, der den Prozeß von kollegialer Lehrersupervision aufzeigt und vielfältige Methoden vorstellt.
Miller, Reinhold: Sich in der Schule wohl fühlen. Weinheim 1992/5.

Titel und Auflagenzahl sprechen für sich. Ich wünsche Ihnen viele Wohlfühl-möglichkeiten in der Schule – und anderswo!

Niggemann, Wilhelm: Praxis der Erwachsenenbildung. Freiburg 1979/3.

Praktisch und anregend beinhaltet das Taschenbuch u. a. die Lernfähigkeit der Erwachsenen, Lernen und Lehren, Leiterverhalten und Führungsstile, Lernen mit anderen in Gruppen, Arbeitsweisen in der Weiterbildung. Beson-ders dieser letzte Teil gibt Lehrern und Schulleitern wertvolle Hinweise für die Gestaltung gruppenbezogener Tätigkeiten.

Rüsseler, Harald: Betriebsklima Schule. München 1977.

Ein kritischer Praxisbericht über Konflikte und Konfliktfelder in der Schule, über Schulleiter und Machthierarchie, über Konkurrenz und Aufbau von Be-ziehungen u. a. m. Auch wenn Ihre eigenen Erfahrungen sich nicht immer mit den Aussagen des Autors decken sollten, so helfen sie doch eigene Einstel-lungsweisen zu überdenken.

# 11. Kapitel:
# Interaktionen

## 1. Kommunikation

- Aufgabenschwerpunkte:
  – förderliche Beziehungen aufbauen,
  – miteinander reden,
  – Anderssein annehmen.

Zu diesem Thema ist in diesem Buch schon sehr viel gesagt worden. Lesen Sie bitte dazu das 3. Kapitel, Abschnitt 2 (Gespräche mit Eltern); das 5. Kapitel, Abschnitt 1 (Kommunikation) und Abschnitt 2 (Gespräche mit Schülern) und das 9. Kapitel, Abschnitt 3 (Sozialformen). Zur Ergänzung und Vertiefung gehe ich noch auf die Transaktionsanalyse (sie ist einfacher, als sie klingt) und die themenzentrierte Interaktion (bereits kurz angesprochen im Abschnitt Sozialformen) ein.

Mich hat immer wieder die Frage beschäftigt, warum in Beziehungen so häufig Missverständnisse, Vorurteile, Vorwürfe usw. auftauchen und warum es oft so schwer ist förderliche Beziehungen aufzubauen und sie befriedigend zu leben. Auf der Suche nach Möglichkeiten menschliche Kommunikation besser zu verstehen und sie selbst intensiver zu leben, fand ich u.a. die so genannte »Transaktionsanalyse«.

Nach Eric Berne, dem Begründer der TA, agiert jeder einzelne Mensch aus drei Ich-Zuständen heraus (= aus drei unterschiedlichen Weisen des »In-der-Welt-Seins«), nämlich aus dem so genannten *Kind-Ich* (K), dem *Eltern-Ich* (EL) und dem *Erwachsenen-Ich* (ER). Sie sind eine Art »Speicher«, in denen von frühester Kindheit an bestimmte Ereignisse aufgezeichnet werden, wobei jeder Ich-Zustand aus Gefühlen, Denkmustern und Verhaltensweisen besteht.

Die verschiedenen Ich-Zustände (als jeweils kohärentes System) werden folgendermaßen definiert:

– *Eltern-Ich* (EL): Fühlen, Denken und Verhalten, das von den Eltern oder Elternfiguren übernommen wurde (»Ich sollte, ich müsste ...«)
– *Erwachsenen-Ich* (ER): Fühlen, Denken und Verhalten, das eine realitätsgerechte Reaktion auf das Hier und Jetzt ist (»So ist es ... Ich handle so und so ...«)
– *Kindheits-Ich* (K): Fühlen, Denken und Verhalten, das aus der Kindheit stammt und wieder reaktiviert wird (»Ich wünsche mir ... Ich möchte gern ... Ich hätte ...«)

Jeder Mensch greift, je nach Konstellation, in der Kommunikation auf diese drei Ich-Zustände zurück, indem er beispielsweise ermahnt, moralisiert oder sich besorgt zeigt (EL), auf Tatsachen hinweist und sie begründet (ER) oder sich in

Zustände versetzt, die er als Kind schon einmal erlebt hat und entsprechend äußert (K).

Die TA ist ein vorzügliches Analyse- und Klärungsinstrument (vor allem in Konfliktsituationen), um Störungen zu diagnostizieren und angemessene Verhaltensweisen zu ermöglichen.

**Transaktionsanalyse**

Kindheits-
ICH

Eltern-
ICH

Erwachsenen-
ICH

| Aufzeichnungen innerer Ereignisse (gefühltes Lebenskonzept) | Aufzeichnungen äußerer Ereignisse (angelerntes Lebenskonzept) | Aufzeichnungen von Informationen (realistisches Lebenskonzept) |
|---|---|---|
| – Gefühl | – Ermahnungen | – Akzeptanz |
| – Wünsche | – Drohungen | – Toleranz |
| – Ideen | – Wertungen | – Begründungen |
| – Vorstellungen | – Beeinflussung | – Realitäten |
| – Hoffnungen »Ich wünsche«, »Ich möchte« | – Vereinnahmung »Ich sollte«, »Ich müsste« | – Meinungen »Es ist so«, »Ich werde tun …« |

Nachfolgend verdeutliche ich, wie die drei »Ichs« in *Gesprächen* unterschiedlich zum Ausdruck kommen:
Ein Kollege hat ein Problem mit Ihnen. Darüber kann er sich Ihnen gegenüber dreifach äußern. (Problem: Sie haben ihm ein Buch zu leihen versprochen und schon mehrmals vergessen es mitzubringen.)

*Kindheits-Ich des Kollegen:*

»Ach, jetzt hab ich mich so darauf gefreut. Schade!« *(Wendet sich beleidigt ab.)*

*Eltern-Ich des Kollegen:*

»Auf Sie kann man sich aber auch gar nicht verlassen. Sie hätten es sich doch notieren können!« *(Vorwurf, Ermahnung.)*

*Erwachsenen-Ich des Kollegen:*

»Das enttäuscht mich jetzt, denn ich habe sehr auf das Buch gewartet. Kann ich Ihnen einen Notizzettel mitgeben? Es ist für mich sehr wichtig, dass ich das

Buch möglichst bald bekomme.« *(Realitätsbezogenes Gefühl – Frage nach der Hilfe – Betonung der Wichtigkeit.)*

Sie – als Kollege, der das Buch vergessen hat – können natürlich auch dreifach antworten, und zwar auf jede Äußerung Ihres Kollegen. Auf das Kindheits-Ich des Kollegen:

| *Ihr Kindheits-Ich* | *Ihr Eltern-Ich* | *Ihr Erwachsenen-Ich* |
|---|---|---|
| Sie gehen ebenfalls beleidigt weg. *(Beleidigt wie ein Kind)* | »Seien Sie doch nicht gleich beleidigt. Benehmen Sie sich nicht (immer) wie ein Kind.« *(Vorwurf/Ermahnung)* | »Ja, das tut mir jetzt auch leid. Ich werde es mir notieren. Entschuldigen Sie bitte!« *(Adäquate, realistische Reaktion)* |

Auf das Eltern-Ich des Kollegen:

| *Ihr Kindheits-Ich* | *Ihr Eltern-Ich* | *Ihr Erwachsenen-Ich* |
|---|---|---|
| Auf den Vorwurf hin verlassen Sie wütend (beleidigt) das Lehrerzimmer. | »Sie haben mir gar nichts vorzuwerfen. Seien Sie froh, dass ich Ihnen das Buch überhaupt bringen will.« | »Ich merke, dass Sie jetzt sehr ärgerlich sind. Es tut mir selbst leid, dass ich das Buch vergessen habe.« |

Auf das Erwachsenen-Ich des Kollegen:

| *Ihr Kindheits-Ich* | *Ihr Eltern-Ich* | *Ihr Erwachsenen-Ich* |
|---|---|---|
| »Ach, Ihr Notizzettel nutzt auch nichts. Da fühle ich mich bedrängt.« | »Seien Sie doch nicht so empfindlich. Da muss man doch nicht gleich enttäuscht sein!« | »Ich spüre, dass Sie sehr enttäuscht sind. Ja, ich denke, dass ein Notizzettel mir hilft.« |

Die Transaktionsanalyse hat drei Ziele, um die Kommunikation zwischen Menschen zu verbessern:
1. Durch die Analyse mit Hilfe der drei »Ich-Schlüssel« werden die verbalen Äußerungen und Reaktionen differenzierter gesehen und damit verstehbarer. Es werden Blockaden verringert und beziehungsfördernde Verhaltensweisen aufgebaut.
2. Der Erwachsene lernt immer mehr sein Erwachsenen-Ich einzusetzen und *die* Anteile aus seinem Kindheits- und Eltern-Ich zu übernehmen, die angemessen sind.
3. Die drei »Ichzustände« werden nicht auf das Erwachsenen-Ich reduziert, sondern je nach Situation gelebt.

Beispiel, mit den drei »Ichzuständen« sinnvoll umzugehen:
Sie sind krank und liegen zu Hause mit Grippe im Bett.
Ihre Frau:

| Kindheits-Ich | Eltern-Ich | Erwachsenen-Ich |
|---|---|---|
| »O schade, jetzt habe ich mich so gefreut mit dir heute Abend wegzugehen!« | »Siehst du, warum bist du auch heute ohne Mantel aus dem Haus gegangen?« | »Wie geht es dir? Kann ich dir was bringen? Ich hoffe, du kommst bald wieder auf die Beine.« |

Ihre Reaktion, die alle drei Ichs jetzt *sinnvoll* zum Ausdruck bringt:

| Kindheits-Ich | Eltern-Ich | Erwachsenen-Ich |
|---|---|---|
| »Ja, du, ich hab mich auch sooo gefreut.« | »Du, dumm von mir, hätte ich doch nur ...« | »Danke, dass du nach mir fragst. Kannst du mir bitte ein Glas heiße Milch bringen?« |

Beispiele aus der Schule (Wie hätten *Sie* reagiert):

*Situation I:* Ein Kollege hat sich sehr große Mühe gegeben und mit seiner Klasse ein Theaterstück eingeübt.
Als Kollege können Sie nun antworten/reagieren:

*Kindheits-Ich:*

»Ach, war das wunderschön, wie Ihre Schüler gespielt haben. Am liebsten wäre ich auf die Bühne gekommen und hätte mitgespielt.«
(Das Spiel der Schüler hat Teile Ihres Kindheits-Ichs angesprochen und Sie waren in der Lage dies Ihrem Kollegen auch mitzuteilen.)

*Eltern-Ich:*

»Das war recht nett, was Sie da gemacht haben. Da muss ich Ihnen hohes Lob zollen. Allerdings hätte man auf die Aussprache der Schüler noch mehr Gewicht legen können.«
(Sie »spielen« hier den Elternteil, spenden großzügig Lob und verteilen überlegen und »sachlich« Kritik.)

*Erwachsenen-Ich*

»Ich habe Ihr Spiel mit großem Interesse verfolgt und echte Freude empfunden. Ich möchte Ihnen für die vielen Mühen danken.«
(Sie geben hier das zum Ausdruck, was Sie echt empfinden und wie Sie die Situation sehen.)

*Situation II:* Sie ärgern sich über Ihren Schulleiter, weil er Ihnen einen so »ungünstigen« Stundenplan erstellt hat.

*Kindheits-Ich:*

Sie lesen den Plan, sagen nichts und denken während der Heimfahrt: »Immer bekomme ich so einen blöden Stundenplan. Ich hab ja schon immer gewusst, dass er etwas gegen mich hat.«
(Sie ärgern sich, ziehen sich zurück und äußern nicht Ihr Problem.)

*Eltern-Ich:*

»Also, wissen Sie, Herr K., ich finde das ungerecht, dass ich schon wieder einen so schlechten Stundenplan habe. Immer muss ich den Lückenbüßer spielen.«
(Sie sind verärgert und äußern einen Vorwurf.)

*Erwachsenen-Ich:*

»Herr K., ich möchte gerne mit Ihnen sprechen. Ich habe soeben meinen Stundenplan gesehen und ich komme mit der Verteilung nicht klar.«
(Sie haben keine Vorurteile, gehen gefühlsmäßig nicht gleich »hoch« und wünschen eine Klärung Ihres Problems.)

Die Beschäftigung mit der Transaktionsanalyse hat mir im Umgang mit mir selbst, mit meinen Schülern und Kollegen neue Einsichten gebracht und dadurch geholfen meine Beziehungen zu verbessern:

1. Ich bin mir meiner Kindheits-, Eltern- und Erwachsenen-Ich-Anteile bewusster geworden:

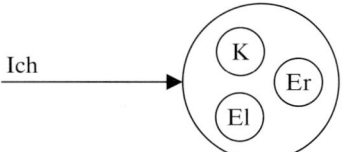

2. Ich höre jetzt rascher die verschiedenen Anteile aus meinen Gesprächspartnern heraus und kann sie so besser verstehen:

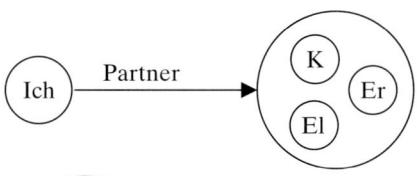

3. Ich reagiere jetzt vermehrt mit meinem Erwachsenen-Ich:

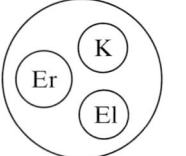

4. Ich gestehe mir zu nach meinen Bedürfnissen verschiedenanteilig meine drei »Ich-Anteile« zu leben bzw. mitzuteilen:

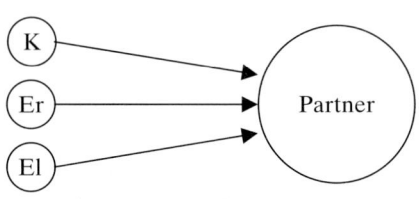

Die themenzentrierte Interaktion (TZI) hat für mich zunehmend an Bedeutung gewonnen, je mehr ich mit Menschen in Gruppen arbeite. Dabei geht es um ein Gleichgewicht der drei Bereiche, nämlich um das *Ich*, das *Wir*, das *Thema* und um *Interaktionen* innerhalb der Gruppe. Ziel ist die Erreichung und Aufrechterhaltung dieses Gleichgewichts, das gestört wird, wenn:

a) das *Ich* ein Übergewicht hat; z. B.: Ein Kollege erzählt sehr ausführlich über einen Schüler, obwohl dies momentan mit den anderen und mit dem Thema nichts zu tun hat;
b) das *Wir* ein Übergewicht hat; z. b.: Die Gruppenmitglieder tauschen Erfahrungen aus, die nichts mit dem Thema zu tun haben. Die Aufgabe, eine Sache zu erarbeiten, wird völlig aus den Augen verloren;
c) das *Thema* ein Übergewicht hat; z. b.: Man diskutiert ein Problem und keiner achtet auf die Befindlichkeiten oder Bedürfnisse von sich selbst oder dem anderen.

Nachfolgende Regeln fördern das Gleichgewicht (vgl. auch Cohn, Ruth: Von der Psychoanalyse zur themenzentrierten Interaktion. Stuttgart 1997/13, S. 124ff.):
1. Du bist für *dich* selbst in der Gruppe verantwortlich: Du bist du und ich bin ich. Versuche also mit »ich« zu sprechen und vermeide das unpersönliche »man«. Du brauchst dich nicht zu verstecken.
2. Störungen haben Vorrang und werden in der Gruppe geäußert. Sie sind vorhanden, auch wenn sie nicht ausgesprochen werden. Es ist wichtig sie zu äußern, damit sie beseitigt werden können. Äußere dich selbst und frage den anderen nicht aus.
3. Äußere, was du denkst und fühlst, aber wähle auch aus. Äußere, was du selbst fühlst und denkst. Sage den anderen, wie sie auf dich wirken.
4. Interpretiere nicht, sondern gibt deine Reaktionen wieder. Reagiere also auf die anderen. Somit gibst du ihnen ein »feed back«. Es ist wichtig für die anderen zu erfahren, wie sie wirken und wie das, was sie äußern, bei dir ankommt.
5. Vermeide Verallgemeinerungen; gib lieber deine Betroffenheit wieder; zeig dem anderen deine Gedanken und Gefühle, die er bei dir auslöst.
6. Teile dich dem anderen mit, vermeide also, mit jemandem *über* einen anderen zu reden; versuche es ihm direkt zu sagen und fühle dich in den anderen hinein, wie er reagiert.
7. Wenn so genannte Seitengespräche entstehen, so haben sie Vorrang. Seitengespräche werden also zu Gesprächen der ganzen Gruppe. Und: Es kann nur einer sprechen, nicht mehrere gleichzeitig, aber alle kommen dran.
8. Von Zeit zu Zeit sind Gespräche über die Inhalte der Gruppe wichtig: Ist das, was gesprochen wird, noch aktuell und interessant? Können noch alle folgen usw.?
9. Von Zeit zu Zeit ist es wichtig den momentanen Gefühlszustand der einzelnen Gruppenteilnehmer zu erfahren. Dies geschieht durch ein so genanntes »Blitzlicht«: Wie fühlt sich jeder, an was denkt er, was möchte der Einzelne, fühlt er sich unwohl, unverstanden, außerhalb der Gruppe?

> **Merke:** Die Transaktionsanalyse
> ist keine Schizophrenie dreier »Ichs«,
> sondern ein hilfreiches Instrument
> Beziehungen zu differenzieren und zu klären.

**Aufgaben**

1 Notieren Sie Sätze Ihres Schulleiters und Ihrer Kollegen und hinterfragen Sie diese nach den drei »Ichs«, z.B.:

*Schulleiter:*

Kindheits-Ich: »Ich hab jetzt keine Lust mehr die Konferenz zu leiten, es hört mir ja doch keiner zu.«
Eltern-Ich: »Ruhe bitte! Können Sie nicht wenigstens ein paar Minuten zuhören? Merken Sie denn nicht, wie laut es hier ist?«
Erwachsenen-Ich: »Ich komme momentan nicht zu Wort, möchte aber gerne etwas sagen.«

*Bemerkungen:* ————————————————————————————

————————————————————————————————————————

*Kollege:*

Kindheits-Ich: »Ach, Sie verstehen mich ja doch nicht.«
Eltern-Ich: »Sie müssten mal Ihren Erziehungsstil überdenken. Meinen Sie nicht, dass Sie zu locker mit der 6b umgehen?«
Erwachsenen-Ich: »Ich verstehe jetzt nicht, was Sie meinen. Können Sie mir bitte noch mal erklären, was Sie soeben gesagt haben?«

*Bemerkungen:* ————————————————————————————

————————————————————————————————————————

2 Als Schulleiter bzw. als Kollege: Gegenüber meinen Kollegen komme ich mir manchmal vor wie

a) eine besorgte Mutter, z.B. weil/wenn

————————————————————————————————————————

b) ein strafender Vater, z.B. weil/wenn

————————————————————————————————————————

c) ein erwachsener Partner, z.B. weil/wenn

————————————————————————————————————————

d) ein hilfloses Kind, z.B. weil/wenn

————————————————————————————————————————

e) ein störrisches Kind, z.B. weil/wenn

————————————————————————————————————————

3. Sie haben mit einem Kollegen Schwierigkeiten und kommen mit ihm nicht klar. Stellen Sie sich eine Situation vor und formulieren Sie Sätze, die das Gespräch eröffnen:

☐ »Haben Sie Zeit, ich möchte gerne ...«
☐ »Ich weiß jetzt zwar nicht, wie ich anfangen soll, aber ...«

4. Jemand hat Probleme mit Ihnen. Wie hätten Sie es gerne, dass er sich Ihnen gegenüber verhält?

☐ In Ruhe lassen, wird schon wieder.
☐ Offen ansprechen; ich habe Zeit.
☐ Mich ansprechen, obwohl ich mich unsicher fühle.

5. Notieren Sie Sätze, die bei Ihnen von Kollegenseite als Blocker ankamen, und »übersetzen« Sie:

– »Also weißt du, das hätte dir aber nicht passieren dürfen.«

6. Notieren Sie Sätze, die Sie von anderen (zumal in schwierigen Situationen) als »Kommunikationsbrücken« empfunden haben:

7. Denken Sie an die TZI-Regeln: Welche fallen Ihnen besonders schwer?

Regel Nr. _____, weil _____

Regel Nr. _____, weil _____

8. Sie halten das Modell der Themenzentrierten Interaktion für Ihr Kollegium (und für Ihre Arbeit in der Klasse) für sehr hilfreich und wollen es bekannt machen bzw. es einführen. Wie gehen Sie vor:

a) hinsichtlich Ihres Kollegiums:

b) hinsichtlich Ihrer Klasse(n):

9 In Ihrem »Lehrerleben« haben Sie bisher viele Gesprächserfahrungen gemacht. Notieren Sie, was bisher hilfreich war und was nicht (was Sie also ändern würden).

Ich behalte bei: _____

_____

Ich möchte ändern: _____

_____

10 Spiel »Blitzlicht«: Jeder im Gesprächskreis sagt, wie er sich momentan fühlt – ohne Kommenar der anderen. Jede subjektive Aussage bleibt so stehen, wie sie ist. (Blitzlichtaufnahme der momentanen Situation – Regel: keine Vorwürfe, sondern nur Äußerungen und Wünsche: Ich fühle mich ... Ich möchte jetzt ...)

11 Ich möchte meine Kollegen in ihrem Anderssein noch besser verstehen:

☐ »Eigentlich weiß ich sehr wenig über X. Ich werde ...«
☐ »Bisher bin ich mit K. noch kaum ins Gespräch gekommen.«
☐ »Ich lade ihn mal ein.«
☐ »Jetzt weiß ich, warum ich anfangs keinen Kontakt zu P. hatte. Nämlich ...«

12 Spiel: Ich gebe dir zehn Fragen von mir, die du mir jetzt bitte stellst, damit du mich besser kennen lernst. (Das heißt »versteckt«: Ich sage dir durch meine Fragen, was *für mich* von Bedeutung ist.)

13 Spiel: Eine kleine Gruppe sitzt auf dem Boden im Kreis. Einer legt seinen Schuh in die Mitte: »Das bin ich.« Der Nächste plaziert seinen Schuh so, wie er seine Beziehung zum anderen ausdrücken will: daneben, weit weg, nah dazu, halb drauf (unterdrücken), darunter (unterlegen) usw. Nach und nach gesellen sich die anderen Schuhe dazu; möglichst viele Beziehungen sollen deutlich werden.
(Beziehungsverdeutlichung mittels des Schuhs, anschließend Beziehungserklärung durch ein Gespräch.)

14 Spiel: Alle Mitglieder der Gruppe sind Äpfel in einer großen Apfelkiste, wobei die Kiste der Raum ist, in dem man sich befindet. Jeder sucht sich die Position im Raum, die am besten ausdrückt, wie er sich fühlt; z.B.: Der Außenseiter setzt sich in eine Zimmerecke; wer sich sehr wohl fühlt, setzt sich in die Mitte, ein anderer dazu oder weiter weg. Wer sich besonders mag, hakt beim anderen unter, lehnt sich an usw. Am Schluss sehen sich alle um, um die Gesamtsituation und die Beziehungen zu erfahren. Anschließend Gespräch.
(Visualisierung der momentanen Beziehungssituation.)

## 2. Kooperation

- Aufgabenschwerpunkte:
  - Hindernisse überwinden,
  - Gruppenarbeit lernen,
  - im Team arbeiten.

Auch wenn Teamarbeit zum Lehrerberuf gehört oder gehören sollte, sind nicht immer alle Lehrer bereit und in der Lage auch kooperativ zu handeln. Hindernissen im individuellen, zwischenmenschlichen und organisatorischen Bereich sind oft zu groß, um angegangen und bewältigt zu werden. Lehrer können eine Menge gemeinsam tun, trotz Hindernissen, z.B.:

→ Unterricht vorbereiten

| Hindernisse | Vorteile |
|---|---|
| – keine Zeit | – effektiver |
| – keine Lust | – umfassender |
| – zu umständlich | – phantasievoller |
| – zu aufwendig | – arbeitsanregend |
| – »Kann ich ja doch nicht.« | – ökonomischer |
| usw. | usw. |

→ Konferenzen vorbereiten

| Hindernisse | Vorteile |
|---|---|
| – Schulleiter ist dagegen. | – Lehrer sind vorher informiert. |
| – Ein Teil des Kollegiums findet das nicht gut. | – Jeder kann sich vorbereiten. |
| – Sehr arbeitsaufwendig. | – Konferenz geht zügiger voran. |
| usw. | – Die Beteiligung ist größer. |
| | – Die Teilnehmer sind motivierter. |
| | usw. |

→ Sonstiges

- Klassenzimmer und Gänge gestalten,
- Elternabende vorbereiten,
- Erziehungsfragen erörtern,
- Unterrichtsprobleme lösen,
- Störungen bewältigen

usw.

Was die Arbeit im Team betrifft: Lehrer, die selbst in ihren Klassen Gruppenarbeit durchführen, sind auch fähiger im Kollegium kooperativ zu arbeiten.
Am Anfang ist es immer schwer sich zu öffnen. Hilfreich ist dabei der Weg vom Anonymen zum Persönlichen. Zuerst werden Meinungen, Äußerungen, Stellungnahmen, Kritik usw. gesammelt, dann veröffentlicht und diskutiert und allmählich wird persönlich Stellung genommen. Zum Thema »Soll im Kollegium während der Konferenzen geraucht werden?« kann das Vorgehen folgendermaßen aussehen:

1. Jeder schreibt auf ein Kärtchen seine persönliche Betroffenheit (ohne Namen).
2. Die Kärtchen werden auf ein Poster geklebt oder gesteckt.
3. Die Meinungen werden gesichtet und geordnet: persönlich pro, persönlich kontra, sachlich pro, sachlich kontra usw.
4. Kompromissversuche, Mehrheitsbildung, Minderheitsbefragung folgen.
5. Persönliche Äußerungen werden im Plenum verbalisiert.
6. Ergebnisse werden protokolliert.

(Die persönlichen Äußerungen und Stellungnahmen werden im Laufe der Diskussion zunehmen, weil die Sicherheit größer wird.)

*Poster*

Über welche Themen im Kollegium gearbeitet werden kann, zeigt nachfolgende Liste:

1. Der Lehrer als Erzieher und Wissensvermittler.
2. Die Wechselwirkung der Beziehungen zwischen Schülern und Lehrern.
3. Die pädagogischen Aufgaben des Lehrerkollegiums.
4. Der Unterricht als Lehr- und Lernprozess (Lernen in der Schule).
5. Die erzieherische Dimension im Unterricht.
6. Unsere Schule als Lebenserfahrungsraum.
7. Die Zusammenarbeit mit den Eltern.
8. Problemkinder an unserer Schule.
9. Die Beziehungen und Probleme in unserem Kollegium.
10. Praktische Konsequenzen aus der Entwicklungspsychologie.

11. Das Gespräch mit unseren Schülern.
12. Das Lehrerverhalten im Unterricht.
13. Unsere Ausländerkinder.
14. Konflikte zwischen Lehrern und Schülern.
15. Soziales Lernen in der Schule.
16. Disziplinschwierigkeiten im Unterricht.
17. Motivation und Kreativität.
18. Leistungsverweigerung und Angst.
19. Aggressionen unter den Schülern.
20. Möglichkeiten des Teamteachings in unserem Kollegium
21. Das »leidige Vergessen« (Hefte, Bücher, Hausaufgaben).
22. Beurteilung von Schülerverhalten an unserer Schule.
23. Strafen und Belohnung: Theorie und Praxis.
24. Möglichkeiten außerschulischer Aktivitäten.
25. Unterschiedliche Erziehungsvorstellungen im Kollegium.
26. Die Zusammenarbeit zwischen Klassen- und Fachlehrer.
27. Der Lehrer im Gespräch mit den Schülern.
28. In allen Klassen: Diese Rechtschreibfehler! – Hilfen!?
29. Möglichkeiten der Weiterführung und Vertiefung des Pädagogischen Tages.

Wie Teamarbeit an einer Schule entstehen, wachsen und Früchte tragen kann, zeigt nachfolgendes Beispiel. Kollegin W. berichtet:
Meine Kollegin und ich beschlossen – unterstützt durch den Schulleiter – in den Fächern Deutsch, Mathematik und Sachunterricht Teamarbeit zu machen. Jede von uns unterrichtete eine 1. Klasse und unser gemeinsamer Weg beinhaltete
– gleiche Zielsetzung,
– gleiche Organisationsformen,
– gleiche Lerninhalte,
– gleiche Arbeitsmittel.

Unsere Arbeit umfasste im Wesentlichen vier Bereiche:
– die Planung,
– die Unterrichtsvorbereitungen,
– die Bereitstellung des Materials und die Herstellung von Arbeitsmitteln,
– die Reflexion des durchgeführten Unterrichts.

Gemeinsam klärten wir Sachverhalte, lösten fachliche Probleme, schlossen Lücken, analysierten Teileinsichten, teilten den Stoff auf, trafen didaktische Entscheidungen.
Zur Unterrichtsvorbereitung trafen wir uns ein- bis zweimal in der Woche. Wir besprachen die Themen und Ziele der einzelnen Unterrichtseinheiten und Unterrichtsstunden, die Situationsfolgen, die Unterrichts- und Sozialformen und Möglichkeiten der Erfolgskontrollen. Zusätzlich erstellten wir Arbeitskarten, Arbeitsblätter und sonstige Materialien.
Nach dem Unterricht, während der Pausen oder vor Unterrichtsbeginn tauschten wir unsere Erfahrungen aus, verglichen die Reaktionen in den beiden Klassen, änderten, korrigierten usw.
Die Folge unserer gemeinsamen Arbeit war:

– in zunehmendem Maße Sicherheit in der didaktischen Arbeit und Sicherheit den Schülern und Eltern gegenüber,
eine ertragreiche Arbeit ohne Überforderung des Einzelnen,
– Offenheit für Anregungen durch den kontinuierlichen Austausch,
– eine gewisse Zufriedenheit in der beruflichen Arbeit.

Uns lag aber auch daran, dass die Teamarbeit eine Fortführung erfahren sollte. Dies erreichten wir folgendermaßen:
Im ersten Schuljahr unterrichteten meine Kollegin und ich je eine 1. Klasse. Im darauf folgenden Schuljahr übernahm ich eine 2. Klasse und der Kollege aus der Parallelklasse arbeitete mit mir im Team, während meine Kollegin nochmals eine 1. Klasse führte und mit der Parallellehrerin kooperierte.
Inzwischen wird schon in acht Klassen nach unserem Verfahren gearbeitet und jedes Team baut auf der Arbeit der Vorgänger auf:

*1. Jahr:*   | L1 + L2 |

*2. Jahr:*   | L1 + L3 |   | L2 + L4 |

*3. Jahr:*   | L1 + L5 |   | L2 + L6 |   | L3 + L7 |   | L4 + L8 |

In all der Zeit hat sich auch eine Materialsammlung ergeben, die weit über das hinausgeht, was ein einzelner Lehrer erarbeiten könnte.
Gewiss gab es manchmal Belastungen (Zeitprobleme, zusätzliche Fahrten zur Schule), aber diese stehen in keinem Verhältnis zur Effektivität unserer Arbeit:
– fachgerechte Planung,
– qualifizierte Unterrichtsgestaltung,
– rationelleres Arbeiten.

Auf jeden Fall ist unser Weg ein leichterer, als ihn sich manche vorstellen und als ihn manche Kollegen allein durchstolpern.
(Näheres zur schulinternen Lehrerfortbildung (Schilf) und Schulentwicklung (SE) siehe im Anhang, S. 319ff.)

> **Merke:** Teamarbeit ist sogar
> unter Lehrern möglich!

**Aufgaben**

(Vgl. auch die Aufgaben im 9. Kapitel, Abschnitt 3: Sozialformen)

1 Ich habe bisher positive Erfahrungen gemacht in Gruppen (im Team) zu arbeiten:

_____

_____

_____

2 Ich habe bisher negative Erfahrungen gemacht in Gruppen (im Team) zu arbeiten:

_____

_____

3 Spiel: Pro und Contra: Suchen Sie sich jemanden aus Ihrem Kollegium und diskutieren Sie zu zweit: Ist in unserem Kollegium Teamarbeit möglich? – Tonbandaufnahme – anschließend Diskussion!

4 In folgenden Bereichen wünsche ich mir Teamarbeit.

_____

_____

5 Innerhalb der Gruppenarbeit sehe ich mich so:

– sehr aktiv, mitarbeitend, Vorschläge einbringend
oder:

_____

_____

6 Fragen Sie die Mitglieder Ihrer Arbeitsgruppe, wie diese Sie sehen:

_____

_____

7 Notieren Sie bitte:

*Störungen im Team*                    *Änderungen*

– Kollege A ist manchmal sehr dominant.    _____
– Kollege B greift häufig an.              _____
– Jochen intellektualisiert zu oft.        _____

8 Wünsche an das Team:

– »Ich finde, wir verzetteln uns zu oft. Bitte rascher wieder zur Sache.«

_____

_____

9 Für mich ist Gruppenarbeit sehr anstrengend, weil

_____

_____

10 Für mich ist Gruppenarbeit sehr effektiv, weil

_____

_____

11 Bisher haben wir im Team folgende Themen/Gebiete erarbeitet:

☐ Gestaltung des Pausenhofes (zusammen mit Schülern)
☐ Erarbeitung einer Schulordnung (zusammen mit der SMV)
☐ _____
☐ _____

12 Folgende Projekte haben wir noch vor:

_____

_____

13 Wenn ich den Bericht der Kollegin W. durchdenke, dann komme ich zu folgendem Ergebnis.

☐ An unserer Schule nicht durchführbar, weil
  – die Schule viel zu groß ist,
  – die meisten Kollegen zu wenig kooperativ sind.

_____

_____

☐ An unserer Schule teilweise durchführbar, nämlich in der Grundschule in Mathematik.

_____

_____

☐ Ich mache mir vermehrt Gedanken, was *ich* initiieren könnte:
  – Dem Schulleiter den Bericht vorlesen.
  – Bei der nächsten Konferenz Vorschläge einbringen.

_____

_____

## 3. Störungen

• Aufgabenschwerpunkte:
– Störungen akzeptieren,
– Störungen annehmbar äußern,
– Störungen bewältigen bzw. aushalten (siehe auch 6. Kapitel, Abschnitt 3).

Die konstruktive Bewältigung von Störungen innerhalb menschlicher Beziehungen kann sich in folgenden Stufen vollziehen:
1. Wahrnehmung der Störung (Was stört mich?)
2. Annehmbare Äußerung der Störung (Wie sende ich?)
3. »Verstehensarbeit« (Wie gelingt die gegenseitige Verständigung?)
4. Erarbeitung von Lösungen (Wie bewältigen wir Störungen?)
5. Aushalten von Störungen (Was ist – momentan – nicht lösbar?)

Dabei gibt es für alle Stufen hilfreiche »Entstörungsregeln«; ich verdeutliche sie nachfolgend durch verbale Äußerungen:

## • 1. Wahrnehmung der Störung

[1] Jede Wahrnehmung ist subjektiv gefärbt und jede Störung ist »meine« Störung. Für einen anderen kann also etwas gar keine Störung sein oder es kann die Störung anders empfunden werden. Wichtig ist deshalb die subjektive Wahrnehmung.

| *Nicht förderlich:* | *Förderlich:* |
|---|---|
| »Sie fühlen sich doch bestimmt auch *alle* durch das Rauchen gestört, oder?« | »*Ich* bekomme Kopfschmerzen, wenn geraucht wird.« |
| »Sie wissen doch: Rauchen ist für *keinen* Menschen gesund.« | »*Ich* vertrage das Rauchen nicht, weil ...« |

[2] Jede Wahrnehmung ist ein Ausschnitt der Wirklichkeit. Sie nehmen das wahr, was Sie wahrhaben wollen und was für Sie am meisten von Bedeutung ist. Andere nehmen anderes wahr. Verallgemeinerungen sind deshalb unangebracht.

| *Nicht förderlich* | *Förderlich:* |
|---|---|
| »Sie diskutieren *immer* an mir vorbei.« | »Ich kann der Diskussion *jetzt* nicht folgen.« |
| »Hier kann man sich sowieso *nie* wohl fühlen, weil ...« | »Ich fühle mich *jetzt* nicht wohl, weil ...« |

[3] Jede Wahrnehmung ist durch Vorerfahrungen beeinflusst. Sie nehmen verstärkt wahr, was Sie an Belastungen an früher erinnert, was Sie verletzt hat, was Sie geprägt hat. Vorerfahrungen können sich blockierend auf zukünftige Verhaltensweisen auswirken; Wahrnehmungen müssen deshalb auch Chancen der Änderung beinhalten.

| *Nicht förderlich:* | *Förderlich:* |
|---|---|
| »In diesem Kollegium ist ja noch nie Teamarbeit gemacht worden. Da wird sich auch in Zukunft nichts ändern.« | »Bisher haben wir keine Teamarbeit gemacht. Ich möchte darüber sprechen, ob in Zukunft nicht doch Teamarbeit möglich ist.« |
| »Das Thema X wird bei uns ja sowieso nie angesprochen. Das wird wohl immer tabu bleiben.« | »In der letzten Zeit haben wir nicht über das Thema X gesprochen. Mir ist es wichtig und ich möchte gerne darüber sprechen.« |

## • 2. Annehmbare Äußerung der Störung

[1] Kein Vorwurf! Hinter Vorwürfen versteckt sich häufig eigene Betroffenheit. Es ist also besser diese zu äußern. Wichtig ist Ihre Betroffenheit und Sie können nicht immer wissen, ob der andere dafür zuständig ist.

| *Nicht förderlich:* | *Förderlich:* |
|---|---|
| »Ihr diskutiert ständig an mir vorbei und fragt überhaupt nicht, was ich dazu meine.« | »Ich fühle mich bei der Diskussion jetzt übergangen; ich bin bisher noch kaum zu Wort gekommen.« |
| »Sie planen einfach drauflos, ohne die Situation X zu bedenken.« | »Ich bin noch sehr unsicher, weil die Situation X mir noch völlig unklar ist.« |

2 Keine Wertung! Andere Menschen (be)werten heißt: Selbst besser sein und andere geringer schätzen. Es geht hier nicht um ein »besser« und »schlechter«, sondern um ein »anders«, also um verschiedene *Sichtweisen.*

| *Nicht förderlich:* | *Förderlich:* |
|---|---|
| »Ich finde das richtig blöd, wie Sie hier entschieden haben.« | »Ihre Entscheidung verstehe ich jetzt nicht. Können Sie bitte …?« |
| »Also, wie Sie mit Peter umgehen, das finde ich wirklich unmöglich.« | »Peter war sehr niedergeschlagen, als Sie ihn zurechtgewiesen haben.« |

3 Keine Schuldzuweisung! Schuldzuweisungen drängen den anderen in die Defensive und verringern die Bereitschaft sich auf die Störungsbewältigung einzulassen. Der Blick auf die Störung ist hilfreicher als die Betonung von Schuld und Verursacher.

| *Nicht förderlich:* | *Förderlich:* |
|---|---|
| »Wenn Sie Cornelia nicht immer so unter Druck setzen würden, dann würde sie auch nicht so stören.« | »In meinen Stunden stört Cornelia sehr häufig und sehr stark. Wie ist sie denn bei Ihnen?« |
| »Sie sind schuld, dass die Schüler so unpünktlich sind. Sie achten einfach zu wenig auf Pünktlichkeit.« | »Bei mir kommen die Schüler häufig zu spät. Ich habe große Mühe den Unterricht zu beginnen. Wie ist das bei Ihnen?« |

(Äußern Sie bitte Störungen *konkret* und nicht als bloße Störung):

| *Nicht förderlich:* | *Förderlich:* |
|---|---|
| »Es *stört* mich …« | »Bei dem Lärm bekomme ich Kopfschmerzen.« |
| »Ich fühle mich *gestört.*« | »Ich verstehe nichts mehr, wenn alle auf einmal sprechen.« |

- *3. Verstehensarbeit*

1 Ursachen bei sich suchen! Wenn jeder bei sich sucht, muss nicht beim anderen gesucht werden. Das führt oft zu Unklarheiten und Missverständnissen. Ursachensuche heißt allerdings noch nicht Ursachenfindung.

**Nicht förderlich:**

»Wenn Sie nicht zu Wort kommen, sind Sie selbst schuld. Sie setzen sich zu wenig durch.«

»Ihr Bier, wenn Sie mich nicht verstehen.«

**Förderlich:**

»War ich für Sie heute zu dominant im Gespräch?«

»Habe ich mich zu undeutlich für Sie ausgedrückt?«

2 Ursachen bei anderen vermuten! Da Sie nicht der andere sind und deshalb sehr wenig über dessen Motive und Handlungsweisen wissen, sind *Vermutungen* ihrerseits angebracht.

**Nicht förderlich:**

»Ihre intellektuelle Ausdrucksweise versteht ja sowieso niemand.«

»Bei euch kann ja keiner mitkommen, bei dem Arbeitstempo, das ihr vorlegt!«

**Förderlich:**

»Ich vermute, dass Ihre Ausdrucksweise der Grund ist, warum ich Sie jetzt nicht verstehe. Können Sie mir das bitte noch einmal erklären?«

»Ich komme jetzt nicht mit, vermutlich, weil ihr zu schnell vorgeht.«

3 Keine Verteidigungsstrategie! Sie ist nicht notwendig, wenn (und weil) kein Angriff und keine Schuldzuweisung erfolgen. Die subjektive, unterschiedliche Betroffenheit wird akzeptiert und nicht in Frage gestellt.

**Nicht förderlich:**

»Na ja, du magst ja Recht haben, aber weißt du ...«

»Das stimmt überhaupt nicht, wie du das siehst.«

**Förderlich:**

»Vielleicht hast du Recht; ich lass mir das mal durch den Kopf gehen ...«

»Von meiner Seite aus betrachtet, sieht das so aus.«

• *4. Erarbeitung von Lösungen*

1 Keine Durchsetzungsstrategie! Wo keine Durchsetzung geschieht, ist auch keine Verteidigung notwendig. Es geht vielmehr um die Verdeutlichung eigener Sichtweisen, Vorschläge, Vereinbarungen und Handlungsmöglichkeiten.

**Nicht förderlich:**

»Das einzig Richtige kann doch nur sein, dass ...«

»Euer Vorschlag ist ja ganz schön und gut, aber die Lösung des Problems sieht da ganz anders aus.«

**Förderlich:**

»Ich schlage vor, dass ...«
»Ich bin der Meinung, dass ...«

»Ich möchte zu euren Vorschlägen meine hinzufügen. Was meint ihr dazu?«

2 Rückmeldung geben! Die gegenseitigen Vorschläge sollen nicht im Raum stehen bleiben. Es ist wichtig, dass die Wirkungen der Vorschläge gegenseitig offen dargelegt werden, damit die Beteiligten wissen, wie ihre Vorschläge »angekommen« sind.

| *Nicht förderlich:* | *Förderlich:* |
|---|---|
| Schweigen; keine Wirkung zeigen; sich (beleidigt) zurückziehen ... | »Also, ich fühle mich bei dem Vorschlag recht wohl.« »Ich habe Bedenken, wenn ich die Vorschläge betrachte.« |

3 Akzeptanz/Nichtakzeptanz äußern! Diese Äußerungen geben den Beteiligten Sicherheit und gleichzeitig Antwort darauf, ob eine Lösung gefunden wurde oder nicht.

| *Nicht förderlich:* | *Förderlich:* |
|---|---|
| »Na ja, da habt ihr mich ja wieder ganz schön rumgekriegt ...« | »Mit der Lösung bin ich einverstanden. Ich glaube, damit kann ich etwas anfangen.« |
| Schweigen; sich zurückziehen; außerhalb der Gruppe (hintenherum) Unzufriedenheit äußern. | »Ich bin noch nicht zufrieden mit den Vorschlägen. Können wir noch weitermachen ...?« |

• *5. Aushalten von Störungen*

1 Störungen akzeptieren! Nicht alles ist machbar/lösbar, und es hieße die anderen unter Druck setzen und deren eigenen Lernprozess nicht ernst nehmen, wenn Lösungen unbedingt erreicht werden müssten.

| *Nicht förderlich:* | *Förderlich:* |
|---|---|
| »Ist mal wieder typisch, dass keine Lösung gefunden wurde.« | »Ich bin mir darüber im Klaren, dass wir die Probleme nicht auf einmal lösen können.« |
| »Also, wenn die Sache jetzt nicht geklärt wird, dann könnt ihr in Zukunft auf mich verzichten.« | »Ich hätte zwar gerne eine Lösung gehabt, sehe aber ein, dass dies jetzt nicht möglich ist.« |

2 Rückmeldung geben! Für alle Beteiligten ist es wichtig zu wissen, wie das Aushalten von Störungen von den Einzelnen »verarbeitet« wird und welchen Belastungen sie ausgesetzt sind.

| *Nicht förderlich:* | *Förderlich:* |
|---|---|
| Schweigen; die anderen im Ungewissen lassen. | »Geht in Ordnung. Ich kann das jetzt so stehen lassen.« |
| »Hätte ich nur nicht mitgemacht. Ich hab mir's ja gleich gedacht, dass mich das alles ganz schön mitnimmt.« | »Mich belasten die Störungen sehr. Ich fühle mich jetzt nicht wohl dabei. Ich brauche noch euer Gespräch. Bitte brecht jetzt noch nicht gleich ab.« |

**3** Bewältigung im Auge behalten! Was jetzt nicht gelöst wird, kann vielleicht später bewältigt werden. Blockieren Sie nicht die Öffnung nach vorne und geben Sie sich und den anderen Chancen!

| *Nicht förderlich:* | *Förderlich:* |
|---|---|
| »Ach, es gibt ja doch keine Lösung. Da nützt das ganze Gerede nichts.« | »Wir haben jetzt zwar keine Lösung gefunden. Aber können wir in der nächsten Konferenz noch einmal darüber reden?« |
| »Es ändert sich ja doch nichts. Das war schon immer so und wird auch so bleiben.« | »Vermutlich werden wir noch eine Weile warten müssen, bis ...« |

Wenn allen Beteiligten diese Regeln bewusst sind und wenn alle ihr Verhalten danach richten, dann sind Störungen nur in geringem Maße belastend; sie werden dann als normal angesehen, weil sie zu menschlichen Beziehungen gehören, und Bewältigung und Lösungen sind wesentlich leichter und rascher zu erreichen.

*Beispiel: Vom Vorwurf zur Annahme:*

Vorwurf:  »Sagen Sie mal, haben Sie in Ihrer Wohnung auch so eine Unordnung wie hier im Klassenzimmer?«
»Ganz schönes Chaos hier, finden Sie nicht?«
»Mich stört Ihre Unordnung.«
»Ich fühle mich nicht sehr wohl hier.«

Annahme:  »Die Gestaltung des Zimmers macht mich während des Unterrichts eher unruhig und nervös. Ich möchte mit Ihnen darüber reden.«

> **Merke:** Entstörungsregeln müssen von beiden Seiten beachtet werden!

**Aufgaben**

**1** Diskutieren Sie die »Entstörungsregeln« im Kollegium.

**2** Ich habe Schwierigkeiten mit folgenden »Entstörungsregeln«:

| *Name:* | *Grund:* |
|---|---|
| _____ | _____ |
| _____ | _____ |
| _____ | _____ |

3 Gehen Sie zu einem Kollegen:»Herr A., ich habe mir Gedanken gemacht über die Beziehung zwischen uns beiden. Ich habe mir die Schwierigkeiten notiert. Wie sehen Sie diese?«

*Meine Schwierigkeiten:*                    *Schwierigkeiten des Kollegen A.*

»Sie wirken auf mich oft sehr unnahbar.«

»Ich reagiere manchmal auf Ihre Äußerungen sehr unwirsch.«

»Manchmal denke ich über Sie ...«

_____          _____


4 Sprechen Sie gemeinsam über Vermutungen, Ähnlichkeiten, Verschiedenheiten.

5 Sprechen Sie gemeinsam über Änderungswünsche/-vorschläge.

6 Äußern Sie die Störung für den anderen annehmbar:

*Störung*                                   *Verbale Äußerung der Störung*

Kollege A. wirkt auf Sie sehr dominant.

Kollegin B. äußert sich kaum zu Problemen.

Kollege C. reagiert oft verärgert.

Kollegin D. _____


7 *Ich empfinde als Störung:*                *Ich verstehe, dass dies so ist:*

Großes sprachliches Durcheinander während der Konferenzen

oder:

Jeder hat so viel »auf dem Herzen«, was er sagen möchte.

oder:

oder:


8 *Mein Anteil an Störungen:*               *Anteil der anderen:*

| **9** Störungen im Kollegium: | Lösungsvorschläge: |
|---|---|
|  |  |
|  |  |

| **10** Störungen angehen | Störungen (momentan) ausklammern |
|---|---|
| – Regeln für die Hofpause | – Ordnung im Lehrmittelzimmer |
| – Klassenzimmergestaltung 3a | – Gespräch mit Schulleiter über |
| mit Kollegen C. | Stundenverteilung |
|  |  |

**11** Führen Sie Gespräche mit Kollegen, in denen die »fünf Stufen der Entstörung« vorkommen (eventuell mit Tonbandgerät; anschließend Analyse!).

**12** Bei auftauchenden Störungen werde ich in Zukunft bei mir beachten:

☐ Nicht sofort mit Vorwürfen reagieren.
☐ _____
☐ _____
☐ _____

**13** Bei auftauchenden Störungen werde ich in Zukunft bei meinen Kollegen beachten:

☐ Was steckt hinter einem Vorwurf?
☐ Ist meine Botschaft anders angekommen, als ich es annahm?
☐ _____
☐ _____
☐ _____

**14** Ich kann Störungen schwer aushalten, weil

☐ sie mich seelisch zu sehr belasten
☐ sie mich an Streitereien von ... erinnern
☐ _____
☐ _____
☐ _____

**15** Bei Störungen reagierte ich bisher so:

☐ Ich sagte nichts, obwohl ich mich gerne geäußert hätte.
☐ Ich sprach anschließend mit anderen.
☐ Ich schluckte (und kaue jetzt noch daran).
☐ _____
☐ _____
☐ _____

16 Bei kommenden Störungen versuche ich folgende kleine Schritte:

☐ Ich versuche zu äußern, was mich jetzt stört.
☐ Wenn mir die Gruppe zu groß ist, dann spreche ich hinterher allein mit dem »Störer«.
☐
☐

## Literaturempfehlungen

Berne, Eric: Spiele der Erwachsenen. München 1975.
Ausführungen zur Theorie und Praxis der Transaktionsanalyse.
Cohn, Ruth: Von der Psychoanalyse zur themenzentrierten Interaktion. Stuttgart 1997/13.
Einzelne Aufsätze, in denen unter verschiedenen Gesichtspunkten die TZI beschrieben, erläutert und in Beispielen verdeutlicht wird.
Kretschmann, Rudolf: Lehrer-Lehrer-Interaktion. In: Minsel, Beate, u.a.: Soziale Interaktion in der Schule. München 1978, S. 123–146.
Auf sehr konkrete Weise wird angesprochen: Thesen zur Interaktion von Lehrern – Organisationsstruktur Schule – Dienstvorgesetzte und Ausbilder – Schulverwaltung, Schulleitung, Anpassungsmechanismen – Beziehung unter Kollegen – hierarchisches Denken – Spannungen – Änderungen.
Meyer, Ernst (Hrsg.): Burnout und Stress. Praxismodelle zur Bewältigung. Baltmannsweiler 1994/2.
Der Sammelband enthält eine Vielzahl von Aufsätzen, die sich mit den Symptomen, der Diagnose, den Ursachen und den Konsequenzen des Burnout-Syndroms beschäftigen. Die praktischen Hilfen reichen u.a. von Spiel- und Lauftherapie, Suggestopädie und Psychopädie über Autogenes Training, Transaktionsanalyse und Improvisation/Tanz bis hin zu Eutonie, Psychodrama und Gestaltpädagogik. Für den Lehrer selbst und für die Arbeit in Klassen sehr hilfreich.
Miller, Reinhold: Schilf-Wanderung. Wegweiser für die praktische Arbeit in der Schilf-internen Lehrerfortbildung. Weinheim 1992/3.
Vor allem in den Kapiteln 3 bis 5 steht viel über Kommunikation, Interaktion und Kooperation in Kollegien.
Schwäbisch, Lutz/Siems, Martin: Anleitung zum sozialen Lernen für Paare, Gruppen und Erzieher. Reinbek 1974.
Therapeutische Ansätze, wie sozial gelernt werden kann, mit vielen Übungen und Anregungen: Lernen durch Erfahrung – Äußerung von Gefühlen – Konfliktgespräche – Verhaltenstraining.
Thalmann, Hans-Christian: Den Schulalltag bestehen. Freiburg 1978.
Beiträge zur Psychohygiene des Lehrerberufes: Lehrerrolle, Lehrerausbildung – Lehrer, Schüler, Eltern, Kollegium – Lehrer und schulische Hierarchie.

# 12. Kapitel:
# Gemeinsame Erziehungsarbeit

## 1. Lehrer im Verbundsystem

• Aufgabenschwerpunkte:
– Erfahrungen austauschen,
– Ziele setzen,
– gemeinsam erziehen.

(Siehe auch 1. Kapitel: Erziehungsziele und Erziehungswirklichkeit und 3. Kapitel, Abschnitt 3: Zusammenarbeit mit Eltern.)

Wenn Lehrer im »Verbundsystem« arbeiten, so bedeutet dies:
– Der Einzelne steht in der schulischen Arbeit nicht allein.
– Stoffverteilung, Unterrichtsvorbereitung, verschiedene Planungen u. a. m. können gemeinsam erfolgen.
– Erziehungsziele werden besprochen und die Verwirklichung geschieht in gemeinsam vereinbarten Schritten.
– Disziplinschwierigkeiten und andere Störungen sind nicht Sache von Einzelnen, sondern betreffen (direkt oder indirekt) das ganze Kollegium.
– Die Lehrer stehen in Beziehung zueinander. Das Kommunikationsnetz ist vielmaschig.

Das Verbundsystem setzt voraus (bzw. erfordert):
– kollegiale Offenheit,
– Fähigkeit zur Teamarbeit,
– Kompromissbereitschaft,
– Investition von Zeit,
– Anstrengung.

Das Verbundsystem bringt Vorteile:
– Aufhebung der Isolation,
– Reduzierung seelischer Belastung,
– Erweiterung eigener Erfahrungen,
– Verteilung von Arbeiten,
– Zunahme an Erfolgen,
– Förderung persönlichen Lernens,
– Zunahme an gegenseitigem Verständnis,
– Verbesserung des Schulklimas,
– Abbau von Störungen.

Wenn Sie sich nicht aufraffen können »in das Verbundsystem einzusteigen«, so ermuntern Sie vielleicht die nachfolgenden Äußerungen dazu:
Aus dem Bildungsplan (Grundschule), Baden-Württemberg, 1984, S. 16: »Sind mehrere Lehrer an einer Klasse tätig, arbeiten sie im Sinne des erziehenden Unterrichts eng zusammen. Dies betrifft die Abstimmung der Erziehungsstile, der Lehrweisen und Organisationsformen, die Kennzeichnung der fächerübergreifenden Aspekte einzelner Themen, die Erstellung des Stoffverteilungsplanes, den Erfahrungsaustausch und die Vermeidung von unnötigen Wiederholungen.«

Aus: Kultus und Unterricht, 28/1984, S. 694 (Baden-Württemberg):
»Die pädagogische Bedeutung des Lehrerkollegiums
– Notwendigkeit der Konsensbildung in einem Lehrerkollegium über erzieherische Vorstellungen, Werte und Ordnungen in der Schule;
– Inhalte und Formen der Zusammenarbeit im Lehrerkollegium;
– Schulleben als ein Wirkungszusammenhang aller daran beteiligten Personen;
– die Schule im Beziehungsgeflecht von Eltern, Schulverwaltung und Schulträger;
– Beratung und Betreuung von Lehrern und Lehreranwärtern als Aufgabe des ganzen Kollegiums.«
(Wie denken Sie darüber?)

Lehrer brauchen Raum, um ihre Erfahrungen auszutauschen. Dies geht nicht nur zwischen »Tür und Angel«. Die gemeinsamen Erfahrungen sind es, die den Boden bilden für gemeinsame Erziehungsziele, basierend auf den Forderungen der Bildungspläne. Erziehung kann nicht dem Zufall überlassen werden, wobei es dann »Glückssache« ist, was herauskommt. Bewusst gemeinsam erziehen ist deshalb eine Forderung, an der der einzelne Lehrer nicht (mehr) vorbeikommt. Freilich gibt es eine Reihe von Schwierigkeiten und es ist nicht immer einfach das geforderte und gewünschte Verbundsystem auch zu verwirklichen.

| *Schwierigkeiten* | *Hilfen* |
| --- | --- |
| Zu großes Kollegium | Arbeit mit und in kleineren Gruppen |
| Zu häufiger Kollegenwechsel | Stammgruppen bilden, die flexibel sind neue Kollegen aufzunehmen und zu integrieren |
| Unterschiedliche Deputatswahrnehmung | Verbundsystem beschränken auf: Fachlehrer und Klassenlehrer |
| Verschiedene Lehrerpersönlichkeiten | Anderssein akzeptieren, Kompromisse schließen |
| Zu unterschiedliche Erfahrungen | In den unterschiedlichen Erfahrungen Gemeinsamkeiten suchen. Viele neue Erfahrungen machen und sich auf andere Erfahrungen einlassen |
| Organisatorische Probleme | Was ist trotzdem machbar? – Sortieren, koordinieren, planen |

> **Merke:** Lieber in wenigen Dingen
> gemeinsam handeln,
> als wegen fehlender Gemeinsamkeit
> überhaupt nicht handeln.

## Aufgaben

1. Wenn ich mit anderen meine Erfahrungen austausche, habe ich folgende Befürchtungen:

☐ Meine Erfahrungen werden nicht ernst genommen.
☐ Hinterher wird über mich gesprochen.
☐ _____
☐ _____

2. Gemeinsam erziehen geht meiner Meinung nach gar nicht, weil

☐ wir eben zu verschieden sind.
☐ _____
☐ _____

3. Mich blockiert im Verbundsystem:

| *persönlich* | *organisatorisch* |
|---|---|
| ☐ Ich möchte nicht mit den anderen zusammenarbeiten. | Schon wieder planen! |
| ☐ Meine Spontaneität geht verloren. | |

4. Wenn ich an unser Kollegium denke, dann kann ich mir vorstellen, dass in der gemeinsamen Erziehungsarbeit mitmachen:

Namen: _____

5. Bei folgenden Problemen sehe ich ein Verbundsystem als hilfreich an:

☐ gemeinsame Unterrichtsvorbereitung
☐ Projektplanung und -durchführung
☐ bei Erziehungsschwierigkeiten
☐ _____
☐ _____
☐ _____

6. Für gemeinsame Arbeit zusätzlich könnte ich pro Woche _____ Stunden aufbringen.

Meine Aktivitäten: _____

_____

7 Ich möchte gern mit anderen Lehrern gemeinsam erziehen. Ich werde so vorgehen:

1) Ich spreche mit K. und F.

2) _____

3) _____

8 Ich möchte gerne mit anderen Kollegen

– über Unterrichtsstörungen reden,
– meine Erfahrungen über kommunikativen Unterricht austauschen.

_____

Ich möchte lieber alleine

– meinen Unterricht vorbereiten,
– Klassenarbeiten konzipieren.

_____


## 2. Klassenlehrer und Fachlehrer

• Aufgabenschwerpunkte:
– unterschiedliche Schwierigkeiten erkennen,
– Gemeinsamkeiten finden,
– sich gegenseitig unterstützen.

Die Arbeit des Fachlehrers kann nur erleichtert werden, wenn er in das Verbundsystem aufgenommen wird (und sich aufnehmen lässt). Konkret: Der Fachlehrer soll von Schüler- und Lehrerseite nicht als isoliertes Einzelwesen betrachtet werden, sondern als integrierte Persönlichkeit in einem Klassenverband:

*nicht:*                                                    *sondern:*

Wenn dies nicht in allen Klassen möglich ist, so in jedem Fall da, wo es größere Probleme gibt. Zum Beispiel sind Störungen und Disziplinschwierigkeiten u.a. auch darauf zurückzuführen, dass zum einen die Lehrerfluktuation in einer Klasse zu groß ist (Gefahr der Desorientierung) und zum anderen Fachlehrer im Hinblick auf gemeinsame Erziehungsarbeit allein gelassen werden. (Klassenlehrer, immer noch:»Also, ich weiß gar nicht, was Sie haben, *ich* habe keine Probleme in der Klasse 8b!«) Dabei geht es hier nicht darum, wer keine Probleme hat, sondern darum, demjenigen, der welche hat, zu helfen.
Drei Hauptprobleme des Fachlehrers:

*a) Isolation:*

Der Fachlehrer ist in Gefahr isoliert zu werden. Auf Grund der wenigen Stunden, die er in einer Klasse verbringt, bekommt er nur sehr geringen Kontakt zu den Schülern. Manche Fächer, die nicht sehr angesehen sind oder (von Seiten der Schüler) kaum Bedeutung haben (z.B. Musik, Religion, Latein), bewirken zusätzliche Schwierigkeiten.

*b) Viele Schüler:*

Unterricht in acht bis zehn Klassen mit insgesamt über 200 Schülern ist keine Seltenheit. Beziehungen zu Schülern sind nur schwer möglich. Gerade Fachlehrer klagen am meisten über Disziplinschwierigkeiten. Eine Stabilität und Kontinuität in der Lehrer-Schüler-Beziehung ist äußerst schwer zu erreichen. Manche Lehrer tasten sich lediglich von Stunde zu Stunde.

*c) Ventilfunktion:*

Wenn keine einheitlichen Unterrichts- und Erziehungskonzepte vorliegen bzw. wenn wenig Verständigung und Austausch unter den Kollegen darüber erfolgen, dann erleben Fachlehrer häufig, dass sie für Schüler eine Ventilfunktion ausüben:»Bei dem können wir uns ... erlauben, was wir beim Klassenlehrer nicht dürfen.« Die Bewältigung dieser drei – und noch anderer – Probleme kann nur durch die Integration des (der) Fachlehrer(s) geschehen. Sie wird eingeleitet und fortgesetzt durch gemeinsame Gespräche des Klassenlehrers mit den Fachlehrern und mit den Schülern.

*Ein Beispiel der Integration:*

Eine Fachlehrerin (Textiles Werken) beklagt sich beim Klassenlehrer einer 4. Klasse über große Störungen einer Vielzahl von Schülern:
– Ausführliches Gespräch zwischen Fachlehrerin und Klassenlehrer;
– Information der beiden anderen Fachlehrer durch den Klassenlehrer;
– Beobachtungsphase (eine Woche): Gezielte Beobachtung der Störungen durch die vier Lehrer;
– Klassenkonferenz, zusammen mit dem Schulleiter: Erörterung der Maßnahmen (siehe 6. Kapitel, Abschnitt 3: Störungen);
– Gespräche der vier Lehrer mit der ganzen Klasse; gemeinsame Problematisierung der Störungen und Besprechung von Änderungsmöglichkeiten;
– einmal in der Woche Erfahrungsaustausch der Lehrer (sechs Wochen lang);
– danach Absprachen nach Vereinbarung (zwei Monate lang).

Folge: Erhebliche Reduzierung der Störungen und große Zufriedenheit aller Beteiligten.
Äußerung der Fachlehrerin nach den gemeinsamen Aktivitäten:»Anfangs fühlte ich mich sehr minderwertig und dachte, es läge an mir, dass in der Klasse so erhebliche Störungen und Probleme aufgetreten sind. Aber durch die große

Unterstützung, zunächst des Klassenlehrers und dann der anderen beiden Kollegen, fühlte ich mich schon erleichtert, noch bevor überhaupt etwas geschah. Ich hätte nie gedacht, dass wir miteinander zu solchen Veränderungen kommen würden.«

Die Integration der Fachlehrer erfordert (bzw. hat zum Ziel):

*a) von der Klasse:*
– Akzeptanz des Klassenlehrers,
– Akzeptanz aller Fachlehrer,
– Akzeptanz der Fächer;

*b) vom Klassenlehrer*
– Akzeptanz der Person des Fachlehrers,
– Akzeptanz des Faches,
– kollegiale Zusammenarbeit,
– persönliches Engagement;

*c) vom Fachlehrer*
– Äußerung der Schwierigkeiten,
– Annahme der Hilfen und Integrationsbemühungen,
– aktive Mitarbeit und Engagement.

Nachfolgend Äußerungen von Kolleginnen und Kollegen, die unter großen Schwierigkeiten Fachlehrer sind:
– »Das Schlimmste für mich ist, dass ich genauso sein muss wie der Klassenlehrer, sonst klappt überhaupt nichts. Ich muss genauso hart durchgreifen, obwohl ich das überhaupt nicht mag. Die Schüler reagieren nur dann, wenn ich strafe.«
– »Ich brauche fast ein halbes Jahr, bis ich alle Schüler kenne. Ich kann noch froh sein, dass ich als Fach Kunst gebe, wo es lockerer zugehen kann.«
– »Ich bin jeden Freitag nach der 6. Stunde geschafft: 9. Klasse, Musikunterricht. Die haben überhaupt keine Lust und machen, was sie wollen. Was kann ich auch schon ausrichten bei nur einer Stunde in der Woche? Noch dazu sind die Schüler einen knallharten Lehrer gewohnt. Und ich als Frau, überdies einen Kopf kleiner als manche in der Klasse …«
– »Ich gebe Englisch und weil den meisten das Fach völlig gleichgültig ist, machen sie, was sie wollen. Beim Klassenlehrer aber sind sie völlig in Ordnung. Gegen mich haben die Schüler nichts, aber was nutzt mir das, wenn sie ihr Desinteresse dem Fach gegenüber an mir auslassen.«
– »Ich gebe Religion, zwei Stunden am Nachmittag, und habe eine Klasse, die sich aus drei Klassen zusammensetzt. Den Unterricht kann ich vergesen. Nur noch Chaos. Ich weiß überhaupt nicht, was ich machen soll.«
– »In Hauswirtschaft machen einige Jungen, was sie wollen. Das ist so schade, weil die anderen gerne mitmachen. Aber die wenigen machen alles kaputt. Und als ich den Klassenlehrer darauf ansprach, wunderte er sich, denn bei ihm sind gerade diese Jungen einwandfrei.«

> **Merke:** Es kommt nicht darauf an,
> wer die Probleme hat, sondern wie sie
> gemeinsam bewältigt werden!

**Aufgaben**

1 Ich bin Klassenlehrer und habe folgende Fachlehrer, mit denen die Zusammenarbeit unterschiedlich möglich ist:

| Name: | Zusammenarbeit sehr gut, weil | geht so, weil | nicht gut, weil |
|---|---|---|---|
| _____ | _____ | _____ | _____ |
| _____ | _____ | _____ | _____ |
| _____ | _____ | _____ | _____ |

2 Ich bin Fachlehrer und habe folgende Klassenlehrer, mit denen die Zusammenarbeit unterschiedlich möglich ist:

| Name: | Zusammenarbeit sehr gut, weil | geht so, weil | nicht gut, weil |
|---|---|---|---|
| _____ | _____ | _____ | _____ |
| _____ | _____ | _____ | _____ |
| _____ | _____ | _____ | _____ |

3 Als Klassenlehrer habe ich mit meinen Fachlehrern gesprochen und folgende Schwierigkeiten von ihnen erfahren:

| Kollege | Schwierigkeiten | Klasse |
|---|---|---|
| K. | Schüler bringen in TW keine Materialien mit | 2b |
| _____ | _____ | ____ |
| _____ | _____ | ____ |

4 In zufälligen/beabsichtigten Gesprächen mit Schülern habe ich folgende Schwierigkeiten erfahren:

| Kollege | Schwierigkeiten |
|---|---|
| A. | Er ist zu streng zu uns. |
| _____ | _____ |
| _____ | _____ |
| _____ | _____ |

5 Klassenlehrer und alle Fachlehrer der Klasse _____ treffen sich und notieren ihre Schwierigkeiten; anschließend Austausch der Notizen.

**6** Für nachstehende Schwierigkeiten streben wir gemeinsam folgende Lösungen an:

☐ häufiges Vergessen → KVM
☐ unterschiedliches Sozialverhalten → Gespräch der Klasse mit allen
bei den einzelnen Lehrern Lehrern
☐ _____ → _____
☐ _____ → _____
☐ _____ → _____

**7** Sie merken, dass die Klasse auf Sie anders reagiert als auf den Fachlehrer G. Zusammen mit ihm notieren Sie bitte:

Meine Notizen: Notizen Fachlehrer G.:

Schüler arbeiten gut mit. Viele verweigern die Mitarbeit.
☐ _____ _____
☐ _____ _____
☐ _____ _____

**8** Suchen Sie im Anschluss daran die Ursachen der Unterschiedlichkeit festzustellen.

**9** Suchen Sie jetzt nach *Gemeinsamkeiten* in der Klasse:

– Alle sind gern …

_____

_____

**10** Als Klassenlehrer: Wenn Fachlehrer zu mir kamen, habe ich bisher folgendermaßen reagiert:

– »Ach, bei mir ist das nicht so.«
– »Ich verstehe nicht, dass Sie da Probleme haben.«
– »Das tut mir Leid. Kann ich Ihnen helfen?«
– »Sprechen wir heute Nachmittag darüber, ja?«
oder: _____

**11** Als Fachlehrer: Bisher haben Klassenlehrer auf meine Probleme folgendermaßen reagiert (s. o.!):

oder: _____

_____

12 Ich bin Klassenlehrer und habe in der Zusammenarbeit mit Fachlehrern bisher folgende Erfahrungen gemacht:

☐ Des Öfteren weiß ich gar nichts über deren Probleme.
☐ Meist kommen Fachlehrer nur mit Klagen.
☐ Ich fühle mich manchmal überfordert.

oder: _____

_____

13 Wenn ich mit Fachlehrern zusammenarbeiten soll, habe ich folgende Schwierigkeiten:

– Ich weiß auch keine Lösungen.

_____

_____

14 Wenn ich mit den einzelnen Klassenlehrern zusammenarbeiten soll, habe ich folgende Schwierigkeiten:

☐ Ich möchte nicht als »Problemlehrer« dastehen.

_____

_____

## 3. Erziehungsspielräume

• Aufgabenschwerpunkte:
– Gemeinsamkeiten leben,
– Verschiedenheiten tolerieren,
– erziehen und nicht erziehen.

Das Verbundsystem der Lehrer und die gemeinsame Erziehungs- und Unterrichtsarbeit an einer Schule sind eine der Voraussetzungen dafür, Erziehungs- und Unterrichtsziele im gewünschten und geforderten Maß zu erreichen (siehe auch Teil 1). Auf der anderen Seite müssen die einzelnen Lehrer aber auch in einem Erziehungsspielraum arbeiten können, in dem sie ihre eigene Sensibilität entwickeln und ihre Verantwortung erfüllen können. Lehrer arbeiten somit in einem Erziehungsraum zwischen Eigenverantwortlichkeit (Freiraum des Lehrers) und Fremdbestimmung (Vorgaben, Bildungspläne, Verordnungen ...). Es ist Konsens unter den Kollegen notwendig, damit Erziehung möglich ist, und Freiraum, damit der einzelne Lehrer als selbstständige Persönlichkeit überhaupt erziehen kann. Dies beinhaltet eine Reihe von Aufgaben:
– Intensive Beschäftigung mit Erziehung und Erziehungszielen;
– Identifikation mit Erziehungszielen und Akzeptanz der Freiräume;
– Suche nach Gemeinsamkeiten im Kollegium;
– Akzeptanz der Verschiedenheiten;
– Erarbeitung und Beachtung einheitlicher Schulkonzepte, Schulordnungen, Schulregeln usw.

Schüler müssen erfahren, dass Lehrer Gemeinsamkeiten leben (nicht nur auf Schulfesten) und dass die Verschiedenheit der einzelnen Lehrer in Person und

Erziehungsweise die Pluralität und die Vielfalt menschlicher Lebensweisen widerspiegeln. Die Vielfalt darf aber bei den Schülern keine Desorientierung hervorrufen, sondern sie soll sich bereichernd auf sie auswirken.
Diese Vielfalt besagt aber auch, dass Erziehen nicht gelernt werden kann wie Lesen, Schreiben, Fahrradfahren ...., und dass nicht jemand schon erzieht, nur weil er erwachsen und Lehrer ist.
Wer erziehen will, muss den bisherigen eigenen Erziehungsweg ausleuchten und ihn mit anderen Erziehungsvorstellungen in Berührung bringen:

| Vielfalt eigener Erziehungswege | Vielfalt anderer Erziehungsvorstellungen |
| --- | --- |
| – Ich bin in einem sehr behüteten Elternhaus groß geworden. | – Kinder müssen schon früh zur Selbstständigkeit erzogen werden. |
| – Mein Vater ist im Krieg gefallen. Ich habe ihn nie gekannt. | – Kinder brauchen Vorbilder und Vaterbilder, um eine Persönlichkeit zu werden. |
| – Meine Eltern waren sehr streng zu mir; ich habe sehr wenig Zuneigung gespürt. | – Zuwendung ist für Kinder sehr wichtig und Strafen dürfen keinen Liebesentzug beinhalten. |
| – Ich erlebte eine sehr harte Kindheit und Jugend. | – Kinder sollen nicht schon zu früh Belastungen ausgesetzt sein. |

usw.

Gerade für den Lehrer ist es wichtig zu wissen, welche Erziehungseinflüsse ihn selbst geprägt haben. Er kann davon nicht absehen und bringt sie in sein eigenes Erzieherverhalten mit ein. Erst die Reflexion darüber versetzt ihn in die Lage erzieherisch bewusster und verantwortungsvoller zu handeln.
Die Individualität der Schüler und die individuelle Lebensbiographie der Lehrer begründen somit die Erziehungsspielräume.
So wichtig es ist Erziehen zu reflektieren, so wichtig ist es auch Nichterziehen und »Loslassenkönnen« im Auge zu behalten:
Eine Lehrerin (Grundschule) äußerte sich in einem Gespräch:»Eigentlich fühle ich mich nur bei Kindern sicher, denn sie greifen mich nicht an. Sie geben mir sehr viel Selbstvertrauen und Sicherheit. Ich weiß aber auch um die Gefahr von ihnen abhängig zu werden und sie nicht loslassen zu können.«
Lehrer werden deshalb auch lernen (müssen) zu unterscheiden, wann sie auf Kinder einwirken (erziehen) und wann sie»Kinder in Ruhe lassen sollen« (H. v. Hentig), d.h. wann Kinder Führung und Begleitung brauchen und wann sie selbstständig – und alleine – auf ihrem Lebensweg gehen können. Und dieser Weg ist oft eine Gratwanderung für Lehrer und Schüler.

> **Merke:** Erziehungsspielräume sind auch Räume zum Spielen!

316

**Aufgaben**

1 An unserer Schule entdecke ich folgende Gemeinsamkeiten:

_____

_____

2 Bei näherem Hinsehen unterscheide ich:

| erzieherische Gemeinsamkeiten | unterrichtliche Gemeinsamkeiten | sonstige Gemeinsamkeiten |
|---|---|---|

_____

_____

3 Ich wünsche mir in folgenden Bereichen mehr Gemeinsamkeiten und kann dafür Folgendes tun:

| Gemeinsamkeit | Mein Beitrag |
|---|---|

4 Wir haben eine Hausordnung. Ich bin der Meinung, wir sollten sie

so lassen, weil _____

ändern, weil _____

5 In folgenden Bereichen möchte ich mir als Lehrer meine Freiräume bewahren:

_____

_____

_____

6 Wenn ich an meine Klasse/Schüler denke, dann vermute ich:

| Folgende unterschiedliche Verhaltensweisen der Lehrer wirken lebendig und als Vielfalt auf sie: | Folgende unterschiedliche Verhaltensweisen der Lehrer wirken desorientierend auf sie: |
|---|---|
| ☐ Temperament | ☐ Ansichten über Disziplin |

7 Die Vielfältigkeit des Kollegiums wirkt auf mich:

– verunsichernd
– auflockernd

_____

_____

_____

8 Ich kann an unserer Schule gut tolerieren:

_____

_____

_____

9 Wir haben uns im Kollegium unterhalten. Erziehen heißt für uns:

_____

_____

_____

10 Hier erziehen wir noch zu wenig:
– Umgang der Schüler untereinander

_____

_____

_____

11 Hier können wir großzügiger sein:
– Regeln während der Pausen

_____

_____

_____

12 Hier müssen wir »an unsere eigene Brust klopfen«:
– Pünktlichkeit, Konsequenz ...

13 Alles in allem:
Ich fühle mich im Kollegium

sehr wohl, weil _____

wohl, weil _____

nicht ganz wohl, weil _____

eigentlich nicht wohl, weil _____

(Bitte Erfahrungsaustausch, vor allem dann, wenn Sie – und andere – sich nicht so wohl fühlen.)

**Literaturempfehlungen**

Kretschmann, Rudolf: Lehrer-Lehrer-Interaktion (siehe 11. Kapitel), S. 306.
Niggemann, Wilhelm: Praxis der Erwachsenenbildung (siehe 10. Kapitel), S. 283.
Rogers, Carl: Lernen in Freiheit. München 1979/3.
    Der Autor äußert Gedanken zur Bildungsreform in Schule und Universität, basierend auf Grundkonzepten der humanistischen Psychologie. Es werden Freiräume des Einzelnen angesprochen, ebenso aber auch Verantwortung gegenüber den anderen.
Rüsseler, Harald: Betriebsklima Schule (siehe 10. Kapitel), S. 283.
Thalmann, Hans-Christian: Den Schulalltag bestehen (siehe 11. Kapitel), S. 306.

# Anhang:
# Schulinterne Lehrerfortbildung und Schulentwicklung

Seit Mitte der 80er Jahre hat sich die *schulinterne* Lehrerfortbildung (Schilf) zu einem bedeutsamen Fortbildungszweig entwickelt, dem dann einige Jahre später die schulische Organisationsentwicklung oder Schulentwicklung (SE) gefolgt ist:

## I. Die schulinterne Lehrerfortbildung

### 1. Definition und Ziele

Unter schulinterner Lehrerfortbildung versteht man ein zielgerichtetes, kooperatives Lernen eines Kollegiums (oder einer Kollegiumsgruppe) mit fachlichen, fächerübergreifenden und pädagogischen Fragestellungen zur Erhaltung, Aktualisierung, Verbesserung und Erweiterung bereits erworbener Qualifikationen bzw. zum Erwerb neuer Wissensbestände und Fähigkeiten.

Die schulinterne Lehrerfortbildung hat zum Ziel

– die Förderung von Demokratisierung, Humanisierung und Dezentralisierung der Schule als Beitrag zur Inneren Schulreform
– die (Rück-)Besinnung auf Werte und Normen, auf Sinnfragen und auf pädagogische Grundgedanken
– die Reflexion der Arbeits-, Lehr- und Lernprozesse und eine Veränderung der Unterrichtswirklichkeit durch didaktische Innovationen
– die Verbesserung der Kommunikations- und Kooperationsfähigkeit der Kolleginnen und Kollegen
– die Konkretisierung des Erziehungs- und Bildungsauftrages der Schule und die gezielte Gestaltung eines breit gefächerten Schullebens.

Bei der Realisierung der Ziele ist dabei auf die Einhaltung der Vereinbarungen und auf selbstbestimmtes Arbeiten zu achten. Der Vorteil der schulinternen Lehrerfortbildung besteht darin, dass die Probleme und gewünschten Veränderungen unmittelbar »vor Ort« und mit eigenen »Bordmitteln« schulnah, praxisorientiert, zeitsparend, flexibel und rasch gelöst werden bzw. geschehen können.

### 2. Formen

Es gibt verschiedene Formen schulinterner Lehrerfortbildung, die sich als sehr wirksam erwiesen haben und die es den einzelnen Kolleginnen und Kollegen ermöglichen sinnvoll, den Zielen angemessen und effektiv miteinander zu arbeiten:

- **die Pädagogische Konferenz:** Kollegiale Besprechung pädagogischer Fragen und Probleme; mehrstündig, meist nachmittags
- **der Pädagogische Tag/die Klausurtagung:** ein- oder zweitägige Veranstaltung eines ganzen Kollegiums
- **das Intervallseminar:** eine Reihe von Pädagogischen Konferenzen oder Pädagogischen Tagen, durchgeführt in bestimmten Abständen
- **die Systemberatung:** Beratung eines ganzen Kollegiums oder einer Schule durch externe Berater
- **die Fachkonferenz:** Arbeit fachspezifischer Gruppen eines Kollegiums an bestimmten Themen
- **die Unterrichtshospitation:** Beobachtung, Reflexion, Auswertung und Einschätzung von Unterricht durch einen oder mehrere Kolleginnen/Kollegen
- **die Schulerkundung:** Recherchen und Befragungen innerhalb der Schule unter bestimmten Aspekten und Perspektiven
- **die Exkursion:** »Blick über den Zaun« und Erleben anderer Schulwirklichkeiten
- **der Pädagogische Gesprächs-/Arbeitskreis:** Austausch und Reflexion von Erfahrungen und Problemlösungen durch eine Kollegiumsgruppe
- **die Fallbesprechungsgruppe/Supervision:** Darstellung, Reflexion und Klärung bestimmter Ausschnitte der beruflichen Arbeit
- **die Trainingsgruppe:** Darstellung, Reflexion und Änderung bestimmter Verhaltensweisen verschiedener Trainingsangebote.

Es gibt also für die Kolleginnen und Kollegen einer Schule eine ganze Reihe von Möglichkeiten sich fortzubilden und somit einen Beitrag für notwendige Veränderungen und Weiterentwicklungen zu leisten. Dabei geht es um Themen und Inhalte, die *schulintern* für die Fortbildung geeignet sind:


## 3. Themen/Inhalte

Auf dem »schulinternen Themenmarkt« gibt es vielfältige Angebote; das Kollegium oder die einzelnen Gruppen entscheiden auf Grund ihrer Fortbildungswünsche, welche Themen und Inhalte sie zum Gegenstand ihrer Arbeit machen; nachfolgend eine Auswahl:

*a) Thema Lehren und Lernen:*
- Erkenntnisse der Lernbiologie und Lernpsychologie und die Konsequenzen für Schule und Unterricht
- ganzheitliches Lernen, offene Unterrichtsformen und fächerübergreifendes Arbeiten
- allgemeine und fachbezogene Lernschwierigkeiten
- fachspezifische und didaktische Neuerungen
- Differenzierung und Individualisierung im Unterricht
- angewandte Methodenvielfalt/neue Technologien
- das Lernen lehren, das Lernen lernen
- Hausaufgaben, Ergebnissicherung und Leistungsbeurteilung

*b) Erziehung und Erziehungsprobleme:*
- Umgang mit schwierigen Schülerinnen und Schülern
- gestörter Unterricht: Ursachen und Lösungen

- Erziehungsauftrag, Erziehungskonzepte und erziehender Unterricht
- Werterziehung, Erziehungsziele und Erziehungsmaßnahmen
- Erziehung und Elternhaus; außerschulische Einflüsse
- Erziehung als Beziehung und Begegnung

c) *Kommunikation, Interaktion, Kooperation:*
- förderliche Verhaltensweisen im Umgang miteinander
- Konfliktbewältigung in Schule und Unterricht
- Gespräche und Gesprächsführung
- Kommunikation und Kooperation im Klassenzimmer
- Kooperation: Klassenlehrer – Fachlehrer

d) *Schule, Schulleben, Kollegium:*
- Alltagsbewältigung in der Schule
- Gestaltung von Schulhaus und Klassenzimmer
- Schulleben und Schulgemeinde
- Hausordnung, Pausengestaltung, Ordnungsdienste
- Begegnungen und Zusammenarbeit mit den Eltern
- Schulklima und »gute« Schule

## 4. Phasen des Schilf-Prozesses

Manche schulinternen Fortbildungsmaßnahmen verlaufen in verschiedenen Phasen. Am deutlichsten zeigen sie sich am Beispiel eines Pädagogischen Tages/einer Klausurtagung, angefangen von der Vorbereitung über die Durchführung bis hin zur Auswertung:

**Start/Ausgangspunkt:**
Wunsch nach Fortbildung:»Eigentlich sollten wir ... Es wäre sinnvoll, wenn ...«

**Kontakt und Kontrakt:**
Vorbereitungsgespräche (ggf. mit externen Beratern), Absprachen und Bildung einer so genannten Steuerungs-(Vorbereitungs-)gruppe

**Datenerhebung:**
Durchführung von Befragungen nach dem Ist-Zustand, nach konkreten Wünschen und Zielen (Soll-Erhebung)

**Zielvereinbarungen:**
Vereinbarungen über Ziele und Themen, über Inhalte und Verfahren

**Verlaufsplan:**
Aufstellung eines Verlaufsplanes (Zeit, Arbeitsschritte, Verfahren, Organisatorisches ...)

**Durchführung:** Durchführung des Pädagogischen Tages gemäß der Vorschläge und des Planes

**Auswertung:**
Ergebnissammlung, Präsentation, Ist-Soll-Vergleich (Erfolg, Wirksamkeit)

**Abschluss:**
Absprachen/Vereinbarungen: Beendigung der Fortbildung oder Weiterführung ...

## 5. Bedeutsamkeit und Grenzen

Die schulinterne Lehrerfortbildung liefert einen wesentlichen Beitrag zur Inneren Schulreform, da sie gewünschte Veränderungen durch *Fortbildungs*maßnahmen bewirkt und »Bausteine« für die Schulentwicklung anbietet. Zudem werden die Ressourcen der Beteiligten in der *eigenen* Schule eingesetzt und (auch unter Mithilfe externer Experten/Berater) nutzbar gemacht. Ihre Grenzen bestehen darin, dass nicht alle Veränderungs- und Fortbildungswünsche schulintern zu leisten sind, dass das »Schmoren im eigenen Saft« nicht immer erträglich ist und dass auch andere Orte (regionale Zentren, zentrale Akademien und außerschulische Stätten) als Ergänzungen für die Fortbildung notwendig sind.

## II. Die Schulentwicklung

### 1. Definition, Ziele, Merkmale

Per Dalin und Hans-Günter Rolff verwenden folgende *Arbeitsdefinitionen* (die auch gleichzeitig die wesentlichsten *Merkmale* einer OE enthalten):

»– Organisationsentwicklung ist ein offenes, planmäßiges, zielorientiertes und langfristiges Vorgehen im Umgang mit Veränderungsforderungen und Veränderungsabsichten in sozialen Systemen.

– Organisationsentwicklung will die technischen und menschlichen Aspekte einer sozialen Organisation integrieren, respektiert aber gleichzeitig deren je eigene Gesetzmäßigkeiten. Sie betrachtet die Bedürfnisse der Organisation und die ihrer Mitglieder als gleichberechtigt.

– Ziel eines Organisationsentwicklungsprozesses ist die Selbstentwicklung der Mitglieder und die Selbsterneuerung der Organisation zur Erhaltung und Verbesserung der Aufgabenerfüllung der Organisation.

– Organisationsentwicklung geht vom Menschen als mündigem, zur Selbstverantwortung und zum Lernen fähigen Wesen aus.

– Organisationsentwicklung schafft gezielt Lernsituationen im Alltag für Personen, Gruppen und das gesamte System.

– Organisationsentwicklungsprozesse enthalten ein großes Maß an Gestaltungsfreiheit.

– Organisationsentwicklung beginnt bei den Problemen des Alltags oder bei den Stärken aller Beteiligten. Die gemeinsame Situationsanalyse bildet die Grundlage für die Problemlösung und den Entwicklungsprozess. Konflikte werden nicht nur als Problem, sondern ebenso als Chance für Lernprozesse angesehen.

– Organisationsentwicklung integriert Analyse-, Entscheidungs-, psychosoziale und inhaltliche Lernprozesse.

– Organisationsentwicklung versucht eine Einheit von Inhalt und Verfahren.

– Organisationsentwicklung ist nie wertfrei.«

(Dalin, P./Rolff, H.-G.: Institutioneller Schulentwicklungsprozess. Soest 1995/2)

Ziele der schulischen Organisationsentwicklung sind demnach

a) die Erhöhung der Lebensqualität und der Arbeitszufriedenheit der Individuen = der Schülerinnen/Schüler, der Lehrerinnen/Lehrer *(humane Dimension)* und

b) die Verbesserung und Erneuerung des Funktionsablaufes, um den veränderten Anforderungen gerecht zu werden *(effiziente Dimension)*.

Zusätzlich geht es in der schulischen OE um »Verfahren, Prozesse, Normen und Strukturen«, um die gewünschten Veränderungen zu erreichen. Bereits hier wird deutlich – und die »Arbeitsdefinitionen« und Merkmale der SE belegen dies ebenso –, dass Schulentwicklung eine hohe Komplexität aufweist und dass die einzelne Schule sich im Klaren sein muss, auf welchen – mitunter langwierigen – Prozess sie sich einlässt.

Die *formalen* Ziele (humane und effiziente) Dimension und die *Merkmale* der schulischen OE stimmen mit denen der außerschulischen OE weitgehend überein. Die *spezifischen* Ziele einer Schule jedoch orientieren sich am eigenen Erziehungs- und Bildungsauftrag, ebenso die Inhalte, die sich in »vier Felder der Veränderungen« aufteilen lassen: Weiterentwicklung der Personen und der zwischenmenschlichen *Beziehungen*, Verbesserung und Erneuerung des *Unterrichts* und Veränderung der *Organisationsformen und Strukturen* einer Schule.

**Felder der Veränderungen**

Diese Veränderungen werden in OE-Prozessen mittels bestimmter Verfahren bewusst, geplant und gezielt vollzogen:

## 2. SE-Prozesse

Sie bestehen aus folgenden Phasen, die variabel gehandhabt werden können:

- **Kontaktaufnahme:**
Schulleitung/Kollegium, ggf. externe Berater
Klärung der Rahmenbedingungen

- **Bestandsaufnahme:**
Datenerhebung: Ist-Zustand
Befragung: Soll-Zustand
Zielvereinbarungen

- **Planung der Durchführung:**
»Vom Ist zum Soll«:
Vorbereitung der Arbeitsvorhaben

- **Durchführung:**
Arbeitsschritte A – B – C – D ...

- **Auswertung:**
Ist-Soll-Vergleich: Ergebnisse/Erfolge

- **Abschluss:**
Rückblick, Bilanzierung
Vereinbarung: Beendigung/Weiterführung

– SE-Prozesse sind langfristig angelegt und mitunter sehr schwierig: Kann sich die Schule dies leisten, wenn sie bestimmte Erneuerungen rasch angehen muss?
– SE-Prozesse beinhalten viele Arbeitsschritte, nebeneinander und nacheinander: Kommt eine Schule in Gefahr sich zu »verzetteln« und fühlen sich die Mitglieder überfordert?
– SE-Prozesse haben hohe gruppendynamische Anteile: Ist ein Kollegium diesen Anforderungen gewachsen und hat es Zeit zur Aufarbeitung?

*Vergleich: SCHILF – Schulentwicklung*

| **SCHILF:** | **Schulentwicklung** |
|---|---|
| – Erhaltung und Verbesserung beruflicher Qualifikationen durch *Fortbildung* | – Erneuerung und Innovationen durch Weiterentwicklung: *Prozessorientierung* |
| – Kurz-, Mittel- und Langfristigkeit der Fortbildungsmaßnahmen | – Langfristigkeit des Entwicklungsprozesses |
| – betrifft einzelne Personen, eine Gruppe, ein Kollegium | – betrifft alle Mitglieder der Organisation |
| – unmittelbar, meist wirksam | – meist langfristig wirksam |
| – geringer bis hoher Zeitaufwand | – hoher Zeitaufwand |
| – geringe Datenerhebung (Befragung nach Fortbildungswunsch) | – umfangreiche Datenerhebung (Befragung nach dem Gesamtzustand der Organisation) |

# Schlussbetrachtung

Nur wenige Schulen (nach Insiderschätzungen etwa 1 bis 2%) betreiben echte Schulentwicklung im Sinne der oben genannten Ausführungen. Die Gründe sind bekannt: zu großer Zeitaufwand, zu geringe Innovationsbereitschaft *aller* Mitglieder, zu wenig finanzielle und personelle Ressourcen bzw. Unterstützung ...
In Kürze ist die Hälfte der gesamten Lehrerschaft über 50 Jahre alt; der Kräftehaushalt und die Belastungsfähigkeit sind geringer als zu Berufsbeginn, der Verschleiß ist größer geworden. Die Schülerzahlen – und damit die Klassengrößen – werden in den kommenden Jahren zunehmen und der Umgang mit den Schülerinnen und Schülern ist differenzierter und schwieriger geworden. SCHILF in größerem Umfang und Schulentwicklung generell sind aus diesen Gründen *neben* dem Schulalltag und kostenneutral weder zumutbar noch durchführbar.
Dennoch kann die Schule – im Rahmen der Inneren Schulreform – nicht länger darauf warten, bis »sich« etwas tut – und ihre tagtägliche Arbeit vor lauter Analyseverfahren aus den Augen verlieren –, will sie nicht dem Schlusslicht des Zuges nachblicken auf dem andere Lehr- und Lernexperten bereits fahren. Sie bedarf also überschaubarer, Erfolg versprechender und rasch wirkender Innovationen, um »gute Schulen« und »guten Unterricht« zu realisieren, und zwar durch
– Materialservice und Lehrgangsangebote zur Erweiterung/Erneuerung von Wissenbeständen für ein zeitgemäßes »Unterrichts-Know-how«
– Moderationshilfen bei SCHILF-Maßnahmen und Schulentwicklungsprozessen
– Trainingsangebote bei schwierigen Unterrichts- und Schulsituationen
– Unterstützung und Beratung bei beruflichen Belastungen.
Für die *überwiegende Mehrheit* der Schulen und der Lehrerschaft sind diese Innovationen und Maßnahmen derzeit – angesichts der oben genannten *Realität* – durch die schulinterne Lehrerfortbildung alles in allem angemessener und praktikabler durchzuführen als durch lang angelegte Prozesse der Schulentwicklung.
Innere Schulreform, durch SCHILF und/oder Schulentwicklung, ist allerdings nur dann wirksam, wenn sie von qualifizierten Fortbildnern begleitet und von den Personen der Administration sinnvoll und kompetent unterstützt wird.

# Literaturempfehlungen

Miller, Reinhold: Schilf-Wanderung. Weinheim 1992/3.
   Ein Wegweiser für die praktische Arbeit in der schulinternen Lehrerfortbildung.
Philipp, Elmar: Gute Schule verwirklichen. Weinheim 1996/4.
   Es handelt sich hier um ein »Arbeitsbuch mit Methoden, Übungen und Beispielen der Organisationsentwicklung«, besonders geeignet für Kollegien, die ihre Schule weiterentwickeln wollen.
Philipp, Elmar: Teamentwicklung in der Schule. Weinheim 1996.
   Der Autor stellt Konzepte und Methoden vor, die die Teamentwicklung in den Kollegien fördern; praxisorientiert mit vielen Beispielen und Übungen.
Schratz, Michael: Gemeinsam Schule lebendig gestalten. Weinheim 1996.
   Der Autor gibt Anregungen zur »Schulentwicklung und didaktischen Erneuerung«, die angesichts der vielfältigen außerschulischen Veränderungen dringend notwendig sind. Das Buch ist eine ausgewogene Mischung aus Information, fundierter Reflexion und Hilfen für die Praxis.

# Anstelle eines Nachworts

*Arbeitsprogramm*

Uns treffen
    ohne uns zu verletzen

Uns loslassen
    ohne uns zu verlassen

Uns auseinander setzen
    ohne vom Stuhl zu fallen

Uns beistehen
    ohne uns auf die Füße zu treten

Uns vertrauen
    ohne uns falsche Hoffnungen zu machen

Uns geben
    ohne uns etwas zu vergeben

Uns herausfordern
    ohne etwas zu fordern

Uns erkennen
    ohne zu glauben:
    jetzt wüssten wir
    wer wir sind

                              B. Heidebrecht

# Literaturverzeichnis

Aktuell: Lexikon der Gegenwart: Artikel Lernforschung. Dortmund 1984, S. 393.

Bäuerle, Siegfried (Hrsg.): Der gute Lehrer. Empfehlungen für den Umgang mit Schülern, Eltern und Kollegen. Stuttgart 1989.

Bastian, Johannes (Hrsg.):»Strafe muss sein?« Weinheim 1995.

Bauer, Roland: Schülergerechtes Arbeiten in der Sekundarstufe I: Lernen an Stationen. Berlin 1997.

Becker, Georg E.: Planung von Unterricht. Weinheim 1997/7.

Becker, Georg E.: Durchführung von Unterricht. Weinheim 1995/7.

Behr, Michael/Walterscheid-Kramer, Judith: Einfühlendes Erzieherverhalten. Weinheim 1995/4.

Berne, Eric: Spiele der Erwachsenen. München 1975.

Bildungsplan für die Grundschule, Baden-Württemberg. Villingen 1984.

Bildungsplan für die Hauptschule, Baden-Württemberg. Villingen 1984.

Brunnhuber, Paul/Zöpfl, Helmut: Erziehungsziele konkret – Erziehung zum kritischen Ja. Donauwörth 1975.

Cohn, Ruth: Von der Psychoanalyse zur themenzentrierten Interaktion. Stuttgart 1997/13, zitiert nach 1978/2.

Cube, Felix von/Alshuth, Dietger: Fordern statt verwöhnen. Die Erkenntnisse der Verhaltensbiologie in Erziehung und Führung. München 1997/10.

Dalin, Per/Rolff, Hans-Günter: Institutioneller Schulentwicklungsprozess. Soest 1995/2.

Deutsches Institut für Fernstudien: Ausländerkinder in der Schule. Heft: Zusammenarbeit mit ausländischen Eltern. Tübingen 1983.

Dieterich, Rainer, u.a.: Psychologie der Lehrerpersönlichkeit. München 1983.

Dörner, Klaus/Plog, Ursula: Irren ist menschlich. Bonn 1996 (Sonderausgabe).

Dreikurs, Rudolf, u.a.: Lehrer und Schüler lösen Disziplinprobleme. Weinheim 1995/8.

Drunkemühle, Ludger/Pollert, Manfred: Differenzieren lässt sich lernen. Frankfurt a.M. 1980.

Edelmann, Walter: Lernpsychologie. In: Fittkau, Bernd (Hrsg.): Pädagogisch-psychologische Hilfen für Erziehung, Unterricht und Beratung, Bd. 1. Braunschweig 1993, S. 145–172.

Ehinger, Wolfgang/Hennig, Gustav: Lehrer lösen Schulprobleme. Donauwörth 1992/3.

Fittkau, Bernd, u.a.: Kommunizieren lernen (und umlernen). Aachen 1994/7.

Fittkau, Bernd (Hrsg.): Pädagogisch-psychologische Hilfen für Erziehung, Unterricht und Beratung, Bd. 1 und 2. Braunschweig 1993.

Flitner, Andreas: Konrad, sprach die Frau Mama ... München 1996/8.

Gagelmann, Hartmut: Kai lacht wieder. München 1985 (TB).

Geppert, Klaus/Preuß, Eckhardt: Differenzierender Unterricht – konkret. Bad Heilbrunn 1981.

Gordon, Thomas: Familienkonferenz. München 1989.

Gordon, Thomas: Lehrer-Schüler-Konferenz. München 1989.

Graeser, Hannelore/Lederer, Margarete: Störende Schüler – unruhige Klasse. München 1982.

Grell, Jochen: Techniken des Lehrerverhaltens. Weinheim 1994/15.

Grell, Jochen und Monika: Unterrichtsrezepte. Weinheim 1996/11.

Gudjons, Herbert/Reinert, Gerd-Bodo: Lehrer ohne Maske. Königstein/Ts. 1981.

Günzler, Claus/Teutsch, Gotthard M.: Erziehen zur ethischen Verantwortung. Freiburg 1980.

Harnisch, Günter: Schulstress. Düsseldorf 1984.

Heidebrecht, Brigitte: Das Weite suchen. Bonn 1983.

Heidemann, Rudolf: Körpersprache vor der Klasse. Heidelberg 1995/5.

Hennig, Claudius/Keller, Gustav: Lehrer lösen Schulprobleme. Donauwörth 1992/3.

Hülshoff, Friedhelm/Kaldewey, Rüdiger: Training rationeller lernen und arbeiten. Stuttgart 1980/5 (zitiert nach 1976/1).

Huwendiek, Volker: Modelle der Didaktik. In: Frommer, Helmut (Hrsg.): Handbuch Praxis des Vorbereitungsdienstes, Bd. 2. Düsseldorf 1982, S. 191–243.

Jank, Werner, Meyer, Hilbert: Didaktische Modelle. Frankfurt a.M. 1994/3.

Jong, Klaus de: Schule und Elternhaus, Gegner oder Partner der Erziehung? In: VBE-Praxishelfer, o.Nr., Herbst 1984.

Karg, Hans-Hartmut: Gestaltung und Durchführung eines Elternabends für türkische Eltern – ein Erfahrungsbericht. In: Lernen in Deutschland 1984/4, S. 107–109.

Keck, Rudolf: Kooperation Schule – Elternhaus. Bad Heilbrunn 1979.

Keck, Rudolf/Sandfuchs, Uwe: Schulleben konkret. Bad Heilbrunn 1979.

Keller, Gustav: Lehrer helfen lernen. Donauwörth 1991/3.

Keller, Gustav: Lernen will gelernt sein. Heidelberg 1992/4.

Keller, Gustav: Wir entwickeln unsere Schule weiter. Donauwörth 1997.

Klippert, Heinz: Methodentraining. Weinheim 1997/6.

Kösel, Edmund/Schneider, Josef: Übung – Grundlage des Lernens. Ravensburg 1978.

Kretschmann, Rudolf: Lehrer-Lehrer-Interaktion. In: Minsel, Beate, u.a.: Soziale Interaktion in der Schule. München 1978, S. 123–146.

Kruse, Waltraud: Entspannung. Autogenes Training für Kinder. Köln 1984.

Landesstelle für Erziehung und Unterricht: Zusammenarbeit mit ausländischen Eltern (Heft 4, Stuttgart 1981), und: Elternarbeit an Schulen mit hohem Ausländeranteil (Heft 5, Stuttgart 1983).

Lehrplan für die Grundschule, Bayern. München 1981.

Leitner, Sebastian: So lernt man lernen. Freiburg 1982/12 (zitiert nach 1977/9).

Lempp, Reinhart: Lernerfolg und Schulversagen. München 1978/3.

Manteufel, Eva/Seeger, Norbert: Selbsterfahrung mit Kindern und Jugendlichen. München 1994/2.

Mauermann, Lutz/Weber, Erich: Der Erziehungsauftrag der Schule. Donauwörth 1981/2 (zitiert nach 1978).

Meyer, Ernst (Hrsg.): Burnout und Stress. Praxismodelle zur Bewältigung. Baltmannsweiler 1994/2.

Meyer, Hilbert: Leitfaden zur Unterrichtsvorbereitung. Königstein/Ts. 1993/12 (zitiert nach 1981/14).

Meyer, Hilbert: Unterrichtsmethoden (II: Praxisband). Frankfurt a.M. 1995/7.

Meyer, Hilbert: Schulpädagogik. Bd. I für Anfänger, Bd. II für Fortgeschrittene. Berlin 1997.

Miller, Reinhold: Gespräche mit gewalttätigen Schülern. In: Bäuerle, Siegfried (Hrsg.): Schülerfehlverhalten – Lehrertraining zum Abbau von Schülerfehlverhalten in Theorie und Praxis. Regensburg 1985.

Miller, Reinhold: Schilf-Wanderung. Wegweiser für die praktische Arbeit in der schulinernen Lehrerfortbildung. Weinheim 1992/3.

Miller, Reinhold: Sich in der Schule wohl fühlen. Wege für Lehrerinnen und Lehrer zur Entlastung im Schulalltag. Weinheim 1992/5.

Miller, Reinhold: Schul-Labyrinth. Weinheim 1993.

Miller, Reinhold (Hrsg.): Schule selbst gestalten (Kopiervorlagen). Weinheim 1996.

Miller, Reinhold:»Das ist ja wieder typisch!« Kommunikation und Dialog in Schule und Schulverwaltung. 25 Kommunikationsbausteine. Weinheim 1997/2.

Miller, Reinhold: Beziehungsdidaktik. Weinheim 1998/3.

Müller, Else: Hilfe gegen Schulstress. Reinbek 1984.

Niggemann, Wilhelm: Praxis der Erwachsenenbildung. Freiburg 1979/3.

Nolting, Hans-Peter: Lernfall Aggression. Reinbek 1997 (TB).

Holting, Hans-Peter/Bernath-Kaufmann, Linde: Aggression, Gewalt, Disziplinprobleme. In: Fittkau, Bernd (Hrsg.): Pädagogisch-psychologische Hilfen für Erziehung, Unterricht und Beratung, Bd. 2. Braunschweig 1983, S. 312–332.

Oelkers, Jürgen/Prior, Harm: Soziales Lernen in der Schule. Königstein/Ts. 1982.

Peterßen, Wilhelm: Handbuch Unterrichtsplanung. München 1998/8 (zitiert nach 1984/2).

Philipp, Elmar: Gute Schule verwirklichen. Weinheim 1996/4.

Philipp, Elmar: Teamentwicklung in der Schule. Weinheim 1996.

Philipp, Elmar/Rolff, Hans-Günter: Schulgestaltung durch Organisationsentwicklung. Braunschweig 1990.

Rahmenrichtlinien Hessen, Sekundarstufe I. Wiesbaden 1976.

Redlich, Alexander/Schley, Wilfried: Hauptschulprobleme. Weinheim 1980.

Richtlinien Lehrplan für die Orientierungsstufe Nordrhein-Westfalen. Köln 1979.

Rogers, Carl: Entwicklung der Persönlichkeit. Stuttgart 1998/12.

Rogers, Carl: Lernen in Freiheit. München 1979/3.

Rüsseler, Harald: Betriebsklima Schule. München 1977.

Scarbath, Horst: Träume vom guten Lehrer. Donauwörth 1992.

Scheller, Ingo: Erfahrungsbezogener Unterricht. Königstein/Ts. 1994/4.

Schenk-Danziger, Lotte: Entwicklungspsychologie. Wien 1995/23.

Schley, Wilfried/Pieper, Alexander: Workshop KVM, Trainingsprogramm für Lehrergruppen, 5. Bundeskongress für Schulpsychologen und Bildungsberater, Würzburg 5.–9.11.1981 (Frustschnecke, Teufelsacht, Kreislauf ohne Ende).

Schratz, Michael: Gemeinsam Schule lebendig gestalten. Weinheim 1996.

Schulz von Thun, Friedemann: Miteinander reden: Störungen und Klärungen. Reinbek 1989, Bd. I u. II.

Schwäbisch, Luth/Siems, Martin: Anleitung zum sozialen Lernen für Paare, Gruppen und Erzieher. Reinbek 1974.

Singer, Kurt: Lehrer-Schüler-Konflikte gewaltfrei regeln. Weinheim 1996/5.

Tausch, Reinhard und Annemarie: Erziehungspsychologie. Göttingen 1998/11 (zitiert nach 1977/8).

Teml, Hubert: Entspannt lernen. Linz-Passau 1998/6.

Teml, Hubert: Komm mit zum Regenbogen. Phantasiereisen für Kinder und Jugendliche. Linz-Passau 1996/6.

Teml, Hubert: Vom »Nürnberger Trichter« zur »Lernökologie«. In: APG-Kontakte 1992/1, S. 23–28.

Teml, Hubert: Zielbewusst üben, erfolgreich lernen. Lerntechniken und Entspannungsübungen für Schüler. Linz-Passau 1996/4.

Tennstädt, Christian, u.a.: Das Konstanzer Trainingsmodell. Universität Konstanz 1985.

Thalmann, Hans-Christian: Den Schulalltag bestehen. Freiburg 1978.

Thiele, Hartmut: Lehren und Lernen im Gespräch. Bad Heilbrunn 1981.

Vater, Heike und Wolfgang: Konzentrationsspiele. Bonn 1997/7.

Vester, Frederic: Denken, lernen, vergessen. Stuttgart 1978.

Vogel, Alfred: Artikulation des Unterrichts. Ravensburg 1975.

Vopel, Klaus: Interaktionsspiele, Bd. 1–6. Hamburg 1996/6.

Voß, Reinhard (Hrsg.): Die Schule neu erfinden. Neuwied 1997/2.

Wagner, Angelika (Hrsg.): Schülerzentrierter Unterricht. Weinheim, neubearb. Aufl. 1982 (zitiert nach München 1978/4).

Walter, Hellmuth: Angst bei Schülern. München 1981/2.

Watzlawick, Paul/Beaven, John H.: Menschliche Kommunikation. Bern 1982/6.

Weber, Erich: Aktuelle und prinzipielle Überlegungen zum Erziehungsauftrag der Schule. In: Mauermann, Lutz/Weber, Erich: Der Erziehungsauftrag der Schule. Donauwörth 1978, S. 33–67.

Weber, Wilfried: Wege zum helfenden Gespräch. München 1996/11.

Winkel, Rainer: »Dann machen wir Sie fertig!« Artikel in: Die Zeit, Nr. 51, vom 16.12.1983, S. 33.

# Sachverzeichnis